경영학의
길

경영학의 길

문명사로 읽는
고려대학교 경영대학 120년

1905__________2025

조영헌

KU PRESS
고려대학교
출판문화원

고려대학교 경영학 교육 120년의 의의와 과제

1 저서가 가지는 의의

고려대학교 경영대학의 경영학 교육은 1905년에 그 전신인 보성전문학교의 상업학 교육에서 시작하였으므로 이 교육이 시작된 지 120년의 세월이 흘렀다. 그 세월의 흔적을 고스란히 안고 있는 교육기관의 존재적 지위로 보나, 이 기관이 행한 괄목할 만한 행적을 보나 결코 가벼이 볼 수 없는 역사의 무게를 느낄 수 있다. 2021년 3월로 기억되는데, 학장 재임 시절 나는 경영대학 학장실에서 이 책의 저자인 조영헌 교수를 만나 이런저런 얘기를 나누다가 경영대학 120주년 준비 이야기를 하게 되었다. 고려대학교에서 경영학 교육이 시작된 것이 1905년이라는 것을 얘기하는 중에 중국의 과거제가 폐지된 시기와 일치한다는 것을 듣게 되었다. 역사의 중요한 전환점에서의 우연성(contingency)의 역할에 대해 서로 동감하면서 뭔가 이야기로 엮어 낼 수 있을 것이라고 직감하게 되었다. 이 저술은 여기에서 시작된다. 그리고 그 작업은 역사학자의 전문성과 사유에 의해 훌륭하게 마무리되었다.

《경영학의 길—문명사로 읽는 고려대학교 경영대학 120년》(이하 《경영학의 길》) 저술과 관련해서 몇 가지 특징을 발견할 수 있다. 첫째, 이 책은 경영대학 내부인이 아니라 외부인 역사학자가 저술했다는 점이다. 경영대학의 발자취에 대한 역사적 사실 측면에서 보면 조직 내부 구성원이 가장 잘 알 수도 있겠지만, 외부의 시각으로 살펴볼 필요를 느껴 역사학을 전공한 조영헌 교수의 관점을 빌려 해석하게 했다는 데 의의가 있다. 이 접근이 의미가 있는 것은 외부자의 시각으로 정리한 것이므로 보다 객관적이고 온전한 평가가 될 수 있을 것이라는 측면에서도 그러하고, 또한 단순히 외부자라는 측면을 넘어 역사학자의 시각으로 전문적인 역사 서술이라는 측면에서 더욱 그러하다고 생각한다.

둘째, 이 책은 학과의 역사가 아니고 경영학 관련 학술사적 성격을 가진다. 대학 설립을 기념할 때 많은 경우 행사 중심으로 진행되지만, 학술사적 저술을 통해 기념하는 경우는 흔치 않다. 120년 동안 연구하고 교육을 행한 대학의 역사이므로 핵심 직임과 관련된 여정의 역사에 관심을 가지는 것은 당연하다. 이 저술은 단순히 사건과 사실의 연차적 정리 수준을 넘어 역사의 흐름 속에서 경영학의 생성과 변화가 가지는 의미를 해석해 내는 데 의의가 있다.

셋째, 이 저술은 시공간적 맥락(context) 속에서 정리되었다는 특징도 가진다. 한국사적 맥락도 있지만 중국과 일본이라는 주변 국가의 상황도 고려한다는 측면에서 공간적 맥락을 포함할 뿐만 아니라, 주체 간의 복잡한 상호작용 속에서 변화와 발전을 이루어 가는 시간적 맥락 속에서 역사적 사실과 사건에 대해 서술하여 역동적 내러티브 관점을 가지게 해 준다. 이러한 시공간적 맥락 속에서 《경영학의 길》이 저술되었다. 고려대학교 경영대학은 《고려대학교 경영대학 100년사—1905-2005》라는 좋은 역사서를 이미 가지고 있다.[1] 이 역사서와 함께 120주년을 기념하는 《경영학의 길》 또

1 신수식, 《고려대학교 경영대학 100년사—1905-2005》(고려대학교 경영대학, 2006).

한 경영대학의 발자취를 다양한 시각으로 보여 주는 훌륭한 렌즈가 될 것이다. 이 두 권의 역사서는 미래에 우리 경영학 교육이 지향할 방향이 무엇인지를 역사 속에서 찾아보게 해 주는 기반이 될 것이다.

이 글은《경영학의 길》에 대해 다시 내부 구성원의 입장에서 그 의의를 되짚어 보고자 하는 목적에서 쓰였다. 외부적 시각으로 저술 작업을 하였지만 다시 내부자가 보완적으로 들여다보려는 것이다. 이 저술에 대한 직접적인 평가이기보다는 일종의 삼각검증(triangulation)을 통해 고려대학교 경영학 교육을 어떻게 위치시켜야 하는지, 그 의미와 과제를 되짚어 보고자 함이다. 내부 구성원이 직접 내부 현상을 해석하지 않고 외부의 시각으로 찍어 놓은 좌표를 놓고 그것을 활용하여 다른 좌표에서 원래의 현상을 들여다봄으로써 보다 균형 있고 바른 이해에 나아가고자 한 것이다. 이 과정에서 흥미롭게도 앤서니 기든스(Anthony Giddens)가 논의했던 이중적 해석학(double hermeneutic)이 작동한다.[2] 즉, 첫 단계에서 역사학자가 고려대학교 경영학 교육을 해석하는데, 이 단계에서 이미 역사학자는 내부 구성원과의 대화를 통해 역사적 사실만을 전달받은 것이 아니라 어떤 해석을 전해 받았을 수도 있다. 다음 단계에서 그 연구 대상인 구성원이 역사학자에 의해 수행된 그 해석을 다시 해석하는 것이다. 이런 과정을 통해 보다 역사적, 혹은 사회적 실재(historical or social reality)에 가까운 것을 드러내는 데로 나아가는 것이다.

---

2 Anthony Giddens, *Studies in social and political theory*(Abingdon, Oxon and New York: Routledge, 2015).

2 경영의 성격과 고려대학교 경영학 교육의 역사적 의미

이 글에서는《경영학의 길》에서 저자가 경영학 교육에 대해 특징지은 다양한 내용 중에서 세 가지 측면에 주목하여 설명을 덧붙이고자 한다. 첫 번째 측면은 '경영'의 성격에 대한 것이다. 나는 여기서 경영이 인류 보편적 삶을 위한 필수적 과업인지 근대성의 산물인지에 대한 논의를 이어 가고자 한다. 두 번째는 경영학(상업학) 교육의 역사성을 논의한다. 여기에는 고려대학교 경영교육이 120년간 끊어지지 않고 이어져 왔다는 연속성, '최초'와 '최고'를 추진해 온 점, 그리고 경영학 교육 시작과 관련된 시기성의 문제를 다룬다. 세 번째로 주목하는 것은 시공간적 맥락 속에서의 고려대학교 경영학 교육의 역사적 의미와 관련된 내용이다. 각 주제에 대해 저자가 제시한 내용을 간략히 언급하고 그 특징 및 강점과 함께 특별히 이 글에서는 발전적 미래를 위한 비판적 과제를 덧붙이고자 한다.

경영의 성격에 대한 논의

《경영학의 길》은 1장에서 '경영'의 기원에 대해 다루고 있다. 이 장에서 저자는 '경영학은 역사적 산물'임을 언급하고 있다. 다양한 논의 가운데 흥미로운 두 가지만 언급해 보고자 한다. 한 가지는 저자가 기업의 경영에 집중하는 경영학이 주목하는 '기업'에 대해 시장에서 경쟁해야 하는 치열한 곳인 동시에 "인간들의 집합체인 사회처럼 대단히 '인격적'이고 '관계적'이며 '역동적'인 조직체로 확대하는 것"으로 파악하고 있다는 점이다. 다른 한 가지는 경영학이 자본주의의 발전과 근대적 기업의 등장과 밀접하게 관련되어 있지만, 그 적용 범위는 기업뿐만 아니라 "국가, 군대, 학교, 교회, 가정이 모두 포함되었다"는 기존 경영 관련 문헌을 인용하며 언급하고 있다는 점이다. 조영헌 교수의 이 두 가지 지적은 경영의 성격에 대한 두 입장과 밀접하게 연계성을 가지므로 이것에 대해 언급해 보고자 한다.

경영의 성격—경영은 근대성의 산물인가?

앞에서 저자가 지적한 두 가지 흥미로운 점은 경영의 보편성과 특수성이라는 주제와 맞닿아 있다. 오늘날 경영은 한편으로는 보편적 성격을 가지는 측면이 있다. '경영'은 단순히 기업 경영에만 쓰이는 것이 아니라, 앞에서 언급했듯이 대학 경영, 병원 경영, 교회 경영 심지어 국가 경영 등으로도 사용된다. 이때 경영의 목적은 제도화된 조직을 보다 효과적으로 관리해서 그 조직의 고유한 목적을 잘 성취하는 것을 돕는 데 있다. 이런 맥락에서의 경영은 인류의 삶을 보존하고 향상시키기 위한 필수적 과업을 수행한다고 볼 수 있다. 인간다운 사회를 형성하고 유지하기 위해 필요조건을 제공하는 역할을 하는 것이다. 이렇게 경영의 성격을 규정하면 경영의 시작은 인류 문명의 시작과 함께 생성되어 왔고 문명의 발전과 더불어 변형되어 왔다고 볼 수 있다.[3] 보편적 성격으로 경영을 이해하면 경영 현상은 메소포타미아 지역의 수메르(Sumer) 문명과 이집트 문명에까지 거슬러 올라간다. 이런 인류의 초기 문명이 형성될 때 기획과 분업과 성과와 목적의 성취라는 다양한 경영의 요소들이 작동하고 있었던 것이다. 이런 맥락에서는 '경영'이라는 현상은 그 개념과 그것에 대한 연구, 그리고 그것이 경영학이라는 분과 학문으로 확립되기 훨씬 전부터 있어 왔던 사회적 실재(social reality)라는 것을 알 수 있다. 이런 경영의 보편적 성격은 그 기원이 오래되었고 그 적용도 광범위하다.

---

3 David S. Bright et al., *Principles of Management* (OpenStax, 2019).

그러나 우리는 경영을 이렇게만 보지는 않는다. 경영이 가지는 특수한 성격 때문이다. 이런 성격의 경영은 그 기원을 근대성에 두며, 그 대상은 치열하게 경쟁하고 경쟁에서 지면 시장에서 퇴출되는 조직이 된다. 이런 경영의 특수적 성격은 그 기원이 근대 이후이며 그 적용 대상은 좁은 편이다. 이때 경영은 도구적 합리성에 기반하여 효율성을 추구한다는 특수한 목적을 가지는 것으로 파악된다. 경영학에서 강조하는 것은 성과인데, 따라서 수많은 연구에서의 종속변수는 성과로 집중된다. 또한 경쟁을 위한 전략이 중요한 지위를 차지한다. 이런 성격으로 경영을 바라보는 관점에는 자원이란 제한되어 있고 시장에서의 생존이 무엇보다도 중요하다는 인식이 그 바탕으로 작용한다. 이런 성격의 경영은 근대성의 산물이라고 할 수 있다. 근대 철학의 기초를 형성한 르네 데카르트는《성찰》에서 모든 것을 의심하는 방법적 회의라는 접근을 취하면서 철학의 제1원리로 "나는 생각한다. 그러므로 나는 존재한다(cogito, ergo sum)"를 제시한다.[4] '코기토'란 사유하는 존재로서 근대적 인간을 말하는 것이다. 하이데거는 근대의 특징을 '세계상의 시대(age of the world picture)'로 규정하고 코기토를 해석하면서 이 주체가 이제 세계를 상(像, picture, Bild)으로 보고 이것을 대상화하고 심문하고 지배하고 통제하게 되었다는 점을 지적한다.[5]

경영의 성격을 근대성의 산물로 본다면, 경영은 대상화하고 통제하고 관리하는 것이 핵심이다. 심지어 주체인 사람도 관리의 대상이 되면서 그 인격성이 상실되는 결과를 가져오게 된다. 경쟁에서 이기고 수익을 창출하는 것에 집중하고 이를 위해서는 다른 것들을 수단화하는 것, 이것이 오늘날 우리가 흔히 보게 되는 경영의 현실적 현상이다.

---

4 르네 데카르트,《제일철학에 관한 성찰》, 이현복 옮김, 개정증보판(문예출판사, 2021).

5 Martin Heidegger, "The Age of the World Picture," in *Science and the Quest for Reality*, ed. Alfred I. Tauber (London: Palgrave Macmillan, 1977), 70-88.

상업학 교육의 성격

인류의 생존과 발전에 필요한 조건을 제공한다는 경영의 보편적 성격과 시장 체제 안에서 움직이는 기업의 경영이 가지는 특수한 성격 사이에는 언제나 긴장이 있다. 그러면 고려대학교에서 시작된 1905년의 상황에서 경영학(상업학) 교육의 성격은 무엇인가? 당시 상황을 보면 이미 영국은 1760년경부터 약 60여 년간 산업혁명을 경험하였고, 이후 19세기 중반의 시기에는 독일의 산업혁명이 있었고, 19세기 후반에는 미국에서도 공업 생산력이 크게 향상되었다. 일본의 경우 메이지유신 이래 1905년에는 러일전쟁의 승리로 '축하 분위기로 들떠 있었다'고 이 책에서 언급하고 있다. 중국이 1905년에 과거제 폐지로 새로운 길을 모색했듯이 대한제국은 실천적인 인재 양성이 절실했다. 고려대학교 유진오 전 총장의 설명을 보면 이용익 선생의 신교육제도 창설 목표는 "종래의 부패된 봉건적 절대적 체제 대신, 인재를 양성함으로써 민족주의·민주주의의 제도를 수립하여 각인의 자각 위에, 언론의 창달(暢達)과 학문의 발전을 꾀하며 부국강병을 도모하려는 것"이었다.[6] 이 목표는 보성전문학교에서 실천적인 전문 분야의 인재를 양성하여 나라와 사람들의 삶을 향상시키는 데 기여하는 것이 절실했기에 큰 의미가 있었다. 저자도 이 책 2장에서 다음과 같이 언급한다: "과거제로 대표되는 전근대적 학문체계 및 문명이 역사의 뒤안길로 사라지기 시작하는 동시에 새로운 근대 학문이 도입되어 교육되기 시작하는 시대적 전환기에 보성전문학교 이재학과가 1905년 탄생한 것은 '한국의 경영학'이 탄생하는 문명사적 의미가 있다고 할 수 있겠다."

경영의 성격과 관련해서 경영학 교육이 시작된 지 120년이 지난 지금은

6 유진오, 《양호기—보전·고대 35년의 회고》, 재판(고려대학교출판문화원, 2019), 332쪽.

어떠한가? 지금 우리는 과히 '기업의 시대' 혹은 '경영의 시대'를 경험하고 있다. 보편적 성격으로서의 경영은 여전히 중요하다. 1905년 즈음에는 전근대에서 근대화가 필요했다. 상업학 교육은 근대화를 추동하는 힘으로 작동했을 것으로 보인다. 그 시기에는 그런 교육이 필수적으로 요청되었다. 그러나 지금도 근대성에 머물러야 하는 것은 아니다. 이것이 우리가 안고 있는 과제이다. 특수한 성격으로서의 경영의 논리가 우리 삶의 모든 영역에 작용하는 지배적인 논리로 남는다면, 기업과 경영이 그 본래적 목적인 인류의 좋은 삶을 위해 필수적인 조건을 제공하는 것에서 벗어나 오히려 우리 삶의 전 영역을 경영화하여 좋은 삶으로부터 멀어지게 하여 문제를 야기시킨다. 이것이 미래에 경영과 그것을 연구하는 경영학이 풀어야 하는 과제라고 할 수 있다.

고려대학교 경영학 교육의 역사성—120년 동안의 역사적 연속성을 가지다

조영헌 교수는 이 저서에서 다음과 같이 서술하고 있다: "이처럼 고려대학교 경영대학은 1905년 이래 현재까지 120년 동안 한국 근현대사의 각종 고난과 굴곡 속에서 끊어지지 않고 교육과 연구를 이어 왔다는 점에서 그 역사적 의미가 크다"(5장). 고려대학교의 역사와 경영학(상업학) 교육의 역사는 동일하다는 측면과 그 교육의 역사적 연속성에 대한 저자의 중요한 지적은 그 자체로도 의미가 크지만 국내 다른 대학들과 비교했을 때도 그 의미가 작지 않다. 보성전문학교는 일제하에서 학교의 명칭을 한 번은 사립보성법률상업학교(1915. 4-1922. 3)로 또 한 번은 경성척식경제전문학교(1944. 4-1945. 8)로 두 번이나 변경해야만 했다. 한국전쟁 당시에도 상황이 쉽지 않았고, 이후 시국의 상황에 따라 여러 부침이 있었지만 교육은 계속 유지되었다. 보성전문학교는 나라의 위기상황 속에서 황실의 희망 같은 것으로 시작되었다. 설립자 이용익으로부터 교육을 통해 나라를 구하고자 하는 이념이 시작되었고, 3·1운동의 중추적 역할을 했던 손병희 선생으로 이어져 김성수 선생에 이르기까지 이런 정신은 지속되었다. 120년 동안의 경영학 교육의 연속성, 이것은 그 자체로 의미가 크다고 할 수 있다.

'최초'와 '최고'를 이어 가다

이 저서에도 언급된 바와 같이, 고려대학교 경영대학의 경영학 교육은 그야말로 '최초'와 '최고'를 자랑한다. 몇 가지만 예를 들어 보자. 1905년에 한국에서 최초로 상업학을 교육하기 시작했고 일제강점기 중에도 졸업생을 꾸준히 배출하였다. 1955년 창립 50주년이 되는 해에는 한국에서 처음으로 경영학과를 신설하여 경영학 교육을 주도하였다. 그리고 1963년에 한국에서 최초로 경영전문대학원을 설립하였다. 이렇듯 '최초'와 함께 '최고'를 추구해 왔는데, 송기철 교수는 설립 초기부터 오랜 세월 동안 "저서, 번역서, 논문 등으로 선진 이론과 기법을 도입·소개·소화하는 데 선도적 역할"을 수행하여 탁월성을 유지하였음을 기술하고 있다.[7] 역사학자로서 저자는 어떻게 고려대학교 경영대학이 최초와 최고를 지향할 수 있었고 성취했는지에 주목한다. 최초가 되려면 각 시기별로 새로운 시도에 대한 빠른 의사결정의 결단이 필요하며, 이에 더하여 구성원들의 전폭적인 지지는 물론이고 함께 힘을 합쳐야 한다. 이런 개척자 정신과 공동체적 단합은 고려대학교의 특성이다. 이에 더하여 '행동하는 고대'라는 정신도 오랜 기간 동안 자리매김해 왔다.[8]

---

7 송기철, 〈조선왕조 말과 일제 전반기의 상업고등교육과 보성전문학교〉, 보성전문학교의 법학·경상학교육과 한국의 근대화' 연구위원회 엮음, 《근대서구학문(近代西歐學問)의 수용(收容)과 보전(普專)》(고려대학교출판부, 1986), 399쪽.

이런 실천력과 단결력, 그리고 '공선사후(公先私後)' 정신은 고려대학교가 자랑하는 요소들이다. 《한경비즈니스》가 대기업 인사 담당자들을 대상으로 실시한 전국 경영대학 평가에서 2008년 시작한 이래 14년 연속 고려대학교 경영대학이 1위를 차지한 바 있다. 2021년 평가를 기준으로 볼 때, 압도적인 점수 차이를 가져온 것은 '조직 융화력'과 '성실성과 책임감' 영역이었고, 이 외에도 '업무 적응력·실무 능력'과 '신입 사원 채용 선호도' 영역에서 1위를 차지했다. 그러나 다른 영역인 '발전 가능성', '창의적 업무 해결', '국제화 시스템' 등의 영역에서는 1위를 하지 못했다.[9] 이 순위는 무엇을 말해 주는가? 우리가 자랑하던 핵심 역량이 핵심 부담으로 전환되어 해결해야 할 과제가 된 것이다. 설립 정신을 숙고하고 최초를 이어 온 그 저력으로 새로운 미래를 개척하는 일에도 또 다른 노력이 요구된다. 큰 조직에 들어가 주어진 일을 잘 해내는 인재가 아니라, 우리 사회의 미래를 창출하고 세상을 변화시킬 새로운 인재상을 가지고 사회적 리더를 양성해 갈 필요가 있는 것이다.

경영학 교육의 시기성—그 시작은 빠른 것이었나?

이 책은 상업학 교육의 시기성과 관련하여 "세계 최초의 비즈니스 스쿨(Business School)로 손꼽히는 미국의 와튼(Wharton)스쿨이 펜실베이니아대학교(University of Pennsylvania)에 출범한 것이 1881년이고, 동아시아에서 가장 먼저 신문명을 받아들인 일본의 경영학이 1890년 게이오의숙의 이재학과로 시작되었고(당시 문학, 이재학, 법학의 3학과로 시작), 하버드대학교도 1908년

8 유진오, 《양호기—보전·고대 35년의 회고》, 341-355쪽.

9 이런 영역들에서도 고려대학교 경영대학이 결코 약하다고 생각하지는 않지만 인사 담당자들이 평가한 순위는 그러하다.

에 와서야 비즈니스 스쿨을 창립했던 것을 상기하면 1905년 보성전문학교 이재학과의 등장은 문명사적으로 결코 늦은 일이라고 볼 수 없다"라고 평가한다. 이런 시기의 단순 비교로 볼 때 보성전문학교의 상업학 교육의 시작이 빨랐던 것은 사실이다.

보성전문학교의 상업학 교육의 시기성에 대해 과소평가해서는 안 되지만 두 가지 정도는 추가적으로 설명을 가할 필요가 있어 보인다. 그 한 가지는 학문의 내용 측면이다. 미국의 경우를 보면 비록 와튼 비즈니스 스쿨이 1881년에 세워져 이를 필두로 여러 비즈니스 스쿨이 설립되었지만, 1880년대에 이미 여러 상과대학들(Commercial Colleges)이 존재하였고, 이들 대학에서 매년 약 5만 명의 청년들에게 상업을 위한 교육 훈련을 시키고 있었다.[10] 조지프 와튼(Joseph Wharton)은 이들 대학에서 길러 내는 인재는 경영의 리더가 아니라 단지 사무원(clerks)이 되도록 훈련된다는 불만을 가지고 있었다. 따라서 와튼은 당시 10만 달러를 기부하여 와튼스쿨을 설립하여 미국 사회를 위한 교양교육을 받은 리더를 양성하고자 의도하였다. 보성의 상업학 교육, 미국 상과대학들의 상업학 교육, 그리고 와튼스쿨 같은 비즈니스 스쿨의 경영학 교육을 단순 비교하는 것에는 어려움이 있다. 왜냐하면 정확한 커리큘럼의 내용이 무엇인지, 커리큘럼대로 가르쳤는지, 가르쳤다면 그 내용은 무엇이었는지 등 따져 볼 것이 있으며, 이런 것들에 기반한 질적 비교가 더 논의될 필요가 있기 때문이다.

다른 한 가지는 산업의 발달과 학문의 발달 간 관계이다. 실천적인 학문인 경영학은 산업의 발달과 기업의 성장과 함께 발전해 왔다. 보성전문학교가 설립된 시기는 한국의 경우 아직 큰 기업의 성장이 두드러진 시기는 아

10 Steven A. Sass, *The Pragmatic Imagination: A History of the Wharton School, 1881-1981* (Philadelphia: University of Pennsylvania Press, 1982).

니었고, 국세가 약화된 상황이었다. 한국 기업들 중 가장 오래된 두산의 전신은 1896년에 설립된 '박승직 상점'인데 포목점으로 시작했다.[11] 두 번째 오래된 기업은 신한은행인데, 1897년 한성은행으로 시작하였고, 1943년 동일은행과 합병하여 조흥은행이 되었으며 이후 2006년에 신한은행과 합병하여 오늘에 이르고 있다. 신한은행과 같은 해에 설립된 동화약방도 두 번째로 오래된 기업인데, 우리에게 잘 알려진 활명수를 판매하는 동화약품의 전신이다. 네 번째로 오래된 기업은 우리은행이다. 고종의 지원으로 설립된 대한천일은행에서 출발한다. 다섯 번째는 1905년에 설립된 몽고식품인데, 몽고간장으로 잘 알려져 있다. 따라서 1905년이라는 시점은 한국에서 기업이 본격적으로 활동하던 시기가 아니다. 한국의 산업화는 1962년에 시작된 제1차 경제개발5개년계획부터 본격적으로 정부 주도로 시작되었다. 이런 점에서 볼 때, 한국에서는 연구 대상인 기업이 현저하게 드러나기 전에 그것을 연구하는 학문인 경영학이 먼저 도입된 경우라고 볼 수 있겠다. 이런 두 가지 사항을 염두에 두고 그 의의를 새겨 볼 필요가 있다.

시공간적 맥락 속에서의 고려대학교 경영학 교육의 의미

1905년! 새로운 세기는 흔히 그러했듯이 19세기에서 20세기로 넘어와 몇 년 지나지 않은 격동기였다. 중국에서는 1,300여 년 지속되었고 과거 중국을 지탱하였던 과거제를 폐지하는 결정을 하여 과거제의 문은 닫혔지만 다른 기회의 문들은 열리고 있었다. 같은 해에 일본은 러일전쟁의 승리와 함께 메이지유신으로 인한 강화된 국력을 누리고 있었다. 이해, 대한제국은

11 두산그룹 기획 조정실, 《배오개에서 세계로》(두산그룹, 1996). 이하 다른 기업들의 설립 연도에 대한 것은 다음 문헌에 의존하였다. 배종석, 〈근대기업의 생성과 보성전문의 상학 교육〉, 명순구 외, 《1919년 보성전문, 시대·사회·문화》(세창출판사, 2020), 193-260쪽.

을사늑약으로 주권을 잃게 되는 위기의 시기였다. 이런 위기의 시기에 당시 황실의 재정을 책임지는 내장원경(內藏院卿)을 지낸 이용익에 의해 보성전문학교가 설립된다. 설립자의 경력과 당시 나라의 상황에 비춰 볼 때 보성전문학교의 설립 목적은 '교육구국(教育救國)'이라고 볼 수 있다. 그가 1907년 타국에서 세상을 떠나며 마지막으로 황제에게 청을 남겼는데, 그것을 보면 "광건학교(廣建學校), 교육인재(教育人材), 이복국권(以復國權)", 즉 널리 학교를 세워 인재를 교육하여 국권을 회복하기를 원하는 내용이다.[12] 이재학(理財學)으로 시작하여 상업학(商業學), 상학(商學), 그리고 지금의 경영학으로 이어져 온 고려대학교 경영학 교육은 사농공상의 전통에서는 그 지위가 미천한 시작일 수밖에 없으나 당시의 국제 정세와 시대적 요청에 적실한 발걸음이었다. 이것이 《경영학의 길》에서 저자가 주목하여 재차 강조한 동아시아의 지리적 맥락 속에서 고려대학교 경영학 교육이 가지는 의의라고 하겠다.

한국에서의 경영과 경영학

이러한 고려대학교 경영학 교육의 의의를 충분히 받아들이면서 한 발 더 들어가 볼 필요가 있다. 일반적으로는 산업이 발전하고 학문이 따라가야 하지만, 한국의 경우 앞에서 살펴보았듯이 산업화와 경제개발은 1960년대가 되어서 본격적으로 시작되었다. 한국에서는 산업발전 이전에 상업학 교육이 먼저 있었던 것인데, 이것은 나름대로의 의미가 있다. 한국의 경제성장 과정은 그 특성상 자연적 자원이 많지 않은 여건 속에서 교육받은 인재의 준비가 매우 중요한 역할을 하였다. 일반적으로 산업혁명과 산업의 발전이 있은 후에 그것을 정리하는 학문적 발전이 따라온다면, 한국의 경우 역

12 유진오, 《양호기—보전·고대 35년의 회고》, 329쪽.

으로 학문적 교육의 시작이 있어서 인재를 길러 내었고 인적 자산을 기반으로 그것이 일종의 추동이 되어 산업을 발전시킨 것으로 볼 수 있다. 근대화와 산업화가 절실한 한국에 이미 이런 교육을 받은 인재들이 배출되고 있었던 것이다. 이것이 한국에서의 경영학 교육, 특히 고려대학교에서의 경영학 교육이 가지는 의의라고 할 수 있다.

또 한 가지 지적할 점은 한국은 산업화와 경제발전 과정에서 압축적으로 성장한 역사를 가지고 있는데, 한국 경영학 발전과 그 교육도 동일하게 압축적으로 진행되었다는 사실이다. 한국의 경영학 발전을 살펴보면, 한국에서 경영학 교육이 본격적으로 진행되었던 1950년대 중반 이후 초기에는 일본과 독일에서 공부한 교수들이 더러 있었지만 이후에는 미국 중심의 경영학이 빠르게 도입되어 발전해 왔다. 최종 학위 기준으로 보면 2025년 2월 현재 고려대학교 경영대학의 전임교수 88명의 최종 학위 국가는 미국 대학이 75명으로 약 85%를 차지하며, 북미에 속하는 캐나다 대학 출신 5명을 포함하면 80명으로 91%에 가깝다. 미국 경영학 중심의 압축적인 학문의 성장은 대학 평가 및 교수업적 평가와 함께 경영학이라는 학문이 특정 성격을 지니도록 하였다.[13]

즉, 미국 중심의 압축적인 경영학의 성장과 평가제도의 변화는 특수한 성격의 경영학으로 구축되는 것을 가속화했고, 또한 기본의 결핍이라는 문제를 야기했다. 우선 특수한 성격으로의 변화라는 문제부터 살펴보자. 미국의 경영학 학풍은 실용주의에 기반하고 있으며, 특히 미국식 자본주의에 가장 충실한 방식의 경영학을 연구하고 전수한다는 특징이 있다. 실용주의

---

13 평가제도의 변화는 세계 대학 순위에 관심을 가지고 참여하는 것과 이에 따라 주류 경영학에 속하는 최고 수준의 학술지에 논문을 게재하는 것을 지향하게 된 것과 관련이 있다. 이런 집중은 연구중심 대학으로 발돋움하기 위한 과정이지만, 이 과정에서 기본적인 교양교육이나 인문학적인 것, 중요하지만 부가적인 주제 혹은 과목, 특정 과학철학이나 방법론에서 벗어난 연구 등에 덜 관심을 가지게 하는 왜곡된 현상으로 나타나게 만든다.

적이고 주어진 체제 속에서 효율성만 따지는 경향은 비판철학자 막스 호르크하이머(Max Horkheimer)의 논점을 빌리자면[14] 주관적 이성이 전면에 나와 있는 형국이고 객관적 이성이 상실되어 현재 체제의 기본적인 목적에 대한 문제제기가 없으며 전체 맥락 속에서 이해하려는 시도를 약하게 만든다. 미국 경영학의 또 하나의 특징은 분절된 전문화에 집중한다는 점이다. 저자는 이 책의 5장 마지막 절에서 '세부 전공으로의 분화와 심화 발전'에 대해 설명하며 각 분야 교수별 구체적인 이력을 서술하고 있다. 분명히 학문적으로 심화 발전된 측면이 있다. 그러나 종합적인 경영현상에 대해 부분적 분석을 하는 경향이 있는 것이 사실이다. 정리하면 미국 중심의 주류 경영학은 경험적 실재론의 입장을 취하고, 과학주의에 기반하여 학문의 과학화를 추구하여 경영학을 자연과학처럼 연구하는 경향을 갖게 되었다.[15]

다음으로 압축적인 경영학의 발전에는 기본의 결핍이라는 문제가 있다. 즉 기능적이고 실천적인 발전이 있었으나 미국 경영학 초기에 가졌던 인문학 내지는 교양교육의 기반을 약화시키는 결과로 이어진 것이다. 미국의 초기 경영대학 설립 이념은 인문교육을 기본으로 생각하였고, 기능적인 전문가가 아니라 보편적 가치에 기반하고 보다 넓은 맥락에서 책임 있는 경영리더를 키우는 데 관심이 많았다. 이런 현상은 와튼스쿨에 한정되지 않는다. 하버드대학교에서도 동일한 움직임이 있었던 것을 볼 수 있다. 1869년부터 1909년까지 하버드대학교의 총장이었던 찰스 엘리엇(Charles W. Eliot)은 하버드대학교는 교양교육과 직업교육의 목표를 통합할 책임을 가지고 있다고

---

14 막스 호르크하이머, 《도구적 이성 비판—이성의 상실》, 박구용 옮김(문예출판사, 2006).

15 Sumantra Ghoshal, "Bad management theories are destroying good management practies," *Academy of Management Learning & Education* 4, no. 1(2005): 75-91; 주류 경영학과 비판 경영학의 비교에 대해서는 다음 문헌 참조: 배종석·강철 〈경영철학과 윤리〉, 이두희 외, 《경영교육 뉴 패러다임》(매경출판, 2018), 77-111쪽.

주장한 바 있다.[16] 고려대학교의 역사 속에서도 고대 정신과 인재상과 관련된 인문학적 반성과 예술적 전통이 있어 왔다.[17] 이런 것들은 경영학 연구와 교육에서도 깊이 성찰할 필요가 있다.

한국에서 빠르게 성장한 경영학이라는 분과학문은 이와 같이 앞서 언급한 근대성의 영향을 받은 특수한 성격을 가진 방향으로 가속화되었기에, 경영의 실재를 잘 드러내는 방향의 새로운 성격의 학문 재구축이라는 과제가 주어졌다. 나아가 교육 측면에서 경영학 전문지식 외에 존재와 사유와 행위에 대해 숙고할 수 있는 기본적인 교양을 강화해야 한다는 새로운 과제도 남아 있다.

3 새로운 역사를 꿈꾸며

유진오 전 총장의 고려대학교 창립 50주년에 대한 회고 내용을 보면 "1955년 5월 5일, 하늘은 맑게 개고 철쭉꽃이 교정을 붉게 장식한 가운데 고려대학교 창립 50주년 기념식은 성대하게 거행되고 (…) 오래간만에 맞아보는 희망과 광명의 하루였다"고 기록하고 있다.[18] 한국전쟁이 끝나고 2년도 채 되지 않은 시점이었다. 대표적인 한국의 기업들 중 현대자동차가 1967년에, 삼성전자는 1969년에 설립되었지만, 고려대학교의 경영학(상업학) 교육의 역사는 1955년에 이미 50년을 맞이하는 해였다. 지금의 경영대학은 1946년

16 Gordon M. Hardy, Daniel L. Everett, eds., *Shaping the Future of Business Education: Relevance, Rigor, and Life Preparation* (New York: Palgrave Macmillan, 2013).

17 예를 들면 다음의 문헌들에서 고대의 이념, 정신, 전통, 음악과 시 등에 대한 다양한 논의가 되고 있다. 인권환, 《고대유사—고대·고대인·고대정신》(고려대학교출판부, 2012); 명순구·고형진·류경선, 《1955년 고려대학교, 법과 시와 음악》(고려대학교 법학연구원, 2015).

18 유진오, 《양호기—보전·고대 35년의 회고》, 339-340쪽.

9월에 경상대학(상업학과, 경제학과)이 되었다가 1955년 2월에는 상과대학으로 개칭을 하였는데, 여기에는 상학과와 함께 처음으로 경영학과를 두게 된다.[19] 고려대학교 50주년은 고려대학교 경영학 교육 50년이었고, 경영학과를 처음으로 만든 해였던 것이다. 2025년, 120주년의 5월도 '희망과 광명'의 날이 되기를, 그리고 그런 날이 계속 이어지기를 기대한다.

교육구국으로 시작하여 세계 속의 대학으로 성장한 대학으로서, 그리고 산업과 기업이 발전하기 전에 상업학(경영학) 교육으로 인재를 양성하여 그 발전을 추동하였던 대학으로서, '최초'와 '최고'를 추구하며 경영학의 선구자 역할을 자임하던 대학으로서, 이제 고려대학교 경영대학은 세계인의 좋은 삶을 위한 방향을 제시하는 새로운 좌표를 찍어야 한다는 과제를 안고 있다. 고려대학교 경영대학의 사명은 사회적 영향력을 가진 새로운 아이디어와 지식을 창출하고 세상을 바꿀 사회적 리더를 양성하여 인류가 더불어 좋은 삶을 누리도록 돕는 것에 기여하는 것이라 할 수 있다. 120주년을 기념하기 위해 경영관 앞에 이우환(Ufan Lee) 작가의 〈관계항-장소성(Relatum-The Location)〉이라는 예술품을 설치하면서 당시 학장으로서 내가 언급하였던 말을 인용해 본다. "이 작품은 높은(高) 품격(麗)의 대학에서 완미(完美)를 추구하며 미래로 나아가고자 하는 우리 마음의 문입니다."

《경영학의 길》을 탁월한 식견과 내부자 같은 열정으로 훌륭하게 완성해 주신 조영헌 교수에게 깊은 감사를 드린다. 120주년을 위한 다양한 기획을 실천해 온 경영대학의 역사문화위원회의 위원들과 전 위원장 전재욱 교수와 현 위원장 신호정 교수에게 감사의 마음을 전한다. 그리고 이 프로젝트를 효과적으로 진행해 온 김상용 전 학장과 김언수 현 학장에게도 감사드

---

19 신수식, 《고려대학교 경영대학 100년사—1905-2005》; 배종석, 〈근대기업의 생성과 보성전문의 상학 교육〉, 《1919년 보성전문, 시대·사회·문화》.

린다. 그리고 홍보팀 구성원들의 수고와 이를 응원하고 지원해 준 경영대학 교수진에게 고마움을 전한다. 이 책이 고려대학교 경영학 연구와 교육의 발전에 새로운 지평을 열어 줄 기회의 문이 되기를 기대한다.

고려대학교 경영학과 교수

배종석

후원해 주신 교우 여러분께

많은 분들의 관심과 도움에 힘입어 고려대학교 경영대학 120주년을 기념하는 이 책을 선보일 수 있었습니다. 출간 프로젝트를 위하여 기꺼이 지원해 주신 여러분께 특별한 감사의 말씀을 전합니다. 경영대학 동기 교우인 여용동 님, 구승회 님, 이병호 님, 정교순 님, 조명제 님에게 진심으로 감사를 드립니다. 특별히 오창희 님은 본인뿐 아니라 고려대학교 교우이신 가족분들도 동참해 주셨는데 오세중 님, 박긍수 님, 김민희 님, 김창수 님, 이선용 님, 박수창 님, 이혜연 님께도 깊은 감사의 말씀을 드립니다.

축사

고려대학교 경영대학의 120년 역사를 담아낸《경영학의 길》발간을 진심으로 축하한다. 이 책은 우리 모교의 자랑스러운 발자취를 담고 있으며 특히 단순한 기록을 넘어, 한국 경영학의 시작과 발전, 그리고 앞으로 나아가야 할 방향까지 폭넓게 조망하고 있는 점에서 가치를 둘 수 있을 것이다. 역사학자의 시선으로 집필되었다는 것이 또한 무척 인상 깊은 점이다.

1905년 보성전문학교 이재학과에서 시작된 경영학 교육이 일제강점기와 전쟁, 산업화와 세계화를 거치며 시대의 변화에 따라 진화해 온 과정과 중심에 우리 고려대학교 경영대학이 있었다는 사실에 큰 자부심을 느낀다. 한국의 산업화가 본격화되기 전부터 상업학 교육을 시작하고, 이후 수많은 인재들이 사회 각 분야에서 중추적 역할을 해 왔다는 점은, 우리 경영대학이 단순한 교육기관을 넘어 사회 발전에 기여했다는 것을 보여 줄 것이다.

이제 우리 경영대학은 지난 120년의 전통과 성과를 넘어, 인간 중심의 경영을 고민해야 할 시점에 와 있다. "사회를 위한 경영학으로 다음 세대에 영감을 주다"라는 고려대학교 경영대학이 제시하는 가치는 미래 세대를 위한 앞으로 나아갈 우리의 방향을 잘 보여 주고 있다.

나 또한 이곳 경영대에서 배운 바를 바탕으로 오늘의 자리까지 올 수 있었던 만큼, 이 책에 담긴 깊은 통찰과 메시지에 진심으로 공감하며, 앞으로도 우리 고려대학교 경영대학이 시대를 선도하는 중심이 되기를 진심으로 기원한다.

2025년 7월

고려대학교 경영대학 교우회장

이동섭

경영학과 역사학의 만남

경영학과 역사학의 만남!

중국 상업사를 전공하는 나에게 이 만남은 일종의 '로망'이었다.

지금으로부터 약 200년 전에서 멀게는 600년 전에 해당하는 명·청 시대 상인들의 성공과 실패 이야기는 나의 오랜 관심사였다. 당시 상인들은 어떻게 각지를 돌아다니면서 부의 축적과 신분적 향상을 추구했을까?

사·농·공·상의 서열화된 신분 질서 속에서 상인들이 감내해야 했던 신분적 차별은 얼마나 심했을까? 거대한 자본을 축적한 상인들은 왜 다시 자녀들의 교육을 위해, 특별히 과거 시험에 합격시키기 위한 투자를 결정했을까? 그리고 그렇게 상품 경제와 장거리 유통망이 발전했음에도 불구하고 명·청 시대 중국에서 자본주의는 왜 꽃 피우지 못했을까? 대체로 이러한 문제의식이 2006년 박사학위를 받을 때까지 역사학자로서의 주된 관심사였다.

박사학위를 받고 2007년 대학의 전임고원이 된 이후 소위 'K-컬처'의 힘이 세계 각지로 퍼져 나가는 것을 경험했다. 그 바탕에 한국 기업의 위상 변화와 경제력이 가진 힘이 있음을 확인하는 것은 어렵지 않았다. 그때부터 새로운 관심사가 생겨나기 시작했다. 21세기 한국의 경제적 위상과 기업인은 어떤 역사적 연원을 지닌 것일까? 19세기 후반까지 중국에 비하여 자본주의와 더 거리가 멀었던 한국이 어떻게 21세기에 들어와 자본주의의 첨단을 구가할 수 있게 된 것일까? 지난 1세기 동안 한국의 기업과 자본주의적 경제가 이렇게 비약적으로 성장했다면, 그 지적·물적 변화의 주된 요인은 미국의 영향일까? 일본의 영향일까? 아니면 내재적인 잠재력의 발현일까? 그리고 이 과정에 경영학은 어떤 역할을 했을까? 하지만 이러한 관심사가 생기더라도 역사학자의 본분이 아니라고 생각했기에 의도적으로 관심의 외곽으로 밀어내기 일쑤였다. 그럼에도 중국 상업사를 연구해 온 역사학자로서, 우리 대한민국의 오늘을 있게 한 한국 경영학의 역사라는 전혀 다른 분야에 대해 학문적 접근을 시도하는 것은 오랫동안 품어 온 꿈이었다.

'뜻이 있는 자는 마침내 일을 이룬다(有志者事竟成)'는 격언이 있기는 하지만, 뜻만 품고 있을 뿐 아무런 노력도 하지 않던 내게도 꿈을 실현할 수 있는 기회가 찾아올 줄이야.

지금부터 약 4년 전인 2021년 3월의 어느 날이었다. 당시 경영대 학장이셨던 배종석 교수님과 학장실에서 2025년 경영대학 120주년에 대한 담소를 나누다가 '1905년'이라는 시간적 키워드에서 스파크가 발생했다. 배 교수님은 고려대학교 경영대학의 시작이었던 보성전문학교 이재학과가 창립된 연도로 1905년을 기억하셨고, 나는 사·농·공·상의 신분 질서가 와해되기 시작한 분기점이자 중국에서 과거 시험이 폐지된 해로 1905년을 기억하고 있었다. 과거제의 폐지는 유교적 소양에 근거한 '구지식인'의 몰락을 상징했고, 이재학과의 창립은 경제 및 기업과 관련한 '신지식인'의 등장을 또한 상징했다. '1905년'이라는 동시성에 고무된 배 교수님과 나는 1시간이 넘도록 대화를 이어 갔고, 고려대학교 경영대학 120년사를 집필하는 것으로 조금씩 마음을 모으기 시작했다.

그러나 여전히 주저하는 나에게 배 교수님은 묵직한 책 한 권을 읽어 보라고 건네주셨다. 경영대학 100주년을 기념하여 경영대 신수식 교수님이 저술하신 《고려대학교 경영대학 100년사—1905-2005》(2006년 10월 출간, 이하 《100년사》)였다. 국배판으로 700쪽이 넘는 방대한 분량의 역사서이자 자료집이었다. 집에 와서 그 책을 읽어 가는데 수많은 자료와 사진 속에 담겨 있는 이야기들이 경영대인이 아닌 나에게도 감동의 순간들로 다가오기 시작했다. 그리고 내가 몸담고 있는 고려대학교의 역사에 경영대학의 역사가 포개지면서 마음이 웅장해지기 시작했다. 아울러 《100년사》가 비매품인 데다가 일반인이 보기에는 너무 많은 자료를 담고 있었기에, 이를 보다 많은 이들이 읽을 수 있는 역사책으로 출간한다면 의미가 있겠다는 바람도 생겼다. 따라서 이는 일개 학과의 창립 몇 주년 홍보물이 아닌 문명사의 흐름에서 바라보는 학술사적인 책이 되면 좋겠다고 생각했다. 사실 이러한 지향점은 배종석 교수님이 역사학자인 나와 대화를 시작할 때 이미 염두에 두었던 방향성이기도 했다. 이렇게 '로망'은 '현실'이 되었다.

출간까지 4년 정도가 남았기에 시간은 충분하다고 생각했다. 하지만 이러한 생각과 계산이 만용(蠻勇)이었음을 깨닫게 되기까지 그리 오랜 시간이 걸리지 않았다. 중간에 얼마나 많은 후회를 하였는지 모른다. 고려대학교 경영대학 한 학과의 역사였지만, 120년이라는 장구한 시간과 축적의 저력 앞에서 왜소하고 미력한 스스로를 돌아볼 때가 한두 번이 아니었다. 초반 1-2년 동안 관련 자료를 모으고 읽기 시작하는데, 시간이 갈수록 참조해야 할 자료는 점점 늘어나기만 했다. 게다가 학기 중에는 집필에 집중할 시간을 확보하기도 어려웠다.

그러다 2024년 1학기 얻게 된 연구 학기의 시간을 온전히 이 책의 저술에 집중할 수 있게 되었다. 외국으로의 출장 기회를 모두 포기하는 대신 제주도로 가기로 결심했다. 제주는 오래전부터 '외부와 단절된 섬'이라는 '절도(絶島)'의 성격을 지니고 있기에 조선 시대 유배지로도 유명했던 곳이 아니던가! 스스로 '유배'시키지 않고서는 도저히 경영대학 120년사라는 과업을 완수하지 못할 것 같았다. 다행히 제주대학교 게스트하우스에 집필 장소를 마련하고 걸어서 3분 거리의 도서관에서 5개월의 시간을 최종 집필에 집중할 수 있었다. 집필하다 피곤하면 제주대학교 근처 '치유의 숲'을 걸으며 보전 상과와 고려대학교 경영대학을 구성했던 인물들을 묵상했고, 도저히 아이디어에 진전이 없을 때는 해 질 녘마다 삼양 해수욕장의 해변을 걸으며 돌파구를 염원했다. 이렇게 '절도' 제주의 숲과 해변에서 경영대학 120년사의 페이지가 꾹꾹 채워졌다.

3년의 독서와 1년의 집필 기간을 통해 내가 새롭게 인식한 부분은 한두 곳이 아니었다. 1905년 무렵 동아시아적 맥락에서 '이재학(理財學)'의 의미, '경영'이라는 개념에 대한 역사적 이해, 독일과 일본에서 처음 경영학이 발흥하던 단계에 대학에서 '경영학자'들이 받았던 멸시와 천대, 그럼에도 불구하고 새로운 학문으로 경영학을 만들었던 불굴의 의지, 한국 경영학의 발전에 영향을 미친 일본·독일·미국 경영학의 영향, 한국 경영학의 발전이 한국 자본주의의 발전과 궤를 같이한 여정, 고려대학교 경영대학의 선구적 시도들과 세계사 흐름과의 동시성(이 부분을 강조하기 위해 〈부록 2〉에서 고려대학교 경영대학-한국사-세계사의 흐름을 연표로 정리하였다), 그리고 시대적 변화에 따라 사회적 요청에 기민하게 반응하며 진화하는 경영학의 혁신성까지… 무엇보다 경영학의 본질이 일반인의 통념처럼 이윤 획득을 추구하는 학문이 아니라 "인류의 삶을 보존하고 향상시키기 위한 필수적 과업을 수행하는 것"이라는 점을 확인할 때는 전율을 느끼는 동시에 오늘날 그 본질에서 벗어난 경영학이 가져올 위기감에 휩싸이기도 했다. 이 책의 각 장에 이러한 내용이 담겨 있다.

글을 쓴 나는 외부인이기에 가급적 객관적 입장을 유지하면서 중요한 내용을 빠짐없이 담으려고 최선을 다했지만, 정작 고려대학교 경영대학의 전·현직 구성원들에게 얼마나 만족스러운 결과물이 되었을지는 자신이 없다. 다만 배종석 교수님이 이 책을 보완하기 위해 기고한 글(〈고려대학교 경영학 교육—120년의 의의와 과제〉)에서 언급했듯, "고려대학교 경영대학의 사명은 사회적 영향력을 가진 새로운 아이디어와 지식을 창출하고 세상을 바꿀 사회적 리더를 양성하여 인류가 더불어 좋은 삶을 누리도록 돕는 것에 기여하는 것"인데, 이 책이 그 사명을 위한 디딤돌이 되기를 소망할 뿐이다. 120년 동안 연구와 교육을 지속했던 경영대학의 역사가 '지속(continuity)'과 '변화(change)'라는 두 관점에서 독자들에게 재조명된다면 더할 나위 없이 기쁠 것이다.

끝으로 이 책을 집필하면서 도움을 받았던 분들을 기억하고자 한다. 처음부터 마지막까지 격려를 아끼지 않으셨던 배종석 전 학장님을 비롯하여 김상용 전 학장님, 김언수 학장님께서는 외부의 시각으로 경영대학의 역사가 집필되는 과정에 물적·정신적 지원을 아끼지 않으셨다. 신수식 교수님의 《100년사》는 사실상 이 책의 뼈대가 되었으며, 고 송기철 교수님의 회고록은 보전에서 고려대학교로 전환되는 과정에서 경영대학의 전환기를 이해하는 데 결정적인 도움이 되었다. 김익수 교수님이 원로 교수님들을 만나 진행한 영상 인터뷰 기록은 자료집으로만 이해하기 힘들었던 맥락적 이해에 큰 도움이 되었다. 고려대에 임용될 무렵부터 멘토 역할을 해 주셨던 이장로 교수님은 제주에서의 집필 기간에도 조언과 격려를 아끼지 않아 주셨다. 전재욱 교수님은 역사서 편찬 회의 때마다 따뜻한 조언을 해 주셨고, 김동원 교수님(현 총장님)은 고려대학교의 맥락에서 경영대학을 바라보는 눈과 경영본관 2층 스타트업 스테이션의 중요성을 알려 주셨다. 최종 원고에 대해서는 고려대학교 경영대학 120주년 기념사업위원회(신호정 위원장, 김상용, 배종석, 윤성수, 김중혁, 박경삼, 최우석, 이종호, 나현승, 안유정 위원)이 감수위원으로 꼼꼼한 수정 및 감수 의견을 주셔서 오류를 최소화할 수 있었다. 경영대

홍보팀의 직원 선생님들은 귀찮은 자료 요청을 늘 흔쾌히 들어주었고, 박물관과 법학과 사료실 관계자들은 자료 이용을 적극 도와주었다. 역사교육과 학과 교수님들과 동아시아문화교류연구소의 권내현 전 소장님은 따뜻한 격려로 집필을 응원해 주셨다.

또한 제주대학교 사학과의 정창원 교수님은 이 책의 집필에 집중할 수 있도록 제주대학교에 연구 공간을 마련해 주셨을 뿐 아니라 만날 때마다 집필 과정에 대한 세세한 이야기를 듣고 흥미로운 조언을 해 주셨다. 당시 제주에서 만난 여러 선생님들은 나의 전공이 무엇인지 헷갈릴 정도로 경영대학의 역사에 대한 조언을 많이 해 주셨는데, 특히 제주박물관 강민경 학예사의 조언에 감사한다. 이 책의 아이디어를 발표하고 한국사 쪽에서의 조언을 해 주었던 WBK1719 연구모임과 이를 인도하시는 이태진 선생님께도 감사드린다. 1905년 과거제 폐지의 문명사적 의미를 오랫동안 강조하셨던 은사 오금성 선생님의 가르침이 없었더라면 이 책은 감히 시도조차 이루어지지 않았을 것이다. 경영대(당시는 상경대) 출신인 아버지와 어릴 때부터 나누던 경영 관련 이야기는 '경영학과 역사학의 만남'이라는 로망의 원초적 상상력이 되었을 것이다. 책의 편집과 출간에 수고해 주신 고려대학교출판문화원의 편집진에게도 특별한 감사의 마음을 전한다.

이러한 여러 도움을 받았음에도 불구하고 남아 있을 오류에 대한 책임이 오로지 나에게 있음은 당연하다. 120년을 넘어 200년 혹은 1,000년이 될 고려대학교 경영대학의 위대한 여정에 이 책이 한 줄의 신뢰할 만한 학술사적 참고 문헌으로 남길 소망한다.

2025년 7월

이족당(二足堂)에서

저자 조영헌 씀

차례

4장 해방 후 선진 경영학의 도입과 경영대학 체계 수립

5장 경제발전과 기업가정신 보급의 선구자

6장 세계화의 진전과 글로벌 경영대학으로

맺음말 한국 자본주의 발전의 이정표가 되었던 고려대학교 경영대학 120년

머리말

1905년의 문명사적 의미

중국 과거제의 폐지와 한국 경영학의 탄생

1 1905년의 중국

1905년에 중국 지식인들의 최대 관심사는 '어떻게 중국을 구할 것인가'라는 문제였다. 당시 지식인들이 몸담고 있던 청나라는 찬란했던 18세기 강희(康熙)·옹정(雍正)·건륭(乾隆)의 성세(盛世)가 기억나지 않을 정도로 외부 세력의 공격과 내부적인 반란이 겹치면서 왕조의 생명력이 끊어지기 일보 직전이었다. 만주족의 '청(淸)'은 버리더라도 새로운 국가의 이름으로 떠오른 '중국(中國)'이 무너지는 것만은 막아야 했다. 그들의 기억 속에 있던 전통과 세상에서 아름답고 중요한 것들을 오랫동안 이어 가려면 얼마나 강력한 변화가 필요할 것인가?[1]

결국 청의 실권을 장악하고 있던 위안스카이(袁世凱, 1859-1916)와 장즈둥(張之洞, 1837-1909) 등 6명의 고위 관료들이 대표로 제기한 과거제 폐지 요구를 받아들인 청 조정은 1905년 9월 2일 황제의 유지(諭旨)를 반포하여 "병오년(丙午年, 1906)부터 모든 향시(鄕試)를 일률적으로 정지하고, 각 성(省)의

---

1 티모시 치크, 《중국 근현대사의 지식인》, 최은진 옮김(학고방, 2021), 468쪽; 빌 헤이턴, 《중국이 말하지 않는 중국—현대 중국 탄생에 숨겨진 빛과 그림자》, 조율리 옮김(다산초당, 2023), 41-68쪽.

각종 고시(考試) 역시 정지하라"고 명령했다. 이로써 직전 해인 1904년 5월의 과거(科擧)를 마지막으로 1,300여 년의 역사를 가진 과거제는 영원히 막을 내렸다. 대부분 과거 출신자로 구성되어 있던 관료들의 맹렬한 반대가 있었지만 숨이 끊어지려는 청나라를 조금이라도 연명하기 위한 극단적인 처방이었기에 그 흐름을 거스를 수는 없었다.

과거제가 폐지되고 나자 그때까지 과거를 목표로 했던 지식인들의 공부는 거의 쓸모가 없어져 버렸다. 반면 실용적 지식과 학문적 직업에서 출세의 길이 확장되어 중국 청년들에게 낯설기는 해도 새로운 선택의 기회가 많아졌다. 해외 유학은 그 대표적인 활로였다. 진시황(秦始皇)의 통일 이후 중국의 역대 조정이나 정부 차원에서 외국에 유학생을 보낸 것은 1872년 청나라에서 미국으로부터의 유학생 30명이 처음이지만 청일전쟁 이후부터는 일본으로의 유학이 증가했다.[2] 1905년 당시 일본에 유학하여 의학을 공부하던 루쉰(魯迅, 1881-1936)은 이러한 새 흐름에 힘입어 중국에서 가장 유명한 작가로의 변신에 성공하면서 '신(新)지식인'의 대표자이자 중국의 대표적인 문호가 되었다. 루쉰은 과거제가 폐지되고 15년째 되던 1919년에 〈공을기(孔乙己)〉라는 제목의 짧은 소설을 발표하여 과거제가 폐지된 이후에도 머리가 굳어서 새로운 학문을 배우지 못한 채 점점 시대에 뒤떨어져 세상 사람들의 비웃음을 사게 되는 '구(舊)지식인'을 풍자하여 묘사했다. 다시 100여 년이 지난 2023년 중국에서 '공을기'라는 단어는 대학을 졸업한 청년 실업자를 상징하는 유행어로 재소환되었다.[3]

---

2 첸강·후징초, 《유미유동(留美幼童)—청나라 정부의 조기유학 프로젝트》, 이정선·김승룡 옮김(시니북스, 2005); 왕위안총, 《중국과 미국, 무역과 외교 전쟁의 역사》, 이화승 옮김(행성B, 2022), 267-269쪽 등 참조.

3 〈SBS 월드리포트—"독서는 쓸모 없어요"…중국 청년세대의 무력감 '공을기 문학'〉, 2023. 3. 17, https://news.sbs.co.kr/news/endPage.do?news_id=N1007118985.

2 1905년의 일본

1905년 9월의 일본 도쿄는 축하 분위기로 들떠 있었다. 1904년에 시작하여 1905년 9월까지 지속된 러시아와의 전쟁에서 많은 열강들의 예상과 달리 일본이 승리했기 때문이다. 1895년에 청나라와의 전쟁에서 승리하고 10년 뒤인 1905년에 러시아와의 전쟁에서까지 승리한 일본은 이제 서구 열강들과 동등하다는 평가를 받게 되었고 일본의 엘리트들은 동아시아 지역에서 최강국의 지위를 유지하기 위해서 조선을 완전히 장악해야 한다는 생각을 여과 없이 드러내게 되었다.[4]

당시 일본은 중국 청년들에게 해외 유학을 위한 선망의 대상이었다. 미국이나 유럽보다 훨씬 가깝고 같은 문자를 공유하고 문화적 차이가 중국과 그다지 크지 않았지만 청일전쟁에서 승리한 후 매력적인 대상이 되었고, 러일전쟁에서 승리한 이후부터 더욱 매력적인 대상이 되었다. 일본의 법률학교와 의학교, 군사학교, 정치학부와 경제학부, 이 모두가 당시 중국 지식인들에게는 새로운 희망으로 보였다. 일본의 승리는 메이지유신(明治維新)으로 국력이 얼마나 강화되었는가를 보여 준 것일 뿐 아니라 아시아의 국가가 유럽 열강을 격퇴했다는 흥분을 불러일으키기에 충분했다.[5] '강렬하고도 과장된 위기감' 속에서 적극적인 체게 변혁의 일환으로 신속하게 서양 문물을 받아들인 메이지유신의 결과물을 바라보는 주변국에는 조선의 김옥균처럼 일본의 '성공'에 매혹된 이들이 적지 않았다.[6] 낙오되지 않기 위해

---

4 오드 아르네 베스타, 《제국과 의로운 민족—한중 관계 600년사: 하버드대 라이샤워 강연》, 옥창준 옮김(너머북스, 2022), 114쪽.

5 조너선 D. 스펜스, 《현대중국을 찾아서 1》, 김희교 옮김(이산, 1998), 287-288쪽; 조너선 스펜스, 《천안문—근대중국을 만든 사람들》, 정영무 옮김(이산, 1999), 68-71쪽.

6 박훈, 《메이지 유신은 어떻게 가능했는가》(민음사, 2014), 5-8쪽.

서라도 우선 일본에 가서 배워야 했다. 1905년 9월에 일본에 유학 중인 청국과 대한제국의 유학생이 1만여 명에 달했는데, 그 다수는 청국 유학생이었다.[7]

일본으로 유학한 중국 지식인들 가운데에 이후 신해혁명을 이끌고 중국의 '국부(國父)'로 추앙받게 된 쑨원(孫文, 1866-1925)이 있었다. 쑨원은 1905년 일본에서 반청(反淸) 조직인 동맹회(同盟會)를 결성하여 생명력이 다한 청나라를 타도하고 공화제에 기반한 새로운 중국을 건설하자는 '혁명적'인 활동을 전개했다. 1905년 쑨원의 동맹회에 가입한 젊은 중국 여성 지식인 가운데 루쉰과 같은 고향 출신의 추진(秋瑾, 1875-1907)이 있었다. 1904년 가족을 버리고 일본으로 유학을 왔던 추진은 서양의 현안들을 광범위하게 연구하고 개혁의 필요성을 공개적으로 주장했고, 1906년에 중국으로 들어온 이후 청나라 군대에 체포되어 1907년 참수될 때까지 중국 여성들의 정치적 자유와 인권 신장을 위한 투쟁에 기폭제 역할을 감당했다. 1905년 일본에서 동맹회가 결성된 지 6년 뒤인 1911년 신해혁명이 폭발했고 그 이듬해 청나라는 완전히 몰락했다.

3 1905년의 한국

1905년 조선의 상황은 일본보다는 중국에 가까웠다. 즉 조선 지식인들에게 주어진 시대적 과제는 '어떻게 하면 조선을 구할 수 있을까?'라는 화두였다. 19세기에 들어와 위정자들의 오판과 아집이 이어지는 가운데 오랜 문

7 김자중, 《한국 대학의 뿌리, 전문학교》(지식의날개, 2022), 77, 83쪽. 1905년 무렵의 일본으로 유학한 조선인 수는 450명 수준이었다.

명적 방파제였던 중국의 위상마저 흔들리면서 조선 역시 서구 열강뿐 아니라 새롭게 열강 대열에 가입한 일본 제국의 침투와 침략에 사실상 무방비 상태에 놓이게 되었다. 민족사 내적으로 일정한 조건의 성숙 없이 문호를 개방하여 갖은 시련을 겪던 조선왕조는 러일전쟁을 계기로 일본의 보호국으로 전락하게 되었다. 너무 오랫동안 중국 중심의 중화적(中華的) 세계관에 안주했던 조선의 지식인들은 붕괴하는 중화 질서와 급진적으로 밀려오는 서구의 세계관 및 지식 사이에서 20세기를 맞이했다. 그나마 중국(청나라)과의 위계적인 조공-책봉 관계를 청산하며 대외적으로 독립을 표방하는 한편 국제적 지위를 높이기 위해 대한제국(大韓帝國)을 선포하고 중국·일본의 군주와 대등한 황제를 내세운 것까지는 좋았으나 대내적으로 자유민권운동을 탄압하고 전제주의(專制主義) 체제를 강화하는 계기를 마련한 것은 한계였다. 이때 한민족이 대응하는 방식은 의병 투쟁과 같은 무장 항쟁으로 대항하는 방법과 함께 교육·언론 활동을 통해 진보적이고 주체적인 인재를 양성하여 국권 수호 운동의 자산으로 삼는 일이 있었다. 1905년을 고비로 식민지화를 막고 국권을 수호하는 데 필요한 사명감과 경륜을 갖춘 인재를 신속히 양성해야 한다는 요청이 다양하게 제기되었다.[8] 어떻게 해야 새로운 생각, 새로운 학문에 기반한 새로운 인재를 조선에서 키워 낼 수 있을 것인가?

1905년(광무 9) 3월 말, 《황성신문(皇城新聞)》에 학생 모집 광고가 실렸다. 4월 1일 개학을 목표로 설립된 보성전문학교(普成專門學校)의 광고였다. 법률학, 이재학(理財學), 농업학, 상업학, 공업학이라는 5개 전문학과의 신입생을 뽑는다는 광고였다. 하지만 너무 신선했기에 생소했던 것일까? 3월 31일 첫

8 강만길, 〈보성전문학교 설립의 역사적 배경〉, '보성전문학교의 법학·경상학교육과 한국의 근대화' 연구위원회 엮음, 《근대서구학문(近代西歐學問)의 수용(收容)과 보전(普專)》(고려대학교출판부, 1986), 65-72쪽.

입시에 응모한 자는 100명 정도에 불과하여 4월 3일 법률학 전문과 학생의 재모집 광고가《황성신문》에 게재되었다. 결국 농학, 상학, 공학의 3과는 모집이 부진하여 법률학 전문과와 이재학 전문과의 2개 학과만을 가지고 4월 3일 개교식이 거행되었다. 이재학이란 '재화(財貨)를 효과적으로 관리(管理)하는 학문'이라는 뜻으로, 이재학과는 이후 경영학과와 경제학과의 모태가 되었다(2장 참조).

보성전문학교 이재학과의 신설은 조선 말기 한국 사회의 한계와 가능성을 동시에 배태하고 있었다. 당시까지만 해도 사·농·공·상(士農工商)이라는 신분적 위계 의식이 강했기에 사(士) 계층으로 진입이 가능한 법률학과를 제외한 나머지 4개의 실용적 학문에 대한 지원 학생은 적었다. 이에 보성전문학교는 이재학과에 상업학을 흡수시켜 법률학과와 이재학과의 신입생을 모집하여 시작하게 된 것이다. 이것은 시대적인 상황 속에서의 한계였다.

그럼에도 불구하고 이재학이라는 다소 생소한 이름의 학과를 개설한 것은 시대적 한계를 돌파할 수 있는 '신의 한 수'였다. 사농공상 가운데 가장 하층으로 인식되던 상(商) 계층과 관련한 학과였기 때문이다. '이재(理財)'라는 학과 명칭은 일본의 명문 사학인 게이오의숙(慶應義塾, 현 게이오기주쿠대학교의 전신)이 1890년 설립될 때 문학, 법학과 함께 이재학이라는 3개 학과를 설치하여 교육한 것과 관련이 깊다. 보성전문 초대 교장을 맡으며 경제학을 전공하고 강의했던 신해영(申海永, 1865-1909)과 개교 당시 초빙된 교수진 대부분이 관비 유학생으로 일본 게이오의숙 출신이었다.

무엇보다 보성전문학교의 설립자이자 광무(光武) 정권의 대표적인 경제 관료였던 이용익(李容翊, 1854-1907)의 경력과 관심이 이재학과의 탄생과 이후의 발전 방향에 큰 영향을 미쳤다. 이용익은 관직에 진출하기 이전에 보부상으로 전국을 유람하던 상인이었다. 단천(端川) 지역 금광(金鑛) 개발에 참여하여 돈을 벌어 중앙 관계 진출의 기회를 얻게 된 이용익은 1897년 황

보성전문학교 설립자 이용익 선생(1905)

실의 재정을 총괄하는 내장원경(內藏院卿)에 발탁될 정도로 상업과 재정 부분에서 발군의 실력을 인정받았다. 광무개혁의 경제 정책을 주도했던 이용익은 화폐개혁과 중앙은행 설립을 비롯한 금융 근대화를 위해 프랑스의 운남 신디케이트로부터 차관 도입을 추진했으나 일본의 방해로 실패했다. 광무개혁은 왕을 정점으로 하는 관료적 상업체제를 기반으로 추진되었지만, 중국과 러시아를 압도했던 일본-영국-미국으로 연결된 제국의 커넥션을 뚫고 나가는 것은 힘겨운 일이었다.[9] 1904년 한일의정서 체결에 반대하다 일본으로 강제 납치된 이용익은 러일전쟁이 일본의 승리로 끝난 1905년에 귀국하여 교육구국(敎育救國)의 신념으로 2년제 보성전문학교를 설립했다. 또한 내장원경 당시 추진했던 인삼 전매 사업, 근대 화폐 주조, 경의선(京義線) 철도부설 추진, 중앙은행 설립과 총재 재임 등의 경력에서 형성된 그의 식견은 국가 경제의 장래에 대한 구상의 하나로 고등교육기관에 이재학과 설치라는 실천으로 연결되었다.[10]

---

9 이승렬, 《근대 시민의 형성과 대한민국》(그물, 2021) 76-77쪽.

10 고려대학교 100년사 편찬위원회 엮음, 《고려대학교 인문사회과학 학술사》, 고려대학교 100년사(고려대학교출판부, 2010), 30쪽.

이용익은 1907년 블라디보스토크에서 사망하기 직전 고종에게 다음과 같은 유소(遺疏)를 전달했다. "널리 학교를 세워 인재를 교육하여 국권을 회복하소서(廣建學校, 人才教育, 國權回復)."[11] 비록 나라는 점차 몰락하며 일본의 식민지로 전락하는 암담한 상황이었지만 학교 건립을 통한 인재 육성으로 나라를 회복하리라는 희망의 메시지이기도 했다. 교육구국의 원형적 외침이었다. 새로운 생각, 새로운 학문에 기반한 새로운 인재는 기존의 사·농·공·상의 위계적 세계관에 얽매이지 않는 혁신과 개혁 마인드의 경영인을 요청하고 있었다. 보성전문학교 이재학과는 이러한 문명적 전환기에 뿌려진 새로운 학문 개척과 인재 양성의 씨앗이었다.

4 과거제 폐지의 문명사적 의미

다시 중국의 상황으로 돌아가 과거제 폐지가 지닌 문명사적 의미를 톺아보고자 한다. 앞서 언급했듯이 황제 광서제(光緒帝, 1874-1908)는 1905년 짧은 유지를 읽는 것으로 과거제를 '간단히' 폐지해 버린 것 같지만 과거제는 광서제나 청나라와는 비교할 수 없을 정도로 긴 1,300년의 역사적 전통과 기능을 가진 관료 선발 제도였다.

과거제란 사서(四書)와 오경(五經) 중심의 고정된 내용을 일정한 형식에 맞추어 대답하는 필답시험이었고, 외형상 모든 사람에게 공평하게 개방된 객관적인 시험이었다. 지금 관점에서 보면 그다지 신선하지 않은 평범한 시험 제도처럼 보인다. 하지만 천자(天子)가 천하를 혼자 통치할 수 없기에 만

11 황현, 《역주 매천야록(梅泉野錄) 하》, 임형택 외 옮김(문학과지성사, 2005), 권5, 375쪽; 고려대학교 60년사 편찬위원회 엮음, 《60년지(六十年誌)》(고려대학교출판부, 1965), 65쪽.

인 가운데 공평하게 인물을 채용하는 시험 제도가 지금부터 약 1,400년 전인 587년 무렵에 등장했다는 점은 세계사적으로 특기할 만한 일이고, 이렇게 오래된 제도가 1905년까지 1,300년 동안 빈틈없이 작동하면서 중국을 세계적인 '대국'으로 유지시켰다는 점은 더욱 놀랍다. 6세기 유럽은 게르만 민족의 이동에 따른 대혼란이 겨우 안정되기 시작하던 무렵으로, 중세적인 봉건 제후들의 할거(割據)가 이후 오랜 시간에 걸쳐 전개되기 때문이다. 그런데 중국에서는 봉건 제후에 비견할 만한 특권 귀족의 황금시대가 6세기 무렵에 이미 종언을 고하고 그를 대체하는 새로운 사회의 태동이 과거제를 통해 시작하여 1,300년 동안 이어진 것이다.[12]

통치자인 여러 황제들이 왕조의 변화에도 불구하고 오랜 기간 과거제를 선호했던 이유는 과거제가 관료제와 연동되어 통치의 안정적인 기반을 구축해 주었기 때문이다. 과거제는 관료를 선발하는 공정하고 주요한 매개였고 과거 제도의 공정한 경쟁을 거쳐 선발된 개인들로 구성된 관료제는 수세기 동안 거대한 나라를 효율적으로 통치하는 데 기여했다. 유럽이나 일본의 관행과 달리 군대 지휘관은 중앙 사령부의 명령을 받을 뿐 봉건 영주와 같은 통치자가 되지 않았다. 과거제가 중국 정치 특유의 성향인 무(武)를 억누르고 문(文)을 숭상하는 특징을 더욱 강화했기 때문이다. 무과(武科)도 존재했지만 무관의 출세에는 '유리천장'이 명확하게 존재했다.

이처럼 공정하고 효율적인 과거제의 결정적인 특징이자 문제는 교육을 수반하지 않은 관리 등용 시험이라는 데 있었다. 돈이 많이 드는 교육기관 설립과 운영은 일체 민간에 맡기고 민간에서 육성된 유능한 인물을 그저 시험을 통해 선발함으로써 정부에 도움이 되도록 한 것이다. 통치자 입장에서 보면 대단히 효율적이지만 전체적인 관점에서 평가하면 지배자에게 편

---

12 미야자키 이치사다, 《과거—중국의 시험지옥》, 전혜선 옮김(역사비평사, 2016), 12-13쪽.

향적으로 유리한 제도였다. 교육을 민간에 떠넘긴 실정이므로 후대로 내려올수록 교육은 시대에 뒤떨어지게 되었고 사회가 진보하는 가운데 교육과 인재 등용 방식은 뒤처지는 결과를 초래했다.[13] 19세기 서구 상인들과의 거래를 통해 광저우에서 큰 재산을 모았던 거상(巨商) 오병감(伍秉鑒)도 미국인 의사가 광저우에서 의료 사업을 할 수 있도록 많은 지원을 했지만 정작 유럽의 의료 체계와 기술을 중국에 도입하려는 시도를 하지 않았는데 이는 교육이 과거시험을 위한 공·맹(孔·孟)의 윤리와 사서오경에 여전히 함몰된 상태였기 때문이다. 1871년 당시 미국에서 파견한 주중 공사였던 프레더릭 로(Frederick Low, 1828-1894) 역시 본국에 보낸 보고서에서 중국의 교육 체제가 시대적 조류와 맞지 않아 개인의 사고를 억압한다고 지적했다.[14]

결국 1905년 과거제가 폐지되면서 그 자리에 서구 모델에 기초한 새로운 교육체계가 들어섰다. 모든 종류의 새로운 과목이 도입되었지만 중국 고전도 커리큘럼에 남았다. 부(府) 단위의 학교는 공립 고등학교로 전환되었고 성급(省級) 학교는 대학으로 바뀌었으며 초등학교는 새로 만들어졌다. 서구적 관점이 확산함에 따라 특히 개혁적인 중국 지식인들에게 과거제는 '후진성'의 상징이 되었다.[15]

과거제 폐지는 당시 사회에 전방위적인 영향력을 끼쳤다.[16] 통치자에게 과거제 폐지는 사회문화적 통제의 가장 강력한 수단이자 '엔진과 같은 기능을 한 제도'가 상실된 것을 의미했다. 과거제는 수 세기 동안 중화 제국의

---

13 미야자키 이치사다, 《과거—중국의 시험지옥》, 240-241쪽.

14 왕위안충, 《중국과 미국, 무역과 외교 전쟁의 역사》, 이화승 옮김(행성B, 2022), 132-143, 269-273쪽.

15 클라우스 뮐한, 《현대 중국의 탄생—청제국에서 시진핑까지》, 윤형진 옮김(너머북스, 2023), 281-283쪽.

16 이하 과거제 폐지의 의미는 특별한 언급이 없는 한 오금성, 《등용문—중국의 과거시험 1300년》(지식산업사, 2023), 197-239, 373-381쪽을 참조하여 서술하였다.

가장 정교하고 기능적인 제도의 하나로 지식인들을 제국의 질서 체계로 포섭하며 '동일성(homogeneity)'을 강화하는 데 크게 기여했다. 중국은 과거제를 발명하여 일찌감치 '이질성(heterogeneity)'에 해당하는 범위를 축소하여 '동질성'에 해당하는 규모를 확장할 수 있게 되었다. 황제라는 독재자는 이질성을 억제하는 대신 적극적으로 국가를 동질화하려 했고, 과거 시험이라는 놀라운 동질화 도구를 개발하면서 효과적인 독재 실행 메커니즘을 강화시켰다. 여기에 공정하고 객관적인 관료 채용 시험이라는 플랫폼과 시험을 기반으로 한 능력주의라는 이데올로기가 동원되었다.[17]

조선과 달리 신분에 구애 없이 과거 응시가 가능했던 명과 청의 중국에서 과거제는 신분 상승을 위한 '성공의 사다리(The Ladder of Success)'이자 사회적 유동성(social mobility)의 중요한 기제로 작동했다. 500여 년이 넘도록 매 3년마다 대략 1,350개 현(縣)에 영향을 미치는 제국 차원의 시험 교육 과정이 예외적인 시기를 제외하고는 빠짐없이 작동했고 대략 1~3%만이 합격할 수 있었던 상황임에도 불구하고 15세에서 50세 사이의 5만~7만 5,000명 혹은 그 이상의 불안해하는 남성 지식인들은 전국의 시험장에서 3년마다 시험에 응시했다. 과거 시험에 결함이 없던 것은 아니지만 오랜 기간 과거제는 엘리트의 능력에 기반한 사회적 선발 및 정치적 순환에 있어 대단히 능률적인 '교육 회전의(回轉儀, gyroscope)' 역할을 감당했다.[18] 또한 과거제의 폐지로 인해 중국 사회는 '지위 지향성(status orientation) 사회'에서 '목표 지향성(goal orientation) 사회'로 변화하는 계기를 마련했다. 이제 사·농·공·상이라는 위계적인 사민(四民) 개념이 파괴되고, 상인과 신사(紳士), 즉 사대

17 야성 황, 《중국필패—시험, 독재, 안정, 기술은 어떻게 중국을 성공으로 이끌었고 왜 쇠퇴의 원인이 되는가》, 박누리 옮김(생각의힘, 2024), 29~45쪽.

18 벤저민 엘먼, 《중국 명청시대 과거 제도와 능력주의 사회》, 김효민 옮김(소명출판, 2024). 특히 3장과 4장 참조.

부가 하나로 연칭되는 신상(紳商) 개념이 확산하기 시작했다. 이전의 상인들도 동류의식을 발휘하며 지역사회에서 각종 공익사업에 참여하는 등 재력을 바탕으로 눈부신 활동을 보여 주었고 이로 인해 상인과 신사의 계층적인 격차도 점차 축소되었다. 하지만 18세기까지 상인들은 여전히 절대적 권력자인 전제 군주나 신사층과 경쟁하기보다는 그들의 후견에 의존해야만 사회적 위상 제고가 가능할 정도로 신분적 한계가 명확했다. 아무리 많은 재산을 축적하고 이를 가지고 지역사회에 기여해도 상인들은 상인일 뿐 사회에서 제대로 인정받지 못했다. 상인이 신분적인 제약을 극복하고 재력에 상응한 영향력을 명실공히 발휘한 것은 1905년 과거제가 폐지된 이후의 일이다.[19] 이제 그들은 '상인'이라기보다는 '기업인'으로 불리며 신교육을 받은 신지식인, 군대를 장악한 무관, 해외에서 귀국한 유학생 등과 함께 새로운 사회의 보편적 지성인 계층으로 인정받을 수 있게 되었다.

과거제가 폐지되자 토머스 헉슬리(Thomas Huxley, 1825-1895)의 《진화와 윤리(Evolution and Ethics)》(1894)를 중국어로 번역하며 베이징대학 초대 총장을 역임했던 옌푸(嚴復, 1854-1921)는 과거제 폐지가 진시황의 개혁과 같은 엄청난 변혁이기에 "앞으로 일어날 결과는 감히 예측할 수 없다"고 평가했다.[20] 그야말로 1905년 과거제 폐지는 현실적인 영향력과 상징적 의미에서 모두 구시대 및 구중국과 결별하고 신시대와 신중국으로 전환되는 이정표(里程標)이자 중국의 실질적인 현대화의 시작이 되었다. 공교롭게도 오랜 기간 황제들이 섬뜩한 통치 수단으로 활용해 왔던 형벌인 능지처참(陵遲處斬)이라는 형벌도 1905년 청 왕조의 법전에서 영원히 사라졌다.[21] 과거제의 폐

19 조영헌, 《대운하와 중국 상인—회양 지역 휘주 상인 성장사, 1415-1784》(민음사, 2011) 결론 참조.

20 嚴復, 〈論教育與國家之關係〉, 《東方雜志》, 제2권 제3기(1906)(王栻 주편, 《嚴復集》, 제1책[中華書局, 1986]).

지로 인해 '성공의 사다리'를 잃어버린 사대부 계층은 어쩔 수 없이 현실적인 선택지 가운데 하나로 자신의 신분을 전환해야 했으며 20세기 초반에 대거 등장한 근대적 대학과 교수직은 그들에게 새로운 생존 공간을 제공해 주었다.[22]

5 한국 경영학의 탄생

조선에서의 과거제 폐지는 중국보다 10년 정도 빠른 1894년 갑오개혁(甲午改革) 때 이루어졌다.[23] 1894년 반포된 〈전고국조례(銓考局條例)〉(1894. 8. 12)로 과거제는 폐지되고 관리등용시험은 보통시험과 특별시험으로 구분되었다. 같은 해 실시된 관제개혁(1894. 7. 30)으로 기존의 학사를 관장하던 '예조(禮曹)'가 폐지되고 그 자리에 '학무아문(學務衙門, 1895년 4월 19일 학부[學部]로 개칭)'이 신설되자 기존의 성균관은 사실상 고등교육기관으로서의 기능을 상실했다.[24]

하지만 고려 시대에 중국으로부터 도입된 과거제는 이후 조선 시대 내내 능력주의(meritocracy)에 기반한 인재 충원 통로로 1,000여 년 동안 작동했으므로 그 영향력이 갑오개혁으로 일순간에 사라질 수 없었다. 이듬해인 1895년 2월 〈교육강령〉이 반포되어 유고적 지식 국가를 이끌어 왔던 성리학이라는 '종합지(綜合知)'를 여러 영역으로 쪼개어 근대적인 '전문지(專門

21 티모시 브룩 외, 《능지처참—중국의 잔혹성과 서구의 시선》, 박소현 옮김(너머북스, 2010), 33쪽.

22 陳媛, 《中國大學教授研究—近代教授, 大學與社會的互動史(1895-1949)》(山西教育出版社, 2012), 20-24.

23 구희진, 〈갑오개혁 전후 전통교육제도에 대한 정책〉, 《역사교육》 100(2006).

24 구한말 성균관의 역할 변화에 대해서는 馬越徹[우마코시 도루], 《한국 근대대학의 성립과 전개—대학 모델의 전파연구》, 한용진 옮김(교육과학사, 2001), 33-58쪽 참조.

知)'를 제공해야 한다는 유의미한 선언을 했으나 신학문이 등장하고 확산하기에 힘겨운 장애물이 많았다.[25] 기존의 전통을 '파괴'하는 것은 비교적 쉬운 일이지만 새로운 대안을 '창발'하는 작업은 늘 어려운 법이다. 더구나 내부에서의 충분한 준비 없이 진행된 위로부터의 근대화 작업인 갑신정변은 외세 의존과 외세 간섭으로 실패했으므로 자발적인 동력과 전통 체제와의 타협을 기반으로 근대화를 추구했던 대한제국 시기에 들어와서야 비로소 과거제 폐지를 대체하는 유의미한 대안 마련이 시도되었다.

새로운 시대에 새로운 인재를 양성함에 있어 최대 걸림돌은 과거제에 기반했던 사·농·공·상의 위계적 세계관이었다. 특별히 재화를 유통하고 재산을 불리는 상인 계층을 억압하고 얕잡는 억상(抑商)의 관점이 문제였다. 중국 고대 제국(특히 진[秦]과 한[漢])에서 형성된 억상 관념은 이후 주자학의 확대 및 과거제와의 연계 등을 통해 더욱 강화되어 중국의 명·청(明淸) 왕조뿐 아니라 동 시기 한반도의 조선 왕조에서도 지배층인 사대부와 양반의 세계관을 장악했다.[26] 중국에서 형성된 억상 정책의 의미에 대해 1894년 조선을 방문했던 오스트리아 출신의 여행가 헤세-바르텍(Ernst von Hesse-Wartegg, 1954-1918)은 조선 사회에서 가장 낮은 계급으로 '일곱 가지 천한 직업'이 있다고 파악했는데, 상인을 선원, 간수, 짐꾼, 중, 정육업자(백정), 주술사(무당)와 함께 '천한 직업'으로 손꼽았다.[27]

억상 관념이 이념적 편향성을 가지고 있었음에도 불구하고 18세기까지 이러한 관념에 문제가 있다고 절실하게 느끼는 이들은 많지 않았다. 조선

---

25 송호근,《시민의 탄생—조선의 근대와 공론장의 지각 변동》(민음사, 2013), 266-271쪽.

26 중국에서 형성된 억상 정책의 의미에 대해 이성규, 〈중국 고대 억상(抑商) 정책의 사회사적 배경—賈와 祭儀의 관계를 중심으로〉, 서울대학교 동양사학연구실 엮음,《고대중국의 이해》, 3(지식산업사, 1997) 참조.

27 에른스트 폰 헤세-바르텍,《조선, 1894년 여름—오스트리아인 헤세-바르텍의 여행기》, 정현규 옮김(책과함께, 2012), 263쪽.

과 중국의 청에서 억상 관념이 힘을 발휘하고 있는 중에도 사회는 비교적 원활하게 유지되었고 사회경제적인 발전 역시 완만하기는 해도 진행되었기 때문이다. 모든 문제는 19세기에 접어들면서 동시다발적으로 발생하기 시작했다. 지난 수 세기 동안 아무리 잘 작동하던 체제나 사상이라 하더라도 시대가 변하고 문명의 패러다임이 바뀌면 '퇴물'이 되기 마련이다. 바로 그 시점이 문명사에서 기존의 구체제가 임무를 다하고 신체제로 바뀌어야 할 결정적인 임계점(tipping point)이자 전환기가 된다. 유럽에서는 천체의 회전을 의미하는 '레볼루션(revolution)'이 코페르니쿠스 이후 '혁명적인 변화'라는 의미로 이해되기 시작했고, 이후 토머스 쿤이 이를 '코페르니쿠스 혁명(Copernican Revolution)'이라 언급했다. 이처럼 패러다임이 완전히 바뀌는 대전환의 물결이 19세기 동아시아에 임한 것이다.[28] 그대 구체제의 지도층이 새로운 사상과 체제에 자리를 내주지 않으려는 저항력을 발휘하고 보수적인 태도를 강화하는 것은 인지상정이다. 그러나 딱딱해진 구체제를 파괴하고 새로운 사상과 학문으로 돌파하는 공동체와 나라만이 이후의 역사를 주도하는 법이다.

1905년은 분명 문명사적 전환기였다. 1905년이라고 했지만 반드시 1905년 한 해에 국한할 필요는 없다. 1894년 갑오경장부터 1910년 대한제국(조선)이 패망하기까지의 시기일 수도 있다. 대한제국이 패망하여 일제의 손아귀에 넘어갔다는 명백한 사실에 압도될 필요는 없다. '경술국치(庚戌國恥)'로 인해 간과되거나 폄하되었던 유의미한 '창발'의 시도들이 얼마나 많았던가! 국권을 강탈당한 외부적 사실보다 더 중요한 시대적 흐름인 '문명의 전환'에 주목할 때, 이 시기는 성리학적 세계라는 '진리의 나라'가 개화 문명이라고 하는 '세속의 나라'로 급속하게 전환된 시기 혹은 '성스러운 유교국가'

28 민태기, 《판타 레이—혁명과 낭만의 유체 과학사》(사이언스북스, 2021), 24-27쪽.

에서 '세속적 근대국가'로 전환되는 시기로 평가할 수 있다. 문명의 전환은 서구의 '충격'에서 비롯되었지만, 이러한 충격을 '주체적'으로 수용하려는 노력 역시 강렬한 시기가 바로 이때였다.[29]

이러한 시대적 상황에서 1905년에 한국 경영학이 '탄생'했다는 사실은 전혀 특이하거나 이상하지 않다. 당시 과거제가 폐지되고 근대적 학교 체제가 도입되면서 오늘날 대학에 개설된 근대적 학문 분야의 대부분이 '탄생'했다(여기서 '탄생'이란 서구나 일본에서 근대 학문이 도입되어 한반도에 처음 세워졌다는 뜻이다). 법학, 의학, 공학, 상학 등이 이에 해당한다. 물론 당시에 조선에서 '경영학'이라는 개념어를 사용하는 이는 없었다. 당시 세계 어디에도 오늘날 익숙한 경영학을 운위하는 학교는 극히 드물었다. 경영학이라는 학문이 체계를 갖추고 세계 유수 대학에 등장한 것은 1장에서 후술하듯, 20세기에 접어든 이후의 일이다. 구한말 조선에 '경영학'이란 용어는 없었지만, 경영학의 기본 요소가 한반도에 도입된 시기를 거슬러 올라가다 보면 1905년에 도달하게 된다. 보성전문학교에 개설된 이재학과의 등장이다.

1905년에서 1907년까지 사용되던 이재학과라는 학과명은 이후 경제과(經濟科, 1907-1910), 상과(商科, 1910-1915), 상업과(商業科, 1915-1922), 상과(1922-1944), 경제과(1944-1945), 경상대학(經商大學) 상학과(商學科, 1946-1955), 상과대학(商科大學, 1955-1977)으로 변화되다가 1977년부터 경영대학(經營大學)으로 바뀌어 현재까지 이어졌다. 1955년 상과대학으로 개편될 때 기존의 상학과와 함께 경영학과를 신설했는데, 당시 정원 80명으로 시작한 '경영학과'라는 명칭은 한국 최초였다. 명칭과 내용 요소는 조금씩 변화되었지만,

---

29 전인권·정선태·이승원, 《1898, 문명의 전환》(이학사, 2011), 20-22쪽 참조. 이 책에서 전인권을 비롯한 저자들은 1898년을 이러한 문명사의 전환기로 파악하지만 그 한 해만을 의미하는 것은 아니고 1898년을 전후한 대한제국기를 염두에 둔다. 또한 송호근, 《시민의 탄생—조선의 근대와 공론장의 지각 변동》, 255-271쪽 참조.

이재학과 설립 당시부터 2025년 120주년을 맞이할 때까지 고려대학교 경영대학은 경영학의 기본적인 방법론을 가지고 운영되었고, 일제강점기에도 끊임없이 졸업생을 배출했다.

지난 120년 동안 변화된 세 가지가 있다. '상인'이 '경영인(혹은 기업인)'으로, '상업'이 '경영'으로, '상학'이 '경영학'으로 변화된 것이다. 이러한 변화야말로 1905년 설립된 고려대 경영대학의 전신인 보성전문학교 이재학과가 이후 학과 이름의 변경 속에서 경험했던 문명사적 변천사라 할 수 있다. 세계 최초의 비즈니스 스쿨(Business School)로 손꼽히는 미국의 와튼스쿨(Wharton School)이 펜실베이니아대학교(University of Pennsylvania)에 출범한 것이 1881년이고, 동아시아에서 가장 먼저 신문명을 받아들인 일본의 경영학이 1890년 게이오의숙의 이재학과로 시작되었고(당시 문학, 이재학, 법학의 3학과로 시작)[30] 하버드대학교도 1908년에 와서야 비즈니스 스쿨을 창립했던 것을 상기하면 1905년 보성전문학교 이재학과의 등장은 문명사적으로 결코 늦은 일이라고 볼 수 없다. 해방 직후인 1946년 보성전문학교에서 고려대학교로 바뀌면서 개설된 경상대학에는 상학과와 경제학과가 설치되었지만 1955년에 상학과는 경제학과와 분리하여 상과대학으로 독립한 후 경영학과를 신설했다. 이는 우리나라에서 경제학과와 완전히 분리된 단과대학에 개설된 경영학과의 시초였다. 그리고 1958년 6월 기업경영연구소가 창립되어 1960년 상과대학에서 본교 부속기관으로 승격했는데 이 역시 우리나라 최초의 대학 부속 기업경영연구소로 평가받는다. 1963년 11월에는 국내 최초로 경영전문대학원을 설립하고 1966년 2월부터 경영전문대학원 석

30 19세기 후반 새로운 세계의 정세에 대응하기 위해서는 새로운 지식과 새로운 기술 습득이 필요했다. 동아시아 국가 가운데 이러한 형세를 잘 파악하고 재빨리 순응한 나라는 일본이다. 메이지유신 정부는 1872년 학제를 반포하고 곧이어 학교를 세워 서구를 본뜬 신교육을 시작했다. 이후 급속한 일본의 발전은 이러한 신교육 제도의 도움을 크게 받았다. 이에 대해서는 미야자키 이치사다, 《과거— 중국의 시험지옥》, 242쪽 참조.

사 학위자를 배출했다(4장 참조).

이처럼 1905년 이재학과로 설립된 고려대학교 경영대학은 '한국 경영학의 요람'으로서 문명적 전환기와 한국 현대사의 시대적 위기마다 새롭고 혁신적인 발걸음을 성큼성큼 디뎌 왔다. 오늘날 전 세계에서 한국 경제의 위치와 기업의 위상을 고려할 때 한국 최초로 경영 및 경제 관련 연구를 체계화하고 수많은 경영인·기업인을 배출한 고려대학교 경영대학의 지난 120년을 돌아보는 작업은 단순히 일개 대학교의 경영학과에 대한 120년 보고서로 끝날 수가 없다. 이타가키 류타(板垣竜太)는 한국의 상주라는 지역사회를 연구하면서 "세계사는 세부에 깃든다"고 언급했는데 개별적이고 구체적인 것을 세계사의 교차로에서 파악한다면 얼마든지 가능한 발상이다.[31] 경영학적 접근법을 도입한 기업과 생산의 효시로 평가받는 헨리 포드(Henry Ford, 1863-1947)는 일찍이 기업을 문명의 담당자로 간주하며 "문명은 지구상에 있는 모든 남녀노소에게 기본적인 의식주를 안정적으로 공급하고 각 개인의 가치관을 인정할 수 있을 때 비로소 그 의미를 갖는다. 이 정도도 만족시키지 못한다면 그러한 문명은 낙제"라고 설파했다.[32] 그리고 자신이 힘써 왔던 사업과 경영은 이윤 창출이 아니라 사회적인 "기여(service)를 함으로써만 정당화되고, 사업은 공동체에서 가져오는 것보다 언제나 더 많은 것을 공동체에 주어야 하며, 어떤 사업이 존재하는 것이 모두에게 이득이 되지 않는다면 그 사업은 존재해서는 안 된다는 원칙"을 입증하기 위해서라고 고백했다.[33] 모든 기업이 사회적으로 순기능을 발휘했다고 말할 수는 없지만, 헨리 포드 이후 많은 기업이 인간의 자유와 행복에 봉사하는 문명사적 역할을 수행했다. 기업을 경영하는 기업인을 배출하고 교육했던 고려

31 이타가키 류타, 《북으로 간 언어학자 김수경》, 고영진·임경화 옮김(푸른역사, 2024), 14쪽.

32 미야타 야하치로, 《경영학 100년의 사상》, 김영철 옮김(일빛, 2001), 35-36쪽.

33 헨리 포드, 《나의 삶과 일—헨리 포드 자서전》, 이주명 옮김(필맥, 2019), 375-382쪽.

대학교 경영대학의 역사를 문명사적 맥락에서 살펴보는 이유다.

한국에서 경영학의 도입과 확산의 여정은 한국사에서 자본주의의 도입과 확산의 역사이기도 했다. 그리고 1905년 시작되는 고려대학교 경영대학의 역사는 한국 경영학의 역사였다. 20세기를 '경영학의 세기'로 부르기도 하므로 경영학을 축으로 20세기의 역사를 그리는 작업은 20세기의 본질을 이해하는 데도 유효하다. 이처럼 고려대학교 경영대학의 역사가 곧 한국 경영학의 궤적이자 이정표였기에 자연스럽게 고려대학교 경영대학이 국내에 소개했던 교육 및 연구 프로그램에 붙였던 '국내 최초', '국내 최고'라는 수식어는 단순한 레토릭이 아닌 역사적 의미와 문명사적 의미를 지니고 있었다. 일개 단과 대학의 역사를 넘어서 대한민국의 경영·경제 및 자본주의의 역사와 궤를 같이한다는 의미를 발견하게 되는 것이다. 고려대학교 경영대학의 120년 역사(1905-2025)는 곧 한국 자본주의와 근대적 경제 발전의 역사라고 보아도 과언이 아닐 것이다.

2025년은 1905년 탄생했던 경영학이 120주년을 맞이한 해다. 이제 과거에 대한 상찬(賞讚)에 머물 것이 아니라 4차 산업혁명과 AI 시대를 바라보는 현재의 시점까지 안목에 둔 고려대학교 경영대학 120년사를 문명사적으로 재조명함으로써 다가오는 경영대학의 미래를 과거, 현재와 연동된 역사의식 및 인류와 함께 공존하는 문명사적인 관점에서 도출해야 할 시기가 되었다. 이 책은 이러한 시대적 필요에 응답하는 '학문사'적 성과를 위해 기획되었다. 경영학이라는 전문 영역을 전제로 그 내부에서의 선행 연구를 정리하는 학설사(연구사)와 달리 학문사는 학문 그 자체의 역사화를 추구한다.[34] 따라서 이 책은 단지 경영대학 120년사의 정리에 만족하지 않고 대한민국 근현대 학문사의 한 맥락으로 경영학을 성찰하고자 한다. 아울러 오

34 이타가키 류타, 《북으로 간 언어학자 김수경》, 476쪽.

늘날 고려대 경영대학이 추구하는 아시아적 독특함과 서구식 첨단을 융합하는 독창적인 교육 프로그램에 대한 객관적인 평가를 통해 이 시대 진정한 '글로벌 대학'이란 무엇인지에 대한 자성과 새로운 이정표도 마련할 수 있기를 소망해 본다.

1장

탄생 전사

'경영'의 기원

1 경영학이라는 학문 이야기부터

경영학과의 역사를 살펴보기 위해 경영학이라는 학문의 역사에 관한 이야기로 시작하는 것은 당연하고 자연스러운 일이다. 경영학이란 무엇이고 어떤 사회적 배경에서 등장했으며 주로 어떤 문제 해결에 공헌했는지를 이해해야 경영학을 다루는 경영학과의 탄생 발전, 변용의 의미를 한국사 및 문명사의 맥락 가운데 파악할 수 있기 때문이다. 개념이 명확해짐으로써 이로부터 파생되는 다양한 현상을 가늠하여 취급해야 하는 사안과 간과해도 되는 영역의 구분이 가능한 법이다.

경영학은 여타 학문에 비하면 최근에 탄생한 학문이라 할 수 있다. 20세기가 되어서야 체계를 갖추었다고 할 만큼 늦게 형성된 경영학이지만 탄생하자마자 여타 학문의 장점을 흡수하여 '20세기의 대표 학문'이라고 불릴 정도로 압도적인 위상을 구축했다. 늦게 형성된 이유가 있었다. 오랫동안 생존의 문제를 해결하기 위해 고심해야 했던 인류를 생존의 차원을 벗어날 뿐 아니라 부유하게 만들었던 기업, 특히 근대적 대기업이 19세기 후반부터 형성되어 20세기의 전반기에는 '다량 생산'을, 20세기 후반부에는 '대량 소비'를 전 세계로 확산시켰기 때문이다. 이에 브래드퍼드 들롱(Bradford

DeLong)은 '장기 20세기(1870년에서 2010년)'를 "경제가 역사의 가장 중요한 맥락이 된 최초의 세기"라고 주장할 수 있었다.[1] 들롱 교수가 근거로 내세우는 인류 경제 성장의 핵심인 유용한 아이디어 축적물의 세계 평균 성장률이 1870년 이전에는 연간 0.45%였는데 1870년 이후로는 2.1%로 높아졌다. 실제로 2010년 세계 평균 1인당 소득은 1980년의 8.8배로 성장했다. 들롱 교수는 1870년부터 세상을 경계의 세기로 변화시킨 요소로 3가지(세계화, 기업 연구소, 근대적 대기업)를 제시하는데, 그 가운데 2가지가 기업과 관련되어 있음도 경영학의 발전에 대하여 유의미하다.

기업을 주된 연구 대상으로 삼은 경영학이 20세기 이전에 등장하는 것은 오히려 '난센스'라고 보아야 할지 모른다. 그러나 20세기가 되어 학문의 헤게모니가 크게 변화했다. 13세기 유럽에 대학이 처음 등장했을 때 신학(神學) 전공자들이 대학에서 누렸던 압도적인 지위를 오늘날 한국뿐 아니라 세계의 대학에서 경영학 전공자들이 누리고 있다고 해도 과언이 아닐 것이다. 과연 경영학이란 무엇이기에 지난 백여 년 동안 전 세계의 대학과 사회에서 그토록 인상적인 성장을 거두고 성과를 낼 수 있었던 것일까?

그런데 조금만 깊이 생각하면 누구나 잘 알고 있는 것 같은 경영학에 대한 엄밀한 개념 정의가 생각보다 쉽지 않다는 것을 느끼게 된다. 일반적인 사전에서 경영학을 검색하면 "기업의 조직과 관리 운영에 관하여 과학적으로 연구하는 개별적인 학문", 혹은 "기업의 형태, 구조, 존립 조건 따위를 이론적으로 해명하고, 현실적인 당면 문제를 해결하기 위한 방법을 연구하고 개발하는 학문"이라고 나오지만 이러한 설명이 급변하는 경영학의 개념을 충분히 담고 있다고 생각하는 경영학자는 드물 것이다.[2] 그 개념이 너무

---

1 브래드퍼드 들롱, 《20세기 경제사—우리는 유토피아로 가고 있는가》, 홍기빈 옮김(생각의힘, 2024), 17-48쪽.

2 수많은 경영학 개론서의 앞부분에 짤막하게 등장하는 경영학 개념 역시 고전적인 경영학의 체계

나도 자명해 보이지만 다른 학문과 달리 쉽게 파악하기 어려운 것이 경영학이기도 하다.

경영학에 대한 영어의 표현 역시 다양하다. 우리에게 익숙한 '경영학 석사'를 말하는 MBA는 'Master of Business Administration'의 약자로, 여기서 '경영학'은 'Business Administration'이다. 하지만 경영학에 대한 영어는 이 외에도 '비즈니스(business)'와 '매니지먼트(management)'가 혼용된다. 하버드대학교는 경영전문대학원을 'Harvard Business School'이라고 부르지만, MIT에서는 경영전문대학원을 'Sloan School of Management'라고 부른다. 이처럼 영미권에서 'business', 'management', 'business administration'이라는 용어가 모두 한국의 경영학을 지칭한다. 그런데 이 영어 단어를 한글로 그대로 옮기면 '사업', '관리', '기업 행정(관리)'으로 번역될 수 있다. 그리고 맥락상 '경영' 또는 '경영학'이 되기도 한다. 경영자에 대한 영어 표현은 'manager'와 함께 'executive'나 'director'가 함께 사용되고 기업인은 'businessman'도 있지만 최근에는 'entrepreneur'가 널리 사용되고 있다.

일본의 대학은 우리처럼 '경영학(經營學)'이라는 용어로 정착이 되었으나 중국에서는 경영학과(혹은 경영전문대학원)를 '관리학원(管理學院)'이나 '기업관리학과(企業管理學系)' 혹은 '상학원(商學院)'이라고 부른다. 마찬가지로 중국어로 경영학은 '관리학(管理學)' 혹은 '공상관리(工商管理)'라는 용어를 쓰는데 중국은 대학의 학과 설치와 명칭 사용에 있어 중앙 관리적인 교육부의 비준을 받아야 하기 때문이다.[3] 20세기 초반 영미권의 경영학 서적

와 의미를 요약적으로 설명하지만 시대 변화에 따라 급변하는 경영학의 다양한 측면까지 충분히 반영하고 있지는 못한 듯하다.

3 伊志宏, 〈工商管理学科发展规律与发展趋势〉, 《大学与学科》 2020-1(2020), 119. 따라서 일부 중국 학자들도 영문 명칭을 따라 경영학과를 '상무관리(商務管理)' 혹은 줄여서 '상과(商科)'로 부르는 것이 편리하다는 의견을 제시하기도 하지만 공식적인 용어는 여전히 교육부의 방침을 따르고 있다.

을 번역하며 최신 경영학을 도입했던 난징(南京) 정부 시기의 중국은 1930년 공상부(工商部) 부장 쿵샹시(孔祥熙, 1880-1967) 등이 주도하여 상하이에서 중국공상관리협회(中國工商管理協, 영문으로는 The China Institute of Scientific Management)를 결성했다. 정관 1조를 보면, "본회는 과학적 관리(科學管理) 방법을 연구하여 상공업의 생산성을 증진하고 민생주의를 실현하는 것을 목적으로 한다"고 되어 있다. 1930년대부터 '경영'은 중국에서 '공상관리' 또는 '과학관리' 등으로 번역된 것이다.[4]

이처럼 같은 한자 문화권에 속하는 동아시아 삼국에서도 경영이라는 용어는 동일하게 정착되지 않았다. 그만큼 우리말로 경영학은 다양한 뜻을 포괄하는 개념이다. 그래서 개념 정의가 쉽지 않다.

2 역사적 산물인 경영학

이는 경영학이 탐구하는 '경영'이 역사적인 산물로 등장한 개념, 즉 '역사적 개념'이기 때문이다. 앞서 언급했듯 경영학은 빨라도 19세기 후반부터 포착되고 20세기에 접어들면서 본격적으로 등장했으며 20세기의 급변하는 사회변화에 발맞추어 빠르게 변용되며 성장했다. 이러한 변화의 중심은 유럽과 미국이었고 경영학을 구성하는 용어와 방법론 역시 영어를 비롯한 서구어 중심으로 형성되었다. 일본이 유럽보다 조금 늦은 시기에 합류하기는 했으나 경영학의 기본 개념은 서구의 산업혁명과 자본주의 발전사를 배경으로 형성되어 전파되었다. 우리나라를 비롯하여 한자를 학술용어로 사용하는 동아시아에서 경영학의 핵심 개념은 일제강점기 일본을 통한 번역 과정

4 劉文瑞,《管理学在中国(Management in China)》(北京: 中国書籍出版社, 2018), 39-40.

을 통해 수용·전파되기 시작했다. 급변하는 사회경제적 변화와 문제에 대한 대응이자 해석을 통해 형성된 서구 중심의 경영학도 역사적 산물이지만 서구어 중심의 경영학 개념이 동아시아 각 언어로 번역된 용어 역시 또 다른 맥락의 역사적 산물이었다.

이처럼 경영학의 형성과 발전이 한 세기 만에 급속하게 발생했다. 게다가 대한민국의 20세기는 구한말(대한제국), 일제강점기, 해방과 그 직후의 한국전쟁, 그리고 전후 급속한 사회발전이 압축된 시기였다. 자주적인 학문의 주체성이 수립되기 어려웠던 식민, 전쟁, 독재가 반복되는 시기에 일본과 서구를 통해 경영학이 수용된 것이다. 서구로부터 직접 선진 경영학이 도입되었다 하더라도 쉽게 그 본질을 파악하기 어려운 시기에 일본이라는 제국의 '식민지 경영'이라는 필터링을 통해 경영학이 흘러 들어왔으니 한국의 경영학 개념이 형성되는 역사적 맥락은 자못 복잡할 수밖에 없었다. 경영학의 개념 정의가 쉽지 않은 한국의 역사적 특수성이라고도 할 수 있다.

이처럼 명확한 개념 파악의 어려움은 근대적 '자본주의 정신'이라는 개념을 처음으로 '프로테스탄트 윤리'와 연결하는 과정에서 막스 베버(Max Weber, 1864-1920)가 경험했던 상황과 유사하다. 베버 역시 19세기 말에서 20세기로 전환하는 시기에 '자본주의 정신'이라는 개념을 '정의'하는 작업이 매우 어려운 것임을 지적했다. '자본주의 정신'이라는 것이 개념적으로 하나의 전체로 만들어지는 과정에서 여러 역사적 현실이 복합적으로 작용했기 때문이다. 이때 베버가 취한 전략은 그 개념을 탐구의 시초가 아니라 탐구의 마지막에 확실하게 파악하기로 유보하는 방식이었다. 그래야 역사적 현실을 추상적인 개념에 억지로 뜯어 맞추지 않고 구체적인 현상을 충분히 반영한 뒤에 그 결과에 따라 개념이 확정될 수 있다고 본 것이다. 다만 최종적으로 확정될 개념이 있어야 했기에 본격적 논의의 전개를 위한 잠정적 '예시'로 벤저민 프랭클린(Benjamin Franklin, 1706-1790)이 1748년에 저술한 〈젊은 상인에게 주는 충고(Advice to a Young Tradesman)〉의 윤리적 문장을 인용했다.[5]

이 책에서도 경영학의 개념적 정의를 먼저 내리고 경영학과의 역사를 논의할 경우 본말이 전도될 위험성이 높다. 추상적인 경영학 개념에 경영학과의 역사를 억지로 뜯어 맞추는 격이 될 수 있기 때문이다. 게다가 한국의 경영학은 불가피하게 특수하면서도 개별적인 색채를 띠는 구체적인 현상들이 연속적으로 발생·응축하면서 급속하게 진화했던 역사적 개념이고 이러한 글을 쓰고 있는 현재도 어김없이 빠른 현실에 적응하며 진화 중이다. 이에 베버의 방식을 차용하여 이 책에서 말하고자 하는 한국 경영학의 종합적 개념은 고려대학교 경영대학의 120년을 탐구한 마지막에 파악하고자 한다. 다만 분석할 대상의 확정을 위해 개념적 정의보다는 우리의 역사 속에서 뽑아낼 수 있는 경영, 혹은 경영학의 '예시'들을 열거하는 것부터 논의를 시작하고자 한다. 이 역시 베버의 지혜를 빌린 것이다.

3 고문헌에 등장하는 '경영'

오늘날 전국의 주요 대학에 경영대학이 있으며 '기업경영'이라는 말도 흔하게 사용되지만 100여 년 전만 해도 대한민국에서 경영이라는 용어를 사용하는 이는 거의 없었으며 일부 문헌 속에서만 존재하는 용어였다. 게다가

5 막스 베버, 《프로테스탄티즘의 윤리와 자본주의 정신》, 박성수 옮김, 3판(문예출판사, 2010), 38-42쪽. 그 내용은 "시간이 돈임을 잊지 마라", "신용이 돈임을 잊지 마라", "돈이 '번식력을 갖고 결실을 맺는 성격이 있다'는 점을 잊지 마라", "속담에도 있듯이 돈을 잘 갚는 사람이 돈주머니의 주인임을 잊지 마라", "근면과 검소 말고 모든 일에서 시간 엄수와 공정보다 젊은이를 출세시키는 것은 없다", "신용에 영향을 주는 것이라면 아주 사소한 행위도 조심해야 한다", "당신이 갖고 있는 모든 것이 재산이라 생각하고 그에 따라 살려고 하지 마라" 등의 격언이다.

과거 문헌에서 '경영(經營)'의 의미는 오늘날과는 사뭇 달랐다.

고문헌에도 '경영' 혹은 '경영하다'라는 표현은 종종 등장한다. 대체로 '일정한 계획과 규모를 세우고 어떤 일을 운영하다' 정도의 뜻이었다.《조선왕조실록》에도 '나라를 경영한다'는 말을 할 때 '경영'이 사용되곤 했다. 즉 전근대에 경영은 규모 있는 상행위나 기업의 계획이나 관리와 같은 경제적인 영역이 아니라 정치적인 개념으로 국가를 운영한다는 의미 혹은 포괄적인 의미로 사용하는 용어였다.

중국의 고문헌에도 '경영'이라는 표현은 오래전부터 등장하는데 주로 '건설' 또는 '운영'하다라는 의미로 사용되었다. 가령《서경(書經)》의〈소고(召誥)〉편에서 태보(太保)가 새로운 도읍지를 정하기 위해 낙읍(洛邑)에 이르러 "성터를 점쳐 길한 점괘를 얻자 경영했다(卜宅, 厥既得卜, 則經營)"라는 구절이 나오는데 여기서 '경영하다'는 '측량을 하고 표지를 세우다'라는 뜻이다.《시경(詩經)》,〈대아(大雅)〉편에도 "강수(江水)와 한수(漢水)가 세차게 흐르고 병사들도 씩씩하도다. 사방(四方)을 경영하여 왕에게 성공하였음을 아뢰노라(江漢湯湯, 武夫洸洸, 經營四方, 告成于王)"라는 구절이 있는데, 여기서 '경영하다'는 '다스리다'라는 뜻이다. 이처럼 전근대 문헌에서 경영을 오늘날처럼 경제적으로 기업을 전문적으로 관리하고 운영한다는 뜻으로 사용된 경우는 거의 없다.

단 예외적으로 명나라 후기 대표적인 소설인《성세항언(醒世恒言)》의〈현령 둘이 앞다투어 고아 소녀를 며느리 삼으려고 하다(兩縣令競義婚孤女)〉에서 저자 풍몽룡(馮夢龍)은 상인 "가창(賈昌)은 석씨네 아가씨가 마음이 놓이지 않아 1년 넘도록 외지로 나가 경영하지 않았다(賈昌因牽挂石小姐, 有一年多不出外經營)"고 했는데 여기서 '경영하다'는 단순히 '장사하다'는 뜻을 담고 있다.[6]

4 실무를 바탕으로 20세기에 접어들어 체계화하는 서구 경영학

서구에도 20세기가 시작되는 1900년을 전후한 시기까지 경영이나 경영학에 대한 개념이 명확하게 공유되지 않았다. 19세기까지 학문으로서의 경영학이 체계를 갖추었다고 보기는 어려웠다. 그렇다고 '경영'이라는 현상이 없었느냐 하면 그렇지는 않았다. 서구에서 주식회사는 17세기부터 등장했고 소유와 경영이 분리되면서도 거대 자본을 축적한 기업도 19세기에 다수가 등장했다. 다만 동시다발적인 '경영학적' 현상들이 확산할 뿐 하나의 체계를 갖춘 경영학이 독립하지 못했던 상황이었다.

20세기 초반 미국식 경영학의 선구자로 손꼽히는 프레더릭 테일러(Frederick W. Taylor, 1856-1915), 헨리 포드(Henry Ford, 1863-1947), 앙리 파욜(Henri Fayol, 1841-1925), 체스터 버나드(Chester J. Barnard, 1886-1961)에게는 공통점이 있었다. 이들은 모두 실무를 바탕으로 경영학을 창안했다. 즉 경영학은 이념적 토론보다는 실무적 경험을 통해 체계화되었다는 특징이 있었다. 테일러는 베슬리헴 제강 시절(1898-1901) 직후인 1903년에 《공장 관리법(Shop Management)》을 출간하면서 자신의 관리론을 통일적인 형태로 제시했고 워터타운 병기창 시절(1909-1911)의 마지막 해인 1911년 향후 경영학 발전에 초석을 마련해 준 《과학적 관리법(The Principles of Scientific Management)》을 출간했다.[7] 이 외에도 테일러는 회계 분야에서도 두각을 나타냈는데 철도회사용 부품을 제조하는 존슨 사로부터 회계 시스템을 구축해 달라는 의뢰를 받고 감가상각비를 계산하여 원가계산을 하는 '테일러식 회계 시스템'을 만들었다.[8] 포드는 주지하듯 1903년 포드 자동차회사를

6 (明)馮夢龍 編, 顧學頡 校注, 《醒世恒言》, 上, 第1卷 兩縣令競義婚孤女(人民文學出版社, 1994), 8.

7 프레드릭 테일러, 《과학적 관리법》, 방영호 옮김(21세기북스, 2010).

8 다나카 야스히로, 《부의 지도를 바꾼 회계의 세계사》, 황선종 옮김(위즈덤하우스, 2019), 269-

설립하고 1908년 T형 자동차를 발매하며 대량 생산 방식을 창시했고 1920년에 들어와 이러한 경영 방식의 체계와 배후의 이념을 《나의 삶과 일(My Life and Work)》(1922)과 《오늘과 내일(Today and Tomorrow)》(1926) 등으로 출간해 정리했다. 프랑스의 광산 엔지니어 출신인 파욜은 1888년부터 1918년까지 30년 동안 광업 회사의 사장직을 맡아 1만 명의 종업원을 거느린 대기업 경영 수반으로서의 경험을 기반으로 1916년 《산업 및 일반 경영관리론(Administration Industrielle et Générale)》을 학회 회보에 게재했다. 버나드는 뉴저지 벨 전화 회사의 사장과 록펠러 재단 이사장이라는 실무 경험을 거쳐 1938년에 《경영자의 역할(The Functions of the Executive)》이라는 책을 저술했다. 이들의 책은 현실 세계에서 기업관리로 성공적인 자신의 경험을 기반으로 경영학의 초석을 놓았던 고전들로 손꼽힌다.

이 가운데 앙리 파욜은 광범위하게 확산되는 기업경영과 관리에 대한 새로운 시도들에 대한 체계적인 정리를 했기에 학문적인 영향력이 다른 이들에 비하여 컸다. 그는 《산업 및 일반 경영관리론》을 통해 '경영의 일반적인 14가지 원칙'을 제시했는데, 구체적으로 분업의 원칙, 권한-책임의 원칙, 기강 확립의 원칙, 명령 일원화의 원칙, 지휘 일원화의 원칙, 개별 이익의 전체 이익에의 종속 원칙, 적정 보상의 원칙, 중앙집권화의 원칙, 관리계층 연쇄의 원칙, 질서 유지의 원칙, 공정성의 원칙, 고용 안정성의 원칙, 자발성의 원칙, 종업원 단결의 원칙이 이에 해당한다. 또한 경영자의 중요한 능력을 '관리적 능력'이라 부르며, '기획'·'조직화'·'지휘명령'·'조정'·'통제'의 5가지 요소를 제시했다.[9] 파욜의 이론은 오늘날의 관점으로 보면 주로 '경영관리'에 국한된 내용이지만, 별다른 체계 없이 진행된 경영에 대한 다양한 현상

272쪽.

9 앙리 파욜, 《산업 및 일반 경영관리론》, 김홍길 옮김(지문사, 1990).

들을 정리하면서 경영의 보편성과 학문으로의 발전에 기여했다는 데 시대적 의의가 있다.[10]

5 일본에서 근대적 경영학의 형성

일본에서도 근대적 의미의 경영학 개념은 1900년을 전후한 시기부터 형성되기 시작했다. 대체로 메이지유신 이전 에도 막부 시대에 '상업', '상점', '상인' 중심으로 진행되던 경제활동이 메이지 후반기, 특히 1900년을 전후한 시기부터 '공업', '기업', '조직'으로 변화되기 시작했고, 에도 시대의 '상인학(商人學)'과 '상업학(商業學)' 역시 1900년을 전후로 '상사경영학(商事經營學)', '공업경영론', '기업론'을 지향하는 것으로 바뀌었다.[11] 오랫동안 동아시아의 문명국을 자임하던 중국의 청나라보다 앞서가는 흐름이었다. 일본은 독일에서 막 형성되기 시작하던 '경영경제학'의 영향을 많이 받았다. 그리고 이러한 변화의 중심에 일본에서 '경영학적 연구의 창설을 시도했던 인물'로 평가받는 우에다 데지로(上田貞次郎, 1879-1940)가 있었다.

메이지 12년인 1879년 도쿄에서 태어난 우에다 데지로는 도쿄상업고등학교를 1902년 졸업한 후 1905년 최신 상업학을 공부하기 위해 영국과 독일로 유학을 떠났다. 당시 경제학과 밀접하게 관련을 맺으면서도 점차 분리하기 시작하는 독일의 경영학적 방법론을 배울 수 있는 기회가 생긴 것이다.

---

10 마야타 야하치로, 《경영학 100년의 사상》, 김영철 옮김(일빛, 2001), 61-69쪽; 스튜어트 크레이너, 《경영의 진화》, 송일 감수, 박희라 옮김(더난출판, 2011), 29-33쪽.

11 片岡信之, 〈日本における經營學の軌迹と課題〉, 日本經營學會 編, 《經營學の新世紀: 經營學100年の回顧と展望》, 經營學論集 71集(千倉書房, 2001), 35.

우에다 데지로의 유학 과정에 취리히대학교에 재직 중인 프리드리히 셰어(Johann Friedrich Schär, 1846-1924) 교수와의 만남이 중요했다. 당시 취리히대학교는 독일어권의 종합대학(Universität) 가운데 '상업학' 강좌를 처음으로 개설한 대학이었고, 셰어는 1903년 정교수로 임용되면서 그 강좌를 맡았다. 그 이전인 1898년에도 라이프치히대학교를 시작으로 몇 대학에 '상과대학(Handelshochschule)'이 설치되기는 했지만, 그곳에서 개설한 '거래학', '부기', '상업산술' 등은 기술적인 전문 내용으로 간주되어 촉탁 강사에게 할당될 뿐, 법학·경제학처럼 정식 학문으로 취급을 받지 못하고 있었다. 따라서 취리히대학교에서 상업학을 위한 정교수로 임용된 셰어는 독일의 산발적인 상업 관련 지식과 기술을 일관된 체계를 갖춘 하나의 학문으로 승화시킨 인물로 평가된다.

이 새로운 학문이 훗날 경영학으로 발전했다. 당시 독일에서 경영학은 경제학과 분화되는 과정에 있었지만 여전히 경제학과 밀접한 관련을 맺고 있었기에 초반에는 '사(私)경제학'이라고 불렸다.

경영학이 형성되는 과정에서 1900년 전후 시기의 특징을 면밀히 살펴보고 넘어갈 필요가 있다. 하나는 당시의 경영학이 19세기 후반 경제학으로부터 분화되는 과정과 맞물려 있다는 사실이고, 다른 하나는 그럼에도 불구하고 20세기 초반까지 완전히 분화되어 체계를 갖추지 못했다는 점이다. 즉 1900년 전후의 경영학은 아직 '미분화'의 산통(産痛) 가운데 있었다. 물론 이러한 현상은 학문적 보수성이 강한 독일에서 뚜렷하게 보이지만, 독일의 학문체계를 일찌감치 수용했던 일본도 유사한 궤적을 밟았다. 이러한 궤적은 20세기의 개막과 함께 일본의 식민 지배를 받았던 조선(과 한국)에 그대로 이식될 수밖에 없었다. 이는 보성전문학교에서 상업학(이후의 경영학)이 경제학으로부터 분화되는 과정을 설명하는 2장과 3장에서 다시 언급할 것이다.

그리고 1900년을 전후한 시점의 독일에는, 장사는 '악랄한 돈벌이'라는 인식이 여전히 강하게 남아 있었다. 정작 종합대학에서 상업학 강좌의 정교수가 된 셰어였지만, 동료들로부터 '상인을 위한 대학을 만들 필요가 있느냐?' 혹은 '과연 이 새로운 학과가 학문으로서의 자격을 충분히 갖출 수 있느냐?'라는 의구심 가득한 조롱과 비판을 마주해야 했다.

바로 이러한 시대적, 학문적 맥락에서 독일의 셰어와 일본의 우에다 데지로 사이에 깊은 공감대가 형성되었다. 그리고 두 사람은 기업의 중요성에 주목하고 새로운 학문을 향한 투지로 불타게 된다. 이는 기존의 분절된 '상업학'에 머물지 않고 확산 중인 자본주의와 기업의 역량에 걸맞은 과학적이고 체계적이며 보다 광범위한 학문체계를 구축하려는 혁신적인 의지였다. 이 새로운 학문이 바로 경영학이다.

셰어보다 한 세대 뒤의 인물인 오이겐 슈말렌바흐(Eugen Schmalenbach, 1873-1955)는 회계학에 대한 공헌을 통해 경영이라는 학문을 보다 구체적으로 발전시켰다. 1873년 태생의 슈말렌바흐는 1898년 라이프치히 상과대학의 개설과 함께 입학한 이후 학자의 길을 선택하여 1906년 쾰른(Köln)대학교 상과대학의 사경제학 교수로 임명되었고, 이후 사경제학이 경영경제학으로 발전하자 1919년 경영경제학 교수로 임명되었다. 슈말렌바흐는 사경제학이 '돈벌이 이론'에 불과하다는 비판을 극복하여 현대적 회계학의 기초를 닦았다.

슈말렌바흐가 편집자로 1906년 10월에 창간했던 초기 경영학 전문학회지인 《상업 연구 저널(Zeitschrift für handelswissenschaftliche Forschung)》은 현재 《슈말렌바흐 비즈니스 연구 저널(Schmalenbachs Zeitschrift für betriebswirtschaftliche Forschung, ZFBF)》로 계승되어 독일의 대표적인 경영학 학회지가 되었다. 학문적으로 인정을 받은 슈말렌바흐는 경영학회장에 취임하였고, 독일 경영경제학, 즉 경영학의 창시자 가운데 한 사람으로 손꼽

힌다.[12]

유학을 마치고 일본으로 귀국한 우에다 데지로는 1909년 9월 모교인 도쿄상업고등학교에서 '상공경영(商工經營)' 강좌를 개설했다. 이것이 일본에서 근대적 경영학 교육의 시발점으로 불리는 첫 강좌였다. 도쿄상업고등학교는 1920년 일본 최초의 상과대학인 도쿄상과대학으로 승격했고 오늘날 히토쓰바시(一橋)대학교로 계승되었다. 도쿄상과대학을 1934년 졸업한 조선인 백두진(1908-1993)은 일제로부터 해방 후 외자총국 국장으로 미국으로부터의 원조 문제를 총괄했고 한국전쟁 시기부터는 재무장관이 되어 통화개혁 등을 추진하며 1950년대 한국경제 재건의 발판을 마련했다.[13]

우에다 데지로는 기존의 '상업학'에 대한 불만이 많았다. 아무리 뒤에 '학'을 붙여도 상업학은 실제로 수익 창출에 필요한 단편적 지식을 짜깁기한 것일 뿐 학문으로 인정받기 위한 과학적 체계가 부족한 것을 간파했다. 일본에서 19세기 후반부터 등장했던 '상업학'이라는 용어도 독일어 'Handelswissenschaft'의 번역어이지만, 독일에서도 학문다운 상업학이 아직 완전히 형성되지 못했음을 우에다 데지로는 알고 있었다.[14] 독일에서 상업경영학, 상업학, 민간경제학, 개인경제학, 상업경영학 등으로 다양하게 불리던 전통적인 방식이 '경영학(Betriebswirtschaftslehre)'이라는 용어로 통합되

---

12 미야타 야하치로, 《경영학 100년의 사상》, 71-83쪽.

13 홍제환, 《경제관료의 시대》(너머북스, 2024), 24-47쪽.

14 우에다 데지로는 1906년(메이지 39)의 《상업대사전(商業大辭典)》에서 〈상업학〉 항목의 서술을 담당했는데 그곳에서 이미 기존 상업학은 과학적 연구로 보기에 극히 유치한 단계이며 여러 상업 관련 지식을 질서 있게 나열한 수준이기에 "난잡한 가을의 들녘과 유사"하다고 파악했다. 당시 독일과 영국 등지에도 아직 학문다운 상업학이 등장했다고 보기는 어려운 시기였기에 우에다 데지로는 "완전한 상업학을 이루어야 할 재료" 자체가 갖추어져 있지 않다고 보았다. 그럼에도 불구하고 우에다 데지로의 언급은 향후 학문으로 체계를 갖추어야 할 '진정한 상업학', 즉 '경영학'의 방향을 제시했다. 이에 대해서는 片岡信之, 《日本経営学史序説: 明治期商業諸学から経営学への胎動へ》(東京: 文真堂, 1990), 296-299 참조.

고 학문적 체계를 갖춘 것은 1920년대 이후의 일이다.[15]

그러나 실제 경제 상황은 급변 중이었고 국가 경제와 실생활에서 기업의 중요성은 날로 높아지고 있었다. 우에다 데지로는 상업에 대한 탐구만으로는 부족하기에 공업까지 포괄해야 하며 경제학처럼 국가 경제에만 주목하기보다는 인격처럼 요동하는 기업의 역할과 관리에 더 집중해야 한다고 보았다. 여기서 그의 '상공경영'이라는 개념이 등장했고, 이후 경영학으로 발전하는 토대를 마련했다. 일본에서도 주변으로부터 '그렇게 거창할 필요가 있는가?' 혹은 '그것도 학문이냐?'라는 의심을 수없이 받았지만 결국 그의 선견지명에 따라 1926년 7월 10일 일본 경영학회가 창립되었다.

그리고 일본의 경제력에 밑바탕이 된 '도요타 생산 방식'이나 'Z 이론' 등 일본식 경영학 이론은 세계 경영학계에도 적지 않은 공헌을 했다.[16] 가령 도요타는 세계 시장의 문을 두드리면서도 포드 시스템으로 대표되는 미국 자동차 기업과는 다른 자신만의 생산방식으로 초반기에 큰 성공을 거두었는데, 일본어로는 '가이젠(改善)'이라 불린 사상과 영어로는 'JIT(Just In Time)'라고 불린 방식이 조화를 이룬 '도요타 생산 방식'이다. 이는 노동자 수를 줄이거나 비정규직으로 전환하는 대신 지속적인 개선을 통해 끊임없이 불량률을 낮추고 생산 시간을 단축하여 불필요한 비용을 줄이는 방식이었다.[17]

---

15 Fritz Klein-Blenkers, "Zur Entwicklung der Betriebswirtschaftslehre," in *Zur Entwicklung der Betriebswirtschaftslehre in Deutschland - 100 Jahre Handelsschule Leipzig 1898-1998*(Leipzig: Handelshochschule Leipzig, 1998), 26.

16 미야타 야하치로, 《경영학 100년의 사상》, 44-55, 279-301쪽.

17 서울대학교 경영대학 실크로드 프로젝트21팀, 《실크로드에서 경영의 길을 묻다》(시공사, 2010), 91-97쪽. 물론 이후 도요타는 글로벌 시장에 더욱 부합한다는 명목으로 비정규직 근로자를 대거 채용하는 등 변화를 추구하다가 대규모 리콜 사태라는 역풍에 부닥치게 되어, 좋은 품질을 보장하는 기업이라는 도요타의 이미지는 크게 훼손된 적이 있다. 이는 도요타 생산 방식, 즉 가이젠 경영이라는 기업의 핵심 가치를 무시하고 개방성을 지나치게 강조함으로써 발생한 부작용의

6 기업에서 국가, 군대, 학교, 교회로 확산하는 경영학

미국의 테일러와 포드, 독일의 셰어와 슈말렌바흐, 그리고 일본의 우에다 데지로 사례는 20세기를 좌우할 경영학의 태동을 보여 주는 선구적인 사례들이다. 동시에 경영학이 제대로 된 학문으로 인정받는 과정이 결코 쉽지 않았음을 보여 준다. 분명 경영학은 역사적 산물이었다. 자본주의의 확산과 주식시장 및 자본 축적을 통한 대기업의 출현이 보편화되기 이전까지 경영학이 학문의 하나로 인정받는 것이 매우 어려웠음을 상기할 필요가 있다.

그렇지만 일단 형태를 갖추기 시작한 경영학의 연구 대상이 기업에 국한되지는 않았다. 분명 경영학은 주로 기업과 그 조직 및 문화를 주된 분석 대상으로 삼지만, 결코 기업에 국한되는 학문에 머물지 않았다. 조직론을 체계적으로 정리했던 체스터 버나드가 1938년에 언급했듯 경영학이 적용되는 공식 조직에는 기업을 비롯하여 국가, 군대, 학교, 교회, 가정이 모두 포함되었다.[18] 버나드는 조직의 협력을 이끌어 내고 조직을 장기적으로 존속시키는 관건은 '관리자'의 관리 능력에 달려 있는데 이 능력은 전망, 장기 목적, 고매한 이상 등을 포함한 도덕성의 높이에 달려 있다고 보았다. 이는 훗날 조직의 지속가능성을 좌우하는 리더십(leadership) 혹은 기업가정신(entrepreneurship)의 중요성에 주목하는 계기를 만들었다.

그런데 리더십은 조직 관리 및 운영과 관련된 경영학의 주된 분야의 하

사례로 볼 수 있다.

18 버나드는 이러한 공식 조직과 함께 이와 병존하는 비공식 조직을 국민 사회(민족)나 지방 사회(촌락)로 파악했다. 민족이나 촌락과 같은 비공식 조직으로 인해 개인은 인간성을 확보하고 사회적 결합력을 잃지 않는다고 보았다. 또한 사회는 기업, 군대, 국가와 같은 공식 조직에 의해 구조화되지만 공식 조직은 비공식 조직으로 인해 비르소 활기를 띠고 존재의 조건이 만들어진다고 보았다(미야타 야하치로, 《경영학 100년의 사상》, 90쪽).

나이기도 하지만 국가, 군대, 학교, 교회 등에서도 주목하는 전략적 요소로 확대되었다. 가령 한국 육군은 1960년대 이전부터 미군의 관리제도를 적극 도입하여 경영관리 행정을 수행하기 시작했다.[19] 이처럼 경영학은 "인간과 조직에 대한 이해에서 시작되었으며 과거 경제학자들이 보여 주지 못했던 인간의 욕구와 모티베이션, 사회학자들이 놓친 집단 내의 비공식적 인간관계의 중요성, 그리고 문화인류학자들이 간과한 경영 현상의 특유성을 밝혀내면서 자본주의 사회에서 주체적인 역할을 하고 있는 기업조직을 위한 실천 학문"으로 자리매김을 해 왔다. 고전적 경제학이 주로 자본과 노동을 중심으로 기업을 분석했다면 경영학은 이러한 경제학적 기업 분석의 기초 위에 마케팅, 정보, 조직문화, 시간, 능력, 네트워크, 지식, 그리고 신뢰(trust) 등의 변수까지 고려한다.[20] 경영학이 주목하는 기업이 영리만 추구하는 조직체에 머물지 않고 인간들의 집합체인 사회처럼 대단히 '인격적'이고 '관계적'이며 '역동적'인 조직체로 확대하는 것이다.

경영학의 성립 과정에서 도출되는 경제학, 사회학, 행정학 등 여타 학문과의 차이점을 역사적으로 고찰한 결과 경영학의 개념을 잠정적으로 "주로 기업의 성장 및 지속과 관련된 조직, 생산, 마케팅, 문화, 리더십, 관계, 기술 등을 체계적으로 연구하는 학문"이라 재정의할 수 있을 것 같다.

핵심적인 개념은 '기업', '성장', '지속'의 3가지가 되고, 그 하위 개념은 '조직', '생산', '마케팅', '문화', '리더십', '관계', '기술' 등이 될 것이다. 물론 기존의 전통적인 회계나 재무 등의 요소는 하위 개념에 분산되어 포함될 수 있을 것이다.

---

19 이성택, 〈한국경영학 30년의 실증적 연구〉, 김정년·조동성 외, 《한국경영학 30년—회고와 전망》(서울대학교출판부, 1988), 162쪽.

20 박기찬·이윤철·이동현, 《경영의 교양을 읽는다》(더난출판, 2005), 32쪽.

7 동아시아에서 '경영'의 초기 형태

이러한 경영학의 개념을 염두에 두고 20세기 이전 한국에 경영학의 연구 대상이 될 만한 '경영' 현상이나 변화로 무엇을 거론할 수 있을까? 우선 한국에서 소위 '기업'이라 불릴 수 있는 조직체의 형성에 주목하지 않을 수 없다. 유사 이래의 전통적 상업 활동 및 상인 집단과 근대적 기업을 구별해야 20세기 학문인 경영학의 특징도 포착이 쉬워진다.

한국사에서 기업, 즉 근대적 회사의 등장은 1876년 개항(開港) 이후부터 파악하는 것이 일반적이다. 그렇지만 조선 시대에도 다양한 상거래가 이루어지고, 서울이나 주요 지역에는 상인 집단이 형성되어 경제활동을 주도했던 부분도 간과해서는 안 된다. 상업 중심지였던 서울의 시전(市廛)은 시장세 납부는 물론 국역(國役) 의무를 지닌 합법적 상업 조직이었다. 또한 조선의 상업계는 왜란(倭亂)과 호란(胡亂)을 겪고 난 후 17세기 후반기부터 교역로가 다양화되면서 활발한 상업 발달 및 상업 자본의 축적을 경험했다.

특별히 17세기부터 19세기까지는 '도고(都賈) 상업시대'라고도 불리는데, '도고'란 자본력과 조직력을 바탕으로 경제적 매점 행위를 일삼는 상인을 지칭한다. 이러한 도고 활동은 수도권의 한강 유통업을 장악한 경강상인(京江商人)과 개성을 근거지로 광범위한 국내 조직망을 가지고 (의주[義州]를 경유하는) 중국과 (동래[東萊]를 경유하는) 일본으로의 무역까지 손을 뻗친 개성상인(開城商人)이 견인했다. 그리고 특권 상인인 서울의 시전상인도 도고를 통한 경쟁 대열에 가세했다.[21] 또한 유럽보다 앞서 '사개송도치부법((四介松都治簿法)'이라는 특징 있는 상업부기(商業簿記)를 창안하여 활용한 개성상인의 사례도 유명하다.[22]

---

21 강만길, 《조선후기 상업자본의 발달》, 강만길 저작집 1(창비, 2019).

하지만 상업 자본을 축적하여 생산에 환원하거나 소유와 경영이 분리되어 전문적인 경영인을 고용하는 경우, 혹은 주식회사와 유사하게 전문 투자가로부터 대규모 자본을 모아 상거래를 진행하는 전문 상인이 역사의 전면에 등장하지 않았다. 오히려 중농억상(重農抑商)의 풍조 속에서 상인들의 상거래 활동에 대한 부정적인 인식이 유교 지배층 사이에 팽배하여 상인들이 집단적 행동을 통해 여론을 주도할 가능성은 미연에 차단되기 일쑤였다. 유형원(柳馨遠, 1622-1673), 박지원(朴趾源, 1737-1805), 박제가(朴齊家, 1750-1815) 등 소위 '실학자(實學者)'로 평가받는 이들이 상업 문제에 대하여 의미 있는 제안을 했지만 이는 기본적으로 위기 상황에서 이를 극복하는 실천적 삶을 제시하는 경세가적 유학자들의 오랜 전통의 일환으로 보는 것이 적절하다. 따라서 상인을 사회 변혁의 유의미한 계층으로 파악하는 인식의 전환으로 이어지기는 어려웠다.[23] 실제 상인들 역시 19세기 중엽까지 기존의 신분 질서를 뒤집는 '중간 계층'으로 스스로를 인식하지 못했다.[24]

---

22 조익순·정석우, 《조선시대 회계문서에 나타난 사개송도 치부법의 발자취》(박영사, 2006); 허성관, 《개성상인의 탄생》(만권당, 2018); 고승희, 《한국회계문화사—그 기원과 진화의 과정》(박이정, 2023), 제5장과 제6장 참조.

23 가령 19세기에 기록된 다양한 직종의 인물들에 대한 모음집인 김혈조 등 옮김, 《역사 밖으로 나온 별쭝난 사람들—진벌휘고속편(震閥彙考續編)》, 하(영남대학교출판부, 2023)만 보아도 이러한 신분적 한계성은 쉽게 드러난다. 대부분 조선 시대 양반사회에서 소외된 인물들, 즉 신분이 낮거나 업적이 크게 드러나지 않는 사람들을 열거하는데 재주나 능력은 컸으나 쓰임이 작았던 인물들을 모았기에 매우 흥미로운 기록이다. 대표적인 분류 기준은 천재 소년들, 만물박사, 화가, 안방 여인들, 기녀들, 하녀들, 도사, 무녀(巫女), 음악가, 풍수가, 점쟁이, 관상쟁이, 기술자, 효자, 의원, 통역관, 내시, 천민 등이다. 그 가운데 '부자(富人)' 항목은 권26 〈부인(富人)〉 편에 9편의 이야기로 담겨 있는데 역관(譯官)과 환관(宦官) 항목 사이에 배치되어 있다. 그곳에 소개된 9명의 이야기를 읽어 보아도 부자가 되기 위해 돈을 버는 방법은 전혀 찾을 수 없고 치부(致富)와 관련 없는 에피소드적인 이야기로만 채워져 있다(214-225쪽). 이러한 배치와 내용은 19세기까지 부자에 대한 조선 사회의 낮은 평가 혹은 부정적 인식을 보여 준다.

24 여기서 '중간 계층'이란 기존의 계층을 벗어나 사회적 위계질서의 사다리를 올라가려는 의지와 능력을 가진 다수의 중하층 상공인들이나 사업가-발명가 계층을 말한다(대런 아세모글루·사이먼 존슨, 《권력과 진보—기술과 번영을 둘러싼 천년의 쟁투》, 김승진 옮김[생각의힘, 2023], 5

중국사에도 기업은 19세기 중후반부터 등장했다. 그 이전에는 이윤을 추구하는 상행위에 대해서 주로 '치생(治生)'이라는 표현을 많이 썼다. 기원전 사마천(司馬遷)의 《사기(史記)》, 〈화식열전(貨殖列傳)〉에도 등장하는 '치생'은 말 그대로 '생활의 밑천을 마련'한다는 뜻부터 '상업 경영'의 의미까지를 모두 담고 있었다.[25] 억상(抑商)이라는 통치 기조와 관념 역시 기원 전후의 한나라 시대에 형성되어 오랫동안 힘을 발휘했다.[26] 명·청 시대가 되면 치생의 의미가 조금 진보하여 18세기 학자였던 전조망(全祖望, 1704-1755)은 '치생'이란 "부지런히 이익을 챙기는 것"이 아니라 "대체로 들어오는 것을 헤아려 그것을 지출함"이라고 해석했다.[27] 양입제출(量入制出)의 의미를 담은 것으로 경영학의 초보적인 관리 개념에 해당한다. 이 외에도 오늘날 경영인의 전근대적 버전으로 명·청 시대에 등장하는 '화계(伙計)'나 '과계(夥計)', '장계(掌計)' 등의 표현에 주목하여 이들이 기업체의 경리와 같은 전문 경영인과 유사하다고 파악하기도 한다.[28] 복수의 투자자와 상인이 공동으로 출자(出資)하여 사업을 벌이는 '합과(合夥)' 현상도 명 후기부터 등장했는

장 참조). 가령 16-18세기 유럽에서 발생한 이러한 신분 질서의 동요는 한순간에 혁명처럼 발생한 것이 아니라 이전부터 서서히 진행되던 사회적, 정치적 변화 과정이자 제도적 변화 현상이었다.

25 여영시, 《중국 근세 종교윤리와 상인 정신》, 정인재 옮김(대한교과서주식회사, 1993), 172쪽.

26 이성규, 〈중국 고대 억상 정책의 사회사적 배경—賈와 祭儀의 관계를 중심으로〉, 《고대 중국의 이해》, 3(지식산업사, 1997).

27 全祖望, 〈先仲父博士府君權厝志〉, 《鮚埼亭集》, 〈外編〉, 卷8, "所云治生者, 非孳孳爲利之謂, 蓋量入爲出之謂也."(全祖望 撰, 《陳垣全集. 第19冊—鮚埼亭集批注》, 上, 陳垣 批注, 陳智超 主編[合肥 : 安徽大學出版社, 2009], 619)

28 여영시, 《중국 근세 종교윤리와 상인 정신》, 263-268쪽. 화계, 과계, 장계는 모두 명·청 시대에 새롭게 등장한 직종을 말하는데, 상인과 화계의 관계는 오늘날 주인과 점원의 관계로 이해하면 된다. 다만 당시 화계나 장계는 대부분 주인(상인)의 친족 자제들로 충당했는데 이는 아직 소유와 경영의 분리가 이루어지지 않은 상태에서 친족만큼 신뢰할 수 있는 타인을 고용하는 것이 어려웠기 때문이다. 그럼에도 불구하고 중국사의 대가인 여영시는 화계 제도의 출현을 중시해야 한다고 주장했는데 이는 "그들이 중국 경영관리 계층(Managerial Class)의 전신이라 말할 수 있기 때문"이었다(268쪽).

데, '합과'는 '공동으로 사업을 경영한다'는 뜻과 함께 '동지적으로 결합을 한다' 또는 '무엇인가를 공동으로 한다'는 등 경제활동에 국한되지 않는 광범위한 영역에서 사용되었다.[29] 모두 상품경제의 발전과 대운하(大運河) 및 장강(長江)을 이용한 장거리 무역, 그리고 무엇보다 지역별 상인 집단의 형성이 본격적으로 형성된 명·청 시대에 들어와서 생겨난 변화였다.[30] 그럼에도 불구하고 19세기 초반까지 거대한 자본을 축적한 상인들도 가업의 승계 및 사업의 확장보다 과거 합격 및 관료 진출을 자손들에게 장려하는 기존 풍조를 역전시키지는 못했다.

조선 및 명·청 시대와 비교하면, 일본 에도 막부 시대는 비슷한 국면으로 보이지만 구체적으로는 차이가 꽤 있다. 가령 상업에 대한 관념과 상인의 역할이 두드러지게 드러나는데 이는 조선이나 명·청과 달리 에도 막부가 상업을 천시하는 주자학을 국시(國是)로 삼지 않았다는 사실과 관련이 깊을 것이다. 가령 일본 오사카에 18세기 초에 설립된 서민 학교인 가이토쿠도(懷德堂)의 학문과 실천은 이후 일본이 자본주의 체계를 빠르게 받아들이는 데 영향을 준 것으로 평가받는다. 1724년 5명의 상인이 출자해 설립한 가이토쿠도는 신분 고하와 귀천을 불문하고 학교에서 강의를 듣게 했다. 당시 오사카는 '천하의 양식 창고(天下糧倉)'로 불리는 상업 중심지였다. 가이토쿠도는 고전 지식을 전수하면서도 상업 윤리를 토론했으며 후세에 심대한 영향을 미친 도미나가 나카모토(富永仲基, 1715-1746), 나카이 지쿠잔(中井竹山, 1730-1804), 나카이 리켄(中井履軒, 1732-1817), 야마가타 반토(山片蟠桃, 1748-1821) 등 일련의 사상가들을 배양했다. 상인 출신 도미나가 나카모토는 진정한 '도'란 반드시 개인의 일상생활 속에서 나오며 매일매일의 일에

29 정지호, 《합과(合夥)—전통 중국 상공업의 기업 관행》(세창출판사, 2022), 23-62쪽.

30 조영헌, 《대운하와 중국 상인—회·양 지역 휘주 상인 성장사, 1415-1784》(민음사, 2011).

근면하게 종사하는 것이 바로 가장 중요한 도덕적 실천이라고 강조했는데 이는 베버의 '프로테스탄트 윤리'를 연상시키기에 충분했다.[31]

당시 교토에는 상인 출신으로 심학(心學)을 연구하여 '상도(商道)'를 정리했던 이시다 바이간(石田梅岩, 1685-1744)이 상인들을 대상으로 강학 활동을 전개했다. 이시다 바이간은 상인을 포함한 제자들과의 문답을 모아 1738년 《도비문답(都鄙問答)》을 출간했는데 사농공상의 신분 질서가 여전히 강했던 에도 시대에 "부(富)의 주인은 천하 만민(萬民)이다"라는 파격적인 주장을 펼쳤다.[32] 훗날 미국의 사회학자 로버트 벨라(Robert Bellah, 1927-2013)는 메이지유신 이후 일본 자본주의 발전에 이시다 바이간의 심학이 미친 영향을 서구 자본주의 발전에 있어 프로테스탄트 윤리가 미친 영향에 버금가는 것으로 평가했다.[33]

급기야 서세동점(西勢東漸)의 흐름 가운데 서구에 대한 두려움에서 발동한 1868년의 메이지유신 이후 일본에서 본격적인 기업과 자본가의 등장이 급속하게 진행되었다. 1870년대 후반이 되면 메이지 정부는 새로 설립된 공장을 매각하기 시작했으며 이를 통해 자본가들이 대거 형성되었다. 다만 새롭게 등장한 자본가들의 상당수가 과거 사무라이 출신이었고 그들은 기업가라기보다는 행정가의 기질을 농후하게 지닌 이들에 가까웠다. 그래서 메이지유신이라는 일본의 변화를 추동한 것은 자본가 계급의 등장이라기보다는 유럽이라는 '외적 위협'이라는 해석도 가능하다.[34] 다만 '외적 위협'이라는 상황이 모든 나라를 자본주의의 발전으로 추동시킨 것은 아니므로

31 쑹녠선, 《동아시아를 발견하다—임진왜란으로 시작된 한중일의 현대》, 김승욱 옮김(역사비평사, 2020), 310쪽.

32 이시다 바이간, 《도비문답(都鄙問答)》, 류영진 옮김(호밀밭, 2020).

33 Robert Bellah, *Tokugawa Religion: The Values of Pre-Industrial Japan*(Glencoe, IL: Free Press, 1957), 133-176.

34 마틴 자크, 《중국이 세계를 지배하면》, 안세민 옮김(부키, 2010), 79-81쪽.

에도 막부 시기부터 강화된 상인 계층의 독자적 목소리와 이를 대변하는 상인 윤리의 등장이라는 사회적·사상적 토대를 간과하기는 곤란하다.

8 개항 이후 한국 기업의 흐름

이제 관심을 한국에 집중하여 개항 이후 등장한 회사의 개략적인 흐름을 정리하면 다음과 같다. 강화도 조약을 강제로 체결하며 조선의 개항을 이끈 일본은 개항 직후 일본계 기업들을 조선에 진출시켰다. 가령 시부사와 에이이치(澁澤榮一, 1840-1931)는 일본 정부로부터 투자금을 대부받아 1878년 6월, 일본 제일은행(第一銀行) 부산 지점을 개설했는데, 한국 최초의 은행으로 손꼽힌다. '일본 자본주의의 아버지'로 불렸던 시부사와 에이이치는 "상업이 부흥해야 나라가 선다"라는 신념으로 1873년 관직을 내려놓고 실업가로 전향하여 일본 최초의 은행인 제일은행(현 미즈호은행[瑞穗銀行])을 세웠던 인물이다.[35] 하지만 일본의 제일은행은 오로지 일본 상인들을 대표해서 조선 정부에 화폐를 새로 발행하라고 요구하기도 하고, 1884년부터는 각종 재정이 필요한 조선 정부에 대출을 해 주면서 관세 수입, 홍삼 판매 수익, 세금 등 조선의 이권을 사들였다. 급기야 1902년에는 '제일은행권'

35 시부사와 에이이치는 메이지 정부에서 지금의 재무성 역할인 대장성의 관리로 들어가 일본의 화폐, 금융, 조세 제도 등의 밑바탕을 설계하여 '일본 경제의 설계자'로도 불리는 인물이다. 시부사와 에이이치가 당시 관존민비(官尊民卑)라는 통념을 깨고 고위 관직을 버리고 실업가로 인생 2막을 개척할 수 있었던 계기는 사실상 메이지유신 직전에 프랑스로 떠나 유럽의 자본주의를 체감하면서 마련되었다. 이후 실업가로 전향한 시부사와 에이이치는 철도회사, 가스회사, 전등회사, 방직회사 등 500여 개의 기업을 세웠다. 초창기 관료에서 사업가로 전향하기까지 시부사와 에이이치에 대한 이야기는 그의 자서전인 시부사와 에이이치, 《일본의 설계자, 시부사와 에이이치—망국의 신하에서 일본 경제의 전설이 되기까지》, 박훈 역주(21세기북스, 2018) 참조. 2024년 7월 일본 정부는 1만 엔 지폐의 인물로 메이지 시대의 사상가 후쿠자와 유키치를 대신하여 시부사와 에이이치를 등장시켰다.

이라는 돈을 스스로 만들어 조선의 상업계에 풀었으며, 조선의 화폐개혁도 주도하면서 조선 경제의 일본 의존성을 강화시켰다.[36]

이후 일본인을 비롯하여 중국인, 서양인들이 조선에 경쟁적으로 기업을 설립하기 시작했다. 1882년 미국 및 청과 통상조약을 체결한 이후, 1883년에는 영국과 독일, 1884년에는 이탈리아와 러시아, 1886년에는 프랑스와 조약을 체결하며 개항했기에 외국 기업들의 조선 진입은 점차 확대되었다. 최초로 개항된 부산(1876)을 시작으로 원산(1880)과 인천(1883), 목포(1897), 군산·마산·성진(1899) 등이 개항되었다. 1876년 이전까지 조선은 오랜 기간 '쇄국(鎖國)' 정책으로 일관하며 일본에 대해서만 부산 동래의 왜관(倭館)을 제한적으로 열어 준 상태였기에[37] 1876년 이후 조선의 주요 항구는 외국에 무방비로 개방되기 시작했다고 할 정도로 상황이 급변했다. 기존의 수운과 포구 중심의 전통적 유통 구조는 개항장 중심의 새로운 유통망으로 빠르게 개편되었다. 청국 상인들은 중국과 인접한 인천을 거점으로 삼고 서울 등으로 활동 영역을 확대했다. 청국 상인들은 일본 상인들에 비해 규모는 영세했지만 동아시아 각지에 점포를 마련하고 활동하는 동순태(同順泰)와 같은 거대 상인도 있었다.[38] 서양 기업으로는 1884년 독일 함부르크 출신의 에두아르트 마이어(Eduard Meyer, 1841-1926)가 세운 세창양행(世昌洋行, E. Meyer & Co.)이 인천에 처음 설립되어 목포-제물포 구간 세곡 운송 등 해운업을 주도하며 보험업까지 사업을 확장했다.[39]이러한 유통구조의 변화와

---

36 김석원, 《일본의 한국경제 침략사—쌀·금·돈의 붕괴》(한길사, 2022), 157-169쪽.

37 다만 왜관에서의 상업 거래는 매우 제한적이어서, 왜관에 온 일본인들(주로 쓰시마 섬의 상인들)은 왜관 외부로의 출입이나 내지로의 진입이 엄격히 통제되었다.

38 강진아, 《동순태호—동아시아 화교 자본과 근대 조선》(경북대학교출판부, 2011).

39 고혜련, 《우아한 루저의 나라—독일인 3인, 대한제국을 답사하다》(정은문고, 2021), 54-63쪽. 중국 톈진과 홍콩에 지점을 갖고 있던 마이어의 기업이 인천에 진출했던 것은 당시 조선 정부의 외교 고문으로 있던 독일인 묄렌도르프(Paul Georg von Möllendorff, 1847-1901)의 영향이 컸다. 세창양행은 조선의 세곡선 운반의 권리를 획득한 대가로 한국에 차관 대출을 제공한 최초의

외국 상인들의 진입 속에서 경강상인과 시전상인 등 전통 상인들은 큰 타격을 받았다.

민족계 기업은 1880년대 중반 이후부터 출현하기 시작했는데, 외부적인 자극이 크게 작용했다. 특히 1883년(고종 20) '한영수호통상조약(韓英修好通商條約)'이 체결되면서 개항장 경계의 10리 이내로 제한되던 외국 상인들의 활동 제한이 해제되자 그들은 곧 내지로 침투했다. 그러자 주요 도시에서 기득권을 갖고 있던 객주, 여각, 보부상들이 위기감을 느끼고 상업 조직을 현대화하는 동시에 상업 방식도 혁신하려는 노력을 시작했다.[40] 1882년 유길준(俞吉濬, 1856-1914)이 소개한 〈회사규칙(會社規則)〉과 1883년 《한성순보》 제3호에 게재한 〈회사설(會社說)〉의 영향력도 컸다. 유길준은 〈회사규칙〉에서 "지금 우리나라의 부국강병의 길도 상업에 있고 지난날의 수모를 설욕하는 길도 상업에 있으니 어찌 상업을 소홀히 할 수 있겠는가!"라고 역설하면서 주식의 발행과 출자, 주주총회, 사장의 선출 방법 및 사원 복무규정, 회계 장부 및 사원 징계 등 상선회사의 설립을 구체적인 사례로 제시했다.[41] 또한 유길준은 〈회사설〉을 통해 "회사란 중인(衆人)이 자본을 모아 수인(數人)에게 의탁하여 농상공업의 사무를 변리(辨理)케 하는 것"이라고 정의하면서, 그동안 우리의 상업은 "독무독환(獨貿獨換, 혼자 무역하고 혼자 거래하는 것)"이 문제였다고 지적했다.[42]

본격적인 민족계 회사의 설립은 1890년대에 전개되었다. 특히 갑오개혁

서양 기업이 되었다. 세창양행 선박의 상표를 보면 기둥에 두 개의 깃발이 있는데, 하나는 조선 국기이고 다른 하나는 독일제국의 흑-백-적색 깃발 위에 'Meyer'의 'M'을 배치한 깃발이다.

40 김두겸·이영훈·이한구 외, 《대한민국 기업사 1》(중앙Books, 2008), 41-51쪽. 개항 이후에도 외국 상인들이 국내에서 활동하려면 포구에 고유의 유통망을 보유하고 있던 객주들에게 의존하지 않을 수 없었으나 '한영수호통상조약'이 체결된 이후로 객주들의 전성시대는 사실상 종료되었다.

41 유길준, 〈회사규칙〉, 《유길준전집》, 제4권(일조각, 1971), 89쪽.

42 〈회사설〉, 《한성순보》 제3호(1883. 10. 21).

은 외세의 침탈에 맞서 민족계 기업의 설립에 큰 기폭제가 되었다. 1895년에는 농상공부관제(칙령 제48호)의 반포로 일반 회사에 대한 사무가 농상공부(農商工部)로 귀속되니, 주식회사나 합자(合資)회사 형태의 민족계 기업들이 대거 등장하기 시작했다. 기존에 익숙하던 상업 부분의 회사가 특히 많이 설립되었는데, 1895년 양군실(楊君實)이 설립한 마포미상회사(麻布米商會社)가 대표적이다. 또한 정부의 식산흥업(殖産興業) 정책에 따라 수입에만 의존하던 자본주의적 생활품을 국내에서 조달하기 위해 근대적 산업이 민간에서 일어났는데, 1900년에 설립된 대한제국 인공양잠(人工養蠶) 합자회사가 대표적이다. 이 회사는 외국에서 유학하고 온 기술자들이 설립한 합자(合資) 회사로, 종래 가내수공업에만 의존하던 양잠이 기업화한 사례였다. 고종은 이 회사에도 은화 1,000원을 하사하여 민족 기업의 성장을 독려했다.

외국계 은행의 침투 속에서도 이에 맞서 설립된 민족계 은행의 대응 역시 주목할 만한 현상이다. 1896년 안경수(安駉壽, 1853-1900), 김종한(金宗漢, 1844-1932) 등이 발기하여 주식회사 형태로 설립된 조선은행(朝鮮銀行)은 한국인이 설립한 최초의 은행이었다. 이후 제국은행(帝國銀行), 한성은행(漢城銀行), 대한천일은행(大韓天一銀行), 한일은행(韓一銀行) 등이 잇달아 설립되었으나, 자금 부족과 경영 미숙 등으로 대부분 도산하고 한성은행, 대한천일은행(오늘날의 우리은행), 한일은행만 존속했다. 초기 민족계 은행 설립에 있어 유력 상인들의 적극적인 역할과 함께 황실의 적극적인 지원이 주효했다.

운송업에 있어서는 1897년 서울의 거상(巨商)들을 중심으로 인천과 서울 사이의 육로 운송을 담당하는 마차회사(馬車會社)가 설립되었고, 1898년에는 부산 경무관 출신의 박기종(朴琪淙, 1839-1907)이 중심이 되어 부산항과 하단포(下端浦) 사이에 철도를 부설하는 부하철도회사(釜下鐵道會社)가 설립되었다. 박기종은 이후에도 서울과 의주 간 철도 부설을 목적으로 1899년

대한철도 주식회사를, 1902년에는 부산 삼랑진과 마산을 잇는 삼마철도(三馬鐵道) 주식회사를 각각 설립했다. 탁지부 중간급 관직을 역임한 이근배(李根培)는 1899년 국내 철도회사를 설립했다.

조선 정부가 개항 후 상권 침탈에 대응한 방식은 특권적 독점을 통해 상권을 보호하여 세수입을 확보하는 데 주안점이 있었다. 관영 혹은 관·민 운영의 산업기구를 설립하여 정부의 보호와 육성하에 상회사 발전을 추구했다. 이는 전통적 상업 질서, 즉 도고 중심 상업체제의 연장선에 있었지만, 폐쇄적 독점의 힘으로 외국 자본 침투를 저지하는 역할도 수행했다. 이는 상인들도 원하는 바였다. 일본인 은행이 인천과 서울에 설치되면서 일본 상인의 자금 동원력이 커진 것에 대응하기 위해 조선 상인들도 황실과 관료의 힘을 활용하려 했다. 기존 방식으로는 일본 등 외국 상인들과의 경쟁에서 살아남기 어려웠다. 반면 갑오정권의 경제 정책 기조는 특권과 보호를 수반한 종래의 상업정책을 비판하는 자유주의 경제 정책론에 입각해 있었지만, 실제 결과는 상인층 일반의 지지도 얻지 못한 채 오히려 일본 등 외국 상인의 상권 침투를 가속화하는 길을 터 주었다.[43]

당시 은행을 비롯한 대부분의 기업 설립에 조선 정부(황실)의 역할이 지대했고 정부가 주도하는 가운데 귀족, 지주, 상인들이 참여하는 형태로 진행되는 기업이 많았다. 외세의 침입 속에서 조선 정부가 1880년대부터 내세운 식산흥업(殖産興業) 정책은 국내 경제를 보호하기 위한 기기국(機器局, 무기 제조), 박문국(博文局, 정부 문서 간행), 전운국(轉運局, 해상 운송), 전환국(典圜局, 화폐 주조) 등의 정부 부서 설립과 공기업의 등장으로 이어졌다. 식산흥업 정책의 기본 방향은 외국에 침탈된 이권의 회수와 국내 생산기반의 보

43 정태헌, 《이념과 현실—평화와 민주주의를 향한 한국근대사 다시 읽기》(역사비평사, 2024), 85-89쪽.

호, 그리고 근대적 산업기술인력 양성을 위한 기술교육의 확대에 중점을 두었다. 황실이 공장 및 교통운수회사를 직접 설립했으며 상공학교와 우무(郵務)학교 등 관립 기술교육기관도 직접 증설했다. 그러다 보니 외세를 배제하면서 지주 및 특권 상인층의 기득권을 옹호하는 측면이 강했다. 하지만 자본주의 발전 단계에서 특권을 이용한 자본 축적은 서구의 역사에서도 흔하게 발생했던 현상이라는 점을 상기해 보면 당시 설익은 자유주의 이념에 기댄 채 무조건적인 개방과 경쟁으로 가기보다는 정부 주도의 특권적 자본 축적을 통해 일정 부분 국내 시장과 상권을 보호하겠다는 정책적 의지는 시의적절한 시도였다. 이러한 정부의 식산흥업 정책을 이끌었던 인물이 중인 출신 관료이자 고종의 최측근으로 황권을 보위하며 정치 일선에서 개혁의 대리자 역할을 했던 근왕(勤王) 세력 이용익이었다.[44]

조선 최초의 공기업은 1892년 건립되었는데, 정부와 민간이 합자한 이운사(利運社)와 청나라와 합작한 한화윤선공사(韓華輪船公司)이다. 두 회사 모두 해상 운송회사였다. 이운사는 전운국 소속의 선박을 인수하여 해상 수송을 담당하는 새로운 기구가 되었고 독일 상선을 구입하여 '이운호'로 명명한 뒤 국제 노선에도 참여했다.[45] 대한천일은행도 황실의 적극적인 지원을 받아 설립된 은행으로, 사실상 황제에 직속된 황실 은행으로서의 특권을 가지고 성장했다. 하지만 대한제국의 식산흥업 정책과 노력에도 불구하고 단기간에 상공업 분야의 성과를 이루기에는 자본과 기술력이 절대적으로 부족한 것이 현실이었다. 무엇보다 제국주의 열강 간에 이합집산이 이루어지던 시기에 외세의 침략이나 간섭에 대응할 정치적 리더십을 제대로 발휘하지 못한 것은 큰 한계로 손꼽힌다. 당시 대한제국의 문제는 방향성보다

44 정태헌, 《이념과 현실—평화와 민주주의를 향한 한국근대사 다시 읽기》, 93-100쪽.

45 김두겸·이영훈·이한구 외, 《대한민국 기업사 1》, 58-64쪽.

는 대책의 실효성과 실천 가능성 여부에 있었던 것이다.

요컨대 한국의 근대적 기업 형성에 대한제국의 성립과 '광무개혁(光武改革)'으로 불리는 정부 주도형 근대화 정책(식산흥업)의 추진이 큰 영향을 주었다. 기업의 발전에서 그러했던 것처럼, 근대적 고등기관의 형성 과정에서도 대한제국과 황실의 역할은 중요했다.[46] 이에 대해서는 2장 〈1905년 보성전문학교 이재학과 '경영학'의 탄생〉을 통해 더 구체적으로 살펴보도록 하자.

46 강만길, 〈보성전문학교 설립의 역사적 배경〉, '보성전문학교의 법학·경상학교육과 한국의 근대화' 연구위원회 엮음, 《근대서구학문(近代西歐學問)의 수용(收容)과 보전(普專)》(고려대학교출판부, 1986), 66-72, 87-108쪽.

2장

1905년 보성전문학교 이재학과 '경영학'의 탄생

1 〈교육강령〉과 근대적 교육 개념의 확산
2 1905년 보성전문학교의 설립
3 이재학과 설립의 의미
4 상업학, 경제학, 경영학이 미분화된 시대적 한계
5 채만식의 단편소설 〈치숙〉에 나타난 이재학과 경제학 인식
6 이재학에서 상학으로
7 '경영학' 탄생의 문명사적 의미

1 〈교육강령〉과 근대적 교육 개념의 확산

1905년 설립된 보성전문학교는 근대적 의미의 고등교육기관이었다. 따라서 보성전문의 탄생을 살펴보기 위해서는 우선 조선 후기 한국인이 근대적인 고등교육기관에 대한 지식을 접하게 되는 경위부터 살펴보지 않을 수 없다.

앞서 근대적 경영 개념이 형성되고 한국에 전래한 과정에서 본 것처럼(1장), 조선인이 처음 접하게 된 근대적인 고등교육기관에 대한 지식 역시 일찌감치 근대화를 추진한 일본을 통하여 유입되었다. 특별히 1876년 개항 이후 일본 시찰을 통해 직·간접적으로 접한 서구와 일본의 고등교육기관에 대한 정보의 영향력이 컸다. 1876년 1차 수신사 김기수(金綺秀, 1832-1894) 일행은 문부성을 비롯하여 당시 '전문학교(專門學校)'로 불리는 고등교육기관인 도쿄의 가이세이학교(開成學校)[1]를 방문했는데, 그는 근대 고등교육기관을 방문한 최초의 조선인이었을 것이다. 김기수는 귀국하여 일본에서 보

1 도쿄가이세이학교(東京開成學校)는 메이지 시대 초기에 도쿄부에 설립된 문부성 관할의 양학(洋學)을 연구하고 교육하는 기관으로, 1373년부터 고등교육기관인 '전문학교'로 분류되었다. 1877년에는 도쿄 의학교와 통합되어 구 도쿄대학교가 발족했다. 이로 인해 가이세이학교는 현재 도쿄대학교의 직접적인 전신 기관으로 간주된다.

고 들은 내용을 정리하여 《일동기유(日東記游)》를 남겼다.[2] 이 시기 개화파에 속하는 박영효(朴泳孝, 1861-1939), 박정양(朴定陽, 1842-1905), 유길준(兪吉濬, 1856-1914)은 각각 《건백서(建白書)》, 《미속습유(美俗拾遺)》, 《서유견문(西遊見聞)》에서 자신이 보고 들은 근대적 고등교육기관에 관해 소개함으로써, 이후 한국의 고등교육기관 형성에 큰 영향을 미쳤다.[3] 1881년 조사시찰단으로 일본에 파견된 이들 가운데 조준영(趙準永, 1833-1886)은 문부성(文部省)을 시찰하고 정리하여 일본 학제에 대한 종합적인 보고서인 《문부성》을 저술했다. 이 책에서 조준영은 일본의 학제가 이미 초등-중등-고등의 3단계라는 것을 인지하고, 고등교육기관으로 대학과 전문학교가 있음을 소개했다. 이에 따르면 "대학교는 법학·이학·의학·문학 등의 전문과를 가르치는 곳"이고 "전문학교는 전문적인 한 과목을 수업하는 곳"이었다.[4]

우리나라에 '교육'이라는 개념어가 수용된 것도 이즈음이었다. 대체로 1880년대가 되면 이미 일본, 중국으로의 시찰단, 유학생 및 그들이 접한 자료를 통해 '교육'이라는 용어가 간헐적으로 수용되지만 고종 초기까지는 그다지 자주 사용되는 용어가 아니었다. 당시까지는 '교양(敎養)'을 쓰거나 교사의 역할은 '교훈(敎訓)'이고 학생의 역할에는 '이습(肄習)'이라는 용어가 더 자주 사용되었다. 영어의 '에듀케이션(education)'에 해당하는 '교육'이 본격적으로 사용된 것은 1895년 음력 2월 2일 고종의 〈교육강령〉(일명 〈교육입국조서〉)이 반포되고 이어서 한성사범학교의 교육과정에 '교육'이 포함되면

---

2 김기수, 《일동기유》(구지현 옮김, 보고사, 2018, 권1, 36-37쪽)에 따르면 1876년 음력 4월 23일, 일행은 공자를 모시는 태학(太學)을 견학하고 오는 길에 가이세이학교(開城學校)와 도쿄 여자사범학교(東京女子師範學校)를 견학하였다. 도쿄 여자사범학교 역시 1874년 건립된 관립학교로, 미국의 교육가 데이비드 머레이(David Murray)가 일본 문부성의 고문을 담당하여 여성들이 교사로서 보이는 능력을 높이 평가하자 그 영향을 받아 설립되었다.

3 김자중, 〈들어가는 글〉, 《한국 대학의 뿌리, 전문학교》(지식의날개, 2022) 참조.

4 조준영 엮음, 《문부성 소할목록—일본 최초의 근대교육기관 설치 시찰 기록》, 신창호 옮김(우물이 있는 집, 2017), 185-186쪽.

서부터이다.[5]

특별히 〈교육강령〉을 통한 교육이라는 용어에는 다양한 교수 개념과 학습의 의미까지 포괄하게 되었다. 형식은 고종이 반포한 것으로 되어 있지만, 실제 작성자는 당시 학무대신(學務大臣)이었던 박정양과 교육의 '삼대강(三大綱, 도덕[道德]교육·재예[才藝]교육·공업[工業 교육)'을 강조했던 유길준일 것이라는 해석이 유력하다. 1890년 일본에서 반포된 〈교육칙어(教育勅語)〉의 영향력을 무시할 수는 없겠으나, 〈교육강령〉은 실용적인 근대 교육의 제창을 통해 부국강병을 달성하고자 하는 고종 혹은 개화파들의 의지가 반영된 결과물로 보는 것이 적합하다.[6]

〈교육강령〉의 중요 구절을 인용하면 다음과 같다. "아! 백성을 가르치지 않으면 나라를 굳건히 하기가 매우 어렵다. 세상 형편을 돌아보면 부유하고 강성하여 독립하여 웅시(雄視)하는 여러 나라는 모두 그 나라 백성들의 지식이 개명(開明)하고 지식이 개명함은 교육(教育)이 잘됨으로써 말미암은 것이니, 교육은 실로 나라를 보존하는 근본이다. (…) 교육에는 또한 그 방도가 있으니, 허명(虛名)과 실용(實用)의 분별을 먼저 세워야 할 것이다. (…) 이제 짐은 교육하는 강령을 제시하여 허명을 제거하고 실용을 높인다. (…) 왕실의 안전도 너희들 신하와 백성의 교육에 달려 있고 나라의 부강도 너희들 신하와 백성의 교육에 달려 있다"[7]

이처럼 〈교육강령〉에는 교육을 통해 부국강병과 나라의 안위를 지키고

---

5 한용진 편저, 《근대한국 교육 개념의 변용》(학지사, 2020), 24-33쪽. 전통 시대에는 잘 사용되지 않던 '교육'이라는 용어는 1878년 일본의 프랑스 법학자인 미쓰쿠리 린쇼(箕作麟祥)가 《체임버스 백과사전(Chamber's Encyclopedia)》의 한 항목인 'education'의 번역어로 '교육'을 채택하면서 근대적 개념으로 전용되어 동아시아 한자 문화권에 확산하였다.

6 신창호, 〈개화기 교육에서 儒學은 어떤 위상을 지니는가—白巖 朴殷植의 《學規新論》 분석을 중심으로〉, 《동양고전연구》 26(2007); 한용진 편저, 《근대한국 교육 개념의 변용》, 42-62쪽.

7 한용진 편저, 《근대한국 교육 개념의 변용》, 51쪽.

자 하는 군주의 간절한 염원이 담겨 있다. 그리고 그 교육은 과거제와 함께 '허명'에 매달린 유교적 교육이 아니라 '실용'을 중시하는 교육이 되어야 함이 주목된다. 한 해 전인 1894년 '허명'의 학문으로 실력을 겨루던 과거제가 〈전고국조례(銓考局條例)〉를 통해 폐지되고 관리 등용 시험은 보통 시험과 특별 시험으로 구분되었다. 그야말로 〈교육강령〉은 성리학이라는 '종합지(綜合知)'를 여러 영역으로 쪼개어 근대적인 '전문지(專門知)'를 제공해야 한다는 선언이나 다름없었다.[8] 그리고 대한제국은 1899년 3월 24일에 〈의학교 관제〉, 4월 4일에 〈중학교 관제〉, 6월 24일에 〈상공학교 관제〉를 제정해서 각각 의학교, 중학교, 상공학교를 설립하여 〈교육강령〉의 취지를 실천해 나갔다. 다만 관립학교 중 전문교육을 내세우지는 않았고 고등교육의 제도가 분명하게 제시된 것은 아니었다.[9] 일본의 간섭이 점차 심해지는 상황에서 〈교육강령〉이 소기의 목적을 원활하게 이루기는 점차 어려워졌지만 그러한 와중에서도 1900년을 전후로 교육을 통해 열강으로부터 민족을 구하려는 유의미한 노력이 결실을 보기 시작했다. 고려대학교의 전신인 보성전문학교 설립은 그러한 결실의 대표적인 사례였다.

2 1905년 보성전문학교의 설립

서론에서 언급한 것처럼, 1905년은 분명 문명사적 전환기였다. 조선이라는 나라의 운명이 다하고 일본 제국주의에 사실상 편입되기 시작하는 쇠락의 국면에 새로운 유형의 지식인을 교육하는 신생 학문인 경영학의 요람이 '탄

8 송호근, 《시민의 탄생—조선의 근대와 공론장의 지각 변동》(민음사, 2013), 266-271쪽.

9 김자중, 《한국 대학의 뿌리, 전문학교》, 36-39쪽.

생'한 것이다. 보성전문학교에 개설된 이재학과의 등장이다.

조선왕조의 종언과 겹치면서 시작된 근대화의 물결 속에서 한국의 새로운 학제와 교육 커리큘럼은 동아시아적 맥락과 세계사적 맥락의 중첩 속에서 형성되었다. 당시 중화적(中華的) 세계 질서에 오랫동안 종속되어 있던 한국은 문명의 중심이었던 '중국'의 자장(磁場)으로부터 떨어져 나오기 시작하는 동시에 일본과 서구의 영향권에 포섭되기 시작했다. 이에 한국의 근대는 '중화적 세계'로부터의 결별과 함께 시작된 것이라 할 수 있었다. 중화 세계의 대표적인 문화적 브랜드인 '유학(儒學)'과 '과거(科擧)'를 통해 지도자를 양성하는 오래된 방식을 부정하는 것으로부터 조선의 근대 교육이 시작된 것이다. 대학에 관해서 논의할 때에도 '유학(儒學) 모델'을 대신할 '대학(大學) 모델'을 어디에서 구할 것인가가 구한말의 최대 과제였다.[10]

교육에 있어 새로운 외부적인 요소는 19세기 다변화하는 조선의 외교관계와 호응하여 유입되었다. 고종은 1882년 외교와 통상을 담당하는 통리아문(統理衙門)을 설치하여 개항 이후 달라진 국제적 환경에 대응하고자 했고 청의 추천을 받아 톈진(天津) 주재 독일 영사였던 묄렌도르프(Paul Georg von Möllendorff, 1848-1901)를 참의통리아문사무에 임명했다. 묄렌도르프의 중개를 통해 조선은 1882년 미국과 조미(朝美)수호통상조약의 체결부터 시작하여 1883년 독일과 조독(朝獨)수호통상조약, 1883년 영국과 조영(朝英)수호통상조약, 1884년 러시아와 조로(朝露)수호통상조약, 이탈리아와 조이(朝伊)수호통상조약 등을 체결하며 대외 관계의 다변화를 시도했다.[11]

조미수호통상조약의 결과 1883년 4월에 미국 측 공사로 푸트(Lucius H. Foote, 1826-1913)가 서울에 오자 조선은 그 답례로 미국에 민영익(1860-1914)

---

10 馬越徹[우마코시 도루], 《한국 근대대학의 성립과 전개—대학 모델의 전파연구》, 한용진 옮김(교육과학사, 2001), 6쪽.

11 고혜련, 《우아한 루저의 나라—독일인 3인, 대한제국을 답사하다》(정은문고, 2021), 35-37쪽.

을 대표로 한 보빙사(報聘使)를 파견했다. 보빙사는 서구 문물과 개신교 전래의 마중물이 되었는데 보빙사절단장 민영익과 미국 감리교회 목사이자 후에 볼티모어대학교를 창설한 가우처(John F. Goucher, 1845-1922) 박사와의 만남 이후 미 감리회 해외 선교부는 한국에 본격적인 관심을 갖기 시작했다. 1884년 6월 24일 서울에 도착한 선교사 매클레이(Robert S. Maclay, 1824-1907)는 일본에서 교류했던 김옥균을 통해 그들의 청원서를 제출했는데 고종은 '학교와 병원 설립'이라는 단서를 달면서도 실질적으로 기독교의 선교를 허용했다. 이 과정에서 선교사들이 건립한 학교는 서구의 문화와 근대적 학문체계를 전파하는 매개 공간이 되었고 기독교는 19세기 말 20세기 초에 조선왕조-서구문명-민족운동-시민사회를 연결하는 역할을 맡게 되었다.[12] 서구 선교사들을 통해 설립된 근대적 교육기관인 배재학당(1885)과 이화학당(1886) 등을 통해 조선은 기존에 중국 일변도의 사상·문화와는 사뭇 다른 서구의 사상 체계와 문화를 수용하며 다음 세대를 준비할 인재를 키워냈다.

다만 이러한 외부적 영향력이 강하던 19세기 후반에서 20세기 초반에 한국의 학문과 교육에는 외부적 요인뿐 아니라 조선 시대 이래의 실학적 전통 역시 강하게 남아 있었던 것도 사실이다. 허문(虛文)에 빠진 성리학을 비판하고 서학 수용을 주장하면서도 동서의 사상을 접맥하려는 동도서기(東道西器)의 실학을 주장한 신기선(申箕善, 1851-1909)의 주장이 대표적이다. 그는 서학 수용이 대세가 된 상황에서 유학이 신문물을 포용해야 한다는 논리에서 벗어나 유학이 근대 학문의 한 분과로 공존해야 한다는 주장을 펼쳤다. 이제 실학은 추상적이거나 보편적인 학문이 아니라 서양식 분과(分科) 방식에 입각한 제반 학문의 하나로 축소되었다. 《대학(大學)》 8조목의 첫

12 이승렬, 《근대 시민의 형성과 대한민국》(그물, 2021), 98-100쪽.

머리인 '격물치지(格物致知)' 혹은 '격치(格致)' 역시 물리(物理)를 이해한다는 성격으로 인해 'physics' 혹은 'science'의 번역어로 사용되기도 했다.[13] 이러한 내·외적 요소가 복합되어 20세기 초반의 근대적인 학교와 학문체계가 도입·형성되었던 것이고, 1905년 보성전문학교의 설립과 이재학과의 창설 역시 이러한 맥락에서 이해가 가능하다.

보성전문학교는 1905년 4월 3일 개교하였다. 당시는 국운이 기울어지는 것을 목도한 민간 단체에서 사학을 건립하면서 인재 양성을 시작하던 시기였다. 1904년에 체결된 〈한일의정서(韓日議定書)〉에 영향을 받은 시대라 일본인의 고문(顧問) 정치가 시작되고 일본인 학정참여관(學政參與官)이 교육행정에 관여하는 열악한 상황 속에서 오히려 새로운 씨앗이 뿌려진 것이다. 보성전문학교가 설립된 1905년에 한성법학교(漢城法學校)와 양정의숙(養正義塾, 오늘날의 양정중·고등학교)이 설립되고, 1906년에는 휘문의숙(徽文義塾, 오늘날의 휘문중·고등학교), 진명여학교(進明女學校, 오늘날의 진명여자중·고등학교), 명신여자학교(明新女子學校, 1909년 숙명고등여학교로 개명, 오늘날의 숙명여자대학교)가 개교했으며 1907년에는 이승훈(1864-1930)이 주도한 오산학교(五山學校)와 윤치호(1865-1945)를 교장으로 두고 안창호(1878-1938)가 대변교장(代辯校長)을 맡은 대성학교(大成學校), 박은식(1859-1925)이 교장을 맡은 서우사범학교(西友師範學校) 등이 설립되어 전문학교 수준의 교육이 시작되었다. 대부분의 민족사학들은 교육을 통해 붕괴 직전의 국가를 지키는 동시에 근대 문물을 수용하는 열린 의식과 민족의식의 고취를 학생들에게 심어 주려고 노력했다. 당시 대성중학교에 입학하여 3년 동안 교육을 받은 현상윤(1893-1950)은 해방 후 보성전문학교가 고려대학교로 승격할 때 초대 총장으로 취임했는데 이러한 교육의 열매들은 열거할 수 없을 정도로 많다. 교육행정의

13 이경구, 《실학, 우리 안의 오랜 근대》(푸른역사, 2024), 226-236쪽.

주도권이 일본인에게 넘어가는 상황에 뿌려진 민족사학의 씨앗은 이후 일제의 통치권 강화에 큰 걸림돌로 작용했다.[14]

보성전문학교의 설립자인 이용익은 함경북도 명천(明川)의 미천한 가문 출신이었다.[15] 관직 진출 이전에 보부상으로 전국을 유람한 경험이 있던 이용익은 고종과 명성황후 및 민영익의 신임을 얻어 단천부사(端川府使) 남병사(南兵使)로 발탁되었고, 이후 더욱 약진하여 궁내부(宮內府) 내장원경(內藏院卿)과 탁지부대신(度支部大臣)이라는 황실 재정과 국가 재정을 모두 결정하는 최고직까지 올라갔다. 이용익은 광무정권(光武政權)의 대표적인 경제관료로, 궁내부 산하 기구들이 중심이 된 산업화를 추진했다.[16]

다만 이용익은 고종이 원했던 근대적 개혁과 재정 마련을 요령껏 해냈기에 고종의 총애를 받았다는 점과 함경도 출신인 '미천한' 상인이었다는 전력으로 인해 전통적인 유교관에 사로잡힌 고위 관료들의 질시를 한 몸에 받았다. 또한 당시 친(親)러시아 인사로 낙인찍히기도 했으나, 이는 다분히 일방적 평가에 가까웠다.[17] 오히려 일본의 기밀문서에도 이 시기 이용익 일

---

14 오천석, 《한국신교육사(韓國新敎育史)》(현대교육총서출판사, 1964), 120-211쪽.

15 당시 설립된 많은 사립학교는 민족사학이든 선교사들의 세운 미션스쿨이든, 이북 지역에 건립된 것이 많았다. 특히 서북쪽의 평안도 지역이 가장 많았고, 그다음이 황해도와 함경도 순이었다(오천석, 《한국신교육사》, 195-196쪽). 이처럼 서북 출신이 한국의 근대 교육에 미친 영향은 지대했다. 일제강점기 서북인들이 세운 고등교육기관으로 이후 대학으로 명맥을 이었던 대표적인 학교는 단국대학교, 건국대학교, 한양대학교, 경희대학교 등이다. 그 가운데 단국대학교와 건국대학교는 종로구 낙원동에 세워졌던 서북학회(西北學會) 건물을 사용하였다. 보성전문학교도 이 건물을 일정 기간 사용했다(낙원동 교사 시기로, 1918년 9월에서 1922년 8월까지). 현재 서북학회 건물은 모습 그대로 건국대학교 안으로 이전 및 재건하여 박물관으로 활용하고 있다.

16 이태진, 《고종시대의 재조명》(태학사, 2000), 83쪽.

17 그럼에도 불구하고 당시 이용익의 전방위적 활동에 대한 부정적 인식 역시 다양하게 감지되는데, 가령 주한 미국공사로 활동했던 호러스 알렌(Horace N. Allen)과 같은 외국인 중에도 이용익을 부정적으로 평가했던 이들이 있었다. 이는 이용익이 주도하는 대장원경의 황제의 사적 재원이 국가의 개혁사업에 긴요하게 사용되었다 하더라도 황제가 정부의 재정기관인 탁지부를 무력하게 만들고 '공공' 기관을 '사적'으로 운영했다는 근대적 공공 개념에서의 비판이 다수이다. 이에 대해서는 장영숙, 《망군의 국주, 개혁군주의 이중성—고종의 인사정책과 리더십》(역사공간,

파에 대해 '중립파'라는 호칭이 붙기 시작했다. 실제로 이용익은 러일전쟁을 앞둔 1904년 1월 21일 중국 땅 지푸(芝罘 현 옌타이[煙臺]) 발신으로 세계 각지로 타전된 전문(프랑스어로 작성)에서 대한제국의 '국외중립(局外中立)' 선언문을 기초했다. 그리고 배후에서 〈한일의정서〉의 체결을 반대하는 활동을 펼쳐 나갔다.[18] 이 사실을 파악한 일본은 2월 23일 이용익을 강제로 납치하여 일본으로 압송했고, 그날 〈한일의정서〉라는 굴욕적인 문서의 조약을 강요하는 데 성공했다.[19]

이용익은 보성전문학교의 설립을 구상하고 있던 1904년을 전후하여 내장원경과 탁지부 책임자로서 왕실 재산과 국가재정의 관리를 맡고 있었다. 그 직전에는 탁지부 전환국장(典圜局長)으로서 금융의 구조적 식민화를 극복하기 위해 화폐개혁을 누차 시도하였고(일본의 끈질긴 방해와 러일전쟁으로 실패) 내정원 소속의 인삼밭과 광산에 대한 관리권을 행사하는 등 이재술(理財術)에 탁월한 능력을 보여 주었다. 또한 서북철도원 총재로 있으면서 경의선(京義線) 부설을 주장했으며 중앙은행의 설립을 발의하여 부총재를 역임하기도 했다. 일본에 납치된 후 재판을 받았지만 "대한제국의 재정을 관장하면서도 사적으로 착복한 것이 없다"고 판명되어 석방될 정도로 공·사(公·私)의 구분이 분명했다.[20] 이러한 경력을 통해 축적된 식견이 국가 경제의 장래에 대한 구상의 하나로 고등교육기관에 이재학과 설치라는 실천으

2020), 145-146쪽 참조.

18 이용익이 1904년 추진한 한반도의 '중립화' 방안은 1885년 갑신정변 직후 조선 주재 독일 부영사 헤르만 부들러(Hermann Budler)가 처음 주장한 바 있었으며 이후 유길준과 김옥균 등이 누차 주장했던 한반도 평화 유지를 위한 방안이었다. 이러한 중립국 방안의 역사성에 대해서는 강만길, 〈보성전문학교 설립의 역사적 배경〉, '보성전문학교의 법학·경상학교육과 한국의 근대화' 연구위원회 엮음, 《근대서구학문(近代西歐學問)의 수용(收容)과 보전(普專)》(고려대학교출판부, 1986), 77-81쪽 참조.

19 고려대학교 70년지 편찬실, 《고려대학교 70년지—1905-1975》(고려대학교출판부, 1975), 4-14쪽.

20 황현, 《역주 매천야록(梅泉野錄) 하》, 임형택 외 옮김(문학과지성사, 2005), 215쪽.

로 연결되었다.[21]

1905년 러일전쟁의 전세가 일본 측에 유리해지자 일본은 1월 국제 여론을 고려하여 이용익을 귀국시켰다. 귀국할 때 이용익은 뜻한 바가 있어 많은 서적과 인쇄기기를 구매하여 귀국했다. 이제 구국(救國)의 길은 교육을 통해 인재를 양성하여 재기의 기회를 예비하는 것밖에 없다고 생각하고 새로운 학교 설립의 구상을 가지고 돌아온 것이다. 그전까지 재정 관련 일에만 매진하던 이용익이 나라의 생존이 경각(頃刻)에 달린 순간에 돌연 학교를 설립한 것은 특별한 목표가 있기 때문이었다. 바로 '교육구국(敎育救國)'이었다. 이미 외교적·경제적으로 독립의 여망이 사라진 시기에 이용익은 그동안 보여 주었던 경세가적(經世家的) 마인드로 '학교'라는 씨앗을 심기로 한 것이다. 그리고 보성전문학교를 건립하는 동시에 편집소로 보성관(普成館), 인쇄소로 보성사(普成社)를 건립하였다.[22]

당시 이용익의 새로운 시도가 이후에 어떤 결과를 가져올지 그 의미와 가능성을 제대로 평가한 이는 많지 않았을 것이다. 하지만 2년 뒤인 1907년 이용익이 블라디보스토크에서 사망하기 직전 고종에게 제안한 유소(遺疏)를 보면 학교를 세운 그 본래의 의미와 진정성을 이해할 수 있다. "널리 학교를 세워 인재를 교육하여 국권을 회복하소서(廣建學校, 人才敎育, 國權回復)."[23] 비록 나라는 점차 몰락하며 일본의 식민지로 전락하는 암담한 상황이었지만 학교 건립을 통한 인재 육성만이 나라를 회복시킬 수 있는 마지막 희망이라는 메시지였다.[24]

---

21 고려대학교 100년사 편찬위원회 엮음, 《고려대학교 인문사회과학 학술사》, 고려대학교 100년사(고려대학교출판부, 2010), 30쪽.

22 고려대학교 70년지 편찬실, 《고려대학교 70년지—1905-1975》, 15-24쪽.

23 황현, 《역주 매천야록(梅泉野錄) 하》, 375쪽.

24 이용익은 1906년 고종의 밀사로 유럽 특히 파리와 상트페테르부르크에 파견되어 독립을 교섭하는 역할을 감당했으나 뜻을 이루지 못하고 블라디보스토크로 갔다가 그곳에서 1907년 3월 사

1905년 최초의 교사인 아어학교 건물

이용익은 학교 경영의 재원을 자기가 책임지기로 하고, 우선 종로구 수송동(당시 박동) 옛 태고사(太古寺) 자리에 있던 구 아어(俄語, 러시아어)학교 건물을 빌려 사용하도록 주선했다. 당시 학교 터에는 16세기부터 자라 온 회화(槐花)나무 한 그루가 있었는데, 회화나무는 예로부터 학자나무(學者樹, Scholar Tree)로 불리며 선비와 학문을 상징했다.[25]

설립을 위한 구체적인 추진은 오늘날의 교육부 역할을 하던 대한제국의 학부(學部) 편집국장으로 있던 신해영을 초대 교장으로 임명하고 그에게 일임했다. 게이오의숙에서 경제학을 공부했던 경험에 학부의 요직인 편집국장을 역임하면서 각종 교과서의 감수, 편찬, 서술의 전문가였던 신해영은

망했다.

25 중국과 한국의 국자감이나 공묘, 서원에는 예외 없이 선비와 학자를 상징하는 회화나무를 심은 것도 이 때문이다. 이후 대학교로 성장하는 고려대학교의 발원지에 회화나무를 심었다는 사실은 우연의 일치로 치부하기는 어려운데, 현재 그 회화나무는 서울시 지정보호수 제78호로 지정되어 있다. 그리고 이를 기념하여 고려대학교 법학대학에서는 2017년 12월 그 나무에서 채취한 씨앗에서 싹이 튼 회화나무 한 그루를 법학대학 건물 앞에 심어 놓았다.

새로운 인재를 키워 낼 학교의 교장으로 적임자였다. 1906년 6월 신해영이 편술(編述)하여 펴낸《윤리학 교과서》(보성관 발행, 보성사 인쇄)는 대한제국의 대표적인 국민윤리 교본이자 학생들의 마음속에 애국심을 심는 애국적 수신 교과서였다. 또한 경제적으로는 공산주의를 비판하고 개인 소유권 불가침과 같은 근대민법의 자유주의적 원리를 따르고 있다. 이 책이 안창호가 1907년 평양에 설립한 대성학교의 교재로 사용되었으며 1909년 통감부의 심의에서 "자유 독립을 주장하고 국권을 만회할 것을 간절히 제창"한다는 이유 등으로 금서(禁書)목록에 들어간 것은 이러한 내용을 증명한다.[26]

신해영은 다른 동지들과 의논한 끝에 정부 조직인 외부(外部), 법부(法部), 농공상부(農工商部)에 대응하여 법률학, 이재학, 농학, 상학, 공학의 5개 전문학과로 구성된 2년제 전문학교 설립안을 기초했다.[27] 이용익은 애초에 열강들의 경쟁 시대에 국제외교에 식견을 가지고 근대 국가의 주권을 회복할 수 있는 유능한 경세가(經世家)를 육성하기 위해 '정치(政治) 전문과'를 세우려고 했으나, 신해영 등 설립 동지들과 논의하는 과정에 다분히 실용적인 5개 분야의 학과 체제로 변경되었다. 물론 이용익은 전환국장(典圜局長)이나 내장원경으로 화폐 금융 및 황실 재정에 깊이 관여한 이재의 경험을 바탕으로 이재학 전문과와 경제학 전문과에도 깊은 관심을 가졌다.[28] 어쨌든 이는 보전 창립이 인간 이성의 자각이라든가 과학적 사고의 욕구로 인하여 탄생한 아카데미라기보다는 열국의 경쟁 시대에 위태로운 국운을 바로잡기 위

26 고려대학교 70년지 편찬실,《고려대학교 70년지—1905-1975》, 25-28쪽; 신일철, 〈보전 초창기의 근대민족주의 사상—서구학문의 수용과 '충군애국(忠君愛國)'적 국가의식의 자각과정〉, '보성전문학교의 법학·경상학교육과 한국의 근대화' 연구위원회 엮음,《근대서구학문(近代西歐學問)의 수용(收容)과 보전(普專)》(고려대학교출판부, 1986), 38-49쪽.

27 고려대학교 100년사 편찬위원회 엮음,《고려대학교 100년사 I》(고려대학교출판부, 2008), 41쪽.

28 신일철, 〈보전 초창기의 근대민족주의 사상—서구학문의 수용과 '충군애국(忠君愛國)'적 국가의식의 자각과정〉, 4쪽.

해 근대적 국가 운영에 필요한 전문가를 시급히 양성해야 한다는 시대적 요청 속에 구체화되었음을 보여 준다.[29]

하지만 1905년부터 1907년까지 보성전문학교의 설립과 초기 운영에 고종 황제의 영향력은 매우 컸다. 가령 '보성(普成)'이라는 교명은 고종이 하사한 것이고[30] 고종의 각별한 배려를 받아 보성전문 일반경비(교원 급여 등)의 거의 전액을 1907년까지 궁내부에서 보조받았다. 학교 건물인 구 아어학교는 1904년 러일전쟁이 일어나자 일본군의 압력으로 폐교된 상태였는데 관립(官立) 학교였던 이 건물을 사용하게 된 것도 황실의 지원이 있었기에 가능한 일이었다. 설립자 이용익은 보전의 운영 경비를 자신이 책임진다고 했지만 1905년 9월 고종으로부터 모종의 임무를 부여받고 중국으로 망명하여 1907년 2월 블라디보스토크에서 사망했기에 그사이 보전의 운영 경비를 황실에서 후원한 것이다. 이용익 역시 고종의 배려에 대한 감사의 보답으로 보성전문학교의 상징으로 황실의 문장인 오얏꽃[李花]을 채택했다.[31]

이러한 황실의 보전 후원 상황은 1장에서 살펴본 것처럼 근대적 기업 형성에 황실의 역할이 중요했던 것과 유사했다. 1905년부터 1907년까지 보전은 사실상 황실 내탕금으로 운영되는 '왕립학교'의 성격이 강했다.[32] 그럼에도 불구하고 교명을 '왕립'이나 '관립'이 아닌 '사립'으로 정한 것은 러일전쟁 후 한반도 침략이 본격화하는 과정에서 정치적 간섭을 직접 받을 수 있

---

29 배항섭, 〈고종과 보성전문학교의 창립 및 초기 운영〉, 《사총》 59(2004), 220-221쪽; 유진오, 《양호기—보전·고대 35년의 회고》, 재판(고려대학교출판문화원, 2019), 342쪽

30 고종이 언급했던 보성(普成)의 '普'는 '보통(普通)' 혹은 '널리 보급'한다는 뜻이고, '成'은 '성인지미(成人之美)' 혹은 '성인지덕(成人之德)'이라는 고전(《論語》 등)에 등장한 '교육을 통한 인간성의 계발'라는 의미에서 가져온 뜻이다. 따라서 보성은 '널리 이룬다'라는 뜻이 아니라 '널리 인간성을 계발한다'는 뜻이 된다(배항섭, 〈고종과 보성전문학교의 창립 및 초기 운영〉, 227쪽).

31 고려대학교 100년사 편찬위원회 엮음, 《고려대학교 100년사 I》, 39-40쪽.

32 신일철, 〈보전 초창기의 근대민족주의 사상—서구학문의 수용과 '충군애국(忠君愛國)'적 국가의식의 자각과정〉, 7-8쪽.

는 관립이나 왕립을 피하고 교육구국 운동을 위한 안전한 기지가 되게 하려는 의도가 있었다고 볼 수 있다.[33] 그러자 일제는 독립을 위한 인재 양성을 지향하는 보전을 견제하기 위해 1907년 후반부터 황실의 재정 지원을 중단시키는 동시에 보전을 관립으로 전환하여 통제권에 두려고 시도했다. 대한제국 황실의 재산을 해체하고 빼앗기 위해 제실재산정리국(帝室財産整理局)도 설치했다. 하지만 학생들의 저항과 '유지회(維持會) 사건'[34]을 거치면서 1908년 이용익의 손자 이종호가 개인 자금으로 학교를 운영하기로 하면서 보성전문학교는 명실상부한 '민립(民立)'의 대표적 고등교육기관으로 재탄생하게 되었다.[35]

3 이재학과 설립의 의미

설립자 이용익과 초대 교장 신해영은 본래 법률학, 이재학, 농업학, 상업학, 공업학의 5개 학과 및 외국어학 1개 특설과로 구성된 전문학교를 기획하고 신입생 모집 공고를 《황성신문》에 냈다. 그러나 실제로는 수업 연한 2년의 법률학 전문과와 이재학 전문과 2개 학과로 개교하였다. 법률학을 제외한 나머지 4개 학과에 대한 지원자가 적었기 때문이다. 즉 이재학, 농업학, 상업, 공업학에 대한 지원자가 모두 미달이었지만, 그렇다고 지원자가 많은 법

---

33 강만길, 〈보성전문학교 설립의 역사적 배경〉, 106-107쪽.

34 유지회 사건이란 재정난에 직면한 1907년 보성전문학교 교강사들이 경영주인 이종호의 경영권에 도전한 사건으로, 이종호는 자신의 참여하던 신민회 간부들의 지원을 받아 적절한 타협을 하며 경영권을 되찾아 온다. 하지만 1907년 창립부터 깊이 관여했던 이종호는 신민회 인사들과 함께 1910년 해외로 망명했기에 보전의 경영권은 천도교로 넘어가게 되었다. 유지회 사건부터 이종호의 죽음까지의 과정에 대해서는 신일철, 〈보전 초창기의 근대민족주의 사상—서구학문의 수용과 '충군애국(忠君愛國)'적 국가의식의 자각과정〉, 17-22쪽 참조.

35 배항섭, 〈고종과 보성전문학교의 창립 및 초기 운영〉, 233-244쪽.

률학과만 살린 것이 아니라 나머지 4개 학과 가운데 이재학과도 살리기로 결정하고 4개 학과에 응시한 이들을 모두 이재학과로 통합한 것이다.

이러한 지원 상황은 시대적 한계와 상황을 반영하고 있다. 당시까지만 해도 사·농·공·상이라는 신분적 위계질서와 관존민비(官尊民卑) 의식이 강했기에 사(士)로 진입이 가능한 법률학을 제외한 나머지 4개의 실업 학문에 대한 지원자가 적었다. 즉 이재학을 비롯한 농업학, 상업학, 공업학 등 실업교육의 중요성에 대한 일반인들의 인식이 부족했다. 1907년에 시작된 보전 학생들의 동호회보인 《친목(親睦)》에 실린 글에도 당시 보수적인 '완고자(頑固者)', 즉 "고루한 습성과 자기 주견만을 고집하는 습성으로 신교육에 뜻을 둔 사람들을 비웃고 전통적인 '우리나라 교육'과 '우리나라의 실업(實業)'이면 족하다고 해서 '외국의 일'을 본받으려는 것은 '망국의 근본'이라고 비난"하는 이들이 많았음을 알 수 있다.[36] 게다가 상학, 농학, 공학을 전공한 교수를 구하는 것도 쉽지 않았다.[37] 조선 시대부터 이어져 온 뿌리 깊은 인문 중시 교육과 관료나 관리직으로 출세하려면 법률을 잘 알아야 한다는 고정관념은 일제강점기까지 이어졌다.[38] 1905년 단계에 아직 낯설기만 한 과학이나 기술을 기반으로 한 교육과 학문을 기피하는 것은 당연한 결과일 수 있었다. 이러한 상황 속에서 교장인 신해영의 전공이자 상대적으로 일본에서 유학한 전공자를 구하기 용이했던 이재학과만 살리기로 한 것이다.

반대로 법률학과에 지원자가 몰렸던 것은 통감부 시기의 대한제국에서 사법관 임용 제도를 정비하고 변호사 제도를 도입하면서 법조인에 대한 수

---

36 윤세영, 〈불편불의(不偏不倚)〉, 《친목(親睦)》 제9호(신일철, 〈보전 초창기의 근대민족주의 사상—서구학문의 수용과 '충군애국(忠君愛國)'적 국가의식의 자각과정〉, 37쪽에서 재인용).

37 고려대학교 60년사 편찬위원회, 《60년지(六十年誌)》(고려대학교출판부, 1965), 43쪽.

38 이경구, 《실학, 우리 안의 오랜 근대》(푸른역사, 2024), 259~263쪽.

요가 늘어났던 상황과도 관련이 있다. 대한제국은 1905년 11월 〈변호사법〉을 제정하여 변호사의 자격을 규정하고, 응시 자격을 "제국이나 외국의 법률 또는 정치 전문학교에서 졸업한 사람" 등으로 규정했다. 이에 의거하여 1907년 6월 24일 법부는 제1회 변호사 시험을 시행했는데 실제 응시자 22명 중 합격자 6명이 보성전문학교 졸업자였다.[39] 반면 상업이나 경제, 공업, 농업에 대한 사회적 수요는 당시까지 두드러지게 나타나지 않았다. 실제 보성전문학교의 추가모집도 학생이 미달이었던 4개 학과가 아니라 법률학 전문과에 대한 추가 학생 모집이었는데[40] 인기 학과를 통해 전체 정원을 늘리려는 시도였던 것으로 해석된다.[41]

이에 이재학에 상업학을 흡수시켜 법률학과와 이재학과의 2개 과로 보성전문학교는 시작되었다. 실용적인 5개 학과가 모두 설립되지 않았지만 기획 자체는 1905년 단계에 설립된 다른 전문학교들이 법학과와 정치과만 개설한 것과 확연히 대비되는 실용적인 학과 체계였다. 일본에서도 상과(商科) 개설은 1904년 와세다(早稲田)대학교가 최초이고 뒤이어 1905년에 도쿄센슈(専修)학교에 상과가 개설하였음을 상기한다면 1905년 5개 학과 체제에 보성전문학교가 이재학과 상업학과를 포함했던 것은 혁신적인 시도였다.[42]

그렇다면 오늘날 익숙하지 않은 용어인 '이재학'의 성격은 무엇일까? 서론에서 언급했듯 이재학이란 '재화를 효과적으로 관리하는 학문'이라는 뜻이다. 당시 '이재'라는 단어의 용례나 개설 당시에 상업학과 함께 이재학이 열거된 것을 고려하면 이재학은 곧 경제학을 염두에 둔 용어라고 보는 것

---

39 김자중, 《한국 대학의 뿌리, 전문학교》, 44-45쪽.

40 배항섭, 〈고종과 보성전문학교의 창립 및 초기 운영〉, 221쪽.

41 기존 보성전문학교에 대한 역사를 보면 개교 이듬해인 1906년도에 이재학과에 입학생이 없는 것으로 파악되는데 여전히 경제와 상업 등을 공부하는 것에 대한 인식 부족으로 해석된다.

42 김균·이헌창 엮음, 《한국 경제학의 발달과 고려대학교》(고려대학교출판부, 2005), 34쪽; 신수식, 《고려대학교 경영대학 100년사—1905-2005》(고려대학교 경영대학, 2006), 45쪽.

이 무난하다. 다만 1905년 무렵 조선에서 경제학이라는 학문적 개념이 정치학이나 상업학 등과 명확하게 구별될 정도로 분화된 상태는 아니었다. 오히려 당시 '경제' 개념은 고전적인 의미의 '경세제민(經世濟民)', 즉 '세상을 다스리고 백성을 구제한다'는 목표를 위해 재물을 다루는 정도의 뜻으로 인식되는 단계였다. 따라서 당시 이재학은 표면적으로 경제학을 의미했지만 실제로는 정치학이나 상업학의 내용과 겹치거나 혼합된 부분이 많았다. 유럽에서도 경제학은 19세기 후반에서야 철학·정치학·법학·역사학으로부터 독립된 교육 단위로 인정을 받기 시작했고 독일에서 경제학이 법학으로부터 분리된 것은 제2차 세계대전 이후의 일이다. 프랑스의 대학에서도 경제학부가 법학부로부터 독립한 해는 1968년이었다.[43] 따라서 1905년 조선에서 실용적인 사회과학에 대한 학문적 분화와 전문화는 아직 '미분화' 상태라고 보는 것이 적절하다. 이재학과 역시 경제학, 상업학, 및 법학이 미분화된 형태의 학과였는데 이러한 미분화 현상은 이후 다시 구체적으로 살펴볼 것이다.[44]

당시 보성전문학교에 등장한 '이재학과'라는 명칭은 일본 고등교육기관에서 유래한 용어임이 분명하다. 일본의 명문 사학인 게이오의숙에 1890년 대학부(大學部)가 탄생할 때 문학, 이재학, 법학의 3개 학과를 설치한 것에서 영향을 받았을 것이다. 잘 알려져 있듯, 게이오의숙은《문명론지개략(文明論之槪略)》,《서양사정(西洋事情)》 등을 집필하며 근대 일본의 대표적인 계몽 지식인으로 손꼽히는 후쿠자와 유키치(福澤諭吉, 1835-1901)가 설립한 일본 최

43 김균·이헌창 엮음,《한국 경제학의 발달과 고려대학교》, 70-72쪽.

44 당시 이재학과의 교과목 편성이 상업학, 경제학, 법률학이 혼합된 현상에 대해서 신수식,《고려대학교 경영대학 100년사—1905-2005》, 43쪽에서는 "상(업)학, 경제학 및 법률학의 집합학과(集合學科)"라고 보아야 한다고 했으나 아직 분화된 학문으로 정착되지 않은 한국적 상황을 고려하면 분리된 학문의 '집합'이 아니라 아직 세 학문으로 분화하지 못한, 즉 '미분화'된 학과 단계였다고 보는 것이 적절하다.

초의 대표적인 사립대학이다. 일찌감치 네덜란드를 통해 유입된 서양 학문인 난학(蘭學)을 익힌 후쿠자와 유키치는 1858년 난학을 가르치는 난학숙(蘭學塾)을 세웠는데, 1868년 게이오의숙(慶應義塾)으로 이름을 바꾸면서 유럽의 '퍼블릭 스쿨(public school)' 개념을 본떠 공적인 교육조직으로 개편했다. 게이오의숙이 설립된 후 일본에 '○○의숙(義塾)'이라는 호칭의 학교가 190개 넘게 세워질 정도로 후쿠자와의 '의숙 콘셉트'는 교육계에 큰 영향을 미쳤다. 훗날 파나소닉(Panasonic)을 창업하며 일본에서 '경영의 신(神)'이라고 불렸던 마쓰시타 고노스케(松下幸之助, 1894-1989)가 1979년 당시 사재 70억 엔(약 665억 원)을 내어 소수 정예 '21세기 인간형'을 양육하기 위해 '마쓰시타 정경숙(政經塾)'을 설립했는데, 당시 모델로 '숙(塾, 주쿠)' 콘셉트를 차용한 것도 이와 관련이 깊다.[45] 게이오의숙은 1872년 출판국과 양복(洋服) 제조소를 교내에 설립하고 1873년에는 여학생을 위한 여학소(女學所)를 따로 설비했으며 1890년 대학부를 설치하면서 예과(豫科) 2년 8개월, 본과(本科) 3년 4개월의 수업 기간을 설정했다. 게이오의숙에 입학한 학생들은 예과에서 영어, 지리, 물리, 역사 등을 배운 후 본과에서 경제, 정치, 수신(修身) 등의 과목을 학습했다.[46] 1868년 메이지유신을 단행한 일본에는 각지에 상업을 전문으로 교육하는 상법강습소(商法講習所)와 상법학교(商法學校)가 설립되었는데, 후쿠자와 유키치와 게이오의숙의 졸업생들이 직간접적으로 참여하며 상업교육의 성립에 큰 역할을 감당했다. 특히 후쿠자와 유키치는 서

45 마쓰시타 정경숙을 설립한 마쓰시타 고노스케는 '숙(塾, 주쿠)'의 형태로 설립한 이유에 대해서 "기존의 정치학과에서 배운 사람은 정치학은 알더라도 정치는 알지 못한다. 경영도 그렇지만 정치는 가르칠 수 없다. 스스로 획득해야 한다. 이것을 하기에는 숙의 방식이 좋다고 생각한다"라고 밝힌 바 있다. 마쓰시타 정경숙의 창립 정신과 정치 리더를 키운 결과와 양상에 대해서는 최은봉·석주희, 〈일본의 정치리더십과 마쓰시타 정경숙(松下政經塾)—교육철학·세력화·에토스〉, 《한국사회역사학회》 17-4(2014) 참조.

46 慶應義塾史辭典編輯委員會 編, 《慶應義塾史辭典》, 慶應義塾150年史資料集(慶應義塾, 2008), 3-40. 이하 게이오의숙에 관련된 내용으로 특별한 주석이 없는 한 이 자료집을 참조했다.

양 부기를 배워야 할 필요성을 인식하고 미국의 부기 서적을 직접 번역하여 1873-1874년에 《장합지법(帳合之法)》(2책)으로 출간했을 뿐 아니라 본격적인 부기학(簿記學) 교육을 위해 게이오의숙 외부에 1879년 부기강습소(簿記講習所)를 설립했다. 고등교육은 1890년 대학부를 설립하면서 체계를 갖추었고, 이때 문학과, 이재과, 법학과의 3학과 체제가 성립되었다. 당시 후쿠자와 유키치는 미국 하버드대학교 총장 찰스 엘리엇(Charles William Eliot, 1834-1926)의 추천으로 윌리엄 리스컴(William Shield Liscomb, 1848- 1893), 개럿 드로퍼스(Garrett Droppers, 1860-1927), 존 헨리 위그모어(John Henry Wigmore, 1863-1943)를 초빙하여 각각 문학과, 이재과, 법률과의 주임 교사로 삼았다.[47] 이재과의 초대 주임을 맡아 하버드대학교에서 온 드로퍼스와 그 후임으로 온 이녹 비커스(Enock Howard Vickers, 1869-1957)가 이재과의 주요 과목을 담당하며 초기 학풍을 조성했다. 그들은 모두 미국의 민주주의 정신을 갖고 있으면서도 독일 후기 역사학파 경제학의 영향을 강하게 받았으며 자본주의의 문제점을 역사적으로 이해하고 거기에 공적 경제정책의 필요성을 강조했다. 이 때문에 그들은 강의에서 경제사, 경제학사, 법률관계를 중시했다. 이후 이재학과는 1920년 경제학부로 명칭을 변경했다.[48]

게이오의숙에 입학한 최초의 조선인은 1881년 조선의 신사유람단(紳士遊覽團)으로 일본을 방문한 유길준과 유정수(柳定秀) 2인이었다. 후쿠자와 유키치는 두 사람을 자신의 자택에 체류하도록 편의를 제공했는데 이들은 게이오의숙의 첫 유학생인 동시에 일본에서의 첫 번째 외국인 유학생이기도 했다. 그 후 게이오의숙의 조선인 유학생은 1883년에 60여 명, 1895년에는 100여 명에 이를 정도로 증가했고 이에 1895년 무렵에는 게이오의숙에 '조

47 慶應義塾史辭典編輯委員會 編,《慶應義塾史辭典》, 50.

48 慶應義塾史辭典編輯委員會 編,《慶應義塾史辭典》, 186-190.

선유학생학칙'을 제정할 정도로 규모가 커졌다. 1895년 유학생 가운데 신해영과 유치형 등 보성전문학교의 초기 설계자와 강사진이 대거 포함되었던 것이다.

보성전문학교 개교 당시 초빙된 교수진 가운데 관비 유학생으로 일본 게이오의숙 출신이 대다수였고 무엇보다 보성전문을 설계하고 초대 교장을 맡았던 신해영과 초대 교감인 조제환(趙齊桓, 1868-1927) 역시 게이오의숙 출신이었다. 신해영은 갑오경장(1894) 때에 관비(官費)로 일본에 유학하여 게이오의숙에서 4년간 경제학을 전공했다. 이는 1894년 대한제국에 부임한 주한(駐韓)공사 이노우에 가오루(井上馨)가 11월에 고종을 알현한 자리에서 개혁 건의 19개 사항의 하나로 '유학생을 일본에 파견할 것'을 제시한 결과였다. 이 제의는 조선 정부가 비용을 들여 일본에 대규모 유학생을 보내게 함으로써 친일 관료를 양성하는 데에 목표가 있었다.[49] 당시 도일(渡日) 유학생 수는 대략 200명에 달했는데 그 가운데 191명이 게이오의숙에 입학했고, 나머지 학생들은 도쿄공업학교 또는 일본육군사관학교에 입학했다.[50]

게이오 외에 1905년 당시 일본에 이재학과를 두었던 학교는 1880년에 설립된 도쿄센슈학교였다(현재 센슈대학교). 도쿄센슈학교는 1880년 일본 최초로 경제학과를 설치했다가, 1888년 이재과로 개칭하고 다시 1905년에는 경제과로 바꾸었다. 보성전문학교가 설립될 때 초대 강사로 임용된 신우선(申佑善, 1873-1943)과 유승겸(兪承兼, 1876-1917)은 게이오의숙 보통과와 함께

49 이태진, 《고종시대의 재조명》, 40-41쪽 참조.

50 이승렬, 《근대 시민의 형성과 대한민국》, 41쪽. 1894년 친일적인 갑오정권이 등장하면서 이렇게 많은 수의 젊은이들이 일본으로 유학을 떠날 수 있었는데, 이는 1881년 신사유람단의 어윤중의 수행원으로 일본에 유학했던 1기와 달리 2기 유학생으로 분류가 된다. 1기 유학생인 유길준, 유정수, 윤치호는 공부를 더 하기 위해 게이오의숙과 도진샤(同人社)에 남았다. 이들에 대한 재정 지원은 1903년 끊기는데 이에 대해서는 마스타니 유이치, 〈갑오개혁기 도일유학생 파견 정책의 전개와 중단 과정〉, 《한국사학보》 56(2014) 참조. 3기 유학생들은 1904년 대한제국 정부의 지원을 받아서 일본으로 간 50명이다.

센슈학교 이재과를 다닌 경험이 있었으므로 보성전문학교 이재학과 명칭에는 두 학교(게이오의숙과 센슈학교) 이재학과의 영향이 있었을 것이다. 동시에 관비 유학생으로 일본에서 실용적인 경제학을 공부했던 이들을 초대 교장과 교감으로 임명했던 고종과 이용익이 보성전문을 실용적인 근대 학문의 고등교육기관으로 육성하려는 열망이 반영되었기에 가능한 일이었다.[51] 확실히 보성전문은 학과 구성부터 전통적인 학교와는 확연히 달랐고 핵심 개념은 '실용'에 있었다.

4 상업학, 경제학, 경영학이 미분화된 시대적 한계

일본 게이오의숙 이재학과의 성격을 고려할 때, 보성전문학교 이재학과는 19세기에 유럽 대학에서 대두한 경제학과 전통적인 상업학이 미분화된 상태의 학과였다. 당연히 아직 독립적인 학문으로 분화되지 않은 경영학의 맹아적 요소까지 포함되어 있었다. 게다가 법률학의 요소까지 혼재된 학과였다. 이는 다음과 같은 세 가지 근거를 지닌다.

첫째, '이재'라는 용어의 용례이다. 고전에서는 '재물을 다스린다'라는 의미를 지닌 이재는 기본적으로 돈을 다루는 일 전반을 지칭했지만 그렇다고 경제적 영역에 국한된 용어는 아니었다. 가령 《주역(周易)》, 〈계사하전(繫辭下傳)〉에 따르면, '재(財)'를 통해 사람을 모을 수 있기에 '이재(理財)', 즉 재물을 잘 다스리라는 가르침이 나온다.[52]

여기서 이재란 사람을 동원하는 힘을 지닌 재물을 다스린다는 뜻까지

51 김균·이헌창 엮음, 《한국 경제학의 발달과 고려대학교》, 31-35쪽.

52 《周易》, 〈繫辭下傳〉, "天地之大德曰生, 聖人之大寶曰位; 何以守位曰仁, 何以聚人曰財, 理財正辭, 禁民爲非曰義."

포함한다. 후한(後漢) 시대의 2세기 무렵을 살았던 왕부(王符)는《잠부론(潛夫論)》에서 '부화(浮華)와 사치(奢侈)에 대한 비평'을 하면서 "이전 시대의 왕이 재물을 관리함에 있어 백성이 그릇된 것을 탐하는 것을 금해야 한다"고 말했다. 여기서 '재물을 관리함'이라는 표현이 '이재'인데, 통치자의 관점에서 백성들의 그릇된 탐욕을 억제하면서 재물을 관리한다는 의미를 담고 있다.[53] 또한 북송 시대 북변 방어 문제로 군사비 지출이 급증하자 재상 왕안석(王安石)이 시도했던 신법(新法)이 목표했던 것이 "재정 운영, 특히 수지를 개선하는 것"이라는 뜻을 지닌 이재의 대표적인 사례로 손꼽힌다.[54] 이후 중국에서는 20세기에 재무(財務, 재산과 채무)에 관한 관리, 즉 재무관리를 말할 때 '이재'라는 용어를 사용했다. 여기서 '이(理)'는 'manage'이고 '재(財)'는 'finance'에 해당되므로 이재란 영어로 'financial management'라 번역된다. 따라서 이재라는 고전적 용례나 현대적 용례에서 모두 상업적 요소를 제외한 경제학적 요소만 지칭한다고 해석하는 것은 불가능하며 재정 및 재화와 관련하여 국가 경영에 광범위하게 사용되는 용어이다.

둘째, 보성전문의 설계자들이 참조했던 일본 게이오의숙 등 일본의 근대적 고등교육기관이나 중국에서도 상업학과 경제학의 분화가 명확하게 이루어지지 않은 상태였다.[55] 우선 개념이 혼재했다. 19세기 후반부터 20세기 초반까지 영어 'economy'에 대한 한자 번역어로 '이재'와 '경제' 등의 다

---

53 왕부,《잠부론(潛夫論)》, 1-2, 임동석 역주(동서문화사, 2009), 36쪽의 "先王理財, 禁民爲非. 〈洪範〉憂民, ≪詩≫刺末資. 浮僞者衆, 本農必衰. 節以制度, 如何弗議? 故敍〈浮侈第十二〉"(《서록(叙錄)·부치편(浮侈篇)》).

54 斯波義信 編,《中國社會經濟史用語解》(東京: 東洋文庫, 2012), 1. 왕안석의 신법 개혁 가운데 재정 확보책에 대해서는 이근명,《왕안석 평전—중국 중세의 대개혁가》(신서원, 2021), 제2부 제3장 참조.

55 이하 일본과 중국에서 경제학의 다양한 개념어의 혼재 현상과 대학에서의 개설 상황은 특별한 언급이 없는 한 김균·이헌창 엮음,《한국 경제학의 발달과 고려대학교》, 31-58쪽; 이헌창,《경제·경제학》, 한국개념사총서 11(소화, 2015), 121-191쪽을 참조했다.

양한 용어가 경쟁을 벌였다. 네덜란드 레이던대학교(Universiteit Leiden)에서 유학 경험이 있던 일본의 쓰다 마미치(津田眞道, 1829-1903)는 유럽의 중농학파·고전학파가 사용한 'political economy'를 '국가 관리의 학문'이란 뜻을 담은 '경제학'이라 번역하였지만, '철학(哲學, philosophy)'과 '과학(科學, science)' 등의 번역어를 만들었던 니시 아마네(西周, 1829-1897)는 '제산학(制産學)'이라 번역했다. 히라타 무네타카(平田宗敬)는 '치부(致富)의 학술'이라고 번역했고(1875), 일부는 '부학(富學)'이라고 번역했다.

한편 중국에서 1885년 영국 선교사가 번역하여 출간한 《좌치추언(佐治芻言)》은 자유주의 경제학 서적인데, 이 책에서 'economy'를 '이가나미(伊哥挪謎)'로 음역하면서, 부연하여 경제학을 '이재지율학(理財之律學)'이라 설명했다. 청조의 학부는 '부국학(富國學)'을 경제학의 번역어로 정하기도 했다. 또한 옌푸(嚴復, 1853-1921)는 1901년 애덤 스미스(Adam Smith, 1723-1790)의 《국부론》을 《원부(原富)》라는 제목으로 번역·출간했는데(일본에서는 1876년 《이재원론(理財原論)》으로 번역됨), 'economics'의 번역어로 '계학(計學)'을 제시했다. 옌푸에 따르면, 일본의 번역어인 '경제'는 지나치게 넓고 중국에서 사용하는 '이재'는 너무 좁은 반면, '가계(家計)', '국계(國計)'에 사용되는 '관리하다'라는 의미의 '계(計)'가 'economics'의 그리스 원어인 'οικονομία(가정 관리)'의 뜻에 부합한다고 보았다. 량치차오(梁啓超, 1873-1929)는 'economics'의 번역어로 '자생학(資生學)', '평준학(平準學)', '생계학(生計學)' 등을 고안하기도 했다. 1910년대까지 중국에서 '경제'라는 용어를 사용할 때는 근대적 학문으로서의 경제학이라기보다는 유교적 '경세제민(經世濟民)'의 관념으로 이해하는 이들이 대부분이었고 서구와의 상전(商戰)을 강조했던 정관잉(鄭觀應, 1842-1922)도 서양의 경제 사무에 대한 학습을 '상전'과 '상무(商務)'의 하위 개념에 두었다.[56] 유럽과 달리 시민사회 또는 자유로운 시장경제에 대한 관념이 약했던 동아시아에서 불가피하게 발생했던 미세한 개념의 변형과 와

전의 연속이었다. 19세기와 20세기가 교차하는 시기에 상업학과 경제학을 명확하게 구분하고 개인·사회·국가의 관계를 구분하여 개념을 제시하는 이들은 동아시아에서 찾기 어려웠다.

개념이 혼재했으므로 대학에서 학과로 정착되는 과정 역시 체계적이지 못했고 각 나라와 사회의 시대적 요청에 따라 변동이 심했다. 1877년 설립된 도쿄대학교는 법학·이학·문학의 3학부와 아울러 의학부(醫學部)까지 개설하고, 1879년 문학부의 제1과로 철학·정치학·이재학과를 두었다. 그런데 이재학과는 1893년 경제학과로 대체되고 경제학과와 상학과는 각각 1908년과 1909년에 법과대학 정치학과로부터 분리·개설되었다. 1880년 설립된 센슈학교는 경제학과를 법률과와 따로 개설하여 일본 최초의 경제학과로 평가받지만 1888년에 이재과로 개칭했다가 1905년 다시 경제과로 바꾸었고 그때 상과(商科)를 따로 개설했다. 앞서 언급했던 게이오의숙은 1890년 설립될 때부터 이재학과가 문학과, 법학과와 함께 설치되어 오래 지속되다가 1919년 경제학과로 개칭되었다. 와세다대학교의 전신인 도쿄전문학교(東京專門學校)는 1882년 창립되면서 법률학과와 별도로 정치경제학과를 개설했으나 1884년 정치학과로 개칭하고 다시 1902년 와세다대학교로 개칭된 직후 정치경제과로 이름을 되돌렸다. 그리고 앞서 언급했던 것처럼, 1904년에는 일본 최초로 상과(商科)를 개설했다. 이처럼 1905년 보성전문이 설립될 당시까지 근대적 학문을 먼저 수용했던 일본과 중국의 학계에서 경제학은 전통적인 상업학과 구분이 시작되었으나 여전히 명확한 차별화가 이루어지 않았고 그러다 보니 이재학이라는 개념어까지 혼용되었다. 19세기까지 국가경제와 분리된 자유로운 민간의 시장경제와 사유 및 기업 개

---

56 진관타오·류칭펑, 《(중국 근현대사를 새로 쓰는) 관념사란 무엇인가 2—관념의 변천과 용어》, 양일모 등 옮김(푸른역사, 2010), 113-138, 329-364쪽.

념이 부족했던 상황에서 부득이하게 발생한 학문의 과도기였다. 중국 지식인들이 'science'의 번역어로 성리학 개념인 '격치(格致)'를 오랫동안 고수하다가 '과학'으로 전면적으로 바꾼 것도 1919년 5·4운동을 전후한 시기부터 다.[57] 1905년 보전에 개설된 이재학과에 특정한 학문(가령 경제학이나 경영학) 분야가 배타적으로 교육되고 연구될 수 있다고 상상하는 것 자체가 시대적인 난센스에 가깝다.

셋째, 보성전문학교 이재학과의 개설 교과목과 초빙된 교·강사의 학력 및 경력을 살펴보면 상업학, 경제학과 법학이 혼재되어 있었다. 1905년 신설되어 1906년까지 진행된 이재학과 교과과정표를 보면 개설된 총 42과목 가운데 경제학 관련 과목이 14개(33.3%), 법률학 과목이 13개(31%), 상업학 과목이 11개(26.2%)이고, 나머지 4과목(9.5%)은 교양 과목인 〈산술(算術)〉이다(표 〈이재학 전문과 교과과정표〉와 〈이재학 전문과 교과목 구성표〉 참조).[58]

따라서 이재학과 안에 경제학, 법률학, 상업학 과목이 혼합된 구성이다. 법률학과가 따로 존재하고 있음에도 불구하고 이재학과에 법률학 관련 과목이 많은 것이 이색적인데, 이재와 관련한 활동이 법률과 완전히 분화되지 않았던 당시까지의 상황을 반영한 것이라 여겨진다.

---

57 진관타오·류칭펑, 《(중국 근현대사를 새로 쓰는) 관념사란 무엇인가 2—관념의 변천과 용어》, 388-434쪽.

58 이하 보성전문학교의 설립 초창기의 교과과정, 교·강사진의 학력과 이력에 대한 기본 자료는 송기철, 〈조선왕조 말과 일제 전반기의 상업고등교육과 보성전문학교〉, '보성전문학교의 법학·경상학교육과 한국의 근대화' 연구위원회 엮음, 《근대서구학문(近代西歐學問)의 수용(收容)과 보전(普專)》(고려대학교출판부, 1986)을 참조함. 다만 송기철, 〈조선왕조 말과 일제 전반기의 상업고등교육과 보성전문학교〉, 349쪽의 〈표 1-4: 이재학과 교과목 구성표〉의 일부 합계 오류를 수정했다. 즉 2학년 1학기와 2학기에 법률학 과목을 1과목이라고 기록했지만, 실제 교과과정표를 보면 '회사법'과 '실용어험법석의(實用魚驗法釋義)'의 2과목이다. 이에 총합 역시 40개가 아니라 42개이다. 어험법(魚驗法)이란 오늘날의 어음법을 말한다. 한글 단어인 어음을 과거에 '어험(魚驗)'이라고도 표시했는데 보성전문학교 설립 당시 법률 강사였던 신우선(申佑善)이 저술한《어험법론(魚驗法論)》(京城: 修文書館, 1937) 2에 따르면, "어험은 금전의 지발(支撥)을 목적으로 하는 증권(證券)"이다.

표 1 이재학 전문과 교과과정표

제1학년		제2학년	
1학기	2학기	1학기	2학기
법학통론	법학통론	조세원론	국채론
경제학	경제학	국채론	세계예산론
재정학	재정학	통계학	통계학
화폐론	화폐론	회사법	회사법
채권법	채권법	외국환표요해	외국환표요해
물권법	물권법	(外國換票要解)	실용어험법석의
민법총론	민법총론	실용어험법석의	은행회사상점관리법
상법총론	은행실무지	(實用魚驗法釋義)	국제무역론
은행실무지(銀行實務誌)	조세(租稅)원론	은행회사상점관리법	관청부기학
상업부기학(商業簿記學)	상업부기학	은행부기학	산술
산술(算術)	산술	세계예산론(歲計豫算論)	
		산술	
합 11과목	합 11과목	합 10과목	합 10과목

표 2 이재학 전문과 교과목 구성표

	제1학년		제2학년		
	1학기	2학기	1학기	2학기	
상업학 과목	2	2	3	4	11(26.2%)
경제학 과목	3	4	4	3	14(33.3%)
법률학 과목	5	4	2	2	13(31%)
교양	1	1	1	1	4(9.5%)
합계	11	11	10	10	42(100%)

중복되는 경우를 제외하고 상업학 관련 과목으로 포함한 과목은 〈은행실무지〉, 〈상업학부기〉, 〈외국환표요해〉, 〈은행회사상점관리법〉, 〈은행부기학〉, 〈국제무역론〉,[59] 〈관청부기학〉의 7과목이다. 은행 및 부기와 관련된 과

59 〈국제무역론〉은 상업학과 경제학에 모두 포함될 수 있는 성격이지만 송기철, 〈조선왕조 말과 일제 전반기의 상업고등교육과 보성전문학교〉의 분류에 따라 상업학 관련 과목으로 포함시켰다. 해방 이후 한국에 경영대학이 분화될 때 '국제무역'은 무역학과의 주된 분야로 세분화되기도 했으나, 다시 2000년을 전후하여 대부분의 무역학과는 경영학과와 통합되었다. 또한 '국제무역'은 경영학의 한 분야인 '국제경영'과도 연결되기에 상업학으로 간주하는 것이 자연스럽다.

목이 많은 것을 확인할 수 있다. '창조적 파괴'라는 기업가정신을 제창했던 요제프 슘페터(Joseph Alois Schumpeter, 1883-1950)가 설파했듯(5장 참조), 복식 부기는 자본주의를 발전시킨 "가장 우뚝한 기념물"이다. 즉 19세기 이래 자본주의 관행이 화폐 단위를 '합리적 비용-이윤 계산의 도구'로 바꾸었고 이러한 비용-이윤 계산을 합리적으로 해 주는 복식 부기가 모든 것을 숫자로 정리하고 정의함으로써 기업의 논리를 비약적으로 발전시킨 것이다.[60] 이처럼 〈상업학부기〉 등 복식 부기를 기초로 한 상업 교목들이 보성전문학교 이재학과에 개설되었기에, 보성전문학교 이재학과는 대한민국 최초로 고등 상업학을 교육했던 학과이자 자본주의의 발전 토대를 쌓았던 교육기관이었다고 평가할 수 있는 것이다. 보전의 초대 강사(교수)로 임용된 유승겸은 《간이상업부기학(簡易商業簿記學)》이라는 교재를 간행하여 수업 교재로 활용하였다.[61]

이재학과가 운영되던 2년 동안(1905. 4-1907. 4) 보성전문학교의 교·강사는 13명이었는데, 법률 전공이 8명, 경제학 전공이 4명, 중국어 전공이 1명이었다. 상업학을 전공으로 하는 교·강사는 없었지만 경제학 전공자들이 상업학 관련 과목을 담당하였다. 상업학 전공으로 표기된 교·강사는 1910년대부터 등장한다(3장 참조). 교장과 교감이 모두 일본 게이오의숙에서 경제학을 공부하고 돌아온 학자들이라는 점이 특기할 만하며 당시 보성전문학교를 설립했던 이들의 지향점이 어디에 있었는지를 가늠하는 한 가지 준거가 된다. 그 가운데 교감 조제환은 일본 유학 시절인 1897년 《친목회회보(親睦會會報)》에 〈교통개론(交通槪論)〉이라는 제목의 논문을 발표했는데, 이는 우리나라 최초 광의의 상업 관련 논문으로 평가받는다.[62] 일본의 학문

60 요제프 슘페터, 《자본주의 사회주의 민주주의》 이종인 옮김(북길드, 2016), 178쪽.

61 송기철, 〈조선왕조 말과 일제 전반기의 상업고등교육과 보성전문학교〉, 13쪽.

62 송기철, 〈조선왕조 말과 일제 전반기의 상업고등교육과 보성전문학교〉, 376쪽.

표 3 보성전문학교 이재학과(1905–1907) 시기의 교 · 강사 명단

직함	이름	재직 기간	전공	학업 및 기타
교장	신해영	1905. 4–1907. 12	경제	관비 유학생으로 일본 게이오의숙 졸업 1898년 귀국 이후 1905년까지 중추원 의관(中樞院 議官), 탁지부 참사관(度支部 參事官) 등을 역임 《윤리학교과서》, 《경제학》(공저, 1908) 출간
교감	조제환	1905. 4–1908. 2	경제	관비 유학생으로 일본 게이오의숙 졸업
학감	정안입(鄭安立)	1905. 4–1908. 7	중국어	
강사	석진형(石鎭衡)		법률	일본 호세이(法政)대학교 법률과 졸업
	장도(張燾)	1905. 4–1908. 2	법률	관비 유학생으로 일본 게이오의숙 졸업, 주오(中央)대학교 법과 3년 수료
	유문환(劉文換)	1905. 4–1908. 2	법률	일본 게이오의숙과 주오대학교 법과 졸업
	신우선(申佑善)	1905. 4–1908. 2	법률	관비 유학생으로 일본 도쿄센슈학교 경제과 졸업
	이면우(李冕宇)	1905. 4–1907. 2	법률	관비 유학생으로 게이오의숙 졸업
	홍재기(洪在祺)	1905. 4–1907. 2	법률	일본 햐카(百科)학교 졸업, 도쿄법학원 졸업
	유치형(兪致衡)	1905. 4–1907. 9	법률	관비 유학생으로 일본 게이오의숙과 주오대학교 법과 졸업 고려대학교 제2–5대 총장 유진오(兪鎭午)의 부친
	장헌식(張憲植)	1905. 4–1908. 2	법률	관비 유학생으로 게이오의숙 졸업
	원응상(元應常)	1905. 4–1907. 11	경제	관비 유학생으로 게이오의숙 졸업
	유승겸(兪承兼)	1905. 4–1908. 2	경제	관비 유학생으로 게이오의숙 졸업

단계 역시 경제학의 분화 단계에 있었으므로 일본에서 경제학을 공부했던 전공자들이 미분화된 상업학의 기본적인 과목을 강의하는 것은 전혀 문제가 없었을 것이다. 또한 1906년에서 1910년 사이에 일본에서 유학했던 이들 가운데 저서와 논문을 발표한 사례를 조사한 결과에 따르면, 당시 법률, 경제, 상학 중 다방면에 걸쳐 활동하는 이들이 많았다. 후술하는 김대희(金大熙, 1878–미상)는 그 대표적인 사례였다.[63] 신우선과 유치형은 《보전일람(普傳一覽)》에 법률 전공자라고 기록되어 있지만 실제로는 경제학을 겸했던 강

63 송기철, 〈조선왕조 말과 일제 전반기의 상업고등교육과 보성전문학교〉, 381쪽.

사였다. 유치형이 저술했던 《경제학》과 《물권법》은 당시 보전을 비롯한 여러 전문학교에서 활용되던 강의 교재였다.[64] 이러한 현상은 오늘날처럼 학문의 전문화가 진전된 상황에서는 특이해 보이지만 근대 학문이 미분화 상태였던 1900년 전후의 한국에서는 흔하게 나타나는 현상이었다.

이상과 같은 3가지 근거를 통해 보성전문학교 이재학과는 상업학, 경제학, 그리고 법학까지 미분화된 상태로 혼재되어 있음을 확인할 수 있었다.

5 채만식의 단편소설 〈치숙〉에 나타난 이재학과 경제학 인식

이재학과 경제학의 미분화 상황은 일제강점기 동안에도 큰 변화가 나타나지 않은 듯하다. 이는 1938년에 발표된 채만식(蔡萬植, 1902-1950)의 단편소설 〈치숙(痴叔)〉을 통해 확인할 수 있다.[65] 소설에는 일본의 우민화 정책에 어느 정도 동화된 서술자인 '나'가 등장하여 일본의 대학에서 경제학을 공부하고 사회주의 운동을 하다가 귀국했으나 경제적 생활력은 거의 없는 지식인 '아저씨(고모부)'와의 대화가 이어진다. 조카인 '나'는 대학에서 경제학을 공부했다는 '아저씨'에게 따져 묻는다 "다를 게 무어요? 경제는 돈 모으는 것이고, 그러니까 경제학이면 돈 모으는 학문이지요."

이에 대한 아저씨의 답변이 다음과 같다. "아니란다. 혹시 이재학이라면 돈 모으는 학문이라고 해도 근리할지 모르지만 경제학은 그런 게 아니란다." 그러자 '나'는 다시 질문한다. "아니, 그렇다면 아저씨 대학교 잘못 다녔

64 김균·이헌창 엮음, 《한국 경제학의 발달과 고려대학교》, 62쪽.

65 이하 소설의 내용은 채만식, 《치숙》, 한국문학전집 9(9의예술, 2020) 참조.

소. 경제 못하는 경제학 공부를 오 년이나 했으니 그게 무어란 말이오? 아저씨가 대학교까지 다니면서 경제 공부를 하구두 왜 돈을 못 모으나 했더니, 인제 보니깐 공부를 잘못해서 그랬군요!" 이에 아저씨는 "허허" 웃으며 어느 정도 인정한다. 가족을 건사할 경제력이 없는 인텔리이기 때문이었다. 이후 채만식은 주인공 '나'를 통해 다시 아저씨에게 그 이유를 이렇게 설명한다. "그러면 아저씨는 대학교를 다니면서 돈 모아 부자되는 경제 공부를 한게 아니라 모아 둔 부자 사람네 돈 뺏어 쓰는 사회주의 공부를 했으니 말이지요."

이 대목에서 적어도 3가지 사실을 확인할 수 있다. 하나는 일본에서 경제학을 공부하고 돌아온 '아저씨'의 언급을 통해 이재학과 차별되는 경제학의 자긍심이다. 정확하게 그 차이를 '아저씨'가 설명하지는 않지만 경제학이라는 용어가 도입되기 시작하면서 식자들 사이에 경제학이 그저 돈 모으는 학문이 아니라는 인식이 공유되었음을 암시한다. 그렇지만 '나'를 통해 경제학이 돈 모으는 것과 관련이 없다면 의미가 없다는, 또 다른 대중적 인식 역시 전달한다.

둘째, 이재학이라는 용어에는 돈을 모으는 학문, 즉 기존의 상업학적 의미가 여전히 부여되고 있음을 알 수 있다. 상업이 물자 유통을 통해 이윤이 발생하는 모든 일련의 과정을 말하는 것이므로, 여기에 체계적인 '학'이 붙는다면 그것은 이재학에 어울리는 것으로 대중들이 인식했음을 알 수 있다. 물론 이것은 일제강점기의 상황, 그것도 일본의 대학이라는 배경을 삼고 있지만 당시 우리나라 사람들에게도 유사한 인식이 깔려 있었을 것임을 짐작할 수 있다.

하지만 셋째, 이러한 '아저씨'의 이분법은 실제 아저씨의 모순적인 상황과 관련하여 오히려 모호하게 여겨진다는 점이다. 경제학이 '돈 모으는 학문'이 아니라면 도대체 어떤 학문인지 '나'는 전혀 이해할 수 없었고 '아저씨'도 설명하지 못했다. 뭔가 고차원적인 구분이 있을 것이라는 막연한 기대감을 던져 주지만 실제 경제적인 삶에 아무런 도움이 되지 못하는 '아저씨'의 경제학은 오히려 이재학만도 못한 현실적인 한계점을 보여 준다. 이처럼 모순적이면서도 모호한 묘사야말로 1930년까지 미분화된 이재학과 경제학의 상황을 여실히 드러낸다.

해방 직후에 한국에 재무부 이재국장이 설치된 것도 이러한 미분화된 인식의 연장이라 볼 수 있다. 당시 이재국장은 재무부의 요직으로 경제정책을 입안하고 재정을 확충하는 자리였다. 가령 1949년 11월 재무부 이재국장으로 임용된 송인상은 일제강점기 경성고등상업학교를 졸업한 후 조선식산은행에 취직하면서 실무 경험을 쌓았다가 해방 이후 이재국장이라는 경제관료의 길을 걸었다. 1950년 2월에 일본의 '경제안정 9원칙'을 참조하여 '경제안정 15원칙'을 발표하고 한국 최초의 국채(國債)인 건국국채 발행을 주도하였다.[66] 해방 직후까지도 이재학과 경제학의 명확한 구분이 이루어지지 않고 혼용되고 있음을 보여 준다.

6 이재학에서 상학으로

보성전문학교는 개교 2년 만에 큰 위기를 맞았다. 반일 활동을 펼치던 이용익과 헤이그에 특사를 파견했던 고종의 활동을 알게 된 일제는 고종을 퇴위시키는 한편 보성전문에 대한 궁내부의 재정 지원을 중단시켰다. 당시 일제는 사립학교를 '배일(排日)사상'의 온상으로 여기고, 그 설립과 운영을 억압했다. 이용익도 블라디보스토크에서 사망하자 사실상 1905년 개교 이후

66 홍제환, 《경제관료의 시대》(너머북스, 2024), 51-57쪽.

부터 경영에 간여해 온 그의 손자 이종호(李鍾浩, 1885-1932)가 경영을 맡았으나 보전은 경영난에 빠졌다. 교육구국의 기치에 동의하고 인재 양성을 염원하던 고종의 후원과 이용익의 리더십이 모두 사라진 상태에서, 개교 이래 2년 동안 사실상 보전의 재정 지원을 해 주던 궁내부의 도움마저 끊어져 버렸기 때문이다. 궁내부의 보조금을 가장 많이 받았던 사립학교가 바로 보성전문학교였다. 이종호는 할아버지 이용익의 유지("널리 학교를 세워 인재를 교육하여 국권을 회복하소서.")에 따라 윤치호, 안창호 등과 함께 자신의 재산을 출연(出捐)하여 평양에 대성중학교(大成中學校)를 세우고, 서울에 협성학교(協成學校)를 세우는 등 교육기관 설립에 힘썼지만[67] 보성전문학교의 경영 정상화까지 이루지는 못했다. 다만 보성사(普成社)를 설립하여 교과서와 신학문 서적을 간행 및 보급하였다. 보성사는 최남선이 설립한 광문회(光文會)의 신문관(新文館)과 더불어 근대 시기 우리나라 출판 문화를 주도했던 활판소(活版所)로 발전하여 보성전문학교의 각종 교과서뿐 아니라 3·1운동 시기에 〈독립선언서〉와 《조선독립신문(朝鮮獨立新聞)》을 인쇄하는 중요한 역할을 감당했다.[68]

재정적으로 자립하기 어려워진 상황에서 일제의 관립화 시도까지 이어지자 보성전문학교는 임시방편으로 교육조직을 개편했다. 1907년 1월 법률학과와 이재학과를 각각 법학과와 경제과로 개칭하고 수업 연도를 기존 2년에서 3년으로 연장했다. 그리고 1905년에 입학했던 보전의 제1회 졸업생으로 법률학과 33명(주간 15명, 야간 18명)과 이재학과 18명, 총 51명이 1907년

---

67 황현, 《역주 매천야록(梅泉野錄) 하》, 임형택 외 옮김(문학과지성사, 2005), 권6, 514쪽.

68 당시 보성사에서 출간되어 보성전문학교의 수업 교재로 사용된 신우선, 《민법총론(民法總論)》(신우선), 《채권법(債權法) 제1부》(석진형) 등은 고려대학교 법학전문대학원 명순구 교수의 번역을 통해 '보성전문학교 교과서번역사업' 시리즈로 출간 중이다. 신우선, 《민법총론》, 명순구 옮김, 보성전문학교 교과서번역사업 1(고려대학교출판문화원, 2017); 석진형, 《채권법 제1부》, 명순구 옮김, 보성전문학교 교과서번역사업 7(고려대학교출판문화원, 2023) 등 참조.

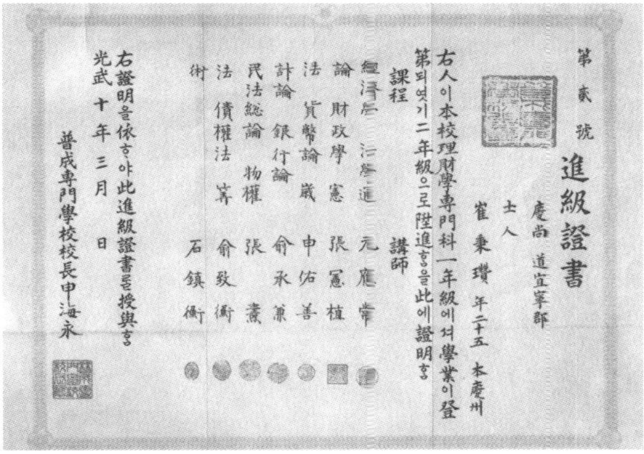
第貳號

進級證書

慶尙道宜寧郡 士人 崔秉瓚 年二十五 本慶州

右人이本校理財學專門科一年級에서學業이登第되엿기二年級으로陞進홈을此에證明홈

右證明을依호야此進級證書를授與홈

光武十年三月 日

普成專門學校校長申海永

이재학과 1회 졸업생인 최두찬의 2학년 진급증서(광무 10[1906])

2월 배출되었다. 1회 이재학과 졸업생 가운데 우등 졸업생인 김현태(金鉉兌), 윤성희(尹成熙), 최병찬(崔秉瓚) 3인은 1907년에 이름이 바뀐 경제학과의 강사로 임용되는 등 바로 교육 현장에 투입되었다(최두찬의 진급 증서 사진 참조). 보전 1회와 2회 졸업생들의 관계(官界)·학계(學界) 진출 현황을 보면, 법률과 출신은 사법기관이나 재판소, 법관양성소 교관 등으로 다수가 진출하고, 이재학과(경제과) 출신은 탁지부, 재무서(財務署) 등으로 다수가 진출했다.[69]

1907년이라는 단계에서 이재학과의 명칭이 경제학과로 변경된 것은 무엇 때문일까?

첫째, 이용익이 사망하고 고종이 퇴위하면서 실질적으로 보전의 운영을 책임지게 된 초대 교장 신해영의 영향력이 컸다. 신해영은 게이오의숙의 경제학과 졸업자로 보전에서 경제학 강의를 담당하며 1908년에는 보전 강사였던 원응상(元應常)과 함께 《경제학》 교과서를 공동 집필했다. 일본 게이오

69 보성전문학교 제1회와 제2회 졸업생의 관계 및 학계로의 진출 상황에 대해서는 송기철, 〈조선왕조 말과 일제 전반기의 상업고등교육과 보성전문학교〉, 23-25쪽 참조

의숙 유학파인 신해영은 당시 일본의 주요 대학에서 '경제학과'라는 명칭의 학과가 개설되거나 기존의 이재학과가 경제학과로 바뀌는 현상에 주목했을 가능성이 높다. 앞서 언급했듯, 도쿄대학교의 전신인 도쿄센슈대학교가 1880년 설치했던 경제과가 1888년 이재과로 개칭되었으나 1905년 다시 경제과로 명칭이 환원되었던 것이 대표적인 사례다.

둘째, 신해영 등 보전의 운영자들이 경제학과를 통해 민간 상공인보다 국가의 자립과 발전을 도모할 정치가와 관료, 곧 경세제민의 인재 양성을 우선 과제로 두고자 했을 가능성도 있다. 즉 경제학을 경제 안정과 발전을 통해 국가의 융성을 도모하는 '경세제민'의 뜻으로 해석하고자 한 것인데, 사실 이러한 해석은 근대 경제학의 이해가 불충분했던 결과였다. 경제학이라는 개념을 자유로운 민간의 시장경제와 기업 개념으로 파악하기보다 위정자(특히 당시 대한제국이라는 국가 체제 속에서의 황제)의 입장에서 국가 경제에 종속된 개념으로 파악하려는 관성이 작동한 것이다. 신해영이 저술한 《윤리학 교과서》에도 '국체(國體)'에 관하여 공화제와 군주제를 비교한 뒤 군주제로 나아갈 것을 권했는데 시대적 상황과 개인적 경험의 한계를 노출한 것이다.[70] 또한 1907년이라는 상황은 일제의 간섭과 식민지화가 급속하게 진행되는 상황에서 '개인'보다는 '국가'의 존망에 관심을 가지고 대한제국을 이끌어 갈 관료들을 배출해야 할 시대적 사명이 강한 시기였다. 따라서 경제학이라는 이름으로 학과 명칭이 바뀌었다고 해서 상업학을 배제하고 근대적 경제학으로 학과 성격을 변화시키려는 능동적 시도라고 보기는 어려웠다. 개설 교과목에서 경제학 관련 과목이 증가하고 상업학 과목은 줄어들기는 했으나 교과목 구성에서 획기적인 변화를 발견하기 어려운 것도 이 때문이다.

---

70 송기철, 〈조선왕조 말과 일제 전반기의 상업고등교육과 보성전문학교〉, 49-54쪽.

경제학과로 변동된 명칭은 1910년 4월까지 3년 동안 유지되었다. 그런데 이 3년의 시기는 보성전문학교가 재정적으로 가장 어려웠던 위기 국면이었다. 궁내부로부터 받던 보조금이 중단된 이후 경영난에 빠져든 보전은 1910년에 빚을 지고 강사에게 월급을 주는 형편으로 전락했다. 당시 빚이 9,000원에 달할 정도로 재정이 악화되었다.[71] 사실상 제대로 된 교육이 이루어지기는 난망했던 상황이었다. 경제학과로 이름을 바꾸었으나 경제인에 대한 사회적 인식이 크게 변화하기 어려웠던 상황이었으므로 경제학과의 입학 정원도 채우기가 힘들었다.

급기야 1910년 나라의 국권을 상실하게 된 후 민족의 인재를 키우려던 사립학교 보전의 운명은 풍전등화와 같게 되었다. 개교 5년 만에 최대의 위기를 맞은 것이다. 이때 보전을 살린 것은 천도교 지도자들이었다. 당시 천도교도이자 보전 1회 졸업생이었던 교감 윤익선은 보성전문의 구제 방안에 대해 제3대 천도교주 의암 손병희(孫秉熙, 1861-1922)와 교섭을 지속적으로 시도했고, 그 결과 1910년 12월 천도교가 보성전문의 경영을 맡게 되었다.

일찍이 동학군의 북접(北接) 통령(統領)을 맡아 전투를 치르고, '삼전론(三戰論)', 즉 도전(道戰, 사상의 싸움), 재전(財戰, 부국책), 언전(言戰, 교육 외교의 싸움)을 구국의 길로 삼았던 손병희는 일본 망명 기간(1901-1905)에 민족혼을 일깨우고 독립정신을 함양하는 데 있어 가장 중요한 것이 교육임을 깨달았다. 본래 미국 시찰을 희망했던 손병희는 그 꿈을 이루지 못했으나 일본 체류 기간 개혁의 바람이 불고 있던 도쿄와 중국 상하이를 둘러보며 인재 양성의 시급함을 깨달았다. 이에 동학 교단은 1903년부터 국내의 유망한 24명의 젊은이들을 선발하여 일본에 유학시켰다. 그리고 일본에 체류하던 1905년 12월 1일, '동학(東學)'을 '천도교(天道教)'로 개칭하고 이를 선포했다.[72]

---

71 김자중, 《한국 대학의 뿌리, 전문학교》, 50-51쪽.

귀국 후 손병희는 천도교 자체적으로 학교를 설립하고자 했으나 당시 이미 설립된 사학(私學)들의 어려운 상황을 감안하여 우선 사학의 지원을 시작했다. 그렇게 보성학교를 비롯해 합동소학교(蛤洞小學校)·광명소학교(光明小學校)·석촌동소학교(石村洞小學校) 등에 정기적인 보조와 일시적인 보조를 하여 학교 폐쇄를 면하게 하였고 결국 1910년 보성학원을 인수·경영하게 된 것이다. 손병희가 이끄는 천도교는 1914년 말 동덕여자의숙의 경영권도 인수하고 지방에도 대구의 교남학교(嶠南學校)·일신보통학교(日新普通學校), 청주의 종학학교(宗學學校) 등 7, 8개교에 관계하였다. 앞서 자원의 부원(富源)을 이용하여 산업을 발전시키자는 '재전(財戰)'론에 의암 손병희 선생이 관심을 가졌다는 것은 기초적인 경영관리에 깊은 관심이 있었을 뿐만 아니라 스스로도 여러 기관을 관리한 실천의 인사임을 알게 된다.[73]

이처럼 민족의 정신과 독립 준비를 위한 천도교의 교육 사업 지원을 받아 보성전문학교는 일제강점기의 초반기라는 절체절명의 시기에 22년 동안 명맥을 이을 수 있었다. 당시 천도교 총부의 튼튼한 재력과 전국의 교인들로부터 올라오는 성미(誠米)가 있었기에 가능한 일이었다.[74] 1910년 보전의 새로운 경영자가 된 천도교 총부는 교감으로 있던 윤익선을 전문학교의 교장으로 임명하고 천도교 간부인 최린을 중학교 교장으로 임명하였지만 학교의 운영은 종전의 방침을 따르도록 하였다. 천도교의 재정적 지원으로 보전이 생명을 이어 갔던 시기임에도 천도교는 보전을 종교 학교로 만들려고 하지 않았다. 이는 의암 손병희 선생의 민족자결, 자주독립의 정신이 보

---

72 3·1운동100주년기념사업추진위원회 엮음, 《3·1운동 100주년 민족대표 50인 공동자료집》, 1(도훈, 2019), 49-53쪽.

73 고려대학교 기업경영연구소 엮음, 《고려대학교 기업경영연구소 30년지—1958-1988》(고려대학교 기업경영연구소, 1988), 5-6쪽.

74 고려대학교 70년지 편찬실, 《고려대학교 70년지—1905-1975》, 55-63쪽.

전의 혈맥 속에 흘러 들어왔음을 보여 준다. 이처럼 20년이 넘도록 천도교의 보전 경영이 성공적으로 이루어졌기에 보성전문학교는 존폐의 위기에서 살아났을 뿐 아니라 우리 민족의 교육 정신까지 살릴 수 있었다.[75] 이에 1932년 김성수가 식민 시기 민족의 인재를 키우기 위해 보성전문학교를 인수할 수 있게 된 것은 주지의 사실이다.

천도교계에서 보전을 인수한 1910년 4월 보전은 경제학 전문과를 폐지하고 상과(商科) 전문과를 설치했다. 1905년의 이재학과가 경제학과를 거쳐 1910년 상과로 변화된 것이다. 그리고 다시 5년 뒤인 1915년 상과는 상업과(商業科)로 잠시 이름을 바꾸었다가 1922년 상과로 회귀했다. 상과와 상업과는 사실상 '상업에 대한 학문'을 뜻하는 것으로 본질적인 차이는 없으며, 실제 혼용되기도 하였다.

그렇다면 1910년 단계에서 경제학과의 명칭이 상과(상업과)로 변경된 것은 무엇 때문일까?[76]

첫째, 1907년 이재학과를 경제학과로 변경하는 데 결정적 역할을 수행했던 신해영 교장이 1909년 1월 교장직에서 퇴임하고 그해 9월 사망하면서 그의 영향력이 사라진 것이다.

둘째, 경제학과로 변경하고 수업 연한을 3년으로 연장하였음에도 불구하고 지원자가 거의 없었기 때문이다. 지원자가 부족한 것은 가뜩이나 어려운 재정 상황을 더욱 힘들게 만드는 요인이었다. 실제 1907년 보전의 지원자 200여 명이 모두 법률학과를 희망하여 신해영 교장이 그 가운데 34명을 설득하여 경제학과로 돌려놓았는데 1908년 2학년으로 진급하면서 전

---

75 고려대학교 민족문화연구소 엮음, 《고려대학의 사람들 2 손병희》(고대민족문화연구소, 1986), 126-144쪽.

76 이하 첫 번째에서 세 번째 이유는 신수식, 《고려대학교 경영대학 100년사—1905-2005》, 45쪽 참조.

원이 불만을 갖고 보성전문을 자퇴하였다. 그들이 단체로 양정의숙에 편입을 청원하자 양정의숙에서는 그들을 맞이하려고 경제학과를 신설하였다.[77]

셋째, 이러한 지원자 미달의 현실적 문제를 해결하기 위해 상과(상업과)는 현실적인 대안이 될 수 있었다. 이재학과와 경제학과 체제에서도 상업 관련 교과목은 10과목이 넘게 개설되었기에 교강사 채용과 교재 개발에 큰 부담이 없었다. 실제 1910년 보전의 제2대 운용자인 이종호는 기금 10만 환을 적립하고 상업과와 함께 정치과를 신설하여 보성'대학'으로의 발전 계획을 발표할 정도로 재정적 어려움을 타개할 방법을 모색하고 있었다. 물론 대학으로의 전환은 일본의 강제 병합으로 어렵게 되었지만 절체절명의 상황에서 경제학과 폐지와 상과(상업과) 설치가 이루어지면서 향후 보성전문학교의 실업인 양성은 새로운 돌파구를 마련할 수 있게 되었다.

넷째, 당시 조선의 고등교육에 큰 영향을 주고 있던 일본 대학의 상과(상업학과) 확산의 분위기와 경영학 개념의 출현도 영향을 주었을 것이다. 가령 1904년 와세다대학교에 상과(商科)가 처음 설치된 후 상업학과의 설치가 확산하는 분위기였다(1905년 도쿄센슈전문학교에 상과 신설, 1909년 도쿄제국대학교에 상업학과 신설). 또한 일본에서 "경영학적 연구의 창설을 시도했던 인물"로 평가받는 우에다 데지로(上田貞次郎, 1879-1940)가 1909년에는 영국과 독일에서의 유학 후 귀국하여 모교인 도쿄 고등상업학교에서 〈상공경영(商工經營)〉 강좌를 개설하였다. 이것이 일본에서 근대적 경영학 교육의 시발점으로 불리는 첫 강좌였다. 당시 우에다 박사가 제창한 경영학이라는 학술어는 단순히 영리를 추구하는 학문이 아니라 '경영의 학문' 또는 '사업의 학문'이라는 뜻으로 사용되기 시작했다. 우에다 데지로는 기존의 '상업학'에 대한 불만이 많았다. 아무리 뒤에 '학'을 붙여도 상업학은 실제로 수익 창출에 필

77 고려대학교 60년사 편찬위원회 엮음, 《60년지》, 65쪽.

요한 단편적 지식을 짜깁기한 것일 뿐, 학문으로서의 과학적 체계가 부족한 점을 간파한 것이다. 그러나 실제 경제 상황은 급변 중이었고 기업의 중요성은 날로 높아지고 있었다. 우에다 데지로는 상업에 대한 탐구만으로 부족하기에 공업까지 포괄해야 하며 경제학처럼 국가 경제에만 주목하기보다는 기업의 역할과 관리에 더 집중해야 한다고 보았다. 여기서 그의 '상공경영'이라는 개념이 등장했고, 이후 경영학으로 발전하는 토대를 마련했다. 당시에 주변 학자들부터 '그렇게 거창할 필요가 있는가?' 혹은 '그것도 학문이냐?'라는 의심을 수없이 받았지만, 결국 그의 선견지명에 따라 1926년 7월 10일 일본 경영학회가 창립되었다.[78] 이러한 일본 학계의 변화는 일본에 강제로 병합된 1910년 이후의 조선에 큰 영향을 미칠 수밖에 없었다.

이처럼 상과라는 학과 명칭은 중간에 7년 동안 상업과(1915-1922)로 조금 달리 불리웠던 것을 제외하면 1944년 3월까지 이어졌다. 근대적 상업학에 대한 고등교육기관의 연구와 교육이 한국에서 제대로 처음 이루어진 것이다. 해방 이후 대학에서 본격적인 경영학과가 등장하기 이전부터 보성전문학교의 이재학과는 그 명칭을 경제학과 → 상과 → 상업과 → 상과로 변동하면서 근대적 상업학 교육을 제공하는 기초를 마련하였다. 그 결과 보성전문학교는 이후 일제의 냉혹한 강점기 기간에도 그 명맥이 끊어지지 않고 경영·경제 발전에 부합하는 근대적 인재, 곧 기업가정신을 함양하여 글로벌한 시장 환경에서도 능동적으로 기업을 경영하고 사회에 기여하는 인재를 배출할 수 있었다.

---

78 山本安次郎, 《日本經營學五十年—回顧と展望》(東洋經濟新報社, 1977), 19; 吉田和夫, 《日本の經營學》(東京: 同文館, 1992), 17-34.

7 '경영학' 탄생의 문명사적 의미

개항 이후 조선은 제국주의 열강의 침략을 받는 가운데 서구 학문을 수용하고 교육 기회의 개방과 학력주의에 기반한 근대적 고등교육 정책으로 전환하여 갔다. 특히 조선·대한제국의 정부는 서구와 일본·청의 신문물에 영향을 받아 부국강병과 식산흥업(殖産興業)을 위한 인재 양성을 위해 서구식 고등교육을 수용하고 이를 학교에서 교수하고자 하였다. 초등교육이 근대 국민의 양성에 중점을 두었다면 고등교육은 근대화를 추진할 수 있는 핵심 인력 양성과 근대적 학문을 교수할 수 있는 기관 설립에 중점을 두었다. 이 과정에서 육영공원(育英公院)을 비롯한 관립학교들과 함께 보성전문학교를 비롯한 사립 전문학교가 수립되어 적지 않은 역할을 수행하였다.[79]

그 가운데 1905년 설립된 보성전문학교는 1910년까지 우리나라에서 거의 유일하게 '대학'을 지향하는 고등교육기관이자 서구 학문을 수용하는 채널이었다. 그리고 보전의 이재학과는 우리나라 최초로 근대적 상업학 교육을 제공하기 시작했다. 시대적 상황과 한계 속에서 당시 상업학은 전통적인 요소가 남아 있었지만, 동시에 '부기'와 '은행'과 같은 근대적인 동시에 서구적인 요소도 새롭게 유입되었다는 점에서 시대적 의미가 크다.

당시 보전에 입학한 학생들도 이러한 이중적 문명의 큰 전환기 속에 있었다. 이미 과거제가 폐지(1894)되고 10년 정도가 지난 시점이기는 하지만 어려서부터 한학(漢學) 교양을 쌓은 20세 이상의 입학생들은 상당한 한학 실력과 동시에 유교적 교양을 가지고 보전에 입학하였다. 그러나 보전에서는 이전 시대까지 매우 생경했던 근대적 이재학 과목을 수강하며 서구 학문을 수용해 나갔다. 이전과 이후의 공통점이라면 왕성한 학구열(學究熱)이

79 김태웅·장세윤, 《일제강점기 고등교육 정책》(동북아역사재단, 2022), 15쪽.

었을 것이다. 비록 나라의 존망은 점점 위태로워지는 상황이었지만 그들은 보성전문의 근대적이고 실용적인 학문을 수용하면서 수구적인 세계관과 사고방식에 갇히지 않을 수 있었다. 그리고 새로운 시대적 상황 속에서 우리의 주체성을 제대로 지키기 위해서라도 진정한 실력을 키우는 수단인 새로운 학문 수용에 누구보다 열심이었다.

1905년은 새로운 서구의 스포츠가 우리나라에 본격적으로 도입되기 시작하는 해이기도 했다. 1905년을 전후하여 다양한 운동경기들이 외국인 선교사를 통해 한반도에 수용되기 시작했다. 대표적으로 야구와 축구가 1905년에 수용되었고 농구는 1907년에, 정구(테니스)는 1909년에 수용되었다.[80] 보성전문학교는 개교 1년 후부터 주요한 스포츠 활동으로 운동회를 개최하였다. 당시 학교 운동회는 학생들의 단합심을 높이면서도 서구의 스포츠 문화를 향유할 수 있는 좋은 기회였다. 1905년 이후 학교 운동회는 더욱 활성화되어 1906년에는 학교 운동회를 개최하는 곳이 39곳으로 늘어나고, 개최 범위도 지방으로 확대되었다.[81]

보성전문학교가 설립된 지 10년 뒤인 1915년 연희전문학교의 전신인 조선기독교학교(Chosun Christian College)가 미국 북장로교 선교부의 협조와 재한 남·북감리교 선교부, 캐나다 장로교 선교부의 협력을 얻어 서울 종로의 YMCA에서 개교한 것 역시 같은 맥락에서 매우 반가운 일이었다. 언더우드 선교사가 초대 교장이었던 이 학교는 1917년 4월 조선총독부의 허가를 받아 사립 연희전문학교(延禧專門學校)로 발족하면서 문과, 신과(神科), 수물과(水物科) 및 응용화학과, 농과와 함께 상과(商科)를 설립하여, 일제하 일

80 이학래, 《한국체육사》(지식산업사, 1994),189-194쪽; 대한체육회, 《대한민국 체육 100년》, 2(대한체육회, 2020), 22쪽; 이학래, 《한국근대체육사연구》(지식산업사, 1990), 101쪽; 나현성, 《한국운동경기사》(보문각, 1958), 84-85쪽.

81 김성학, 〈근대 학교 운동회의 팽창—그 실태와 동인〉, 《한국교육사학》 제33권, 제1호(2011).

본을 거치지 않고 미국으로부터 직접 근대적인 경제학과 상업학(혹은 경영학)을 한국으로 도입하는 채널이 되었다. 대표적인 사례가 브라운 대학 출신으로 초대 상과 과장을 맡은 백상규(1881-1957) 교수의 강의였는데, 백 교수는 1923년 보성전문학교 상과로 스카웃되어 왔다. 언더우드는 신학 중심이 아니라 "비기독교인까지 수용하여 산업분야를 포함한 일반교육을 실시할 수 있는 대학"을 지향하며, 도쿄제국대학 모델이 아니라 자신의 모교인 뉴욕대학교를 모델로 삼았다.[82] 당시 연희전문학교 상과의 교육과정은 보성전문학교 상업과와 유사하였고 교재도 보성전문학교 교·강사가 집필한 상학, 회계학, 경제학 교과서를 다수 사용하였다. 이는 당시 보전 상과와 연전 상과의 교·강사가 서로 상대 학교에 교차로 출강하고 있었기 때문에 가능했던 일로[83] 일제강점기의 어려운 시기에 민족의 인재를 길러 훗날의 광복 이후 다가올 재건의 시기를 준비하는 데 협력하는 아름다운 모습이었다.

그리고 보성전문학교 이재학과가 설립한 지 17년 뒤, 연희전문학교 상과가 성립한 지 5년 뒤인 1922년 4월 총독부령에 따라서 관립 경성고등상업학교(경성고상)가 설립되었다. 총독부는 관립 경성고등상업학교에 일본인과 함께 한국인의 입학을 허락했으나 한국인 비율은 10-20%에 불과했다. 이 학교는 1944년 경성경제전문학교로 바뀌고 1945년 다시 서울경제대학으로 재편되었다가, 결국 1946년 서울대학교 상과대학의 전신이 되었다.[84] 상과대학의 건물 역시 1939년 경성부 종암정(현재 성북구 종암동)으로 이전했던 경성고등상업학교의 교사를 그대로 이어받아 1975년 관악캠퍼스로 이전

82 김학은, 《연세대학교 상경대학 백년사 I—한국의 근대경제학 1915-1956》(연세대학교 대학출판문화원, 2015), 17-35쪽.

83 신수식, 《고려대학교 경영대학 100년사—1905-2005》, 45-46쪽.

84 서울대학교 40년사 편찬위원회 엮음, 《서울대학교 40년사, 1946-1986》(서울대학교출판부, 1986), 799쪽.

할 때까지 사용하였다.[85]

요컨대 1905년 보성전문학교 이재학과(1910년 이후로는 상과)의 설립은 1917년 연희전문학교 상과 및 1922년 경성고등상업학교의 설립으로 이어지는 근대 한국 상업교육의 시발점이 되었다. 그리고 이 세 학교는 각각 오늘날 고려대학교 경영대학, 연세대학교 경영대학, 서울대학교 경영대학으로 끊어지지 않고 이어져 대한민국의 경영학 발전의 중추적 역할을 감당하고 있다. 바로 여기서 현재 고려대학교 경영대학의 모토가 된 "The First"의 역사적 근거가 마련되었다. 아울러 과거제로 대표되는 전근대적 학문체계 및 문명이 역사의 뒤안길로 사라지기 시작하는 동시에 새로운 근대 학문이 도입되어 교육되기 시작하는 시대적 전환기에 보성전문학교 이재학과가 1905년 탄생한 것은 '한국의 경영학'이 탄생하는 문명사적 의미가 있다고 할 수 있겠다.

85 국립서울대학교 개학반세기역사편찬위원회 엮음, 《국립서울대학교 개학 반세기사(1895-1946)》(서울대학교출판문화원, 2016), 904쪽.

3장

일제강점기 상업학(경영학)의 점진적 발전

1 일제의 조선 강점과 교육의 위기

앞서 강조했듯 보성전문학교 이재학과가 탄생한 1905년은 한국의 운명뿐 아니라 문명사적으로 대단히 중요한 시기였다. 일제는 러일전쟁에서 승리한 뒤 한국에 군대를 주둔시키면서 한국의 외교권을 빼앗고 통감부를 두어 내정에 간섭하였다. 그리고 1910년 군사력으로 한국 정부를 강압하여 한국을 강제로 병합시켰다. 이후 35년 동안 언제 광복이 도래할지 모르는 식민 통치의 암흑기가 이어졌다.

일제는 한국의 영토와 주권을 침탈하였을 뿐만 아니라 군사력과 경찰력으로 한국을 지배하면서 정치·경제·사회·문화의 모든 영역에서 한국인의 자유와 권리, 기회와 이익을 박탈하거나 제한하였다. 무엇보다 교육을 통해 일본의 한국 지배를 합리화하고 한국인으로의 정체성을 약화시켜 결국 한국인을 일본의 2등 국민으로 만들고자 하였다. 교육 제도를 일본식으로 변경하고, 한글 대신 일본어를 주로 가르치며 일본에 저항하는 민족의식을 일깨우려는 한국인의 교육적 시도를 전방위적으로 압박하는 것은 일제의 지배 야욕을 이루기 위한 자연스러운 수순(手順)이었다.

강제적인 조선 병합 직후 한국의 교육 제도를 식민지의 교육 제도로 개편하기 위해 조선총독부가 취한 첫 번째 조치는 1911년 8월 1차 〈조선교육령〉의 반포였다. '시세'와 '민도'에 적합한 교육 제도를 만든다는 취지에서 학교 제도를 '보통교육', '실업교육', '전문교육'의 세 종류로 제한하고, 보통교육을 담당하는 학교로 수업 연한 4년의 보통학교와 고등보통학교, 수업 연한 3년의 여자고등보통학교를 두었다. 따라서 보통학교-고등보통학교(또는 실업학교)-전문학교로의 3단계 학교 제도를 구축하되 실업학교를 졸업하면 상급학교인 전문학교로의 진학을 차단했다. 하지만 1차 〈조선교육령〉의 초점은 보통교육에 있었는데, 이는 국민교육의 완성을 위함에 있었고 상급 학교로의 진학을 염두에 둔 것은 결코 아니었다. 따라서 전문학교는 보통학교(4년)와 고등보통학교(4년)를 마친 다음 진학하는 2년제 고등교육기관으로 자리했으나, 총독부는 전문학교에 관한 규정조차 무시한 채 시행령을 마련하지 않았다. '아직 보통교육이 충분히 발달하지 않았으므로 전문학교에 관한 시행 규칙은 훗날로 미룬다'는 것이 총독부의 기본 입장이었다.[1] 또한 성균관, 관립 한성사범학교, 관립 한성외국어학교 등 기존의 고등교육기관을 폐쇄시켰다.

3·1운동 이후 일제는 무단통치에서 문화통치로 선회하면서, 교육 정책 역시 교육의 기회를 제한하는 우민화 정책에서 교육 기회 보급을 통한 동화(同化) 교육 정책으로 바꾸었다. 그리고 1922년 2월, 2차 〈조선교육령〉을 제정하여, 전문학교 외에 대학을 도입해 학제 속에 위치시켰다. 그 결과 총독부가 주도하는 경성제국대학(京城帝國大學)이 1924년 설립되어 6월 개교식을 열었다. 한국에 처음 '대학(大學)'이라는 이름을 단 명실상부한 고등교육기관의 설립이었지만 이는 동시기 조선 지식인들이 주도하던 민립대학과는 달리 일제의 원활한 식민 통치를 위한 정치적 기획이었다. 경성제국대

1 강명숙, 《대학과 대학생의 시대》(서해문집, 2018), 24-25쪽.

표 1 1차 〈조선교육령〉 시기 학교제도 도표

출처: 강명숙, 《대학과 대학생의 시대》(서해문집, 2018), 26쪽.

학은 1877년 설립된 도쿄대학(1897년부터 도쿄제국대학이라 불림)을 비롯하여 1897년 설립된 교토제국대학 등 일본에 세워진 7개 제국대학과 같은 수준으로 식민지에 세워진 '제국대학'이었다. 따라서 일본의 최고 학부를 식민지에 도입함으로써 일본인의 조선 이민을 유도하고 대륙 개척에 앞장서는 연구와 조사 사업을 지원하려는 목적이 깔려 있었다. 요컨대 경성제국대학은 조선 안의 '타자'였고, 식민지 대학이라는 사명을 가진 일본의 제국대학이었다.[2] 반면 조선 지식인들은 1923년부터 본격적으로 민립대학 설립을

2 김정인, 《대학과 권력—한국 대학 100년의 역사》(휴머니스트, 2018), 27-49쪽. 일본은 1886년 3월 〈제국대학령(帝國大學令)〉을 제정해서 기존의 도쿄대학을 제국대학으로 개편하고, 그 설립 목적을 "국가의 요구에 응하는 학술과 기예를 교수하고, 또한 그 깊은 이치를 연구"하는 것이라고 규정했다. 이후 일본에 세워진 7곳의 제국대학은 다음과 같다. 1877년 도쿄대학(도쿄제국대학), 1897년 교토제국대학, 1907년 도호쿠제국대학, 1910년 규슈제국대학, 1918년 홋카이도제국대학, 1931년 오사카제국대학, 1939년 나고야제국대학이 각각 설립되었다. 식민지인 조선에는 1924년 경성제국대학이, 식민지 대만에는 1928년 타이베이제국대학이 설립되었다.

추진하려고 전국적인 조직을 만들고 모금 운동 등을 시도했지만 총독부의 감시 속에서 일제강점기가 끝날 때까지 성공하지 못했다.

2 일제의 고등교육 정책과 보성전문학교의 위기

조선총독부는 기본적으로 보통교육, 즉 식민지 국민 만들기를 위한 초등과 중등교육에 대한 체계를 갖추는 데 주력할 뿐 조선인에 대한 고등교육에 대해서는 소극적인 입장을 견지했다.[3] 그리고 일제강점기 고등교육 정책은 크게 '우민화 정책(1910-1919)' – '유화적 동화정책(1919-1938)' – '황국신민화 정책(1938-1945)'으로 변화되어 갔다.[4]

우민화 정책기에 해당하는 1911년 일제는 성균관·관립 한성사범학교·관립 한성외국어학교 등의 기존 관립 고등교육기관의 문을 닫았다. 사립학교에 대해서는 일단 기존 체제를 인정해 주는 점진주의적 태도를 취하여 1911년 10월 20일 공포된 〈사립학교 규칙〉은 부칙에서 "본령 시행 전에 설치 인가를 받은 사립학교는 본령에 따라 사립학교로 간주한다"라고 규정하여 사립 전문학교를 그대로 인준해 주었다. 하지만 1915년 3월 총독부는 〈사립학교 규칙〉을 개정해서 사립 전문학교 설립 인가 조건으로 재단법인의 설립을 의무화했다. 당시 조선에 재단법인을 설립할 정도로 재산을 갖고 있던 전문학교는 많지 않았기에, 이 규정은 사립 전문학교의 인가를 제한하려는 큰 문턱이나 다름없었다. 또한 총독부는 〈전문학교 규칙〉도 제정하여 "본령에 의해 설립하는 전문학교가 아니면 '전문학교'라고 칭할 수 없다"라

3 일제의 초등교육 정책과 중등교육 정책에 대해서는 김광규, 《일제강점기 초등교육 정책》(동북아역사재단, 2021); 안홍선, 《일제강점기 중등교육 정책》(동북아역사재단, 2021) 참조.

4 한용진, 〈일제 식민통치하의 대학교육〉, 《한국사 시민강좌》, 18(일조각, 1996).

고 규정했다. 이에 따라 보성전문학교와 대동법률전문학교는 교명에서 '전문'이라는 글자를 지우고 각각 보성법률·상업학교와 대동법률학교로 교명을 바꾸어야 했다. 이미 '대학부'까지 개설하고 있던 기독교계 학교인 숭실학당 등의 학교에서도 모두 '전문학교'라는 이름을 박탈하고 새로이 사립학교를 설립하기도 어렵게 만들었다.

총독부의 이러한 조치는 사실상 조선인의 고등교육에 대한 의지를 꺾고 기존 고등교육기관인 전문학교를 압박하는 것이나 다름없었다. 실제로 보성전문학교와 같은 해인 1905년에 설립된 양정의숙에는 전문학교 수준의 법률학과와 경제학과가 설치·운영되고 있었는데 일제가 사법권을 박탈하고 순헌황귀비로부터 받은 토지를 빼앗음에 따라 운영의 어려움에 봉착하였다. 결국 1913년 9월 학교 급을 낮추어 양정고등보통학교로 개편하기로 하고 총독부의 인가를 받았다. 고등보통학교는 오늘날 중학교·고등학교에 해당하는 중등교육기관이었다. 양정의숙 법률학과에 다니던 국어학자 이희승(李熙昇, 1896-1989)은 "전문학교에 다니던 처지에서 고보 1학년으로 다시 들어갈 수 없는 일"이기에 학교를 그만두었다. 당시 이희승은 1907년 관립 한성외국어학교에 입학하여 1910년 일제강점으로 1년 빨리 졸업과 동시에 경성고보(京城高普)에 편입하였다. 그러다가 일본인 선생들의 차별 대우에 불만을 품고 경성고보를 자퇴한 뒤 양정의숙 법률학과에 입학하여 재학 중이었다.[5] 당시 법률과에 재적 중이던 대다수 학생들은 보성전문학교로 편입

---

5 이희승, 《다시 태어나도 이 길을》, 일석 이희승 전집 7(서울대학교출판문화원, 2010), 316-317쪽. 양정의숙을 중퇴한 이희승은 고향으로 내려가 농사일을 돕다가 주시경 선생이 쓴 《국어문법》을 읽고 국어학에 대한 열정이 생겨나 이후 국어학자로서의 길을 걷게 되었다. 이희승은 1916년 김성수가 인수했던 중앙학교 3학년으로 편입학을 하고 졸업 후 김성수가 인수한 경성 직뉴에 서기로 입사하여 6년을 일했다. 이후 1924년 개설된 경성제국대학 예과 1회 입학시험에 응시했다가 떨어져 연희전문 수물과(數物科)에서 1년을 다니다가, 이듬해 경성제국대학에 재도전하여 법문학부 문과 B반에 합격했다. 이희승의 자서전을 통해 그의 학력을 되짚어 보면, 일제강점기 초반에 고등교육을 받고자 하여도 여의치 않았던 조선 젊은이들의 어려운 상황이 응축되어 있다.

되었다. 양정의숙이 양정고보로 급을 낮추기로 한 것은 총독부가 의도했던 결과였고 이 결정은 양정이 오늘날 대학이 아니라 양정중·고등학교로 이어지는 갈림길이 되었다. 이렇게 법관양성소, 보성전문학교와 함께 근대 한국에서 최초로 서양식 법학을 가르치는 전문학교로 1905년에 설립된 양정의숙은 1913년 역사 속에 사라지고 말았다.[6]

이러한 상황은 1915년 총독부에 의하여 강제로 교명에서 '전문'을 박탈당한 보성법률상업학교도 마찬가지였다. 이후 1922년까지 보성은 '전문'이라는 교명을 박탈당한 상황에서도 고등교육의 수준을 유지했던 조선인이 건립한 몇 안 되는 학교였다. 당시 보성전문학교가 처했던 위기는 크게 세 가지였다.

첫째, 교명에서 '전문'이라는 명칭을 박탈당했다. 교수 내용은 이전과 큰 차이가 없었지만 강제적인 명칭 변경으로 일반인들이 생각하는 학교에 대한 위상은 낮아질 수밖에 없었다.

둘째, 〈전문학교 규칙〉을 제정해 조선인이 설립했던 전문학교를 압박한 총독부는 다른 한편으로 관립 전문학교를 차례로 설립하면서 조선 젊은이들을 유인했다. 1916년 4월 경성전수학교, 경성의학전문학교, 경성공업전문학교의 3개 관립 전문학교가, 1918년에는 수원농림전문학교가, 1922년에는 경성고등상업학교가 문을 열었다. 경성고등상업학교는 1943년 경성경제전문학교로 바뀌고 1945년 다시 서울경제대학으로 재편되어 1946년 개교하는 서울대학교 상과대학의 전신이 되었다.[7] 총독부가 고등교육기관으로 설립한 전문학교는 법률, 의학, 공업, 농업, 상업 등 실용 분야에 집중되었고, 총독부가 지원하는 관립이었던 만큼 졸업 후 취직에 유리했다. 일제

---

6 주강현, 《양정 인물 평전—어느 민족사학의 인물로 본 120년 궤적》(바다위의정원, 2025), 28-42쪽.

7 서울대학교 40년사 편찬위원회 엮음, 《서울대학교 40년사, 1946-1986》, 799쪽.

는 관립 전문학교 졸업자에게 관리 임용 자격, 고등시험 예비시험 면제, 변호사시험 예비시험 면제, 의사면허 부여, 중등 교원면허 부여 등의 특권을 부여했다. 이처럼 관립 전문학교 졸업장은 전문직으로 쉽게 들어가는 일종의 '패스포트(passport)'와 같은 기능을 했고, 이를 통해 일제는 관립은 일류(一流)이고 사립은 이류(二流)라는 의식을 확산시켰다.[8]

셋째, 일제는 관립 전문학교에서 한 걸음 더 나아가 제국대학을 수립하여 조선의 고등교육을 그들이 주도하는 방식으로 통제하려고 했다. 보성은 1922년 다시 전문학교로의 명칭을 회복했지만 그사이 일제가 건립한 관립 전문학교에 비하여 졸업생들이 밀리는 상황에 처했고, 1924년 경성제국대학이 세워지면서 고등교육 가운데서도 가장 아래에 있다는 사회적 프레임에 갇히게 되었다.

3 1910년대 상업과의 상업학 교육

1910년 경제학과를 상업과로 개칭한 이후부터 보성전문학교에 상업학 관련 전공자가 교·강사로 부임하기 시작했다. 먼저 상업을 가르치는 강사로 윤정하(尹定夏), 장홍식(張弘植), 김만규(金晩圭)가 1910년 4월에 부임했고, 이후 부기를 가르치기 위해 신승균(申昇均), 김대희(金大熙), 임경재(任璟宰) 등이 차례로 부임했으며 주산을 가르치기 위해 박유진(朴裕鎭)이 부임했다. 상업과의 첫 전임교수는 1913년 4월에 부임하여 1921년 12월까지 7년 넘게 재임했던 김상옥(金尙沃)이었다. 김상옥은 메이지(明治)대학교 법과 출신이지만 상학과에 부임한 후 상업학 전반에 대한 강의를 도맡으며 상업과 과장

8 김자중, 《한국 대학의 뿌리, 전문학교》(지식의 날개, 2022), 140-149쪽.

까지 맡고 《상업개요(商業概要)》라는 개론서도 출간했는데, 앞서 언급했던 근대 학문의 미분화 상황을 잘 보여 준다. 상업 관련 교육을 위해 1920년부터 일본인 학자도 강사로 부임하기 시작했다. 1910년대 상업과의 교·강사 명단은 〈표 2〉와 같다.

1910년대 상업과 교·강사 가운데 주목해야 할 인물은 장홍식, 김대희, 임경재 3인이다. 먼저 1910년 4월에 부임한 장홍식(1882-1948)은 1901년 일본으로 유학을 떠나 1905년 도쿄 고등상업학교에 입학하여 1909년 졸업했다. 도쿄 고등상업학교는 앞서 일본에서 "경영학적 연구의 창설을 시도했던 인물"로 언급했던 우에다 데지로(上田貞次郎)의 모교이자 1909년 일본 경영학 교육의 시발점으로 불리는 첫 강좌 〈상공경영(商工經營)〉을 우에다 데지로가 직접 개설했던 학교였다. 따라서 장홍식은 일본에서 근대적 경영학 교육의 세례를 받고 귀국한 첫 세대였다. 장홍식은 도쿄에서 유학 시절 조선 서북 지방 출신 유학생들의 친목·계몽 단체인 태극학회(太極學會, 1905년 창설)에 참여하여 태극학교(太極學校)의 명예 교원으로 활동했다. 그리고 1906년 창간된 학보인 《태극학보(太極學報)》 3호에 〈상업(商業)의 의의(意義)〉(1906)라는 상업 전문 논문을 발표했다. 1909년 졸업과 동시에 귀국한 장홍식은 1910년까지 한성은행에 근무하다가 1910년 4월 보성전문학교의 강사로 취임하여 1912년 3월까지 상업 강의를 맡았다.

1911년 4월 부임했던 김대희는 비록 그해 9월까지 짧은 기간 머물렀지만 부임 이전인 1907년 보성전문학교의 출판사에서 발행했던 《상업범론(商業汎論)》이라는 저서로 한국 상업학 교육에 크게 기여했다. 1878년에 태어난 김대희는 1895년 17세의 나이로 관비 유학생에 발탁되어 일본 게이오의숙에 입학하여 보통과를 1896년에 졸업하고 이듬해인 1897년 사립 도쿄상업학교에 입학하여 1900년 졸업하고 귀국했다. 귀국 후 낙영학교(樂英學校) 교사로 취임하여 1904년까지 근무하다가 1904년 12월에 농상공학교(農商

표 2 1910년 상업과 교·강사 명단

전공	이름	취임 연월	이임 연월	기타
상업	윤정하(尹定夏)	1910. 4	1913. 4	조선인으로 처음 계리사(計理士) 개업(공인회계사의 선구자) 1938년 《조선세무요람》 저술
상업	장홍식(張弘植)	1910. 4	1912. 3	1906년 〈상업(商業)의 의의(意義)〉(《태극학보(太極學報)》 제3호)라는 상업 전문 논문 발표
상업	김만규(金晩圭)	1910. 4	1910. 10	
부기	신승균(申昇均)	1910. 4	1912. 4	
부기	김대희(金大熙)	1911. 4	1911. 9	1907년 《상업범론(商業汎論)》을 보성관(普成館)에서 출간(우리나라 두 번째 상업학 저서) 1909년 《실용상업부기학》(부[附]공업부기학)을 의진사(義進社)에서 출간
상업	문상우(文尙宇)	1911. 9	1912. 9	
상업	고철(高喆)	1911. 10	1915. 5	
주산	박유진(朴裕鎭)	1912. 1	1919. 11	
상업	김상옥(金尙沃)	1913. 4	1921. 12	《상업개요》 출간
부기	임경재(任璟宰)	1914. 3	1917. 3	1908년 《신편 은행부기학》과 《간이 상업부기학》 출간
상업	구자욱(具滋旭)	1915. 2	1915. 10	
상업	임긍순(任兢淳)	1918. 10	1920. 8	
주산	平田實(日人)	1920. 1	1921. 4	
상업	原孝司郎(日人)	1920. 4	1921. 7	
상업	富永四方司(日人)	1920. 5	1921. 12	

工學校) 교관으로 전임하였으나 농상공학교가 1906년 8월에 분리될 때 퇴임했다. 이후 본격적인 집필 생활을 시작하여 광신상업학교(光信商業學校, 오늘날 광신정보산업고등학교) 교사로도 근무하면서 1907년에 《이십세기조선론(二十世紀朝鮮論)》과 《상업범론》(상·하)을 출간했다. 《이십세기조선론》은 실업(實業)의 발달과 교육 진작을 통하여 항일하여야 한다는 주장을 담고 있어 이후 통감부로부터 발매·반포의 금지 처분을 받았다. 《상업범론》은 보성전문학교의 부속 기관인 보성관(普成館)의 번역원(飜譯員) 자격으로 출간한 상업 관련 저서로, 우리나라에서 상업학을 체계적으로 소개했던 초창기 편역

(編譯) 저서로 인정받는다.[9] 1909년에는 부기 원리의 응용을 교수할 목적으로 부기일어전습소(簿記日語傳習所)를 설립하고 《응용상업부기학(應用商業簿記學)》(의진사)를 출간했다. 《응용상업부기학》은 1908년 임경재가 출간한 최초의 부기학 저서보다 1년 뒤 출간된 저서였다. 부록에 첨부한 공업부기학(工業簿記學)은 기존 부기학 관련 개론서에 없던 새로운 내용이었다. 일본에 유학했던 김대희의 저서에는 일본 부기학의 영향이 많았으나 우리나라 고유의 사개치부법(四介治簿法)에 대한 이해도 높아서 일본의 부기 용어를 차용하면서도 우리 고유의 용어를 혼합하려고 노력했다.

1914년 3월에 보전에 부임하여 3년 동안 부기를 가르쳤던 임경재(1876-1955)는 1895년 관립 외국어학교 일어부(日語部)를 졸업했다. 당시 일어부의 교과목에 《관청 및 상용부기(官廳及商用簿記)》가 있었으므로 그때 부기를 학습했다. 이후 휘문의숙(徽文義塾)에서 18년간 강사, 학감, 교장 등으로 재직하며 부기 관련 중요한 저서를 출간했다. 1908년 휘문관(徽文館)에서 출간한 《신편(新編) 은행부기학(銀行簿記學)》과 《간이(簡易) 상업부기학(商業簿記學)》이 대표적이다. 이 두 책은 15일 차이로 출간되었는데, 거의 동일한 시기이지만 일반적인 순서와 달리 특수한 은행부기학이 먼저 출간되고 이후 일반적인 상업부기학이 출간된 것으로 보아, 1915년 무렵 은행업 부기에 대한 사회적 수요가 매우 높았음을 알려 준다.[10] 임경재가 저술한 부기서 2권은 당시 서

---

9 김대희의 《상업범론》(1907) 외에 주목할 만한 책으로 유완종(劉玩鐘, 1877-?)이 1907년 4월에 보성관 번역부의 번역을 통해 보성관에서 출간한 《상업대요(商業大要)》가 있다. 《상업대요》는 기본적으로 일본의 《상업대의(商業大義)》를 저본으로 한 편역서의 성격을 지녔는데 보성사에서 발간되었다는 점에서 보성전문학교와 관련이 있다. 《상업대요》에 대해서는 "인쇄된 최초의 상업학 서적인 것으로 보인다"는 평가도 있지만(송기철, 〈조선왕조 말과 일제 전반기의 상업고등교육과 보성전문학교〉, 395쪽), 유완종은 을미의숙과 관립 한성일어학교에서 일본어를 공부했을 뿐 상업학이나 경제학을 고등교육기관에서 공부했던 인물은 아니며 《상업대요》 역시 일본어에 능한 그가 일본의 상업서를 번역한 수준이기에 큰 비중을 두기는 어렵다고 여겨진다.

10 송기철, 〈조선왕조 말과 일제 전반기의 상업고등교육과 보성전문학교〉, 391-394쪽.

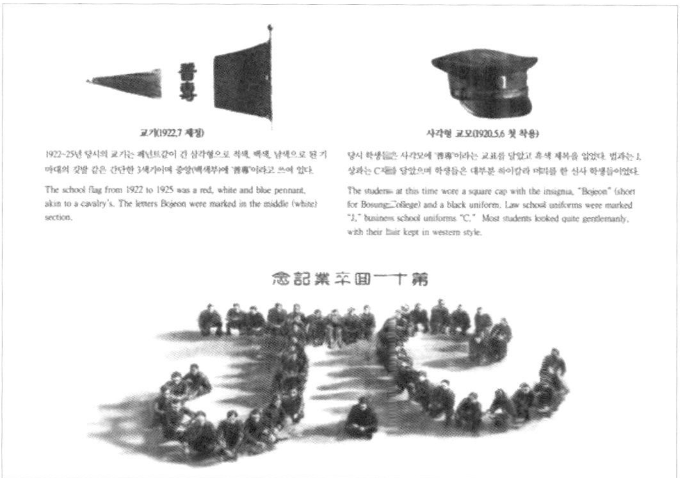

《100년의 향기, 1000년의 빛—민족사학 백년의 발자취》(학교법인 고려중앙학원, 2005)

양 부기의 도입과 보급에 크게 이바지하였으며 현재까지 우리나라에서 인쇄된 서양의 부기 방식을 소개한 최초의 책이라 할 수 있다. 1913년에는《최근상업부기(最近商業簿記)》(휘문관)도 출간했다. 1914년 3월 보성전문학교의 부기 과목 강사로 부임한 이후에 이 책들은 보성전문학교 상업과의 교재로 활용되었다. 김대희와 임경재가 출간한 부기학 관련 저술은 우리나라 개화기의 부기학 교육에 초석을 마련하는 평가를 받는다.[11] 임경재는 보성전문학교를 사임한 이후 조선어학회의 전신인 조선어연구회를 민간학회로 창립하여 초창기 우리나라의 국어교육에도 이바지했다.

11 윤근호,《한국회계사연구(韓國會計史研究)》(한국연구원, 1984), 295-332쪽.

4 1920년대 상업과에서 상과로의 학과명 변경과 교과과정

1919년 3·1운동을 계기로 일제는 고등교육에 대해서도 '우민화 정책(1910-1919)'에서 '유화적 동화정책(1919-1938)'으로 기조를 변경하였다. 1922년에 2차 〈조선교육령〉을 통한 사립 전문학교에 대한 인가 조건을 완화하고 관립 전문학교에 민족별 정원제를 없앴다. 그 결과 다수의 사립 전문학교가 새롭게 인가를 받아 설립되고, 조선인의 고등교육은 사립 전문학교로 몰리기 시작했다.[12]

보성 역시 1922년 '전문학교'라는 교명을 회복하고, 법과와 상과로 학과명을 소폭 변화시키는 한편 3년제 전문학교로 전환했다. 3·1운동에 참여했던 교주 손병희와 교장 윤익선이 투옥당하자 1920년 2월에 새로운 교장으로 취임한 고원훈이 이듬해부터 모금 운동을 벌여 기부자 58명으로부터 40여 만 원의 기부금을 모아 재단법인을 설립한 것이 인가를 받는 데 주효했다. 그리고 천도교 측이 기부한 송현동의 구 천도교 본부 건물에 학교를 마련하면서 새로운 발전을 도모하고자 했다.[13] 그렇다면 1922년에 학과명이 '상업과'에서 '상과'로 변동한 이유는 무엇일까?

첫째, 식민지 조선의 입장에서 당시 일본 대학의 학과명으로부터 영향을 받았던 것으로 생각된다. 앞서 언급했듯 와세다대학교에 1904년 상과

---

12 일제강점기 사립 전문학교의 설립은 1917년 세브란스 연합의학전문학교와 연희전문학교를 시작으로 1920년대 이후 급증했다. 숭실전문학교, 이화여자전문학교(1925), 경성치과의학전문학교(1929), 경성약학전문학교, 중앙불교전문학교(1930), 경성여자의학전문학교, 대동공업전문학교, 숙명여자전문학교(1938), 명륜전문학교(1942)가 총독부의 허가를 받아 설립되었다. 이에 1938년 당시 관립 전문학교 5교, 공립 전문학교 2교, 사립 전문학교 11교가 설립되었다. 총독부는 제한적이나마 사립 전문학교의 정원 확대도 허가했고, 사립 전문학교는 정원 이상으로 입학자를 선발하는 경우도 흔했다(김자중,《한국 대학의 뿌리, 전문학교》, 135-136쪽).

13 당시 송현동의 교사는 대지 약 6,000평의 연와(煉瓦) 2층 건물과 목조 2층 건물의 2동이었지만 처음으로 단독으로 사용할 수 있는 교사였다.

가 처음 개설되고 1909년 도쿄제국대학에 상업학과가 개설된 이후 1920년대까지 일본 대학에서 상과, 상업학과라는 이름의 학과는 증가 추세에 있었다.

둘째, 상과라는 새로운 학과명을 통해 기존의 전통적 상업학과 차별되는 근대적 상학을 모색하려 했던 것으로 여겨진다. '상업과'라는 명칭은 기본적으로 학문을 뜻하는 '학'이 붙지 않았고 또한 전통적인 상업학과 언뜻 구분이 힘들었던 점이 있었다. 반면 '상과'라고 하면 상업을 뜻하는 '상(商)' 자가 들어가기는 해도 근대화에 성공했던 일본의 근대적 상업학을 반영한다고 받아들여졌다. 즉 전통적인 상업학은 주로 상점과 점포의 관리에 주안점이 있고 그나마 은행의 관리가 새로운 요소로 추가된 정도였다면 근대적 상업학은 기존 상업학에 덧붙여 제조업과 공장을 포괄하는 것으로 연구 대상이 확대되었다. 이는 제1차 세계대전을 전후로 산업 현장의 변화에 대응하는 실용 학문의 속성이라고도 할 수 있다.[14]

셋째, 일본의 대학에서 학과명은 상과이지만 실제 내용은 근대적 경영학의 요소가 확산되고 있었다는 점이 중요했다. 특별히 산발적이었던 전통적 상업학을 과학적이고 체계적인 근대 학문으로 발전시켜야 한다는 우에다 데지로의 선구적인 주장과 노력을 통해 성립했던 '상사(商事)경영학'이 독자적인 발전을 했다는 점이 중요했다. 경영학의 초기 형태로 평가되는 상사경영학이란 영리사업을 추구하는 기업을 그 대상으로 명확히 하는 동시에 '공업경영론'과 '상업경영론'을 통합했기에 '기업경영학'이라고 불렸다. 이는 유럽의 사경제학(私經濟學)의 발흥과 궤를 같이 할 정도로 선구적이었다. 1909년 도쿄대학교 법과대학에 신설된 상업학과에 〈상사경영학〉과 〈공업

14 배종석, 〈근대기업의 생성과 보성전문의 상학 교육〉, 명순구 외, 《1919년 보성전문, 시대·사회·문화》(세창출판사, 2020), 222-223쪽.

상과-법과 졸업생 일동 기념 촬영(1923)

경제론〉이 개설되었고, 1910년 도쿄 고등상업학교에 상공경영과가 신설된 후 1915년에는 〈상공경영론〉이 개설되었다. 사적 기업에 주목하기 시작한 상사경영학의 성립과 발전은 상업학이라는 학문의 과학화 및 대학 차원에서 상업교육의 제도화에 크게 공헌했다.[15] 1926년이라는 상당히 빠른 시기에 일본에 경영학회가 창립된 것도 1910년대 상사경영학의 발전에 힘입은 바가 컸다. 물론 당시에도 학회 명칭을 '상업학회' 내지 '상업경영학회'로 하자는 의견도 다수결에 따라 경영학회로 정해졌다.[16] 일본에서는 1926년 경영학회 창립을 경영학 발전의 획기적 사건으로 평가한다. 특히 1920년대부터 경영학은 경제학에서 점차 분리되며 독립적인 학문으로 자리 잡을 기초를 마련하기 시작했음을 보여 준다. 이처럼 앞서가는 일본 상과의 근대

15 김원수,《經營學史—經營學思想史 序說》(경문사, 1985), 305-308쪽.

16 김원수,《經營學史—經營學思想史 序說》, 308쪽.

표 3 1925년 상과 교과과정

교과목	1주 교수 시간		
	1학년	2학년	3학년
수신(修身)	1	1	1
일어(日語)	2	2	2
법학통론	3		
상업통론	3		
상업정책			2
상업지리	2		
상업역사		2	
상품학			2
은행화폐론		2	2
부기	3	3	3
상업산술	3	3	3
경제학	2	2	
운송세관취인(運送稅關取引)	1	1	1
민법	3	4	2
보험법		1	
상법파산법	3	4	3
국제법			2
통계실천		1	3
영어	3	3	3
체조	1	1	1
계	30	30	30

* 출처: 《보전 깃발이 날리는 곳에》(고려대학교 박물관, 2022), 31쪽.

적 요소를 보성전문학교의 상과 명칭을 통해 도입하려 했던 것으로 볼 수 있다.

또한 1922년부터 수업 기간이 2년에서 3년으로 늘어났다. 그리고 교과과정은 전문학교와 유사하지만, 수신(修身)과 일어(日語)가 필수로 추가되었다(〈표 3〉 참조).

상업과의 첫 전임교원이던 김상옥이 1921년 보성전문을 떠날 무렵 김영주(金泳柱)가 전임으로 부임하여 상업학과 부기학을 강의하였다. 이후 김영주는 상과 과장 겸 학감, 교무주임, 부교장으로 김성수 교장을 도와서 1945년까지 오랜 시간 보성전문학교의 어려운 시기에 행정을 맡아 주었다.

한편 보성전문 상과는 상업학 외에 경제학을 전담할 교수로 홍성하(洪性夏, 1898-1978)와 백상규(白象圭)를 1922년과 1923년에 각각 채용하였다. 일본 주오대학교(中央大學敎) 경제학과 출신의 홍성하는 경제학, 재정학, 사회정책 등을 강의하는 한편, 1939년까지 보성전문학교의 축구부 등 운동부 지도교수로 기여도가 높았다. 식민지 시기 보성전문학교 운동부의 활동은 식민지 상황에서 청년들이 울분을 발산하는 유일한 통로였고 민족의 기백을 살리고 민족의 영예를 드높이는 수단이었다. 보성전문학교 운동부는 "조국독립회복에 필요한 민족적 역군"을 육성하기 위해서 민족의식을 고취하는 식민지 시기 문화운동의 일환이었다.[17] 미국 브라운대학교를 졸업했던 백상규는 귀국 후 연희전문학교 상과의 초대 과장을 역임하다 1923년에 보성전문학교로 초빙되어 왔다. 백상규는 경제학, 논리학, 윤리학뿐만 아니라 영어 실력이 출중하여 전공영어 및 교양영어까지 도맡아 강의하며 1945년까지 재직했다.

1923년에는 회계학을 담당하는 일본인 다카하시 유타카(高橋豊)를 전임교수로 채용하였다(1923. 4-1938. 2 재임). 이 외에도 1929년 4월에는 경제사와 상업학을 담당하는 김광진(金洸鎭)을 강사로 임용했고, 같은 시기 이상훈(李常薰)을 상업학 전임강사로 임용했다. 김광진과 이상훈은 모두 일본 도쿄상과대학 출신이었다. 1903년 출생한 이상훈은 1921년 선린상업학교를 졸업하고 일본으로 건너가 1926년 도쿄상과대학 예과 3년을 졸업하고 1929년

---

17 임동현, 〈보성전문학교 운동부의 스포츠 활동〉, 《보전 깃발이 날리는 곳에》(고려대학교 박물관, 2022), 191쪽. 홍성하는 육체적 능력과 정신적 능력을 균형 있게 갖춘 "민족적 역군"을 육성하여 "조국독립회복에 역군"이 되도록 하는 동시에 "미래까지 사표의 역할을 할 인물"을 배출하는 것이 목표였다고 한다(홍성하, 〈석탑야사(3)〉, 《교우회보》, 1973. 2. 5).

3월 같은 대학 학부 3년을 졸업했다. 졸업과 동시에 귀국한 이상훈은 1929년 4월부터 중앙중학교 교사를 하면서 브성전문학교에서 회계학을 포함한 상업 과목 강의를 시작하여 1935년 4월 전임교수로 발령을 받았다. 전임교수가 된 이상훈은 1920년대부터 김영주가 맡고 있던 상과 과장직을 1937년부터 맡았다. 그리고 8·15해방 이후 고려대학교 경상대학으로 개편되는 과정에서 초대학장을 맡아 기구 개편, 교과목 편성, 교수진 구성에 주도적 역할을 수행했다.[18] 이상훈과 같이 1903년에 출생한 김광진은 1917년 평양고등보통학보에 입학하여 졸업한 후 일본으로 건너가 1922년 도쿄상과대학에 입학하여 1928년에 졸업하고, 1929년부터 보성전문학교의 '상업학' 강사가 되었다.

1932년 보성전문학교를 인수한 사주 김성수는 교수진 확충을 위해 "세 사람의 신진(新進)"을 보성전문학교로 끌어들였는데, 세 사람이란 오천석, 김광진, 유진오였다. 이에 1932년 4월 전임강사가 된 김광진은 1936년 무렵부터 전임교수로 발령을 받았다. 김광진은 1934년 창간한 《보전학회논집(普專學會論集)》의 주요 편집인으로 적극 참여하는 동시에 〈이조 말기 조선의 화폐문제(李朝末期における朝鮮の貨幣問題)〉라는 논문을 발표하였다. 김광진의 담당 과목 역시 처음에는 '상업학'으로 시작하여 1936년 이후에는 '경제사'까지 확대되었다. 김광진은 1939년 보성전문학교를 그만두었다.[19]

총독부로부터 전문학교라는 공식 인증을 획득한 보성전문학교는 1923

18 이후 고려대학교 내부의 복잡한 사정으로 이상훈 교수는 1948년 서울대학교 상과대학으로 자리를 옮기고 그곳에서 1969년 정년 퇴임했다. 당시 이상훈 교수는 고려대학교 경상대학의 유진순, 이상구 등 일부 교수를 동반하여 서울대학교 상과대학으로 전출하였으나 반면 고려대학교는 서울대학교 상과대학에서 김순식, 김효록 교수를 초빙해 왔다(신수식, 《고려대학교 경영대학 100년사》[고려대학교 경영대학, 2006], 63-64쪽).

19 홍종욱, 〈보성전문학교에서 김일성종합대학으로—식민지 지식인 김광진의 생애와 경제사 연구〉, 《역사학보》 232(2016), 292-298쪽.

년 졸업자에게 교원 자격을 부여하는 권한도 요청하여 얻어 냈다. 즉 보전의 상과 졸업생은 사립 고등보통학교나 여자 고등보통학교의 '상업' 혹은 '부기' 과목에 대해, 그리고 법과 졸업생은 '법제'와 '경제' 과목에 대한 교원 자격을 부여받았다. 총독부는 조선의 교육 체제를 통제하는 수단으로 관립 전문학교 졸업생에게 전문직이 되거나 교원이 되는 특권을 부여했는데 보전도 유사한 특권을 총독부에 요청하여 받아들여진 것이다. 당시 일제는 사립 전문학교 졸업자들이라 하더라도 다수가 실업자가 될 경우 '고등 유민(高等遊民)'이 되어 식민지 지배의 '불온 세력'이 될 것을 우려하였으므로 이를 허용했다. 연희전문학교는 문과 졸업생에게 1924년 '영어' 과목, 상과 졸업생들에게 1926년 '영어'·'상업'·'부기' 과목의 교원 자격을 부여하도록 결정하였다. 또한 보성전문학교는 1928년 졸업생들에게 고등시험 예비시험 면제라는 자격을 얻도록 노력하여 이듬해인 1929년에 법과와 상과 졸업생들이 모두 고등시험의 예비시험을 면제받았다.[20]

이 과정에서 총독부는 보전 상과의 교육과정을 일부 수정하도록 요구했다. 그 내용은 다음과 같다. 첫째, 일본어, 조선어·한문, 심리학이 배정되었다. 둘째, 파산법이 폐지되고 법학통론, 민법, 상법의 매주 교수 시수가 줄어들었다(3년 도합 각각 2시간에서 1시간, 15시간에서 5시간, 9시간에서 4시간으로). 셋째, 영어의 매주 시수가 3년 총합 15시간에서 23시간으로 증가하였다. 즉 총독부의 수정 요구는 일본어의 신설, 법학 과목의 축소, 영어의 확대로 정리가 가능한데, 경성고등상업학교의 교육과정과 비슷한 형태로 조정한 것이다.[21]

20 김자중,《한국 대학의 뿌리, 전문학교》, 151-158쪽.

21 김자중,《한국 대학의 뿌리, 전문학교》, 157-158쪽.

5 1932년 김성수의 보성전문학교 인수와 종합대학을 향한 도약

1922년 보성전문학교는 전문학교의 명칭을 회복하고 상업과를 상과로 변경하는 새로운 시도를 했지만 1920년대 후반까지 괄목할 만한 성과를 외적으로 도출하지는 못했다. 내부적으로 보전은 기존에 5년 혹은 10년에 걸쳐 분납하기로 했던 기부금이 약속대로 모집되지 않은 상황에서 재단 분규까지 겹쳤다. 천도교에서 마련한 송현동의 새로운 교사 건물도 건평 112평의 2층 건물로, 전문학교의 시설로서는 미흡했다.[22] 외부적으로 조선총독부는 '문화'정치를 통해 이전에 비해 교육계에 자율적인 공간을 넓혀 주기는 했으나, 1924년 식민지 고등교육의 주도권을 장악하며 대륙 진출의 교두보를 마련할 목적으로 경성제국대학을 설립했다.

경성제국대학은 제국대학 중 처음으로 식민지에 세워진 대학이었다. 대륙으로의 확장을 꿈꾸는 일제의 입장에서 경성제국대학은 그 길목에 세워진 '대륙 유일의' 제국대학이라는 점에서 의미가 각별했다. 식민 통치의 안정화라는 식민지적 과제와 대륙 진출이라는 제국적 과제가 중첩되는 고등교육기관이었다. 따라서 경성제대는 '근대적' 요소, '제국적' 요소, 그리고 '식민지적' 요소 간의 긴장과 대립을 피할 수 없었다.[23] 명실상부한 '대학'이

22 이후 보성전문학교의 법학과의 교수이자 해방 후 고려대학교의 총장을 역임했던 유진오는 당시 송현동 교사에 대해서 아래와 같이 묘사했다. "송현동 좁은 터에 건물이라고는 조그만 벽돌 이층집과 그보다 조금 더 큰 목조 이층 건물이 한 채, 체육장이라고는 테니스 코트가 하나 있을 뿐이었다. 도서관커녕 도서실도 없었고, 교수의 연구실 같은 것은 생각도 못하는 형편이어서 법·상(法·商) 양과의 10명 남짓 되는 교수들이 초등학교의 선생님 모양 한방에 모여 복작거리고 있었다"(유진오, 《양호기—보전·고대 35년의 회고》, 재판[고려대학교출판문화원, 2019], 27쪽). 이처럼 열악한 교육 환경이 크게 개선된 것은 1930년대 김성수가 보전을 인수하고 안암동 교사를 새롭게 건축하면서부터이다.

23 정준영, 《경성제국대학 법문학부와 조선 연구—지양으로서의 조선, 지향으로서의 동양》(사회평론아카데미, 2022), 17-18쪽.

고등교육기관으로 성립하자 기존의 전문학교는 대학보다 하급의 교육기관으로 그 위상이 내려갈 수밖에 없었다. 조선의 지식인들이 민립대학 설립을 추진하며 대응하고자 한 것도 바로 이러한 구조적 위계질서에 맞서기 위함이었다. 하지만 민립대학 설립은 안타깝게도 일제강점이 끝날 때까지 이루어지지 못했다.

전문학교는 경성제국대학에 비해 위상이 낮은 것은 사실이지만 일제의 식민지 교육체제가 심화하는 상황에서 민족의 주체적 역량을 발휘하며 고등교육의 명맥을 유지했다는 점에서 그 질적·양적 의미를 결코 경시할 수 없다. 게다가 경성제국대학은 일제가 식민주의 강화를 위해 '제국대학 모델'로 식민지에 이식한 '일본형 식민지 대학'으로 설립되고 이를 위해 복무하면서 각종 국가적 혜택을 독점했던 반면 사립 전문학교는 이러한 일제의 통제와 불평등한 조건을 감내하면서 생존했다는 측면에서 그 의미는 오히려 더 크다고 할 것이다.

하지만 보성전문학교는 1929년 세계적 대공황의 여파로 다시 경영난에 빠지게 되었다. 이는 1907년 일제가 고종을 하야시키고 궁내부로부터의 지원을 끊어 버린 후에 보전이 맞이했던 경영난에 버금가는 위기였다. 당시 보전을 운영하던 천도교 재단도 1929년 세계대공황 이후의 경제적 위기에서는 힘을 발휘하기 어려웠다. 이전에 출연(出捐)을 약속했던 기부금액이 예상과 달리 매년 들어오지 않음으로써 학교 운영에 차질이 빚어졌고, 엎친 데 덮친 격으로 이사회 구성원 간의 주도권 다툼이 겹쳐 학교 분규로 이어졌다. 재정 위기와 의사결정기구의 난맥으로 한계에 봉착한 순간이었다. 이때 사재를 과감하게 출연하여 보성전문학교의 경영권을 인수한 이가 인촌 김성수이다.[24]

---

24 김태웅·장세윤, 《일제강점기 고등교육 정책》(동북아역사재단, 2022), 350-354쪽. 한편, 김성수

1932년 인촌 김성수가 인수하면서 보성전문학교는 내적·외적인 도약의 계기를 마련하게 되었다. 일제의 억압 속에서 조선인의 '대학' 설립이 사실상 불가능한 상황임을 인지한 김성수는 보성전문학교를 명실상부한 민족의 종합대학으로 발전시킬 계획을 수립했다. 일찍이 와세다대학교에서 6년 동안의 유학 생활을 하면서 일본의 고등교육 체계를 몸소 체험했던 김성수는 일제에 맞설 수 있는 민족의 힘을 기르기 위해서는 인재 양성이 무엇보다 시급하다고 생각했다. 이를 위해 1915년 경영난에 허덕이던 중앙학교(中央學校)를 인수하여 교육에 대한 경험을 축적했다. 《삼천리》의 보도에 따르면, 중앙학교는 해외에서 공부하고 귀국한 교육가들이 모여서 "신사상 고취의 총림(叢林)"이 되었다고 한다.[25] 보성을 인수하기 이전인 1929년 12월부터 1931년 8월까지 김성수는 대학을 세울 포부를 가지고 구미와 세계 각국의 교육 및 대학을 두루 시찰하고 돌아왔다. 그리고 1932년 보성전문학교를 인수하면서 그동안 쌓았던 안목과 인적 네트워크 및 재력을 학교 발전에 집중적으로 투자했다. 이러한 김성수의 결단과 실천은 일제강점기 자기의 생명을 바치는 '순교자적 애국'이나 적의 생명을 빼앗는 '영웅적 애국'에 해당하지는 않으나, 오히려 훗날을 기약하며 민족의 인재 양성에 힘을 쓴 '경세가적(經世家的) 애국'으로 그 영향력은 앞의 두 애국에 못지않았다.[26]

는 조선왕조의 변방인 호남에서 해외와의 자유무역을 활용하여 성장한 지주를 대표하는 인물로, 동력직기(動力織機)를 투입한 공장인 경성방직(京城紡織)과 언론사인 《동아일보》를 세우고 보성전문을 인수하였다. 김성수는 일제강점기 서울에서 교육(학교), 경제(방직산업), 문화(언론) 등의 영역에서 한국인이 활동할 수 있는 거점을 제공했고 이러한 기관들에서 지주·상인·지식인들을 비롯하여 다양한 계통의 사람들이 모여 사회적 세력을 형성하였다. 이들은 조선왕조의 소멸과 함께 그 역할을 다한 기호 지역의 관료 지주들을 대신하여 개항 이후 계몽적이면서도 온건한 민족주의 운동의 한 축을 담당했다. 전라도 출신의 김성수와 평안도 출신의 안창호가 대체로 정치적 현실주의라고 할 수 있는 온건한 민족주의를 대표한다(이승렬, 《근대 시민의 형성과 대한민국》[그물, 2021], 24-27쪽).

25 박상하, 《상업의 역사 1—왕조시대부터 일제 강점기까지 경성의 상업》(주류성, 2024), 257쪽.

26 유진오, 《양호기—보전·고대 35년의 회고》, 327쪽.

1932년 보전의 10대 교장에 취임한 김성수는 유진오를 비롯한 김광진, 오천석, 최용달, 안호상, 현상윤, 박극채 등 전도유망한 학자들을 한꺼번에 교수로 채용했다. 선택과목으로 〈사회학〉과 〈문명사〉 등이 추가되었는데, 〈문명사〉 강의를 위해 와세다대학교 사학과 출신의 손진태(孫晋泰)를 1934년 강사로 초빙했다. 손진태는 민속박물관의 개설자이며 해방 후에는《조선민족사개론(朝鮮民族史槪論)》,《국사대요(國史大要)》 등의 저서를 저술한 바 있으며 6·25전쟁 당시에 납북되었다. 당시 보전의 학과는 법과와 상과뿐이었지만 김성수가 대거 역사학, 교육학, 사회학 등을 전공하는 당대 최고의 학자들을 영입했던 이유는 교양 과목을 38시간으로 대폭 확대하기 위해서였고, 교양 과목의 교수진을 강화한 이유는 보전을 명실상부 4년제 대학으로 발전시키기 위한 포석(布石)이었다.[27]

이와 동시에 안암동 일대에 6만 2,000평의 땅을 마련해 고딕 양식의 3층 석조건물(건평 998평)로 본관을 건설하여 1934년 준공하고 교사를 송현동에서 안암동으로 옮겼다. 당시 안암동의 보성전문학교 교사 현장에 훗날 현대그룹의 회장이 되는 청년 정주영이 네 번째 가출 후 돈을 벌기 위해 막노동자로 일자리를 얻어 "돌과 목재를 나르는 노동을 두 달 가까이" 했던 일화가 유명하다.[28] 김성수가 재정을 동원하여 넓은 부지에 유럽 고딕 양식의 교사를 신속히 건축했던 것은 우선 보성전문을 '대학'답게 발전시키기 위한 하드웨어를 구축하기 위함이었다. 이를 통해 각 학문 분야의 인재를

---

27 신수식,《고려대학교 경영대학 100년사—1905-2005》, 291쪽.

28 정주영,《이 땅에 태어나서—나의 살아온 이야기》(솔, 1998), 32쪽. 이 외에도 어린 시절 강원도 시골에 살던 정주영에게 "바깥 세상과 거의 단절된 농촌에서 갖는 내 유일한 숨구멍"은 동네 구장댁에 유일하게 배달되어 온《동아일보》였다. 그리하여 청진(清津)에 개항 공사와 제철 공사 건설 공사장에 노동자가 필요하다는《동아일보》 기사를 보고 친구 한 명과 같이 고향을 떠난 첫 가출을 시작하였다(25-26쪽). 직접 만나지는 않았지만, 정주영이라는 한국의 대표적인 기업가의 탄생에 김성수의《동아일보》와 보성전문학교 인수 및 건설이 큰 영향을 주었음을 확인하게 되는 흥미로운 대목이다.

안암동 본관 건축 현장에서의 인촌 김성수(1933)

영입하여 민족의 대표적인 고등교육기관다운 소프트웨어를 채울 수 있다고 생각했다.

당시 김성수가 전도유망한 법학자이자 훗날 대한민국의 제헌헌법을 기초하고 고려대학교의 제2-4대 총장을 역임했던 유진오를 영입한 일화는 이러한 준비 상황을 잘 보여 준다. 경성제국대학의 1회 입학생이자 수석 입학과 수석 졸업을 하며 법학부의 조수(助手)였던 유진오는 조선인이라는 이유로 경성제국대학에서의 교수를 맡을 수 없는 상황이 되자[29] 연희전문학교로의 진출을 생각하던 중에 보전을 인수한 김성수의 교원직 제의를 받았다. 당시 유진오에게 가장 중요한 선결문제는 "보성전문을 대학으로 승격시킬 의사를 인촌이 정말 가지고 있는지 아닌지를 따지는 것"이었다. 긍정적인 대답에도 불구하고 유진오는 보전에 부족한 세 가지를 교수직 수락의 조건으로 내세웠다. 첫째는 단독 도서관 건물, 둘째는 교수마다 연구실을

29 식민 시대 일제는 경성제국대학의 운영에서 조선인을 철저하게 배제했다. 가령 20년 역사에서 조교수 이상 전임교원에 오른 조선인은 실질적으로 의학부의 윤일선(尹日善, 1896-1987) 한 명뿐이었다.

마련해 주는 것, 그리고 마지막 셋째는 연구논문집 발간이었다. 경성제국대학의 경험을 가진 유진오에게 이 세 가지만 구비된다면 "명칭은 전문학교를 면할 수 없더라도 내용상으로 대학의 실질을 갖출 것"이라고 생각했다.

물론 김성수는 이 세 조건을 모두 적극 수용하면서 큰 경비를 들여 사안을 해결해 주었다. 유진오의 눈에는 "헌신적인 새 경영자와 신진기예의 젊은 교수진을 맞이하여 새 보전의 의기(意氣)는 그야말로 하늘을 찌르는 듯했고, 민립대학을 가져 보겠다는 민족의 오랜 꿈은 당장에라도 실현되는 듯하였다"고 한다.[30] 교육학의 본산인 미국 컬럼비아대학교에서 존 듀이(John Dewey, 1859-1952)의 후계자인 킬패트릭(William Heard Kilpatrick, 1871-1965) 교수의 지도를 받아 1931년 철학박사 학위를 취득한 오천석은 1932년 김성수의 부름을 받아 보성전문학교 교수로 취임하여 1935년 일제의 압박을 받아 상하이로 떠날 때까지 보전에서 영어, 철학개론, 심리학개론 등의 과목을 강의했다. 이후 오천석은 미군정 시기에 문교부 차장과 부장을 역임하면서 교육 전반을 재편했다.[31]

1933년 11월에 발표된 〈보성전문학교 창립30주년기념사업회 취지〉에도 향후 김성수의 보전이 나아갈 방향이 명확하게 제시되었다. 먼저 "보성전문학교는 조선에서 최초의 전문학교로 (…) 지나간 28년간에 1,170인의 졸업생을 내어 조선의 신시대를 짓는 데에 각 방면에 유력한 일군을 바치었습니다. 그러하나 오는 사회가 요구하는 인재를 양성하는 민간 최고 학부여야

---

30 유진오, 《양호기—보전·고대 35년의 회고》, 27-73쪽. 당시 김성수는 토지 구입에 특심한 열의가 있어 후일의 종합대학을 대비하여 50만 평 이상의 토지를 구입하였고, 세계 일주를 하던 시기에 찍었던 대학의 건물 사진을 가지고 건축가 박동진 씨에게 직접 고딕식 석조건물의 아이디어를 제안했다. 한 층마다 두 개씩 있는 수세식 화장실 등 일류 호텔을 방불케 하는 화려한 교사에 대해서 유진오는 "오기요 반항이요, 겨레에 대한 격려요, 스스로의 분발"을 담은 무언의 메시지였다고 평가했다(93쪽).

31 김장철 엮음, 《(한국의 페스탈로찌) 천원 오천석—생애(生涯)와 업적(業績)》(교육과학사, 2019), 11-51쪽.

할 보전임을 생각할 때 현재의 보성전문학교의 시설만으로는 흡족치 못함을 느끼는 동시에, 일반 동포는 큰 책임을 깨닫지 아니할 수 없음"을 고백하면서, 창립 30주년 기념을 앞두고 "첫째로는 도서관, 대강당, 체육관 등 필요의 시설을 구비"하는 것과 "둘째로는 이 학교로 하여금 현재의 법과와 상과 양과 이외에 문과, 이과, 의과, 농과, 공과 등 여러 과를 포함하는 종합대학으로 향상시켜 명(名)과 실(實)이 다 조선 문화의 원천(源泉)이오 조선 인재의 연총(淵叢)을 되게 함"을 명확하게 지향했다. 이 취지문은 464명의 발기인과 56명의 실행위원, 그리고 대표위원과 9명의 상임위원 이름이 함께 올라간 한 권의 팸플릿으로 전국 각지로 뿌려졌다.[32] 실제로 김성수는 종합대학으로의 승격을 목표로 우선 농과(農科)와 임과(林科)의 신설을 시도했으나 1935년 좌절되고 말았다.[33]

1934년 창간한 《보전학회논집(普專學會論集)》에 실린 교장 김성수의 창간사는 일제 시기 보전이 고등교육기관으로 지향하는 바를 명확하게 제시했다. "고등교육기관으로서의 전문학교는 그 목적이 전문학술을 학수(學修)하는 청년학도를 교수지도함에 있는 것은 물론이거니와 학문의 온오(蘊奧)를 연찬하는 학자의 연구기관이 되고 학문의 연총(淵叢)으로서 학술문화의 중심이 되어야 할 중대한 사명을 가졌음을 잊어서는 아니 되고, (…) 우리 보성전문학교는 아직 미력(微力)이고 불비(不備)한 점이 한둘에 그치지 아니하나 자체의 사명을 달행(達行)하려 하는 노력의 일단으로 연구발표기관으로서 매년 1회의 논문집을 발간"하기로 한 것이다. 이 창간사를 통해 《보전학회논집》은 어떤 특정 학회의 논문집이 아니라 청년들을 교육하고 학문의

---

32 고려대학교 70년지 편찬실, 《고려대학교 70년지—1905-1975》, 159-160쪽.

33 고려대학교 70년지 편찬실, 《고려대학교 70년지—1905-1975》, 171-174쪽. 농림대학 설립에 대한 김성수의 꿈은 1953년 고려대학교에 4번째 단과대학으로 농림대학(농학과·임학과)이 설립되면서 실현되었다.

원리를 연구하는 고등교육기관이자 학술연구기관으로서의 보성전문학교 교수들의 성과물임을 확인할 수 있다. 실제 이 학술지에는 법학을 비롯하여 정치학, 경제학, 외교사, 문학, 철학 등 다양한 학문의 논문이 실렸다. 일제가 경성제국대학을 수립하여 제국주의적 지식인을 양산하려고 할 때, 보전의 학술지는 당시 연희전문학교 문과(文科)연구실과 함께 조선인들의 주체적인 고등교육기관으로서 학문 연구를 수행하는 산실(産室)로 기능했다. 일본어를 강요하는 일제강점기이지만 교장 김성수는《보전학회논집》에 반드시 조선어 논문을 몇 편 실으라는 지시를 내렸다.[34] 당시 연희전문학교의 문과연구실은 조선학 연구에 기여하고자 설립된 것으로, 고등학문의 원리를 연구하는 기관으로 기능했다. 특히 조선문학, 영문학 및 역사학 연구에 편의를 도모했다는 점에서 고등학문의 진수를 보여 준 것으로 평가받는다. 이는 배후에 개신교의 울타리 속에서 전개된 단과대학 수준의 교육 및 연구 활동이라 할 수 있었다.

당시《보전학회논집》의 출간에 대해서《매일신보(每日新報)》는 "이러한 순전한 연구논문집의 발행은 조선에서 처음이니만큼 조선문화사상에 찬연한 존재가 될 것"이라고 의미를 부여했다.[35]

6 김성수의 보전 인수 이후 상과의 변화

1934년 보성전문학교가 안암동의 본관으로 이전한 후 본관 2층의 우측에

34 김태웅·장세윤,《일제강점기 고등교육 정책》(동북아역사재단, 2022), 346-349쪽.

35 〈研究의一端을 學界에 提供, 普專學會論文集發刊〉,《每日新報》(1934. 3. 8)(홍종욱, 〈보성전문학교에서 김일성종합대학으로—식민지 지식인 김광진의 생애와 경제사 연구〉,《역사학보》232[2016], 297쪽에서 재인용).

는 상과가, 좌측에는 법과의 강의실이 배정되었다. 1935년에 착공한 독립된 도서관 건물(현 대학원도서관 건물)은 본관의 왼쪽 언덕에 고딕식으로 건축되어 1937년 준공되었다. 도서관 설계는 건축가 박동진(朴東鎭)이 맡았는데, 건축의 양식과 구조는 오천석 교수의 모교인 미국 듀크대학교의 앨범에서 도서관을 보고 참조했다고 한다. 도서관은 총 건평 873평 규모로, 1층에는 32개의 교수 연구실과 여러 사무실을 배치하고, 2층에는 250석 규모의 열람실을 마련했으며, 3층에는 20만 권의 장서를 보관할 수 있도록 설계되었다. 도서관의 완공으로 '1교수 1연구실' 제도가 경성제국대학을 제외하고 한국에서 처음 실시되었다. 총 공사비는 당초 예산인 17만 원을 초과하여 22만 원의 거액이 소요되었는데 민족사학을 돕기 위해 13도에서 거족적인 모금이 모아졌기에 가능한 성과였다. 당시 김성수는 거금 3,000원으로 순회용 차량을 구입하여 전국 각지의 유지들을 찾아다니며 모금 활동을 벌였는데 마지막에는 완전히 폐차가 되어 버렸다고 한다.[36] 인재 양성을 위한 전국적인 모금 활동으로 도서관을 건립했던 전통은 이후 1972년 경영관 본관 건립에도 그대로 이어졌다.

상과의 교수진에서 과장은 1937년부터 김영주 교수의 후임으로 이상훈 교수가 맡았다. 1923년부터 임용되었던 일본인 다카하시 유타카(高橋豊) 교수가 〈회계학〉, 〈통계학〉, 〈상업수학〉, 〈상용문(商用文)〉 강의를 이어 갔다. 당시 교장 김성수는 학교 발전을 위해 이념과 상관없이 실력 있는 경제학자를 유입했는데, 마르크스 경제이론의 전문가인 윤행중과 박극채는 대표적인 인사였다. 윤행중과 박극채는 모두 교토대학교 경제학과를 졸업하고 보성전문학교 경제학 교수로 임용되었다. 윤행중은 1938년 《동아일보》에 이론 경제학의 최신 학설인 케인즈 경제이론(Keynesian economic theory)을 연재

36 고려대학교 70년지 편찬실, 《고려대학교 70년지—1905-1975》, 160-167쪽.

하여 선진 학문을 빠르게 흡수하는 데 기여했다. 다만 윤행중과 박극채는 8·15광복 이후 경성대학교로 옮겼다가 6·25가 발발하자 월북하여 김일성대학 교수로 재직한 것으로 알려진다.[37]

1930년대 보전 상과에 개설된 과목 가운데 가장 주목할 강좌는 선택과목으로 개설된 '경영경제학'이다. 이 강좌는 1925년에 주 1시간으로 개설되었던 〈상업경영(商業經營)〉이 확대된 것으로[38] 독일에서 등장한 경영경제학의 영향을 받아 개설된 초창기 경영학 과목으로 평가된다. 이 강좌는 오늘날 경영학과의 대표적 강좌인 〈경영학원론〉으로 이어졌다. 당시 연희전문학교 상과에는 1935년 주당 2시간의 〈상공경영론〉이 선택과목으로 개설되었고, 1940년에 〈경영경제학〉이 주당 2시간 필수과목으로 개설되었다. 또한 관립 경성고등상업학교에는 〈경영경제학〉과 〈공업경영론〉이 각각 1943년과 1944년에 선택과목으로 개설되었다. 그리고 숙명여자전문학교에는 〈가정관리〉 과목이 1939년에 개설되었고 수원 농전에서는 〈농림경영학〉 과목이 1931년도에 개설되었는데, 경영학의 주요한 특징인 '관리(management)' 요소가 가미된 과목이 1930년대부터 확산하고 있음을 확인할 수 있다.

7 경성척식경제전문학교로의 전락과 마지막 2년의 위기

일제 말기 학원가의 암흑기를 보성전문학교도 피해 갈 수 없었다. 1936년 일본의 육군대장 미나미 지로(南次郎)가 제7대 조선총독으로 부임하면서

37 홍종욱, 〈해방을 전후한 경제통제론의 전개—박극채·윤행중을 중심으로〉, 《역사와 현실》 64(2007).

38 송기철, 〈한국의 경영학 회고와 전망—고려대학교를 중심으로〉, 김정년·조동성 외, 《한국경영학 30년—회고와 전망》(서울대학교출판부, 1988), 40-49쪽.

군국주의 정책과 민족말살정책이 추진되었다. 이른바 천황 중심의 국가체제를 분명히 한다는 '국체명징(國體明徵)'을 가장 중요한 목표로 선포하는 한편, 이를 실현하기 위한 수단으로 교육에서의 변화를 '교학진흥(教學振興)'의 방침으로 제시했다. 이후 1937년 일본어 강제 사용, 1938년 육군특별지원병제도(2월), 〈조선교육령〉 개정 공포(3월), 1940년 2월 창씨개명 강요, 8월 《동아일보》와 《조선일보》의 폐간, 10월 국민총력연맹 조직으로 학원가는 암흑기를 맞이하였다.

1937년 중일전쟁 이후 전개된 일본의 침략전쟁은 식민지 고등교육의 말단에 위치한 사립 전문학교에도 혹독한 시련을 안겨 주었다. 총독부는 '내선일체(內鮮一體)'의 구호를 앞세우며 교육을 통해 한국인의 민족성을 완전히 말살하려는 정책을 시도하기 시작했다. 당시 학무과장이던 야기 노부오(八目信雄)의 언설에 따르면 조선은 대륙 전진의 병참기지로서 "사상·문화 방면에서도 대륙 진출의 기지적(基地的) 임무를 수행하지 않으면 안 되며, 근본적으로 실(實)을 올리기 위해서 통일된 교육방침으로 황국신민교육을 하지 않으면 안 된다"라고 주장했다.[39]

1938년 3월 3차 〈조선교육령〉에는 조선어 수업을 실질적으로 금지하는 한편, 일본어, 일본사, 그리고 전문학교에는 '일본학' 과목을 강요하는 내용이 담겨 있었다. 이에 보전에도 일제의 강제적인 교육과정 개편이 강제되었다. 조선어 강의는 오랫동안 박승빈(朴勝彬) 교수가 담당했으나, 1938년 1시간으로 줄어들고 1939년 교과목에서 완전히 배제되었다. 대신 1938년부터 '국어(國語, 일본어를 뜻함)' 강의를 듣도록 했고, 1939년부터 체육 과목 이외에 '교련' 과목이 개설되었다. 1942년 교과목에는 '수신(修身)'과 아울러 괴상한 '일본학(日本學)' 과목이 추가되었다.[40] 또한 3차 〈조선교육령〉 반포 이

39 김태웅·장세윤, 《일제강점기 고등교육 정책》, 401쪽.

후 조선인 학생들에 대한 창씨개명을 강요했기에 1940년 9월 보성전문학교 재적생 543명 가운데 창씨개명을 한 학생이 70%에 이르렀으므로 관립 전문학교 학생들의 비율은 그 이상이었을 것으로 추정된다.[41]

전시 상황이 심화되자 총독부는 1942년 전문학교의 수업 연한을 6개월 단축하고 "황국(皇國)의 도(道)에 따른 국민 연성(鍊成)"을 목표로 한 〈조선교육령〉을 개정하였다(4차 〈조선교육령〉). 이에 따라 한국의 청년 학생들에게도 학도병 동원이 강제되었다. 사실상 1942년 이후 학교는 정상적인 수업을 진행하기 어려웠고 일부 학생은 후방의 전투부대나 근로대로 동원되어 학교는 비는 날이 허다했다. 그야말로 대륙 침략과 식민지 착취에 몰두한 총독부에 의한 파행적 교육의 연속이었다.

그리고 1943년 10월 일제 당국은 〈교육에 관한 전시 비상조치 방책〉을 제정하고 학교 이름까지 강제로 변경할 것을 강요했다. 이는 전시 상황에서 이과계 기술자를 양성하기 위한 조치였다. 이에 따라 문과 계열 사립 전문학교를 이과계 전문학교로 전환할 것을 강제했는데, 기존의 이과계 전문학교에 대해서는 입학 정원을 기존 800명에서 약 2,000명으로 대폭 늘려 주었다. 1944년 2월 8일에는 〈전시교육 비상조치에 의한 전환정비 요강〉을 발표하고, 경성법학전문학교와 경성고등상업학교는 새 학기부터 학생 모집을 중단하고 두 학교를 통합하는 형태로 경성경제전문학교를 설립했다.

1944년 조선총독부의 전문학교 종합 정리안에 따라 보성전문학교는 '경성척식경제전문학교(京城拓殖經濟專門學校)'로 학교명이 변경되었다. 그리고 상과는 경제과로, 법과는 척식과(拓殖科)의 두 개 학과로 명칭을 변경해 버렸다. 이는 황당하게도 한국 사람은 법(法)과 문(文) 계통을 공부할 필요가

40 고려대학교 70년지 편찬실, 《고려대학교 70년지—1905-1975》, 175-176쪽.

41 고려대학교 100년사 편찬위원회 엮음, 《고려대학교 100년사 I》, 559-560쪽.

없고 실업 계통을 공부하는 것으로 족하다는 논리였다.[42] 당시 연희전문학교 역시 '경성공업전문학교'로 교명이 바뀌었다.[43] 이 외에도 성균관대학교의 전신인 명륜전문학교와 동국대학교의 전신인 혜화전문학교가 폐교되고, 그 재학생들을 보성전문학교가 개명한 경성척식경제전문학교나 연희전문학교가 개명한 경성공업전문학교로 편입하게 했다.

이러한 일제의 강제적인 학제 개편 속에서 1944년 광신상업학교 4학년 재학 중이던 송기철은 경성척식경제전문학교 경제과 1학년에 입학하게 되었다. 이듬해 경제과 2학년이 되는 해에 해방을 맞이하게 되자 송기철은 경제과 '제1전문부(專門部)'[44]의 2학년으로 소속을 변경했고, 1946년 8월 수료 즉시 9월 고려대학교 경상대학 상학과 1학년으로 다시 진학하였다. 그리고 1950년 5월 25일 졸업한 송기철은 1955년 고려대학교 대학원 상학(商學) 석사를 받고 1956년부터 상과대학 전임강사로 임명된 후, 경영대학의 여러 발전 과정을 이끌다가 1990년 경영대학의 교수로 정년 퇴임하였다(4장 참조).[45]

요컨대 일제강점기에 조선인이 운영하는 고등교육기관의 수난은 이루 말할 수가 없는 형편이었고, 그 과정에서 조선인 역시 일본인에 비하여 교육의 차별을 받게 되었다. 남녀 차별도 심각했다. 가령 1944년 인구조사를 근거로 학력을 조사한 결과에 따르면 20세에서 45세 남성으로 대학 졸업

---

42 유진오, 《양호기―보전·고대 35년의 회고》, 118쪽.

43 김자중, 《한국 대학의 뿌리, 전문학교》, 174-177쪽.

44 해방과 동시에 임시적으로 설치했던 '제1전문부'는 일종의 대학 예과(豫科)에 해당하는 2년 과정이었다. 전문학교 졸업으로 학문을 끝내지 않고 학부로 진학하는 학생을 위해 임시적으로 설치된 과정으로 6-3-3년으로 재편된 교육체계를 마치고 대학입학 자격을 갖게 되는 제도와 연결하기 위한 과도기적 장치였다. 반면 '제2전문부'는 전문학교 졸업으로 끝나게 되는 3년 과정이었다. 이들 전문부는 1947년에 각각 폐지되었다. 이에 대해서는 송기철, 《고려대학교와 나 ― 내 인생 흑자인가 적자인가》(보경문화사, 2004), 2-5쪽 참조.

45 경성척식경제전문학교 입학과 학교생활에 대해서는 송기철, 《일제하 좌절된 삶》(보경문화사, 2004), 189-216쪽.

이상의 학력을 가진 사람은 인구 1만 명당 16.9명이고 여성만 보면 0.2명에 불과했다. 반면 조선 거주 일본인의 대학 졸업 인구는 1만 명당 남성 455.5명, 여성은 4.4명이었다. 전문학교 졸업자도 인구 1만 명당 조선인은 남자 42.3명, 여자 7.5명이었던 것에 비하여 일본인은 남자 998.1명, 여자 231.0명에 달했다.[46] 즉 일제강점기 고등교육의 학력에서 압도적인 민족 격차와 젠더 격차가 발생했던 것이다. 일제로부터 해방되지 않는 한 조선 사회와 조선인이 당했던 민족적 차별은 물론이거니와 교육적 차별 역시 해결이 난망(難望)했다. 그러나 일제의 통치는 영원할 수 없었다. 비록 보성전문학교가 이름도 빼앗기고 제대로 된 고등교육을 지속하기 어려울 정도의 수난을 당했지만 생명력이 끊어지지 않았기에 새로운 도약의 씨앗은 이 시기에도 심기고 있었다.

46 이타가키 류타, 《북으로 간 언어학자, 김수경》, 고영진·임경화 옮김(푸른역사, 2024), 48-49쪽.

4장

해방 후 선진 경영학의 도입과 경영대학 체계 수립

1 해방 직후 고려대학교 경상대학의 시작
2 한국전쟁 시기의 고려대학교 경상대학
3 1955년 상과대학으로의 개편과 한국 최초의 경영학과 신설
4 고려대학교 상학·경영학 2세대 교수진
5 미국의 ICA 경영기술원조(1957-1963)와 미국 경영학의 본격적인 도입
6 독일 경영학의 영향
7 1958년 기업경영연구소 설립과 활동
8 1961년 상과대학 교과과정의 개편
9 1963년 경영전문대학원 설립
10 상학과의 경영학과 통합과 무역학과의 등장
11 1972년, 독립 경영관 준공

1 해방 직후 고려대학교 경상대학의 시작

일제로부터의 해방을 아무리 간절히 바라는 이들이라 할지라도 실제 1945년 8월 14일까지 그날이 그렇게 빨리 올 것이라는 내막을 알고 있던 이들은 많지 않았다. 1937년 중일전쟁 이후 일제의 대륙 침략과 조선에 대한 황민화(皇民化) 정책과 수탈 및 동원이 더욱 기승을 부리고 있었기에, 1940년대 초반 조선 민족은 경제적으로나 정신적으로 사실상 "기진맥진한 상태"에 빠졌다. 그럼에도 불구하고 1945년 8월 15일 정오에 흘러나온 일본 천황의 무조건 항복 선언은 35년에 걸친 일제 식민지배의 종식을 알리는 동시에, 우리 민족이 새로운 출발을 하게 되었음을 의미했다. "암흑의 동굴 속에 오래 유폐되었던 사람이 별안간 햇볕이 찬란한 동굴 밖으로 끌려 나온 때 모양"처럼, 해방은 마음의 준비를 갖출 여유를 주지 않고 "그야말로 푸른 하늘에 벽력이 치듯이" 갑자기 다가왔던 것이다.[1]

정작 해방된 국가의 정체성과 정부를 어떻게 구성해야 할 것인지를 놓고 일제강점기 잠재되어 있던 좌·우 대립으로 인한 혼란이 극심해졌다. 기본

---

1 유진오, 《양호기—보전·고대 35년의 회고》, 재판(고려대학교출판문화원, 2019), 161-169쪽.

적인 사회 시스템은 물론이거니와 교육 시스템에 대한 재정비도 혼란 속에 시작되었다. 식민지 교육으로 인해 단절되었던 전통 교육과의 연계성을 다시 살리는 과제와 함께 새로운 민족국가 발전에 이바지할 수 있는 교육제도를 구상해야 한다는 역사적 요구가 동시에 부과되는 상황이었다. 고등교육기관인 보성전문학교를 비롯한 주요 전문학교도 이러한 혼란 및 시대적 과제로부터 자유로울 수 없었다. 미국과 소련의 연합군이 38선을 경계로 남과 북에 각각 자리 잡게 된 현실은 보전의 미래를 걱정하는 이들에게 또 하나의 난관이었다.

일제강점기 마지막 2년 동안 강제로 사용해야 했던 '경성척식경제전문학교'라는 강제된 이름도 8·15해방과 함께 사라지고, 9월 25일 '보성전문학교'로 본래 이름이 되돌아왔다. 당시 보전 이사회는 교명과 함께 일체의 학사 규정을 원래 보성전문학교의 것으로 환원하기로 결의하고 학과도 원래대로 바꾸어 경제과는 상과로, 척식과는 법과로 환원시켰다. 그리고 10월 5일 해방 후 처음으로 개학하였다. 해방과 함께 해방정국에서 한국교육위원회(Korean Committee on Education) 임원과 정치적 활동으로 분주하던 김성수[2]를 대신하여 1946년 2월에 현상윤이 교장으로 취임하였고 세세한 학사 행정과 대학 승격의 준비는 유진오가 담당하였다.[3] 현상윤은 1893년 평

2 해방과 함께 식민지 시기에 보전을 굳건하게 지켜 왔던 교장 김성수가 미군정이 시작된 후 학무국장 고문과 '한국교육위원회' 위원이라는 직책을 맡는 동시에 한국민주당의 창당에 관계하면서 보전의 사무에 전념하기 어려운 상황이 되었다. 김성수는 일제 시대 보전의 교수였던 오천석을 매개로 1945년 9월부터 유억겸, 현상윤, 김활란, 최규동 등과 함께 한국교육위원회와 조선교육심의회의 임원으로 활동하면서 해방 후 한국의 초등-중등-고등교육의 체계와 6-3-3-4년제로의 구축에 기여했다. 보전의 교수이자 교육학 교수였던 오천석은 미군정 학무국장 로카드(E. L. Lockard) 대위의 교육 자문역을 맡아 해방 직후 한국교육위원회와 교육심의회의 구성 등에 결정적인 영향력을 미쳤다. 주로 미국에 친화적인 반공 이념을 지닌 이들로 구성된 한국교육위원회는 명목상은 자문기구였으나, 실질적으로는 교육 사무의 중요한 문제를 심의하고 결정했다. 미군정하의 한국교육위원회와 교육심의회의 구성 및 활동에 대해서는 손인수, 《미군정과 교육정책》(민영사, 1992), 215-238쪽 참조.

안북도 정주 출생으로 대성중학교와 보성중학교를 졸업한 후 1914년 와세다대학교로 유학을 떠나 그곳에서 교류한 김성수와의 인연을 계기로 귀국 후 중앙학교 교장을 맡으며 교육을 통해 민족의 인재 양성에 투신하였다. 1945년 해방 후 현상윤은 미 군정청의 요청으로 경성대학 예과부장을 맡아 대학 교육을 도맡았으나, 보전을 대학으로 승격시키기를 꿈꾸던 김성수의 부름을 받아 경성대학 예과부장을 4개월 만에 그만두고 1946년 8월 고려대학교 초대 총장에 취임하였다. 6·25전쟁 시기에 강제 납북되기 전까지 현상윤 총장은 고려대학교의 운영을 책임지면서도 직접 〈조선사상사(朝鮮思想史)〉라는 과목을 개설하고, 문과대학에는 필수과목으로 경상대학과 정경대학에는 선택과목으로 설정하여 장차 민족의 운명을 어깨에 짊어질 젊은 엘리트에게 조선의 사상사를 직접 교육했다.[4]

1946년 8월 15일 보성전문학교는 미 군정청의 인가를 받아 고려대학교로 교명을 바꾸고 '대학'이라는 이름을 가지고 새로운 출발을 하게 되었다. 9월 2일 개교식이 이루어지고 5일 예과 신입생 입학식을 치른 뒤 6일 개강하였다. '고려대학교'라는 새로운 교명 채택은 김성수의 발상에서 나왔다. '보성대학교', '조선(朝鮮)대학교', '안암(安岩)대학교' 등의 이름이 거론되기도

---

3 갑작스럽게 해방된 조국의 민족지도자로 김성수는 거족적인 지지를 받아 우익 진영의 총수격 지도자로 추대되었다. 해방 직후 일시 귀국한 독립지사 서재필(徐載弼)은 보성전문학교에 초청되어 강연하면서 그에 대해 평가하기를, "해외에서 독립운동을 하고 국내에서 감옥살이 한 사람들도 애국자이지만 인촌같이 묵묵히 민족의 실력을 양성하는 데 일생을 바쳐 온 사람도 애국자"라고 언급했다. 미군정의 실시와 함께 김성수는 군정장관(軍政長官)의 고문과 한국교육위원회 위원을 겸하는 한편 한국민주당 창당의 주역을 담당하였는데, 1945년 12월 30일 당시 한국민주당 수석총무(사실상 당수)로 있던 송진우(宋鎭禹, 1890-1945)가 정치 테러로 암살당하자 그 직을 계승하기 위해 나가야 했다. 이에 김성수는 애정이 가득한 보전 교장직을 떠나면서 1946년 2월 19일, 현상윤을 새 교장으로 임명하고 신임하던 유진오 교수로 하여금 새 교장을 도와 일체의 교무를 맡아 대학 승격의 준비를 당부했다(《고려대학교 70년지—1905-1975》[고려대학교출판부, 1975], 222-226쪽).

4 고려대학교 민족문화연구소 엮음, 《고려대학의 사람들 1 현상윤》(고대민족문화연구소, 1986).

했으나 김성수는 우리나라와 민족을 대표하는 대학이 되어야겠다는 비전을 가지고 '고려'라는 교명에 남다른 애착을 표명하였다.[5] 유진오에 따르면, 김성수는 보전을 인계받던 당시부터 '보성'이라는 이름을 별로 좋아하지 않았다. 반면 '고려'는 몽고와 여진의 시달림을 받은 적은 있지만 '고구려'의 영광을 계승하면서 자주적인 외교를 펼친 바가 있으며, 우리나라의 영어 명칭인 'Korea'(Corea, Corée)도 '고려'의 음을 표기한 것에 주목하였다.

당시 '3대 전문학교'로 불리던 보성, 연희, 이화전문학교 중 각각 연희와 이화의 대표였던 백낙준과 김활란도 김성수와 우리나라의 옛 이름을 함께 사용하는 방안을 논의했다고 한다. 그러나 학교 및 동문 측과의 의논 이후 김성수의 보성만이 고려라는 이름을 취하고 연희와 이화는 기존 이름을 그대로 유지하기로 결정하였다.[6]

4년제 고려대학교가 등장하면서 학교 조직은 단과대학 3개 체제로 확대 개편되었는데, 정법대학(법률학과, 정치학과), 경상대학(경제학과, 상학과), 문과대학(국문학과, 영문학과, 철학과, 사학과)이 그것이다. 기존 보전 시대의 법과와 상과는 각각 정법대학(政法大學)과 경상대학(經商大學)으로 승격하면서 해방 전 보전의 전통을 계승하면서도 해방 후 새로운 대학체제로의 전환을 도모했다. 또한 국문학과, 영문학과, 철학과, 사학과로 구성된 문과대학이 생겨나면서 중세 유럽 인문학적 뿌리를 가지고 등장했던 대학의 체제를 갖추게 되었다.[7] 3개 단과대학에 8개 학과를 가진 종합대학의 형태를 갖추었음은

---

5 유진오, 《양호기—보전·고대 35년의 회고》, 230-232쪽.

6 백낙준, 《백낙준 전집9—회고록·종강록》(연세대학교출판부, 1995), 114-116쪽.

7 중세 이전에도 플라톤의 아카데미아와 같이 '고등교육'이라 부를 만한 교육은 있었지만 우리에게 친숙한 형태의 학부, 칼리지, 교육과정, 시험, 졸업, 학위, 그리고 '학문에의 헌신'을 특징으로 하는 고등교육 시스템을 갖춘 대학은 12-13세기 파리와 볼로냐에 비로소 등장했다. 유럽 중세 대학에서 자유교양 칼리지 모델의 원형이 시작되었는데, 이러한 초기 대학 교육의 핵심은 7 자유학예(septem artes liberales)에 있었다. 그중 문법, 수사, 논리는 '3학(trivium)'으로 묶였고, 나머지 4개 교과인 산술, 기학, 천문, 음악이 '4과(quadrivium)'를 구성했다. 이에 대해서는 찰스 호머 해스

물론이다.

고려대학교 경상대학은 상학과와 경제학과의 2개 학과로 구성되었다. 해방 직후 학과 정원은 상학과와 경제학과 모두 한 학년에 60명으로 시작되었다. 입학을 위한 시험에는 전 학과 공통의 영어(또는 독일어, 불어)를 포함하여, 경상대학은 경제원론과 논문을 시험과목으로 지정했다. 1946년 첫 번째 경상대학 1학년 지원 학생에 관한 입학원서 자료에 따르면, 지원자 116명 가운데 보전 출신은 81명으로 약 70%를 차지했고, 그 보호자의 직업 가운데 상업(25명)과 회사원(10명) 등 경상 관련자는 총 35명으로 약 30%에 해당했다. 아무래도 해방 전까지 보전의 전통이 강하게 이어지고, 경상 분야에 활동하는 가정의 자녀들의 입학이 많았다고 볼 수 있다. 보호자 가운데 농업은 50명(43%)으로 가장 높았는데 당시 우리나라의 직업 분포를 반영한다고 여겨진다.[8]

다만 해방 직후인 1946년 상학과에 지원하는 학생의 수는 12명으로 정원에 크게 미달한 상태였다. 이는 당시 인기 학과였던 정법대학의 정치학과나 경상대학의 경제학과와 확연히 대비되는 양상이었다. 해방 직후의 정치적 혼란기이지만 사회는 이데올로기가 우선되고 '정치 만능의 시대'였던 사회적 요인도 작용하면서 학문적으로는 마르크스 경제학이 각광을 받게 되어 진보적 성향이 많은 청년들에게 상업학은 자본주의를 옹호하는 학문으로 비추어졌던 이유도 있었다.[9]

고려대학교의 출범 및 새로운 학과 증설로 인해 교수진에 대한 수요 역

킨스, 《대학의 탄생》, 김성훈 옮김(연암서가, 2021), 15-53쪽 참조.

8 고려대학교 100년사 편찬위원회 엮음, 《고려대학교 100년사 II》(고려대학교출판부, 2008), 15-16쪽. 지원자의 학력으로 보성전문학교 81명, 일본 유학 25명, 연희전문학교 5명, 혜화전문학교 4명이 확인된다. 보호자 직업으로는 농업 50명, 상업 25명, 무직 12명, 회사원 10명, 교사 7명, 관리 5명, 의사 2명, 수산업 1명, 기타 2명 순이다.

9 송기철, 《고려대학교와 나—내 인생 흑자인가 적자인가》(보경문화사, 2004), 6-9쪽.

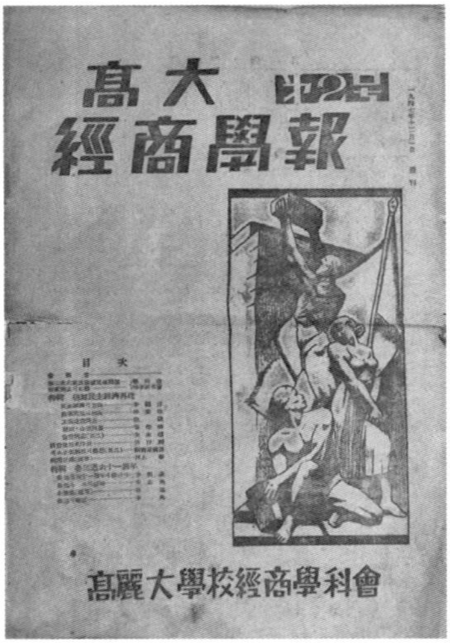

《고대 경상학보》 제2호(고려대학교 경상학과회, 1947)

시 증가일로에 있었으나 식민 시대를 겪은 해방 직후 교수진의 급속한 충원은 쉬운 일이 아니었다. 해방과 더불어 기존 경성제국대학을 국립 경성대학으로 전환하려는 움직임이 생기면서 당시 보성전문학교에서 교편을 잡고 있던 다수의 교수들이 경성대학으로 자리를 옮기거나 두 학교 모두에서 교수 생활을 하게 되었다. 손진태, 안호상 등은 이때 경성대학으로 자리를 옮겼고, 유진오, 박극채, 윤행중 등은 겸직 상태를 유지했다. 해방 직후 보전은 "사립이요 전문학교인 데 대하여 경성대학은 국립이요 당시 우리나라 유일의 대학이었으니, 규모에 있어서나 권위에 있어서나 피차 비교가 안 되도록 큰 격차"가 있었던 것이 현실이었다.[10] 이에 보전은 이후 경상대학의 주축을 이루었던 한춘섭(韓春燮) 등 기성과 신인 교수를 대량으로 초빙하여 교수진을 보강하였다.

---

10 유진오, 《양호기—보전·고대 35년의 회고》, 207-208쪽.

1946년 당시 고려대학교 경상대학에는 12명의 전임교원이 있었으며, 학장은 1929년부터 보전의 상학 강의를 맡아 왔던 이상훈 교수였다. 하지만 이상훈이 1947년 11월 사의를 표명한 후 이듬해 사직하자 일본 메이지대학교에서 회계학을 전공하고 1931년부터 보전에서 교편을 잡았던 김순식(金洵植, 1903-1971) 교수가 1948년 2월 후임 경상대학장으로 임명되었다.

초기 고려대학교의 교직원 현황에 대해서는 확실하게 파악할 수 있는 자료가 부족한 편이지만 1946년 단계에서 파악되는 경상대학 교수의 명단은 다음과 같다.[11]

1946년 15명

이상훈(李尙薰), 김의도(金義燾), 이용한(李容漢), 정영술(鄭永述), 한춘섭(韓春燮), 홍봉진(洪鳳珍), 홍우(洪又), 유진순(劉鎭舜), 이상구(李相球), 최문환(崔文煥), 노보희(盧普熙), 조두석(曺斗錫), 옥명찬(玉明燦), 김영호(金永鎬), 김삼수(金三守)

고려대학교는 1946년부터 새로운 교과과정을 마련하고, 1949년 졸업에 필요한 학점을 학과 평균 180학점 이상으로 조정하였다. 이 가운데 교양 과목 30-40학점, 전공 과목 80학점 이상, 선택과목 60학점 이내로 하였다. 경상대학 상학과의 취득 학점은 184학점이었다. 1949년 9월 문교부에 개정 신청하면서 상학과 취득 학점은 180학점으로 조정되었다(1946년 9월 지정된 상학과 교과과정은 〈부록 1〉 '보성전문학교 이재학과부터 고려대 경영대학까지의 주요 교과과정' 참조).

1937년 보성전문 상과에서 처음 개설된 〈경영경제론〉은 해방 이후 4학

---

11 신수식, 《고려대학교 경영대학 100년사—1905-2025》, 162-163쪽.

년 1학기 4학점의 필수과목으로 설정되었다. 이 외에도 필수과목으로 경제원론(4학점), 상업개론(4학점), 상업사(4학점), 회계학(4학점), 상업영어(4학점), 화폐론(4학점), 상법(4학점), 상품학(4학점), 재정학(4+2학점) 등이 필수과목에 포함되었다.

1949년 7월에 첫 번째 고려대학교 졸업식을 통해 대학 졸업생을 배출하게 됨에 따라 1949년 9월 고려대학교 대학원이 개설되었다. 초대 대학원장은 정법대학장을 맡고 있던 유진오가 겸임하였고, 2년제 석사과정과 4년제 박사과정을 설치하여 우선 석사과정만 운영하기 시작했다. 당시 대학원 신입생 모집 광고를 보면 정치학과, 법률학과, 경제학과, 상업학과를 대상으로 남녀 학생 약간 명을 모집한다고 되어 있다.[12] 후일 경영대 교수가 된 윤병욱 교수는 1950년 5월 상학과를 졸업한 후 6·25전쟁 당시 대구로 떠난 피난 시절에 상업학과로 대학원에 진학하여 1953년 우리나라 최초의 상학석사(商學碩士) 학위를 취득하였다. 윤병욱 교수와 1944년 입학 동창이던 송기철 교수는 2년 뒤인 1955년 상업사(商業史) 논문을 쓰고 상학석사학위를 취득하였다. 6·25전쟁과 시기가 겹쳤던 대학원 초기의 상황은 비록 대학원이라 해도 학생이 공부만 열심히 하면 1년에 수료가 가능했고 학문의 길을 선택하는 인원이 태부족이었기에 석사학위만 가지고도 전임강사로 취직이 용이했다.[13]

---

12 최초의 대학원생은 법률학과의 한동섭(韓東燮)과 경제학과의 김민채(金民彩)와 주종정(朱鐘政) 3명이었다. 김민채와 주종정은 이론경제학을 전공하였다(고려대학교 100년사 편찬위원회 엮음, 《고려대학교 100년사 II》, 18-19쪽).

13 송기철, 《고려대학교와 나—내 인생 흑자인가 적자인가》, 53-55쪽.

2 한국전쟁 시기의 고려대학교 경상대학

해방 후 어렵게 체제를 정비한 고려대학교는 1950년 6·25전쟁을 겪으면서 다시금 큰 어려움에 직면했다. 6·25전쟁 후 일부 교수, 학생들의 월북 또는 납북으로 고대 가족이 흩어진 상태에서 부산, 대구 등지로 피난 생활이 시작되었다. 교수들 가운데는 월북되거나 납북되는 경우가 많았으며, 일부 직원과 학생들은 군인 또는 경찰관으로 들어가 각 분야에서 봉직하기도 하였다. 고려대학교 제1대 총장 현상윤 역시 이 시기에 납북되었다.

1951년 2월 14일 서울이 재탈환되었으나 전선이 38선 부근에서 일진일퇴를 거듭하는 동안 정부는 〈전시하 교육특별요강〉을 발표하고 피란지에서 각급 학교의 수업 재개를 지시했다. 이에 다라 1951년 2월 말 부산, 전주, 광주, 대전 등 4개 도시에 전시연합대학이 설치되었다. 총장이 전쟁 중 납북되어 공석이 된 고려대학교는 임시로 법과의 유진오를 총장서리로 임명하고 전시연합대학 학장으로 파견했다. 전시연합대학은 4월부터 개강하였는데, 대학생은 재학 기간 군사훈련을 받는 것을 조건으로 징집 연기 혜택을 받았기에 많은 학생들이 대학으로 모였다. 여러 대학들이 부산 지역에 임시 본거지를 정할 때, 고려대학교는 대구를 임시 개교 장소로 정하였다. 전란 중이었기에 각 대학은 서로의 수강생에게 학점을 인정해 주는 약정을 맺으며 어려운 시기에도 학생들에게 학업의 기회를 부여했다. 당시 타교에서 수강한 고려대학교 학생은 서울법대 25명, 문리대 34명, 상과대학 22명, 연희대학교 6명이었고, 반대로 본교에서 수업을 들은 타 대학 학생은 서울법대 18명, 문리대 9명, 상과대학 4명, 사범대학 14명, 치과대학 1명이었다.[14]

14 고려대학교 100년사 편찬위원회 엮음, 《고려대학교 인문사회과학 학술사》, 고려대학교 100년사(고려대학교출판부, 2010), 59-60쪽.

1951년 9월 고려대학교는 대구에서 신입생 350명을 모집하였는데 등록된 경상대학 학생 수는 경제학과 109명, 상학과 88명이었다. 당시 경상대학장은 김효록 교수가 맡았고, 조기준, 최문환, 조동필, 고승제가 교수였으며, 강사로는 배용광, 권혁소가 있었다. 1953년 3월 신학기제에 따라 대구, 부산, 전주, 광주, 대전 및 수복된 영등포에서 4개 단과대학 13개 학과의 신입생을 선발했다. 당시 경상대학의 학생 수는 상학과와 경제과에 각각 80명으로, 8·15해방 직후의 60명보다 20명이 각각 증원되었다.

1953년 7월 휴전협정이 체결되고 그해 9월부터 신학기가 개강되었다. 그러나 안암동 본교 캠퍼스는 미군의 제5군 통신대가 사용하고 있던 데에다 이전 작업이 더디게 이루어져 1954년 2월 말까지 종로구 계동 중앙중·고등학교에서 일시 기거하였다. 한국 사회의 모든 기관이 6·25전쟁으로 어려움을 겪던 시기에 고려대학교 경상대학도 피난, 남북, 전쟁의 혼란 속에서 근근이 명맥을 유지해 나갔던 시기였다. 객관적인 주변 정황도 그리 좋지 못했다. 당시 고려대학교는 다른 대학과 달리 엄청난 원조의 힘을 가진 미국과의 우호 관계가 약했고, 부통령에서 하야한 김성수는 와병 중이라 학교에 대해 신경을 쓰기 어려웠다. 게다가 전쟁 중에 2대 총장으로 임명된 유진오는 미국에 1년간 체류 중이었고 '야당계 대학'이라는 낙인이 찍혀 있는 등 학교 발전에 불리한 점이 많았다. 1954년 다시 학교로 돌아온 유진오 총장은 고려대학교가 "자칫하면 낙오자가 될지도 모르는 처지"라고 느낄 정도였다.[15] 이처럼 처참한 상황은 고려대학교만의 상황은 결코 아니었다. 일본 식민통치가 끝나면서 출현한 공백과 혼란, 외세에 의한 남북 분단, 그리고 뒤이은 한국전쟁으로 인해 '과거는 거의 남지 않은 채 황량한 미래와 직면한 국가'가 바로 1953년 무렵의 대한민국이었다.[16]

---

15 유진오, 《양호기—보전·고대 35년의 회고》, 317쪽.

3 1955년 상과대학으로의 개편과 한국 최초의 경영학과 신설

한국전쟁의 상흔으로부터 회복이 절실하던 1955년 2월, 고려대학교는 문교부의 인가를 얻어 경상대학을 폐지하는 대신 상과대학을 설치하고 그 안에 경영학과를 신설하였다. 이는 세 가지 면에서 대단히 중요한 변화였다.

첫째, 1955년은 고려대학교가 개교 50주년을 맞이하는 해이자, 해방과 한국전쟁의 동란 이후 대학으로서의 학풍을 쇄신하는 작업이 본격화되는 시점이었다. 이러한 쇄신의 중심에는 북으로 피랍된 현상윤 초대 총장을 이어 1952년 고려대학교의 2대 총장이 된 유진오가 있었다. 유진오 총장은 전란 중에 총장으로 임명되자마자 며칠 뒤 바로 1년간(1952. 9-1953. 9) 미국 하버드대학교의 연경학원(燕京學院, Yenching Institute)에 연구원 자격으로 체류하면서 미국의 30여 개 대학은 물론 귀로에 유럽까지 순방하면서 선진 대학의 제도와 조직을 세밀히 시찰하였다. 당시 한국의 사회지도층을 미국으로 단기 유학시키는 미국의 교환교수 및 연수 프로그램으로 유진오는 미국을 방문한 것이다. 당시 이 기회를 이용해 미국을 방문하는 교수들이 꽤 있었는데, 가령 전남대학교 초대 총장인 최상채도 미 국무성 연수 대상자로 선정되어 1953년 미국에 다녀온 이후 4년 동안 25명의 전남대학교 교수들을 미국 교환교수 계획에 참여시켰다.[17] 유진오는 귀국 후에 창립 50주년을 기하여 고려대학교가 과거 보성전문학교의 건학이념과 전통을 계승하되 선진국형 대학이 되기 위한 대학 기구의 확장과 제도 개편을 단행했다. 그리고 본부 기구를 확대 개편(3처장제 도입)하고 단과대학을 증설 및 재편하는 과정에서 경상대학을 상과대학으로 개칭하고, 경제학과를 상학과

16 김인수, 《모방에서 혁신으로》, 임윤철 · 이호선 옮김(시그마인사이트컴, 2000), 28쪽.

17 김정인, 《대학과 권력—한국 대학 100년의 역사》(휴머니스트, 2018), 85-86쪽.

와 분리하는 대신 그 자리에 경영학과를 신설하였다.[18] 1955년 5월 5일의 50주년 기념식에서 유진오 총장은 "대학의 사명"을 강조하면서 "진정한 의미의 대학과 이름만의 대학은 훌륭한 건물의 유무보다도, 실험설비의 충실보다도, 자유의 정신이 살아 있느냐 없느냐에 의하여 구별되는 것"을 강조하면서, '자유·정의·진리'의 교훈을 정립하고, 교색(校色)을 하버드대학교의 교색과 같은 진홍색(Crimson)으로 채택했으며, 교기(校旗)와 문장(紋章) 및 교가(校歌)도 마련하고, 호랑이를 정식 동물 상징으로 채택하였다. 이러한 변화를 통해 어려웠던 시기에 "행동하는 고대"에서 한 걸음 더 나아가 해방 이후 "학문하는 고대"로 거듭나는 계기가 마련되었다. "건물이나 시설은 하루아침에 이룩할 수 있는 것이지만 교풍이나 학문적 전통은 오랜 동안 공을 쌓아야 하는 것"이라는 당시 총장 유진오 교수의 신념이 반영된 것이다. 그 일환으로 1957년부터 교수들의 연구 의욕을 자극하기 위한 '특별연구비' 제도가 신설되었다.[19]

둘째, 1905년 보성전문학교 이재학과의 창립 이래 경제학과와 같은 학과 또는 같은 대학 체제로 묶여 있던 체제가 무너지고 본격적으로 경영학과와 경제학과가 분리된 것이다. 1946년 상학과와 함께 경상대학으로 편제되었던 경제학과는 1955년 상학과와 완전히 분리되어 문리과대학 정경학부로 재편되었다가 1959년 4월 다시 정경대학으로 분리되었다. 이후 현재까지 경제학과는 정경대학에 소속되어 있다. 한편 1905년 보전 시절부터 경영학과와 함께 설립했던 법학과는 1955년 신설된 행정학과와 함께 법과대학으

18 1955년 단과대학은 농림대학이 추가(1953)되어 4개였는데, 법과대학(법학과, 행정학과[신설]), 상과대학(상학과, 경영학과[신설]), 문리과대학(문학부, 이학과, 정경학부), 농림대학(농학과, 임학과, 농예화학과)으로 구성되었다. 이로써 4개 단과대학, 17개 학과, 3,320명의 정원이 책정되었다. 농림대학의 설립은 일제강점기 김성수가 보전을 인수하면서 추진했지만 성사하지 못했던 과업이었다. 이에 대해서는 이 책의 3장 참조.

19 유진오, 《양호기—보전·고대 35년의 회고》, 317-345, 353쪽.

로 개편되었다. 상과대학이 경제학과와 결별하고 기존의 상학과와 신설된 경영학과 중심으로 개편된 배경에는 회계학과 상업학의 원로이자 개성과 고집이 세기로 유명한 김순식, 김효록 교수의 의견이 크게 반영되었다고 한다.[20] 그리고 또 다른 배경으로 "고려대학교가 보성전문 시절부터 상(업)학의 폭넓은 터전을 마련하여 온 것이 기본 뿌리"가 되었음은 물론이다.[21]

셋째, 이때 고려대학교에 한국 최초로 '경영학과'라는 명칭이 문교부의 승인을 얻어 등장했다는 점이다. 1955년 고려대학교에 설립된 정원 80명의 경영학과는 본격적인 경영학 연구와 교육의 외형을 갖추게 된 것으로, 이후 전국 주요 대학에 '경영학과'라는 이름의 학과가 확산하게 되는 기폭제가 되었다. 가령 연세대학교는 1958년에 기존의 상학원(商學院, 상학과와 경제학과로 구성)에 '경영학과'가 처음 증설되었고, 서울대학교는 1961년 12월이 되어야 기존의 상과대학에 '경영학과'를 설치하기로 결정하고 1962년부터 신입생을 받았다. 물론 상과대학에는 경영학과 외에 기존의 상학과도 병존하지만 시간이 지남에 따라 고려대학교에서 처음 도입한 경영학과라는 학과명이 상과라는 이름을 대체하면서 주요 대학의 경영학 학과명으로 정립되어 갔다. 상과(상학과)에서 경영학과로의 학과명 변경은 단순한 명칭 변경이 아니라 당시 독일, 일본, 미국 등 경영·경제학의 선진국에서 발생한 학문적 변화상의 반영이었다. 즉 제2차 세계대전을 지나면서 선진국에서 전통적인 상학(상업학)이 점차 쇠퇴하고 경영학으로 전환되는 현상이 강화되고 있었다. 따라서 고려대학교에서 처음 '경영학과'라는 이름을 채택하고 일찌감치 상학에서 경영학으로의 전환을 시도한 것은 독일, 일본, 미국에서 진행된 경영학 발전의 시류(時流)에 따른 '선견지명'이라 할 수 있다. 이를 정확하

20 신수식, 《고려대학교 경영대학 100년사—1905-2005》, 204쪽.

21 고려대학교 100년사 편찬위원회 엮음, 《고려대학교 인문·사회과학 학술사》, 67쪽.

게 반영하듯, 1955년 개교 50주년을 기념하여 발행된《고려대학교 50주년 기념논문집》에 정수영 교수는〈'아메리카' 경영학(經營學)의 발전—관계론의 신과제를 중심으로〉라는 제목의 논문을 발표하여, 이론적 연구에 치중된 독일 경영학과 차별되는 "실천적 과제의 해결에 주력한" 미국 경영학의 새로운 연구 분야인 '관계론(Theory of relation)'을 소개하고 분석했다.[22] 특히 후술하듯 1957년부터 시작되는 미국의 ICA 경영기술원조의 도입(1957-1963) 이전에 이러한 학과명 도입을 결정하였다는 점에서 다른 대학과 차별되는 선구적인 의미가 남다르다.[23]

1955년 한국에 경영학과라는 명칭이 처음 사용된 것은 경영학의 선진국인 일본과 비교해 보아도 결코 늦은 것이 아니었다. 일본에서는 신제(新制) 대학으로 1949년에 창립한 고베(神戶)대학교에 경영학부가 처음 설치되었는데 1953년 고베대학교에 경영학연구과(經營學硏究科)가 설치된 것이 경영학과라는 학과명의 시작이다. 이후부터 메이지대학교를 비롯하여 사립대학에도 경영학부의 설립이 확산되었다. 물론 기존에 상학부(商學部)와 상과(商科)의 전통을 지닌 히토쓰바시(一橋)대학교, 와세다(早稲田)대학교, 게이오(慶應)대학교는 이전의 상학부 전통을 오래전부터 유지했으나 학과 명칭인 경영학과는 이후에 등장했다. 1959년 교토(京都)대학교 경제학부에 경영학과가 설치되고 뒤이어 1962년에는 도쿄(東京)대학교 경제학부의 상업학과(1909년부터 개설)가 경영학과로 개칭되면서 일본에서 경영학과로의 변화는 대세로 굳어졌다. 무엇보다 일본에서도 제2차 세계대전 이후인 1955년

---

22 정수영,〈'아메리카' 경영학(經營學)의 발전—관계론의 신과제를 중심으로〉, 고려대학교논문편집위원회 편,《고려대학교 50주년 기념논문집》(고려대학교, 1955), 225-242쪽.

23 신수식,《고려대학교 경영대학 100년사—1905-2005》, 205-207쪽. 반면 김규삼,《연세대학교 경영학교육 40년》(연세대학교출판부, 1994), 32-33쪽에는 1948년 연세대학교와 고려대학교에 동시에 국내 최초로 경영학과가 신설되었다고 하지만, 이는 연세대학교 상학원 내에 경영학과가 설립된 것을 말할 뿐, 고려대학교에 대한 내용은 오류이다.

부터 경영학 연구의 붐이 일어났다고 평가된다.[24] 따라서 1955년 한국 고려대학교에 등장한 경영학과는 일본의 경영학 발전과 동시대적인 현상이라는 평가도 가능하다.

4 고려대학 상학·경영학 2세대 교수진

경영학과를 포함한 상과대학의 초대학장은 이전에 경상대학 제3대 학장(1951. 8-1955. 3)을 맡고 있던 김효록 교수가 맡았다(1955. 4-1960. 2). 1955년 상과대학으로 개편되고 경영학과가 신설되었으나 당장 경영학 교수를 충분히 확보하는 일은 쉽지 않았다. 6·25전쟁과 기타 사정으로 교수 가운데 정계, 재계, 타교 전출 등 변동이 많았다. 가령 이상훈, 유진순, 이상구 교수는 1948년 서울대학교 상과대학으로 전출했다. 반면 김순식 교수는 1947년에, 김효록 교수는 1948년에, 정수영 교수는 1952년에 각각 서울대학교 상과대학을 퇴직하고 고려대학교 경상대학으로 부임했다. 이에 따라 1955년 상과대학 설립 초기 교수진은 전임 6명으로 시작되었다. 새로 부임한 정수영, 윤병욱 교수는 새로 설치된 경영학과의 주요 과목을 담당하였다. 당시 교수진과 담당 교과목 및 출신 대학을 표로 정리하면 〈표 1〉과 같다. 표에서 보면 알 수 있듯, 8·15해방 이후 10여 년 동안 고려대학교 경상대학과 상경대학의 교수들은 다수가 일본에서 경영학 혹은 경제학을 공부했다는 배경을 가지고 있었다. 그런데 1950년대 중반 이후 부임했던 윤병욱, 송기철, 김해천 교수부터 독일의 쾰른(Köln)대학교에 유학하여 독일 경영학을 직접 배

---

24 김원수, 《경영학사(經營學史)—경영학사상사 서설·經營學思想史 序說)》(경문사, 1985), 310-312쪽.

표 1 1955년 고려대학교 경상대학·상과대학 교원

직책	이름	재임 기간	담당 과목	전공	출신 대학
학장	김효록	1948. 9–1969	상업개론 배급론		일본 고베상업대학
교수	김순식	1947. 9–1963. 2	회계학 부기원리		일본 메이지대학교
부교수	성창환	1953. 4–1983	화폐금융론 경제원론		일본 교토제국대학
부교수	정수영	1952. 9–1983	경영경제학 은행부기	인사관리 조직	일본 도쿄정법대학
조교수	윤병욱	1953–1966	경영경제학 상품학		독일 쾰른대학교
강사	송기철	1955. 4–1990	상업사 보험론	보험학 상업사	독일 쾰른대학교

우고 고려대학교에 도입하는 계기를 마련해 주었다. 그중에서 윤병욱(1927-1966)과 송기철(1925-2022) 교수는 일제 말기 고려대학교 경영대의 전신인 경성척식전문학교 경제학과에 입학한 뒤 독일 쾰른대학교에서 유학하고 고려대학교 경영대학 교수가 된 최초의 사례였다.

상과대학 경영학과의 성립과 함께 고려대학교 상학·경영학 2세대 교수진이 등장한 것은 특기할 만하다. 1세대는 보성전문 시절의 상과 교·강사들이고, 신수식 교수의 분류에 따르면 3세대는 1955년 경영학과 설립 이후부터 교육받아 1960년대 후반부터 전국의 주요 대학 경영학 교수로 진출한 이들을 말한다.[25]

특히 회계학의 김순식 교수와 마케팅 전공의 김효록 교수, 그리고 요절한 윤병욱 교수는 2세대 교수진으로 해방 이후 상업학과 구별되는 고려대학교 경영대학의 근대적 학풍을 마련했던 경영학의 거목이었다.

25 신수식, 《고려대학교 경영대학 100년사—1905-2005》, 256쪽.

1947년에 고려대학교에 부임한 김순식 교수는 학문적 체계를 갖춘 회계학 연구와 교육의 초석을 놓은 인물이다 1903년 출생인 김순식 교수는 일제강점기에 일본으로 유학하여 회계학을 포함하여 경제학으로 유명했던 메이지대학교 상학부에서 최우등으로 졸업했다(1930년 3월). 이후 메이지대학교의 전임강사, 조교수, 교수까지 임명된 유일무이한 한국인 학자가 되었다. 1939년 메이지대학교를 퇴직한 김순식 교수는 해방 이후 1946년 9월에 서울대학교 상과대학 교수로 취임하였으나, 이듬해 서울대학교를 퇴직하고 1947년 9월에 고려대학교 교수로 부임한 뒤 1948년 1월에 경상대학장을 맡았다. 그가 메이지대학교 교수 시절에 저술했던《상업부기 요의(要義)》(東京: 巖松堂, 1939)는 일제강점기 보성전문 상과뿐 아니라 연희전문 상과와 경성고등상업학교의 교재로 사용될 정도로 명성이 높았다. 이후 그가 한국에서 출간한《은행부기 요강》(동음사, 1948)과《회계학》(장왕사, 1956),《부기학》(장왕사, 1957) 등은 우리나라 회계학 연구서의 선구적인 업적으로 평가된다. 학문적으로 맹아 상태에 있던 초창기 우리나라 회계학 체계를 수립했던 김순식 교수가 고려대학교에서 회계학을 교육하면서 고려대학교 상학·경영학 역사에서 회계학 분야는 1950-1960년대 독보적인 위상을 유지할 수 있었다. 1955년부터 시작된 계리사 시험의 제1회에서 제3회까지의 합격자 전원이 고려대학교 상대 출신이 되자 당시 계리사에 응시하려는 타교생 가운데 고려대학교 상과대학의 회계학 수업을 청강하는 이들이 많았다. 김순식 교수는 1954년 한국계리사회 초대회장부터 6대까지 회장직을 맡으며 회계학회를 이끌었다.[26]

1948년에 고려대학교에 부임한 김효록 교수는 전통적인 시장론과 유통 관련 과목을 체계적으로 연구·교육하여 오늘날 '마케팅'이라 불리는 전공

26 신수식,《고려대학교 경영대학 100년사—1905-2005》, 166-170, 273-278쪽.

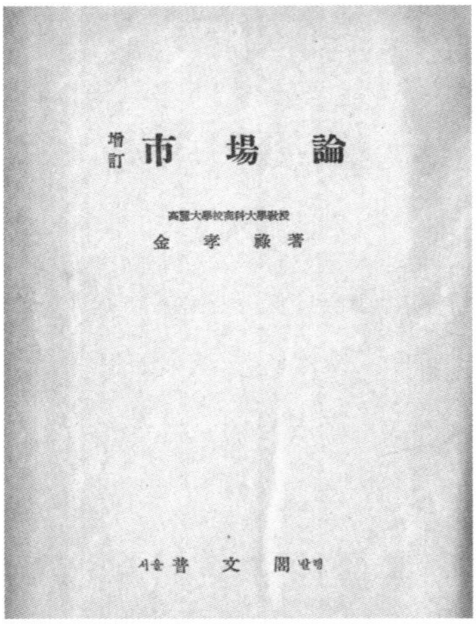

김효록, 《증정 시장론》(보문각, 1960)

의 기틀을 마련한 업적이 크다. 1904년 출생인 김효록 교수는 일제강점기에 일본 고베상업대학을 졸업하고 귀국하여 연희전문학교 상업과장과 서울대학교 상과대학 교수를 거쳐 1948년 9월 고려대학교 경상대학 교수로 취임하였다. 1951년부터 고려대학교 경상대학 학장에 선임되고, 1955년 상학과가 경제학과와 분리되어 상과대학이 될 때 상과대학장으로 선임되어 경영학과가 처음 설립될 때부터 생겨난 중요한 모든 기관의 장을 맡았다. 특유의 강력한 리더십으로 상과대학의 발족과 경영학과의 신설을 주도했으며, 1955년 초대 상과대학장, 1958년 설립된 기업경영연구소의 초대 소장, 1960년 창간된 《경영신문》의 첫 발행인, 1963년 설립된 경영전문대학원의 초대원장직을 맡으며 고려대학교 경영대학의 굵직한 밑그림을 그려 냈다. 대외적으로도 1956년 창립된 한국경영학회의 초대회장으로 추대되어 우리나라 경영학이 본격적인 학문으로 인정받는 데 큰 공헌을 하였다. 〈상업토론〉, 〈배급론〉, 〈매매론〉에 대한 전문성을 가지고 교육과 연구에 매진하여

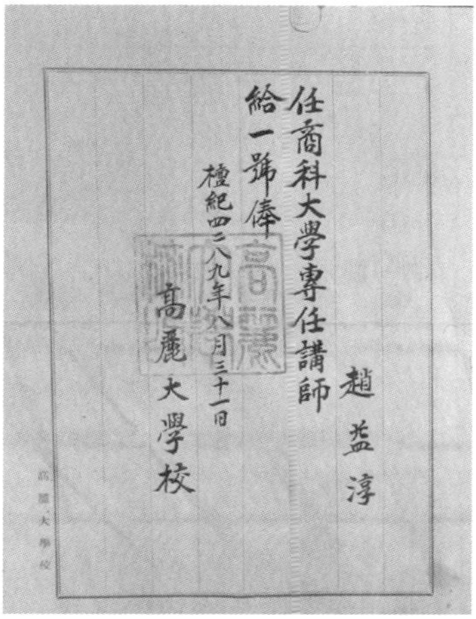
任商科大學專任講師 趙益淳
給一號俸
檀紀四二八九年八月三十一日
高麗大學校

〈교원 인사발령서〉(조익순 교수, 1956)

《상업개론》(을유문화사, 1953), 《해운경제학》(장왕사, 1956), 《시장론》(근영사, 1957)과 《증정(增訂) 시장론》(보문각, 1960), 《상품학》(공저, 문헌사, 1957), 《시장관리》(책임편집, 고려대 기업경영연구소, 1962) 등의 저서를 남겼다. 대외적인 산학 협력에도 힘을 기울여서, 한국경제인협회 자문위원, 대한건설협회 고문, 재단법인 한국기술연구원 전무이사, 주식회사 ㅁ 도파백화점 고문, 문교부 장학위원 등의 사회활동에도 적극 참여하였다.

또한 당시 상과대학 학장을 맡았던 김효록 교수와 1952년에 고려대학교로 부임한 정수영 교수는 1956년 한국 최초로 경영학회가 설립될 때 각각 회장과 부회장을 역임하면서 고려대학교를 넘어 해방 이후 한국 경영학의 초석을 마련하는 데 기여했다.

이후 1958년까지 조익순(趙益淳), 조구연(趙龜衍), 김행권(金行權), 유세환(劉世煥) 교수가 경상대학 및 상과대학의 전임교수로 보충되었다. 1956년에 상과대학 전임강사로 부임한 회계학 전공자인 조익순 교수는 한국 경영학

표 2 1956–58년 상과대학 부임 교수

이름	재임	전공	출신 학교	기타
조익순 (趙益淳)	1956. 8–1989. 8	회계학	부산대학교 상학부 연세대학교 대학원	한국경영학회 회장(1975.3) 한국회계학회 초대 회장(1976.3) 한국공인회계사회 회장(1980.5)
조구연 (趙龜衍)	1956. 9–1990. 2	통계학 경제지리	보성전문 상과 입학 고려대학교 경제학과 졸업 및 석사학위	한국경영학회 회장(1978.3)
김행권 (金行權)	1958–1987	상업영어 무역실무	일본 오사카 외국어학교	상과대학 영어 서클인 ECS 지도 교수 역임
유세환 (劉世煥)	1958–1996	회계학	고려대학교 상업학과	한국경영학회 회장(1981) 한국회계학회 회장(1982)

회장(1975)을 비롯하여 초대 한국회계학회장을 맡으며 한국 회계학회의 초석을 닦았다.

1955년부터 상과대학의 졸업학점은 160학점 이상 취득을 요구하였다. 180학점에서 160학점으로 낮아진 것은 문교부의 지시에 따른 결과였다. 신설된 경영학과의 교과목은 상학과와 비교하여 이수학점, 필수, 선택, 교양 등에서 큰 차이는 없었지만, 일부 과목이 새롭게 추가되었다. 오늘날 '경영학원론'에 해당하는 〈경영경제학〉 강좌는 상학과와 함께 이전 그대로 존재했으며, 상학과와 함께 추가된 과목은 〈경영관리론〉이고, 상학과에 없지만 경영학과에만 추가된 과목은 〈경영재무론〉, 〈경영공학〉, 〈경영학특강〉과 같은 과목이었다. 그리고 상과대학으로 개편되면서 회계학 과목이 다소 늘어났다는 특징을 발견할 수 있는데, 이는 해방 이후 수요가 증가하는 공인회계사에 학생들을 적극적으로 대비시킨 결과였다.[27] 1956년 4월 신학기부터

27 가령 1946년 경상대학 상학과에서는 상업부기, 은행부기, 회계학, 원가계산, 회계감사 등의 과목이 있었으나, 1955년에 세무회계, 회계학특강, 장부조직 등의 과목이 추가되었다. 필수과목 역시 이전에는 은행부기와 회계학의 2개 과목이었는데, 1955년에는 부기원리, 장부조직, 회계학, 원가계산, 회계감사론이 필수과목으로 지정되었다. 이는 학생들로 하여금 공인회계사 시험에 적극 대비하도록 하기 위함이었다(신수식, 《고려대학교 경영대학 100년사—1905-2005》, 214쪽).

상과대학을 비롯한 법과대학과 정경학부는 학생 수가 많았으므로 각 학년마다 학년주임제도를 도입하였다.

당시 상과대학 학생들은 1934년 준공된 본관 건물에서 수업을 들었으며 1955년 서관(오늘날 문과대 건물)이 준공된 이후로는 본관과 서관에서 나누어 강의를 들었다.[28] 또한 1956년에 도서관 동쪽에 농과대학 건물(현재 사범대 본관)을 석조 2층 520평으로 완성하고 이를 다시 3층으로 증축하여 1958년 준공되자, 상과대학 강의실로도 일부 사용하였다. 대형 강의는 1956년 건립된 '신관(新館)'(학생들은 '6강당'이라 부름)의 대형 강의실을 이용했다.

상과대학 학생들은 학생회와 상학회(商學會)를 조직하여 중·고등학교 주산경기 대회를 주관했다. 이는 과거 보성전문학교 상과에서 해방 이후의 경상대학과 상과대학으로 이어진 전통을 계승한 활동이었다. 당시 상학회가 주관한 주산실기대회는 이 방면의 가장 권위 있는 대회였다.[29] 그러나 전자계산기와 컴퓨터의 등장으로 주산 기능이 퇴색하기 시작하자 1968년을 끝으로 사라졌다. 그 대신 1968년부터 '호상(虎商)의 날'이 제정되어 재학생과 교수들의 체육대회, 학술토론대회, 영작문 백일장, 영어 웅변대회 등이 개최되었다. 그리고 개교 50주년을 맞이하는 1955년부터 학생회에서는 '모의주주총회'를 개최하였고 교수들도 격려차 참여하였다. 모의주주총회는 1966년까지 매년 실시되다가 중단되지만, 이후로는 학생회 대신 고려대학교·서울대학교·연세대학교·서강대학교·숙명여자대학교·이화여자대학교 경영학과 학생의 연합서클인 향영회(向營會) 서클에서 이어받아 간헐적으로 개

---

28 당시 서관은 개교 50주년에 맞추어 석조 2층 연건평 414평으로 일단 준공하였다. 그리고 이후에 대대적인 확충 공사를 1959년부터 시작하여 1961년 5월에 6층 석탑을 포함하여 연건평 1,664평으로 확장 준공하였다.

29 고려대학교 민족문화연구소 엮음, 《고려대학의 사람들 1 현상윤》, 20쪽.

최했다. 1965년부터 경영학과 학생회 주최로 '경영학 심포지엄'이 개최되었으나 3회밖에 이어지지 않았다.[30]

5 미국의 ICA 경영기술원조(1957-1963)와 미국 경영학의 본격적인 도입

한국은 6·25전쟁 중 미국으로부터 무상 경제원조를 받았지만 휴전협정 성립 후부터 한국이 자력으로 경제발전을 하는 데 도움이 되도록 선택적 원조를 받는 방식으로 변경되었다. 제2차 세계대전으로 헤게모니를 장악한 미국은 과도한 식민지 경영으로 오히려 재정적 부담을 갖게 된 대영제국의 사례를 전철로 삼아 냉전 체제 속에서 신흥 독립국가가 된 동맹국에 대해서 직접적인 영토 지배가 아니라 군사·경제동맹을 맺어 간접적인 영향력을 강화했다. 이들 국가가 공산화되는 것을 막는다는 명목으로 개발과 공업화를 위한 자금을 지원한 것이다. 미국의 경제 원조는 1960년대 중반까지 우리나라 자본형성의 80% 이상을 지원하였다. 한국에 대한 미국의 교육 원조 프로그램도 이러한 상황에서 시작되었다.

ICA(International Cooperation Administration)는 1950년부터 시작된 미국의 교육 원조 프로그램의 일환으로 초·중·고등교육에 모두 적용되었다. 고등교육에 있어서 주요한 것으로 ① 서울대학교-미네소타대학 협정(농학, 공학, 의학, 간호학 분야 원조, 행정대학원 신설), ② 조지 피바디 사범대학(George Peabody College for Teacher) 협정, ③ 고려대학교·연세대학교-워싱턴대학(세인트루이스) 협정(경영학 분야 원조) 등이 있다.[31]

---

30 신수식, 《고려대학교 경영대학 100년사—1905-2005》, 360-361쪽.

31 馬越徹[우마코시 도루], 《한국 근대대학의 성립과 전개—대학 모델의 전파연구》, 한용진 옮김(교육과학사, 2001), 27쪽.

경영관리에 대한 협정은 당시 문교부 장관을 역임했던 연세대학교 백낙준 총장을 중심으로 1954년부터 본격 논의가 이루어졌다. 1954년 당시 법학을 전공하는 유진오 총장 시절의 고려 대학교는 법학과에서 주도할 수 있는 'Public Administration', 즉 '행정학'에 대한 기술원조를 신청하였으나 미 국무부는 검토 결과 이를 수정하여 고려대학교에 대한 지원 학과를 변경하여 연세대학교와 더불어 'Business Administration', 즉 '경영학'에 대한 원조를 하기로 결정하였다. 당시 한국 정부의 요청에 따라 'Public Administration'은 국립 서울대학교의 법대(당시 신태환 학장)로 배정 학교가 바뀌었고, 서울대학교 법대는 미국 미네소타(Minnesota)대학과 원조 계약을 체결했다. 미 국무부는 백낙준 총장의 제안대로 'Business Administration'을 연세대학교에 배정하기로 했으나, 백 총장은 "이 제안은 한국기술교육발전을 위해 한 제안이지 연대만을 위해 한 것이 아니다"라고 하면서, 고려대학교와 함께 경영학 지원을 받겠다고 제의하여 승인을 받았다.[32]

유진오 총장의 회고록에 따르면 이 과정에서 고려대학교, 연세대학교, 이화여자대학교와 같은 사립대학이 공동으로 미국에 대하여 ICA 원조가 정부나 국립대 중심으로 편중된 것에 강력히 항의한 것이 주효했다.[33]

이에 고려대학교와 연세대학교는 공동으로 경영학 발전을 위하여 ICA 원조를 받을 수 있게 된 것이다. 당시 한국경제의 재건은 한국인의 '시대적 요청'이었고, 이 목적을 위해 경영학 교육을 도입함으로써 경영자들에 대한 교육과 한국의 기업 경영을 현대화하고 국제 경쟁력을 높여 종국적으로 한국경제를 발전시키는 것이 미 국무부 경영학 교육원조 방안의 목적이었다.[34] 1954년 워싱턴 D.C.에서 거행된 유네스코 총회에 한국 대표로 참석했

32 김규삼, 《연세대학교 경영학교육 40년》(연세대학교출판부, 1994), 22-23쪽.

33 유진오, 《양호기—보전·고대 35년의 회고》, 51쪽.

34 김규삼, 《연세대학교 경영학교육 40년》, 5-6쪽.

던 백낙준 총장은 〈대한기술교육원조방안(大韓技術教育援助方案)〉에서 고려대학교, 연세대학교, 이화여자대학교 등을 추천하면서 "일정(日政) 때부터 한국인만 교육시키고 현재까지도 계속하여 지도자 양성에 노력하고 있는 대학들로, 미국의 이 계획을 성공적으로 시행할 능력이 있는 대학들"이라는 이유를 들어 일제강점기부터 존재했던 사립대학을 추천했다.[35]

이에 1957년 12월 미 국무부는 한국의 고려대학교와 연세대학교에 경영학교육 지원에 대한 계약을 체결하고 1958년 2월부터 워싱턴대학교 프로젝트(Washington University Project)를 시작하였다. 이것이 ICA 경영기술원조계획으로, 1차에는 50만 달러가 지원되었다. 워싱턴대학교(세인트루이스)에서는 마케팅을 전공하는 경영대학장 겸 경영전문대학원장인 트럼프(R. M. Trump) 교수가 총책임을 맡고, 고려대학교는 마케팅 전공의 길리랜드(C. E. Gilliland) 교수가 담당했다. 고려대학교의 총책임자는 유진오 총장으로 상과대학 학장인 김효록 교수가 실무 담당자로 활동했으며 연세대학교의 총책임자는 백낙준 총장, 실무는 상과대학 학장 김규삼 교수가 담당했다.

워싱턴대학교 프로젝트를 통해 고려대학교 상과대학에서 워싱턴대학교로 1-2년의 방문 및 연구 활동을 했던 교수는 김순식, 성창환, 김효록, 윤병욱, 조익순, 정수영, 조구연, 유세환, 이준범, 김행권 등이었고, 경제학과의 이창열, 김명윤도 합류하였다. 워싱턴대학교에서도 라이덴바흐(R. C. Reidenbach) 교수(마케팅)와 버컨(L. J. Buchan) 교수(회계학) 등이 교환교수로 고려대학교에 와서 경영학 교육과 기업경영연구소 업무에 관여하였다. 당시 교환교수로 고려대학교에서 워싱턴대학교로 파견된 교수 명단은 〈표 3〉과

35 김규삼, 《연세대학교 경영학교육 40년》, 22-30쪽. 1954년의 제안에 따르면 (1) Public Administraion: 고려대학교 법대, (2) Business Administration: 연세대학교 상대, (3) Teacher's Training: 이화여자대학교, (4) Nurse's Training: 세브란스의대(합병 이전)이었다. 하지만 결국 (1)은 서울대학교 법대로 배정되고 (2)는 연세대학교와 고려대학교로 배정되었으나, (3)과 (4) 안은 계약기간 안에 원조할 미국 대학과의 연계가 이루어지지 않아 무산되었다.

표 3 워싱턴대학교 파견 교수 명단

차수	파견 교수
1차 (1958년2월)	김순식, 성창환, 정수영
2차 (1958년 9월)	조익순, 조구연
3차 (1959년 9월)	유세환, 김효록, 윤병욱, 이창렬(경제학)
4차(1960년 2월)	이준범, 조익순(2차 방문), 김명윤(경제학)
5차 (1960년 9월)	김행권

같다.[36]

1957년 계약이 체결된 워싱턴대학교 프로젝트는 본래 1960년 6월로서 계약기간이 만료되는 것이었지만, 고려대학교와 연세대학교 측이 협약 기간의 연장을 희망하여 다시 3년간 연장하는 2차 계약이 체결되었다. 2차에는 1차 때보다 증액된 150만 달러가 미국으로부터 지원되었다.

워싱턴대학교 프로젝트의 효과는 워싱턴대학교를 방문했던 교수들의 귀국과 동시에 바로 나타났다. 후술하는 기업경영연구소 및 경영전문대학원의 설립, 경영신문사의 창간, 경영학과 교과목의 개편이 그것이다. 1961년 경영학 교과과정의 대폭적인 개편이나 경영학 교육과 경영전문대학원(MBA)을 연결시키는 커리큘럼 마련도 그 결과물이었다. 하지만 무엇보다 ICA 경영기술원조 프로젝트의 효과는 미국 경영학의 방법론과 관점이 고려대학교와 연세대학교를 중심으로 한국에 본격 도입되었다는 사실이다.[37] 이로써 1955년 이전까지 주로 일본과 독일 경영학의 방법론과 관점을 중심으로 운영되던 고려대학교 상학과에 1950년대 후반부터 미국 경영학의 영향이 강하게 주입되기 시작했다.

---

36 김규삼, 《연세대학교 경영학교육 40년》, 43-44쪽.

37 이성택, 〈한국경영학 30년의 실증적 연구〉, 김정년·조동성 외, 《한국경영학 30년—회고와 전망》(서울대학교출판부, 1988), 161쪽.

6 독일 경영학의 영향

1957년 ICA 경영기술원조 프로젝트의 도입 이후 미국 경영학의 영향을 강하게 받았지만, 고려대학교 상과대학은 1950년대부터 경영학이 일찌감치 발전했던 독일 경영학을 수용하고 있었다. 앞서 언급했듯, 일제강점기에 일본과 맹방(盟邦) 관계에 있던 독일의 경영경제학이 풍미하여 독일의 전시 통제 경영체제가 일본에 소개되었고, 다시 일본을 통해 식민지 한국에 소개된 경영경제학도 독일 일변도의 성향이 강했기 때문이다.[38] 대체로 미국 경영학이 실용주의 철학을 배경으로 실천과학적 특성이 강하여 성장과 유지에 초점을 맞추어 기업의 운영에 치중하는 기술적인 측면을 강조하는 것에 비해 독일 경영학은 관념철학적 배경에서 이론과학적 성격이 강하여 기업의 탄생에서 소멸까지, 기업의 생명주기 국면(life cycle phase)을 포괄적인 연구 대상으로 삼는 차이가 있다.[39]

그러나 해방 이후 고려대학교 상과대학은 일본의 매개 없이 직접 독일 경영학과 연결되는 고리가 마련되었다. 그 연결고리는 서독 정부 초청 장학생(DAAD)으로 독일에 유학하고 귀국했던 윤병욱, 송기철, 김해천 3인 교수가 마련했다. 이른바 '쾰른학파'라고 지칭되는 3명의 교수는 모두 독일 쾰른대학교에서 경영경제학을 배웠다. 윤병욱 교수는 1956년 1년 동안 쾰른대학교에서 유학하고 귀국한 뒤 다시 워싱턴대학교 프로젝트에 참여하여 미국 워싱턴대학교에서도 공부했다. 그리하여 이들 쾰른학파 경영학과 교수들은 이후 독일 경영학과 미국 경영학을 접목하여 한국 경영학의 토착화에

---

38 고려대학교 기업경영연구소 엮음, 《고려대학교 기업경영연구소 30년지—1958-1988》(고려대학교 기업경영연구소, 1988), 2쪽.

39 이경헌, 〈경제학과 경영학의 학제적 관계와 그 전망〉, 김정년·조동성 외, 《한국경영학 30년—회고와 전망》(서울대학교출판부, 1988), 606쪽.

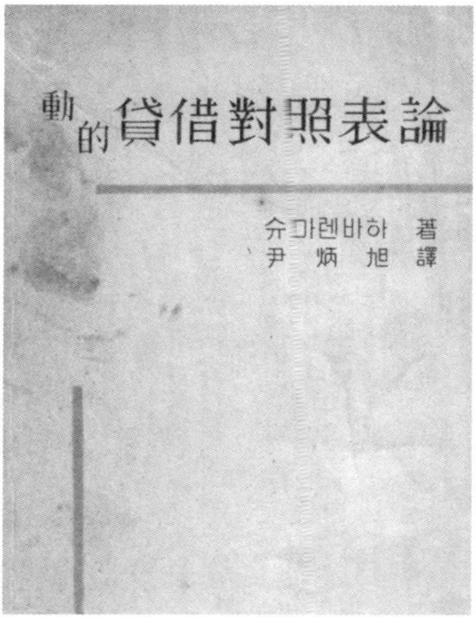

윤병욱 옮김, 《동적 대차대조표론》(1957)

공헌할 수 있었다.[40]

윤병욱 교수의 박사학위 논문 주제는 〈독일경영학의 문헌사적 고찰〉이었다. 이후 윤 교수는 독일 쾰른대학교 상과대학 사경제학 교수이자 독일 경영경제학(경영학)의 대표적인 창시자로 손꼽히는 오이겐 슈말렌바흐(Eugen Schmalenbach)의 《동적(動的) 대차대조표론(貸借對照表論)》(경기문화사, 1957) 등을 번역·출간하여 독일 경영학의 소개에 앞장섰다.

이후로 쾰른으로의 유학이 이어졌는데, 송기철 교수가 1957년부터 1960년 3월까지, 김해천 교수가 1956년 9월부터 1961년 2월까지 쾰른대학교에서 박사학위를 받고 고려대학교로 돌아왔다. 1970년에는 신수식 교수가 서독 초청 장학생(DAAD)으로 쾰른대학교에서 유학하고, 1980년에는 쾰른대학교 보험연구소 객원교수를 역임하였다. 2004년에는 반대로 쾰른대학교 출신의 마틴 햄메어트(Martin Hemmert) 교수가 최초의 외국인 전임교수로

40 신수식, 《고려대학교 경영대학 100년사—1905-2005》, 231-232쪽.

고려대학교 경영대학에 임용되었다.

1960년대 상과대학에 개설된 경영학 관련 원서 강독(영어, 독어) 과목(2학점)에서 독일 경영학 원서 교재가 활용된 것도 이와 관련이 있다. 1964년부터는 독일에서 공부했던 김해천 교수가 구텐베르크(E. Gutenberg)의 《경영경제학 입문(Einführung in die Betriebswirtschaftslehre)》의 일부를 발췌하여 별도의 교재를 만들어 원서 수업에 제공하였다.[41] 송기철 교수 역시 학부 2학년인 1945년에 〈독일어 원강(原講)〉 수업에서 도쿄상업대학(東京商大) 출신의 유진순(劉鎭舜) 교수로부터 독일 경제학자 로베르트 라이프만(Robert Leifmann)의 독일어 원서 《기업형태론(Die Unternehmungsformen)》 강독 수업을 받으면서 독일어를 익히기 시작하고 1955년 고려대학교에 강사로 임용된 후 〈초급 독일어〉 수업을 직접 교수하였는데, 이러한 경험이 이후 독일 유학에 큰 도움이 되었다고 회고했다.[42]

7 1958년 기업경영연구소 설립과 활동

1958년부터 본격적으로 시작된 워싱턴대학교 프로젝트의 첫 번째 결과물로 기업경영연구소의 설립을 꼽을 수 있다. 1958년 6월 16일 고려대학교 상과대학의 부속기관으로 설립된 기업경영연구소는 그 설립 목표가 경영·경제 전반에 걸친 이론 및 실무의 연구를 통하여 이 나라의 정상적인 경영 발전에 기여하는 데 있었다. 이를 위해 구체적으로 경영에 관한 조사 활동, 진단, 교육 훈련, 계몽 등 실천적인 활동을 추구했다. 이는 국내 최초로 대학

41 송기철, 《고려대학교와 나—내 인생 흑자인가 적자인가》, 22-23, 54쪽.

42 신수식, 《고려대학교 경영대학 100년사—1905-2005》, 232쪽.

에 설립된 기업경영연구소였고, 이후 연세대학교에 1977년 산업경영연구소가 개설되는 등 국내 주요 대학에 기업 경영을 전문적으로 연구하는 연구소 개설 및 활동의 효시가 되었다.[43]

이후 그 활동 범위가 확장됨에 따라 1960년부터는 상경대학 소속에서 고려대학교 소속 연구소로 발돋움하였다. 그 결과 기업경영연구소는 고려대학교의 인문사회과학 3대 연구소 가운데 하나로 선정되어 연구비 지원 등 특별 보조 없이 독립채산적으로 운영되는 대표적인 연구소가 되었다.[44]

기업경영연구소의 초대 소장은 상과대학 학장이었던 김효록 교수였고, 간사는 윤병욱 교수, 고문은 ICA 경영기술원조 계획으로 고려대학교에 체류 중이던 라이덴바흐(R. C. Reidenbach) 교수가 맡았다. 연구소의 창설에는 워싱턴대학교 프로젝트로 미국에 유학했던 윤병욱 교수의 노력이 컸다.[45] 출범 당시는 유세환 전임강사와 윤동수가 윤병욱 교수의 업무를 보좌하는 소박한 형태로 출발하였지만, 독창적인 조사 연구 활동을 전개하고 《경영월보》라는 연구 기관지와 《경영통계자료》를 발간하기 시작하면서 두각을 드러내기 시작했다. 《경영월보》 제1호(1959년 4월)에는 〈서울특별시내 주

---

43 연세대학교의 산업경영연구소 설립 시기는 1대 소장인 송자 교수가 취임한 1977년 8월이라 여겨진다(1979년 8월까지 역임 후 2대 소장인 윤석범 교수로 이어졌다). 다만 산업경영연구소의 후속 기관인 연세대학교 경영연구소의 홈페이지 연혁을 보면, 1대 소장은 1977년 취임하는데 연구소는 1958년 4월 설립되었다는 간단한 문구만 삽입되어 있다. 연구소 설립 이후 소장이 19년 동안 취임하지 않았다는 것은 매우 이상한 일인데 그 연유에 대한 일체 설명을 홈페이지에서 찾을 수 없다. 1977년 이전은 유명무실한 기관이었다고 판단된다. 산업경영연구소는 8대 소장(김황조 교수)을 끝으로 마무리되고 1993년 경영연구소와 경제연구소로 분리되었다. 경영대에서는 1992년 취임한 소장 정종암 교수를 시작으로 경영연구소의 제1대 소장으로 새롭게 카운트를 시작했다. 이로 보건대 연세대학교 산업경영연구소(1977-1992)는 경영학만의 전문 연구소라기보다는 경영학과 경제학이 혼합된 연구소였다(연세대학교 경영연구소 연혁 참조, https://ybri.yonsei.ac.kr/history.asp?mid=m07_03&sYear=1885).

44 고려대학교의 인문사회과학 3대 연구소는 1957년 6월에 설립된 아세아문제연구소, 1958년 6월에 설립된 기업경영연구소, 1963년 설립된 민족문화연구소이다.

45 유진오, 《양호기—보전·고대 35년의 회고》, 354쪽.

요상업 경영실태조사(1)〉, 〈경영자의 3가지 직무〉 등이 수록되었다. 2호에는 〈서울특별시내 주요상업 경영실태조사(2)〉, 〈재무제표분석〉 등의 내용이 수록되었다. 한편 1959년 6월에 발행된 《경영통계자료》 제1집에는 〈서언〉, 〈서울특별시내 주요상업경영 실태조사〉, 〈4개 시중은행을 위한 재무제표분석〉, 〈경영문헌목록〉이 수록되었다. 〈서울특별시내 주요상업 경영실태조사〉는 연구소의 조교와 상대학생들을 동원하여 13일 동안 2,500여 개 상점과 이에 대한 시장조사를 한 자료 및 분석이었기에 시의적 의미가 컸다.[46]

이후 외부 연구용역 사업이 증가하면서 조직을 확대·개편하였고 1960년 12월 15일부터 《경영신문》을 발간하기 시작했다. 주간지로 간행을 시작한 《경영신문》은 일간지 규격의 4면으로 구성되었는데 기업경영연구소의 연구 및 외주 활동에 대한 홍보와 함께 기업경영에 관한 계몽을 주된 목적으로 창간되었다. 발행인은 기업경영연구소 소장 김효록이었다. 1964년까지 매주 발간되던 《경영신문》은 잠시 휴간되었다가 1965년 9월부터 소속을 경영전문대학원으로 변경하고 제호 역시 《경영신보(經營新報)》로 바꾸어 격주간으로 복간되었다. 이후 1966년 4월부터 다시 《경영신문》으로 제호를 복귀하고 월간으로 발행주기를 늦추었다. 당시 《경영신문》은 "의술을 떠나 질병을 치료할 수 없듯이 경영을 떠나 기업을 치유할 수 없다"라는 슬로건을 반영하듯, 매호 1면 논설과 머리기사를 통해 1960년대 고도성장을 시작하는 한국사회에서 기업이 마주하게 되는 각종 문제에 대한 대처 방안을 제시했다.[47]

1962년 제1차 경제개발5개년계획을 계기로 경제의 공업화와 경제 개발이 본격적으로 추진됨에 따라 기업경영연구소의 역할 역시 비약적으로 도

---

46 고려대학교 기업경영연구소 엮음, 《고려대학교 기업경영연구소 30년지—1958-1988》, 14-15쪽.

47 신수식, 《고려대학교 경영대학 100년사—1905-2005》, 263-267쪽.

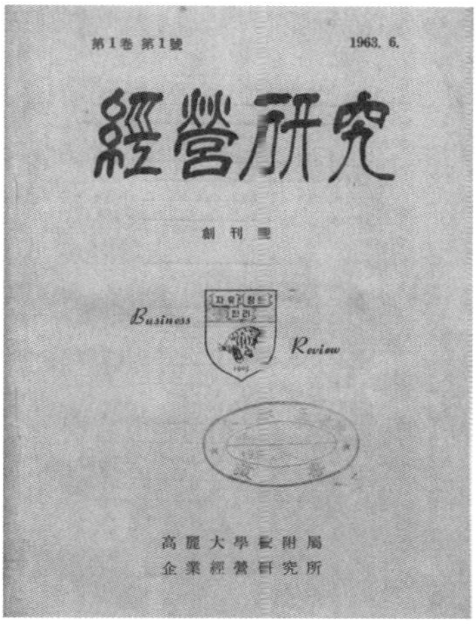

《경영연구》 창간호(1963. 6)

약하기 시작했다. 상공부, 재무부, 육군본부, 건설부, 경제기획원, 서울특별시 등 정부 기관과 제일은행, 한일은행, 대한중석 등 사기업의 조사연구 및 경영진단을 수주하면서 기업경영연구소의 역할이 확대되었다. 당시 기업경영연구소는 1년 남짓 먼저 출범한 한국생산성본부(1957년 출범, 설립자 이은복은 고려대학교 교수)와 쌍벽을 이루며 한국 기업의 생산성 향상을 위한 컨설팅과 연구조사 및 산업교육을 수행하였다. 가령 1960년 9월부터 한국일보의 지원을 얻어 전국의 일간신문과 월간잡지의 광고량, 광고 금액 및 신문잡지에서 광고가 차지하는 비중을 알고자 광고량 조사와 집계를 했는데, 우리나라 최초의 광고조사사업으로 손꼽힌다.[48]

창립 5주년을 맞이하는 1963년 6월, 기업경영연구소는 《경영연구(經營硏究)》라는 학술지를 발행했다. 창간 초기에는 월간으로 시작했으나 이후 계간지로 전환되어 1998년 상반기까지 통권 134권이 발행되었다. 1963년 《경

48 고려대학교 기업경영연구소 엮음, 《고려대학교 기업경영연구소 30년지—1958-1988》, 19쪽.

영연구》 창간호에 실린 김효록 소장의 창간사를 보면, "과거 몇 해 동안 우리나라에는 경영학에 관한 일반적인 서적은 갈증을 면할 정도로 양서가 얼마간 출간된 것은 사실"이지만, "좀더 학문적이며 무게가 있는 논문이나 저명한 외국 서적의 내용에 관한 소개"는 태부족인 상황임을 고백하고 있다. 즉《경영연구》는 6·25전쟁 이후 10여 년 만에 경영학과의 설립과 기업경영연구소의 창립이라는 외형적 발전에 못 미치는 학술적 연구의 촉진을 위한 자발적인 학술지 출간이라는 점에서 의의가 크다.

이와 발맞추어 체계적인 경영학 교재가 부족한 상황을 타개하기 위해 기업경영연구소는 1962년부터 1968년까지 각종 경영학 교재 시리즈를 체계적으로 출간했다. 대표적으로 '경영학전집' 6권, '회계학전집' 6권, '경영문고' 5권, '경영전서' 10권, '경영사전', '경영학총서' 2권을 발간했다.[49] 당시 발행했던 경영학 교재 시리즈의 세부 제목과 편집인은 〈표 4〉와 같다.

1960년대가 되면 이전의 상학(상업학)과는 확연히 달라진, 체계를 갖춘 경영학 전서가 시리즈별로 출간된다. 총 30권 가운데 30%에 해당하는 9권을 윤병욱 교수가 집필을 담당할 정도로 당시 경영학과를 체계적인 학문으로 정립하는 데 윤병욱 교수의 역할이 컸다. 1962년 6월에는 제1회 전국대학생 경영학 연구토론대회를 개최하였는데, 발표된 전국 경영학과 재학생들의 14편 논문을 보면 노사분쟁, PR, 증권투자, 품질관리, 해외시장개척의 5개 부문에 걸쳐 있었다. 창립 5주년을 기념하여 1963년부터 경영상을 제정하여 각 부문별 시상식을 거행했다.[50]

기업경영연구소의 13대 소장인 지청 교수는 1988년 6월 16일 연구소 설립 30주년을 맞이하여 출간한《30년지》에서 1958-1988년까지의 30년을

---

49 신수식,《고려대학교 경영대학 100년사—1905-2005》, 253-260쪽.

50 고려대학교 기업경영연구소 엮음,《고려대학교 기업경영연구소 30년지—1958-1988》, 26-28쪽.

표 4 1962-1968년 기업경영연구소 경영학 교재 시리즈

시리즈 제목	책 제목	편집자	발행일
경영학전집	제1권 경영학총론	윤병욱	1962. 9. 1
	제2권 인사 및 조직	소진덕	1962. 10. 1
	제3권 생산관리	조구연	1964. 2. 25
	제4권 시장관리	김효록	1964. 2. 25
	제5권 재무관리	윤병욱	1962. 10. 25
	제6권 사무관리 및 경영통계	송기철	1963. 2. 10
회계학전집	제1권 부기	송태영	1963. 2. 10
	제2권 회계이론	김순식	1963. 2. 18
	제3권 원가계산	조익순	1964. 3. 15
	제4권 회계감사	이상훈	1963. 2. 20
	제5권 세무회계	조익순	1963. 11. 1
	제6권 관리회계	유세환	1963. 8. 1
경영문고	제1권 알기쉬운 상업부기	윤병욱	1962. 6. 22
	제2권 알기쉬운 판매관리	윤병욱	1962. 6. 22
	제3권 알기쉬운 사무관리	박성규	1963. 6
	제4권 알기쉬운 생산관리	김해천	1963. 9
	제5권 알기쉬운 인사관리	이준범	1963. 8
경영전서	제1권 경영자론	배응도	1963. 11. 10
	제2권 구미경영학의 발전과 이론	윤병욱	1965. 5. 20
	제3권 경영진단론(상 · 하)	송기철	1964. 1. 10
	제4권 공기업론	이준범	1964. 5. 20
	제5권 경영학	윤병욱	1966. 2. 25
	제6권 재무관리	윤병욱	1966. 2. 25
	제7권 이익관리론	김해천	1964. 8. 25
	제8권 경영분석	윤병욱	1966. 2. 25
	제9권 중소기업론	송기철	1966. 2. 25
	제10권 경영사	송기철	1966. 2. 25
경영사전	경영핸드북	윤병욱	1965. 2. 10
경영학총서	경영학원리	기업경영연구소	1968. 3. 25
	외국무역론	이준범	1965. 8. 31

"우리나라에 근대적인 경영학과 경영기법이 학계와 실무계에 본격적으로 도입된 것은 지난 30년 안팎의 일이므로 본 연구소의 이제까지의 발자취는 곧 우리나라 경영학과 경영실무의 발자취로서도 볼 수 있는 표리일체의 관계에 있다"고 평가했다.[51]

8 1961년 상과대학 교과과정의 개편

워싱턴대학교 프로젝트의 두 번째 결과물은 상과대학의 교과과정이 대폭 개편된 것이다. 우리나라 경영학 교육의 기본 틀을 형성하는 기초가 되었다고 할 정도로 획기적 개편이 이 시기에 이루어졌다. 대학에서 경영학과 교육과 경영전문대학원(MBA)을 연결하는 목표가 설정되었고, 그 결과 상과대학 교과 내용도 경영전문대학원의 예에 따라, 경영학 전공·회계학 전공·재무론 전공·시장론(마케팅) 전공으로 구분되고, 1960년 이후 입학생들은 3학년부터 본인의 희망에 따라 전공 중심으로 수강 과목을 선택하게 되었다.

아직 현재의 인사·조직 전공, 국제경영 전공, 생산관리 전공 등은 설치되지 않았지만 관련 과목을 모두 개설하여 경영학 전체를 포괄했다. 가령 인사·조직 관련 과목으로 경영조직론, 인사관리론, 특강(노동조합문제) 등이 있었고 국제경영의 전신인 무역과목으로 교통론, 국제경제학, 외국무역론 등이 있었으며 생산관리 관련 과목으로는 공업경영론, 생산관리론(품질관리 포함) 등이 있었다(1961년 상과대학 3학년, 4학년 교과과정은 〈부록 1〉 참조).[52]

---

51 고려대학교 기업경영연구소 엮음, 《고려대학교 기업경영연구소 30년지—1958-1988》, ii쪽.

52 신수식, 《고려대학교 경영대학 100년사—1905-2005》, 235-239쪽

9 1963년 경영전문대학원 설립

워싱턴대학교 프로젝트의 세 번째 결과물은 1963년 경영전문대학원의 설립이다. 1958년부터 본격적으로 시작된 프로젝트의 결과 다수의 워싱턴대학교 경영학 교수가 내교(來校)하여 각 분야의 경영 교육을 담당하였고, 고대에서도 매년 2-3명씩 1년 혹은 2-3년 계획으로 도미하여 경영학 이론과 실무교육을 연구하고 돌아왔는데, 이 과정에서 경영전문대학원의 도입이 필요하다는 인식이 확산되었다.

이에 1960년 2학기부터 1962년 1학기까지 야간대학원에서 일반 경영인과 고급장교 대상의 경영학 교육 프로그램이 시행되었다. 이들을 'IC', 즉 '이노베이션 클럽(Innovation Club)'이라고도 불렀는데, 경영전문대학원 공식 설립 전까지 2년간 총 4기 73명의 졸업생을 배출했다. 국내 최초의 독창적인 MBA 과정이라 할 수 있었다. 오늘날 경영학의 전매특허처럼 사용되는 '이노베이션'이란 용어가 당시 개설된 '기술혁신(Technical Innovation)'이라는 강의 제목에서도 보인다.[53] 그 성과는 좋았지만, 일반대학원에서 개설하는 야간 교육이 제도적으로 문제를 일으켰기에 2년 만에 중단되었다.[54] 그렇지만 이러한 야간 과정의 경영학 교육 프로그램을 시도한 경험은 이후 고려대학교의 행정대학원, 교육대학원 등 각종 특수대학원 설치의 기반을 마련해 주었다.[55]

한차례의 시행착오를 거친 끝에 1963년 11월, 고려대학교 상과대학은 드

53 고려대학교 100년사 편찬위원회 엮음,《고려대학교 인문사회과학 학술사》, 82쪽.

54 2년 동안 개설된 이노베이션 클럽의 교과목은 다음과 같았다. 1960년 2학기: 경영통계, 고등회계학, 경제제도; 1961년 2학기: 인사관리, 생산관리 재무관리; 1962년 1학기: 경영공학, 사무관리, 관리회계, 원가관리, 관리경제학; 1962년 2학기: 투자론, 시장정책, 경영정책.

55 송기철, 〈한국의 경영학 회고와 전망—고려대학교를 중심으로〉, 김정년·조동성 외,《한국경영학 30년—회고와 전망》(서울대학교출판부, 1988), 65쪽.

디어 국내 최초로 기성 경영인 대상의 경영전문대학원을 설립했다. 기업 경영 과정에서 야기되는 제반 문제에 대하여 이론이나 실무에서 능히 감당할 수 있는 경영자 양성을 목표로 하는 대학원 과정이었다. 이에 사회 각층의 우수한 인재 및 사업계 현장에서 중진과 중견으로 활동하는 기업인들에게 경영학에 대한 보다 깊은 전문 지식과 관리 기술을 연마할 수 있는 길이 열리게 되었다. 경영학의 이론과 실무를 통합하는 지도자를 양성한다는 목적을 지닌 경영전문대학원은 사실상 미국의 MBA 과정을 모방한 과정이었다. 이는 앞서 언급했듯, 1958년부터 워싱턴대학교 프로젝트를 통해 고려대학교 상과대 교수들이 미국 유학을 통해 미국 경영학과 MBA 과정에 대한 견문을 익히고 귀국했기에 가능했던 발 빠른 도입이었다. 내부적으로 1955년 상과대학으로의 체제 전환을 통해 경제학과의 분리가 이루어진 상태이기에 미국식 비즈니스 스쿨(Business School) 체제의 도입이 용이했다는 점도 중요했다.

무엇보다 외부적으로 1960년대 들어 국가 주도의 강력한 경제발전과 중화학공업 육성 및 수출지상주의 정책이 추진되면서 이론과 실무를 겸비한 경영자 양성이 시급하다는 시대적 요청과 맞물린 선구적인 시도였다. 1963년 고려대학교를 시작으로 서울대학교, 연세대학교, 부산대학교, 동아대학교 등에 산업부흥과 기업 혁신을 위한 유능한 인적 자원 개발을 목적으로 하는 경영전문대학원의 설립이 줄을 이었다.

경영전문대학원의 초대원장은 김효록 교수가 맡았는데, 통상적으로 경영대학 학장이 경영전문대학원 원장을 겸직하였다. 상과대학(이후의 경영대학)의 전임교수가 모두 경영전문대학원의 전임교수를 겸하였다. 수업은 매주 월, 화, 목, 금 4일간 야간 시간을 이용하여 진행하였다.

경영전문대학원 석사과정은 크게 두 가지 과정으로 구성되었다. 정규 석사생 과정은 2년제(1977년부터 5학기제로 변경됨)로 4개 전공별로 선발했다(경영학 전공 40명, 재무론 전공 20명, 회계학 전공 20명, 시장론 전공 20명). 이후 전공은 경영학의 발전에 따라 확장하며 변화가 많았다. 연구생 과정은 1년제로 직업에 따라 일반기업반, 국영기업반, 금융반, 군사반으로 나누어 운영되었는데, 이후 보험경영, 무역경영, 경영법률, 전자계산, 세무회계, 교통경영, 국제경영, 관광경영 등 세부적인 전공으로 확대·심화되었다. 정원은 초창기에 모두 200명이었으나 1990년 이후에는 600명 이상으로 늘어났다. 경영전문대학원의 석사 배출은 1966년 2월부터 시작되었다.

경영전문대학원에서는 1976년 3월 비정규 단기과정으로 최고경영자과정(AMP)을 개설하였다. 고려대 경영전문대학원의 최고경영자과정은 이후 다른 대학의 경영전문대학원은 물론, 대학의 다른 특수대학원에서 최고경영자과정을 개설하는 선례가 되었다. 1976년 6월 제1기 AMP 수료자 36명 가운데는 강신호(동아제약 회장), 구자경(럭키금성그룹 회장), 김각중(경방회장), 이장균(삼천리 명예회장), 정수창(연강학술재단) 등 기업 대표자들이 포함되었다.[56]

최고경영자과정이 성행하면서 AMP 이수자 가운데 금융업 경영자를 중심으로 특화된 '고급금융과정'이 1989년 3월 출범하였다. 이후 1992년 3월부터 이 과정은 '최고금융과정'으로 개칭하여 운영되었다. 2005년에는 모두 설립 100주년이 되는 고려대학교를 비롯하여 중국 푸단(復旦)대학교와 싱가포르 국립대학교(NUS)의 관계자가 모여 아시아 중심의 MBA 교육 프로그램을 운영해 보자는 의견이 모아져 아시아 MBA(Asia MBA, A-MBA)가 결성되었다.

경영전문대학원은 2006년 경영전문대학원으로 개편하고, 2016년부터 2019년까지 프랑스 케지 비즈니스 스쿨(KEDGE Business School)과 홍콩의 홍콩폴리텍대학교(Hong Kong Polytechnic University)와 협력하여 유로

---

56 신수식, 《고려대학교 경영대학 100년사—1905-2005》, 253쪽.

아시아 DBA(Euro-Asia DBA) 과정을 운영하였다. 또한 급변하는 기술과 경영환경 속에서 평생교육의 중요성이 증대하면서 경영전문대학원에는 EEC(Executive Education Center)를 개설하여 다양한 학위/비학위 과정과 기업 맞춤형 과정 등을 운영하였다. 현재 고려대학교 경영전문대학원은 실무 경력과 진로 목표에 따라 선택할 수 있는 다양한 MBA 과정을 운영하고 있다. Korea MBA와 Executive MBA는 각각 재직자와 고위 경영자를 위한 파트타임 과정이며, Finance MBA는 금융 전문가를 위한 특화 프로그램이다. 글로벌 역량 강화를 위한 전일제 과정으로는 영어로 운영되는 Global MBA와 세계 유수 경영대학과 연계된 CEMS Global MIM이 마련되어 있다. 2025년에는 경영학전문박사과정인 KUBS-DBA가 새롭게 출범하였다. 고려대학교 EEC는 AMP 과정 및 ESG 경영기법을 소개하는 ESG-AMP 과정의 운영을 통해 최신 경영기법들이 기업 현장에 직접 적용될 수 있도록 기여하고 있다. 이처럼 2024년 현재 경영전문대학원은 60년이 넘는 역사 속에서 실무와 현업 중심의 MBA 프로그램 운영을 통해 한국형 MBA의 절대 강자로 자리매김하고 있다.

2024년 2학기 현재 경영전문대학원 김언수 원장은 2025년 1학기부터 실무와 현업 기반의 한국형 경영이론 개발을 선도하는 경영학전문박사 과정을 출범함으로써 경영학 교육의 새로운 역사를 시작한다고 밝혔다. 고려대학교 경영전문대학원 DBA(Doctor of Business Administration, KUBS-DBA) 과정은 경영혁신의 리더로서 실무적 역량과 학문적 우수성을 겸비한 경영 전문 학자를 양성하고자 3년 과정으로 운영된다. KUBS-DBA 과정은 학자를 키우는 일반대학원 박사과정과 달리 '실무적인 학문, 학문적인 실무'를 지향하는 경영자를 대상으로 한국형 경영 이론과 모델을 개발하는 것을 목표로 한다. 석사학위 소지자와 10년 이상의 실무 경력 보유자가 지원할 수 있으며, 수업은 금요일과 토요일에 파트타임(part-time) 방식으로 운영된다.

10 상학과의 경영학과 통합과 무역학과의 등장

고려대학교 상과대학 상학과는 1968년 12월 경영학과에 통합되었다. 1910년 보성전문학교 시절에 등장했던 상업과(1910. 4-1922. 4)라는 학과명은 이후 상과(1922. 4-1944. 4), 경상과의 상학전공(1945. 9-1946. 8), 경상대학 상업학과(1946. 8-1954), 상과대학 상학과(1954-1968. 12)를 거쳐 1968년을 마지막으로 사라지게 된 것이다. 1969년부터 신입생을 모집하지 않았지만, 졸업생은 1972년까지 배출되었다.

상학과와 경영학과의 통합으로 고려대학교 상과대학 경영학과는 1969년 정원이 150명으로 증가하였다. 이는 고려대학교 내에서 정원이 가장 많은 초대형 학과였다. 이후 다른 대학에서도 기존의 상학과는 경영학과로 통합되는 일이 많아졌는데, 이는 문교부가 '유사 학과의 통합'이라는 지침을 강행했던 것과도 맞물린 현상이었다. 서울대학교 상과대학도 1968년 12월 기존의 상학과는 경영학과로 통합되었다.

2년 뒤인 1970년 12월 고려대학교 상과대학은 무역학과의 신설을 허가받아 1971년부터 무역학과 신입생 30명을 모집하였다. 이는 1962년 1차 '경제개발5개년계획'이 시작된 이래 '수출입국(輸出立國)'을 국시로 내세울 정도로 수출을 중시하는 정책적 변화에도 불구하고 국제무역 전문가는 부족한 상황을 타개하기 위한 절충안이었다. 무역학과 신설을 위해 경영학과에서 이준범 교수가 중심이 되어 1970년부터 준비에 착수하여 그해 5월 무역연구소를 설립했다. 이에 1971년부터 상과대학은 경영학과와 무역학과의 2개 학과에 모집 정원은 180명(경영학 150명, 무역학 30명)으로 확대되었다. 1971년 무역학과가 설치될 때 무역학과장은 김행권 교수가 담당했으며, 김행권 교수는 경영전문대학원 무역론 주임교수도 맡았다.

당시 서울대학교 상과대학에도 무역학과가 신설되었고, 이후 국내 주요

대학에 무역학과 개설이 확대되었다. 다만 고려대학교 무역학과가 서울대학교 무역학과와 다른 점이 있었다. 고려대학교 무역학과는 경영학과와 연계되어 무역실무 교육에 비중이 높았다고 한다면, 서울대학교 무역학과는 경제학과, 특히 국제경제학의 일부로서 학과를 운영했다.[57]

다만 무역학과의 탄생에는 대한민국 수출지상주의 정책이라는 배경이 있었기에 학과의 생존력 역시 국제무역 상황이나 정책 변화 등 시류의 영향에서 자유롭기가 어려웠다. 처음 무역학과가 등장했던 1970년대 초반에는 인기가 많아 입시 경쟁률도 높았다. 이에 1972년이 되면서 입학 정원이 30명에서 50명으로 증가했다. 그러나 1970년대 후반에 접어들면서 여러 요인이 복합적으로 작용하여 무역학과의 지원자가 줄고 위축되기 시작했다. 물론 제5공화국이 탄생한 직후인 1981년부터 대학 입학 정원을 2배 이상 늘리고 졸업정원제를 시행하면서 무역학과의 입학 정원도 함께 늘어났다. 하지만 당시 무역학과의 졸업정원은 80명이고 경영학과는 320명으로 한정되어 있었다.

1994년 문교부는 다시 유사 학과의 통폐합을 권장하고 이를 실천하는 대학에는 입학정원 증원 등 혜택을 부여하겠다고 발표했다. 마침 고려대학교 경영대학 내에서는 무역학과와 경영대학의 교수 및 학생들의 합의가 원만하게 이루어져 1995년부터 무역학과는 경영학과와 통합하기로 결정되었다. 일반적으로 학과의 통폐합은 어느 대학이나 쉬운 일이 아닌 법인데, 오히려 고려대학교 경영대학에서는 무역학과 학생과 교수들이 찬성하고 경영학과 교수들도 반대를 하지 않았기에 무난하게 통합이 추진되었다.

57 신수식, 《고려대학교 경영대학 100년사—1905-2005》, 332쪽.

11 1972년, 독립 경영관 준공

1970년까지 고려대학교 안암동 본교 캠퍼스는 인문·사회 계통과 실험을 하는 이학·농학 계통으로 건물의 용도가 분리되었을 뿐, 단과대학의 단독 건물은 인정되지 않았다. 따라서 그 이전까지 경영학과 학생들은 기본적으로 본관 건물 2층과 3층 및 서관 시계탑이 있는 건물에서 전공과목을 수강했다. 일부 강의는 농과대학 건물(현재 사범대학 본관)에서 진행되었고, 대형 교양강의는 6강당에서 진행되었다. 그 사이 본교 캠퍼스에서는 1962년 12월 문리과대학 문학부의 사회학과, 독문학과, 불문학과, 정경대학의 통계학과 및 신문방송학과(1964. 12)가 인가를 받았고, 입학성도 계속 늘어났다. 상과대학에도 기업경영연구소와 경영전문대학원의 규모가 계속 커지는 상황이었지만 새로 부임하는 교수들에게 단독 연구실을 제공하는 것이 어려울 정도로 공간적인 한계에 봉착하였다. 상경대학 경영학과를 위한 독립 건물의 필요성이 증대한 것이다.

이에 1970년 2월 상과대학·경영전문대학원 종합교사건립추진위원회 발기인 회의를 시작으로 같은 해 5월 종합교사 신축기공식이 열리고, 2년여의 공사 기간을 걸쳐 1972년 6월 30일 완공하였다. 총 건평 1,800평에 지상 5층, 지하 1층으로 건립된 경영관은 당시로서는 건축 양식과 내부 설비에 있어서 국내 최신 수준을 유지했다. 고려대학교에서는 최초로 엘리베이터를 설치한 건물로 유명했는데 20세기 초반부터 동아시아의 주요 도시에 설치된 엘리베이터는 줄곧 고층 건물을 위시한 근대화의 상징물이었다. 1층에 학장실, 원장실, 교수 휴게실, 학과장실 등을 두고 2, 3층에는 강의실을 집중 배치하고 4층에는 기업경영연구소 등 각종 연구소와 경영신문사 및 도서 열람실을 두었으며 5층에 교수연구실을 배치하였다. 이후 2층에는 이른 시기부터 컴퓨터 실습실을 마련하고 금성사·삼성전자·대우전자 등으로부터 컴퓨터를 기증받아 운영했다. 컴퓨터 실습실이 등장하고 운영되면서 기존에 실습과목으로 개설된 타이프(type) 실습과목은 사라졌다.[58] 2024년 현재 본관 2층은 재학생들을 위해 창업을 돕는 스타트업연구원(KUBS Startup Station)으로 운영 중이다.

1972년 5월 경영관의 준공식에 임하여 당시 고려대학교 총장 김상협은 축사에서, 경영관과 같은 훌륭한 종합 교사(校舍)를 건립함에 있어 "거교적인 모금 운동"이 있었음을 강조했다. 이는 "일제하에 거족적인 모금 운동을 전개하여 설립된 중앙도서관(현재 대학원 도서관)의 경우를 연상케 하는 쾌사"라고 치하했다. 이는 앞서 언급했던 인촌 김성수가 보성전문학교를 인수하고 유진오 교수의 제안을 받아들여 단독 석조 도서관 건물(3층, 건평 873평)을 건립할 때, 보전 교우뿐 아니라 사회 각 층의 모금 운동에 힘입어 완성했던 전통을 잇는 방식이었다(3장 참조). 총 공사비는 당시 기준으로 약 1억 5,000만 원이 소요되었고, 그 가운데 3,724만 원을 모금으로 충당했다. 당시 재단법인연암문화재단 구자경 이사장이 2,000만 원을 후원금으로 쾌척했다.[59]

또한 김상협 총장은 이로써 '경영교육그룹 종합 교사'가 완공되었음을 선포했다. 여기서 '경영교육그룹'이란, 1950년대 후반부터 세워진 경영대학, 경영전문대학원, 그리고 기업경영연구소라는 삼위일체(三位一體)의 협력적 교육 시스템을 기업 이미지로 묘사한 것이다.[60] 즉 1905년 보성전문 시절 이재학과 설치를 시작으로, 경제학과(1907), 상업과(1910)를 모태로 하여 해방 후 경상대학, 상과대학이 설립된 이래, 1955년 한국 최초로 경영학과가

---

58 신수식, 《고려대학교 경영대학 100년사—1905-2005》, 286쪽.

59 당시 건축기금 희사자의 명단과 액수는 신수식, 《고려대학교 경영대학 100년사—1905-2005》, 476-479쪽에 정리되어 참조가 가능하다.

60 신수식, 《고려대학교 경영대학 100년사—1905-2005》, 546-547쪽.

설치되고 1958년에는 기업경영연구소가 창설, 1963년에는 경영전문대학원이 설립되고 다시 1965년에는 경영신문 발간으로 바야흐로 고려대학교가 '한국에 있어서 경영학 연구의 선구자'로서 단독 교사 건립에 이르렀음을 평가한 것이다. 또한 1970년대에 들어서 EDPS(Electronic Data Processing System)실과 무역연구소를, 1971년에는 무역학과를 개설함으로써 발전하는 고려대학교 경영교육그룹의 위세를 더욱 드높여 "명실공히 국내 최고의 권위와 최대 규모를 자랑하는 경영교육그룹을 형성"하였음과, 이를 통해 "수많은 경영학도와 우수한 경영자를 배출하여 국민경제 및 산업사회 발전에 헤아릴 수 없는 공헌"을 거듭해 왔다고 평가하였다.[61] 1905년 보성전문학교에서 이재학과와 함께 설립된 법률학과의 후신인 법과대학이 1984년이 되어서야 단독 건물인 법학관(오늘날의 '법학관 구관')을 준공했던 것과 비교해도, 1972년 독립 경영관의 건립과 단과대학 전용공간의 활용은 그 빠른 시기와 웅장한 규모에서 역사적 의미가 크다.

경영관 앞에는 100년생 가이즈카 향나무 묘목 8포기를 심었는데 이는 경영관이 준공될 때 이를 기념하여 경영전문대학원 동문인 삼천리그룹 공동대표 이장균과 유성연이 식수한 것이다. 당시 향나무 1그루는 단독주택 1채 값에 해당할 정도로 고가의 원예품종이었다. 경영관이 세워진 지 28년이 지난 2000년에는 약 65억 원의 공사비(기업의 후원금으로 충당)를 들여 건물 내부와 외부 및 옥상에 이르기까지 대대적인 보수를 하였다.

2022년에는 경영대학 120주년을 미리 준비하며 경영대학 본관 앞에 세계적인 작가인 이우환 작가의 예술 작품 '관계항(Relatum)-장소성(The Location)'을 설치하였다. 이 작품은 높이 1미터 40센티미터의 자연석과 가로·세로가 각각 4미터와 3미터에 달하는 거울 스테인리스판의 조합으로

61 신수식, 《고려대학교 경영대학 100년사—1905-2005》, 475-476쪽.

구성되었는데, 이우환 작가는 "이 단순한 하나의 만남과 조합에 의해 일상성으로는 잘 느끼지 못하는 어떤 반짝하는 우주적인 하나의 찰나가 지속되고 보편화되는 장을 여는 것"이 작품의 의미라고 설명했다.[62]

62 〈KUBS 소식—세계적 미술거장 이우환 작가 작품, 고려대 경영대학에 설치돼〉, 2022. 5. 19, https://biz.korea.ac.kr/news/news_view.html?no=3392&page=9&cate=&key=&keyfield=&g=n.

5장

경제발전과 기업가정신 보급의 선구자

1 1977년 상과대학에서 경영대학으로의 전환
2 '한강의 기적'의 경암과 경영학과 설치 붐
3 1980년대 제5공화국의 대학 정원 증가와 교수진 확대
4 '기업가정신'을 확산시키는 경영대학
5 두 가지 차원으로 진행된 기업가정신의 확산
6 2003년, 최첨단 LG-POSCO경영관 건립
7 스포츠 발전에 이바지한 고려대학교 경영대학
8 경영대학 출신의 총장 배출
9 고려대학교 경영학의 세부 전공 분화와 심화 발전

1 1977년 상과대학에서 경영대학으로의 전환

1976년 12월 고려대학교의 상과대학은 경영대학으로 명칭을 전환했다. 이로써 1955년 경제학과와 분리되어 상과대학이라는 지붕 아래 상학과와 경영학과의 2개 과로 운영되던 체제는 경영대학이라는 단과대 명칭 아래 경영학과와 무역학과를 겸하는 체제로 변화되었다. 이는 미국식 '비즈니스 스쿨(Business School)' 체제의 본격적인 적용이라고 할 수 있다. 이후 고려대학교 경영대학의 영문 표기인 KUBS(Korea University Business School)는 전 세계로 알려지는 계기가 마련되었다(KUBS 경칭은 경영전문대학원 출범 이후 쓰기 시작했다).

반면 한국에서 경영학이 성립하고 학과로 등장하는 과정에서 상업학 및 상과와의 연속성은 불가피한 것이었고 따라서 오랫동안 학과 이름에 '상(商)'을 남겨 두었다. 하지만 내용은 대동소이하다 하더라도 그 이름에서 '상'을 버리고 과감하게 '경영'이라는 용어만 내세웠던 경영대학으로의 전향에 대해 당시 심리적인 저항감이 강했다. 다른 대학에서 이후로도 오랫동안 상과대학, 경상대학, 상경대학, 상학과라는 이름을 고수했던 것에는 이러한 보수적인 관념도 작용했을 것이다.

그러나 고려대학교는 이미 1955년 상과대학을 세우면서 경제학과와 분리되었다는 점에서 독특했다. 반면 경제학과와의 분리가 어려웠던 다른 대학에서는 '경상(經商)'이나 '상경(商經)' 같은 명칭을 버리고 경영대학으로 전향하기가 쉽지 않았다. 가령 연세대학교 경영학과는 2003년까지 상경대에 포함되어 있다가, 2003년에 가서야 경영대학을 분립하였다. 그러나 고려대학교는 1977년 단계에 '경영'을 전면에 내세우는 경영대학이라는 단과대가 설립된 것이다. 이후 다른 대학에서도 경영대학으로의 전환과 통합이 추세가 되었다. 이는 1955년부터 경제학과와 분리되어 운영했던 고려대학교 경영학과의 역사에서 말미암은 선구적 변화였다. 비록 내용 면에서 큰 차이가 바로 발생하지는 않아도 상학과에서 경영학과로, 상과대학에서 경영대학으로의 명칭 변화는 학문적 진보를 상징하면서 혁신을 추동하는 동기로 작용했고, 실제 경영 혁신을 추구하고 갈망하던 한국 사회의 전반적인 분위기와도 조응하여 돌이킬 수 없는 추세를 형성했다.

1978년부터 대학 본부는 졸업이수학점을 140학점으로 감축하고 학생들에게 부전공 선택을 권유했다.[1] 경영대학에서는 부전공으로 무역학, 경제학, 통계학, 법학, 행정학, 영문학을 선택하도록 했는데, 대부분의 경영대 학생들은 경영학과와 무역학과를 전공과 부전공으로 교차 선택하였고, 다른 학과로의 부전공을 선택하는 경우는 많지 않았다. 다만 경영대학 내에서의 전공은 경영학과 무역학 가운데 자유롭게 선택하게 하니, 경영학을 선

---

1 이러한 학점 조정은 1970년대 박정희 정권 후반기에 실시된 '실험대학' 시도가 확대 적용된 결과이다. 본래 실험대학 전략은 집중과 선택 전략을 채택한 시범 사업이었다. 하지만 박정희 정부가 무너진 뒤 권력을 장악한 전두환 정부는 1981년부터 전국 대학을 실험대학 체제로 운영하여 모든 4년제 대학의 졸업학점을 140학점으로 일괄 조정했다. 전공 필수과목을 줄여 전공제의 획일적인 적용을 없애고 부전공과 복수 전공 등을 신설해 학생들이 강의를 선택할 수 있는 폭을 넓혀준다는 것이 명분이었다. 하지만 결국 "실험대학정책은 발전의 계기만 부여했을 뿐 실제 효과는 제대로 발현되지 않았다." 이에 대해서는 김정인,《대학과 권력—한국 대학 100년의 역사》(휴머니스트, 2018), 213-225쪽 참조.

표 1 경영학 및 무역학 전공 전공필수과목 · 전공선택과목(1978)

전공	교과목	
경영학	전공필수	회계학원리(3), 마케팅(3), 인사관리(3), 생산관리(3), 재무관리(3), 기업영어 1–4(4, 매학기 1학점)
	전공선택	거시경제이론(3), 경영정보처리론(3), 중급회계학(3), 조직행동론(3), 관리경제학(3), 관리회계(3), 경영정책(3), 투자결정론(3), 소비자행동분석(3), 자재관리(3), 경영계량분석(3), 원가회계(3), 회계감사(3), 경영학연습(3), 보험론(3), 금융기관론(3), 재무분석(3), 생산계획론(3), 판매촉진론(3), 노사관계론(3), 증권시장론(3), 회계학이론(3)
무역학	전공필수	무역이론(3), 무역상무론(3), 국제금융론(3), 무역영어1(3), 회계학원리(3), 기업영어1–4(4, 매학기 1학점)
	전공선택	거시경제이론(3) ,중급회계학(3), 국제기업론(3), 국제자원론(3), 무역외국어회화1(3), 무역영역2(3), 무역정책(3), 영문무역강독(3), 마케팅(3), 재무관리(3), 관세론(3), 국제교통론(3), 무역연습(3), 무역법규(3), 무역외국어통신(3), 국제구매론(3), 국제마케팅(3), 무역외국어회화2(3), 신용장론(3), 세계무역사정(3), 무역보험론(3), 한국무역론(3)

택하는 학생 비중이 높아졌다. 이러한 현상은 이후 무역학과를 경영학과에 통합하는 요인으로 작용하였다(1995). 경영대학에서는 학부 졸업학점으로 140학점 이상을 취득할 것을 요구하였으며, 교양 41학점 이상, 기초전공 12학점 이상, 전공 51학점 이상, 자유선택 36학점 이상이 조건이 되었다. 또한 졸업논문 제출도 졸업의 필수 조건으로 설정했다. 당시 경영학 및 무역학 전공의 전공필수와 전공선택 과목은 〈표 1〉과 같았다.

본격적인 경영대학 체제가 성립되자 1980년부터 경영학 박사학위 수여도 가능하게 되었다. 이전까지는 내용상 경영학을 연구하여도 학위 규정상 경제학 박사학위를 수여할 수밖에 없었던 것에서 진일보한 것이다.

2 ‘한강의 기적’의 명암과 경영학과 설치 붐

1960년대부터 시작되어 1990년까지 이어진 한국 경제의 놀랄 만한 성장은 ‘한강의 기적’이라고 불릴 정도로 인상적이었다. 이 과정에 산업화를 주도하는 강력한 정부와 그 조정 역할이 주효했다. 가령 박정희 대통령은 가능한 가장 빠른 속도로 산업화를 이룩하기 위해 국내 저축 수준이 높아질 때를 기다리지 않고 외국으로부터 막대한 차관을 빌려와서 유능한 경제학자 자문단을 구성하고, 이들의 도움을 받아 산업 추진을 진두지휘했다.[2] 수출 드라이브를 걸기 위해 정부는 소위 ‘전략산업’을 지정하여 외국과의 경쟁으로부터 보호하고 급속한 성장을 도모했다. 1960년대의 합판, 섬유, 가전, 자동차 산업과, 1970년대의 철강, 조선, 건설, 기계가 ‘전략산업’의 대표적 사례였다. 군부 정부와 군대식 조직의 우리나라 기업들의 최고경영자들은 학습 기회의 수단으로 ‘위기’ 상황을 자발적으로 조성하고 강조했다. 동아시아 삼국이 20세기에 접어들면서 경험했던 일종의 ‘시간과의 경쟁’이라 부를 수 있는 상황인데[3] 1960-1970년대 한국에는 부작용이 많았지만 그 효과 역시 만만치 않았다.

하지만 이를 현실화시킨 주체인 민간 기업들, 특히 재벌과 대기업의 역할도 간과할 수 없다. 즉 모든 재벌이 성공한 것은 아니었고, 경영 상태가 좋았던 재벌만이 정치적·경제적 격변 속에서 생존하여 비약적인 성장을 했

---

2 홍제환, 《경제관료의 시대》(너머북스, 2024) 참조.

3 ‘시간과의 경쟁’이라는 표현은 저명한 중국사학자인 민두기(閔斗基) 교수가 20세기 동아시아의 ‘혁명’과 ‘팽창’ 상황을 묘사하면서 제시한 개념이다. 즉 중국에서 자주와 부국을 위해 밖으로부터의 압력을 배제하는 혁명이 반복되는 한편, 일본에서는 침략적 방법을 통한 국세(國勢)의 팽창이 이루어졌는데, 모두 국가적 목표를 앞두고 조급하게 국가를 운영했다. 이에 대해서는 민두기, 《시간과의 경쟁—동아시아근현대사논집》(연세대학교출판부, 2001) 참조. 이러한 동아시아의 조급한 상황은 해방 후 한국 사회에도 집중적으로 나타났다.

으며 효과적인 전략 및 조직관리하에서 신속한 학습을 통해 다국적 기업으로 성장할 수 있었다.[4] 또한 일부 기업가들은 정부와 여론의 반대를 무릅쓰고 새로운 사업에 도전하여 국가적인 성장동력을 창출했는데 삼성 이병철 회장의 반도체 사업 진출이 그 대표적인 사례이다. 김인수 교수는 이 시기에 우리나라 기업들이 다른 제3세계 국가들과 달리 산업화와 이를 뒷받침하는 기술 학습에 있어서 역동적으로 성공했던 요인을, 앞서 언급한 ① 강력한 정부와 이의 조정 능력, ② 강력한 엔진 기능을 한 거대 기업 및 재벌과 함께, ③ 경제적 피해는 컸지만 사회의 유동성과 유연성을 높여 준 한국전쟁, ④ 교육 수준이 높고 근면한 노동자들, ⑤ 수입대체 초기 단계부터 수출지향 산업화 전략 추구, ⑥ 정부와 재벌이 기술변환의 주요 수단으로 활용한 위기 조성 능력을 꼽았다.[5]

이 과정에서 한국 사회와 기업은 1960년대와 1970년대에는 '단순 모방' 단계 전략을 추구했으나 1980년대와 1990년대에 들어와서 점차 '창의적 모방'으로 방향을 전환하였다. 1950년대까지 기술과 산업 및 수요 측면에서 모두 매우 열악한 상황에 있던 한국이었지만 단순 모방이 합법적이고 해당 기술이 성숙되어 있어서 쉽게 확보할 수 있으며 모방이 상대적으로 쉽다면, 저임금국인 개발도상국의 초기 산업화에 적절한 전략이 될 수 있었다. 1960-1970년대 한국이 바로 이러한 경우에 해당했다. 당시 박정희 정부는 1970년대 중반까지 재벌과 대기업을 의도적으로 키워 주면서 그들을 엔진으로 삼아 민간 부분의 기술 습득과 중화학공업 중심의 산업 발전을 주도했다. 이때 정부의 수입대체 및 수출 지향 정책은 산업 부분에서의 기

---

4 가령 1965년 10대 재벌 중 3개(삼성, LG 쌍용)만이 1975년 재계 순위 10위에 올랐으며, 1975년의 10대 재벌 가운데 7개만이 1985년에도 10대 재벌 순위에 올랐다.

5 김인수, 《모방에서 혁신으로》, 임윤철·이호선 옮김(시그마인사이트컴, 2000), 33-35쪽. 이하 '한강의 기적'에 대한 분석은 특별한 주석이 없는 한 같은 책을 참조했다.

술 습득에 결정적으로 중요한 역할을 미쳤다. 무엇보다 수출지상주의 정책을 펼치고 '수출 목표 할당제'를 실시하는 등 대기업에게 경쟁이 치열한 시장환경을 조성함으로써 이들의 기술 습득 노력에 중대한 영향을 미쳤다. 이 과정에서 우리 기업들은 준비 단계 – 기술이전을 통한 획득 단계 – 자체 노력을 통한 소화 단계 – 수입된 기술을 점진적으로 개량하여 관련 제품들에 적용하는 개선 및 응용 단계를 밟아 가면서 산업 기술력을 획득할 수 있었다.[6]

그런데 이처럼 정부 주도로 독점자본을 보호·육성하면서 경제를 발전시켰던 것은 한국만의 특수성이라고 보기는 어렵다. 경영학이 가장 먼저 발전했던 영국과 독일에서도 19세기 말부터 정부가 세제와 보조금 제도를 확충하여 독점자본을 보호·육성하고 그 권익을 인정해 주었다. 가령 독일에서는 정부가 주도해서 광범위한 카르텔을 결성해 중소기업이나 단순 기업을 불리한 상황으로 몰아넣었다. 또 의도적으로 저임금을 유지하며 거대자본 이윤의 최대화를 우선시했다. 이러한 상황에서 성장한 독일의 거대 기업이 전기산업의 지멘스와 AEG, 군수산업의 크루프, 화학산업의 바이엘과 BASF이다. 독일은 중화학공업의 발전을 위해 무엇보다 자본의 집중과 규모의 효율성이 필요했고, 건전한 자유경쟁이 저해되더라도 국가 프로젝트의 추진에 성공했다. 이는 미국의 상황도 크게 다르지 않아서, 1860년대의 남북전쟁에서 승리한 북부의 산업부르주아 계층이 주도권을 잡고 공업화와 자본의 집중을 추진했다. 가령 철강업의 기반을 갖추고 1869년에 대륙횡단철도를 완성한 것을 예로 들 수 있다. 미국 의회는 보호무역주의를 채택하고 관세율을 인상해 자국의 산업을 우선적으로 육성했다. 미국 정부의 지원 아래 석유산업의 스탠더드 석유회사(존 록펠러), 제철업의 US스틸(앤드

6 김인수, 《모방에서 혁신으로》, 262-278쪽.

류 카네기), 전기 분야의 제너럴 일렉트릭(토머스 에디슨), 금융업의 모건(존 피어몬트 모건), 통신업의 AT&T(그레이엄 벨) 등 독점자본회사가 발전했다. 물론 미국은 독일과 달리 자유경쟁을 존중하는 입장에서 점차 독점자본의 활동을 규제해 나갔다. 연방의회는 반(反)트러스트법이라 불리는 셔먼법(Sherman Anti-Trust Act)을 1890년 통과시켰고 1914년에는 이를 더 구체화하여 클레이튼 독점금지법과 연방거래위원회법 등 일련의 독점금지법을 제정했다. 그 결과 미국에서는 균형 잡힌 시장으로 발전할 수 있었고 신규 기업의 참여도 늘어났다.[7] '창조적 파괴'로 대표되는 기업가정신으로 자본주의 발전을 설명했던 요제프 슘페터 역시 대기업이 이후에 창조적 파괴에 걸림돌이 될 가능성을 염두에 두면서도 당시까지 대기업이 경제 발전의 가장 강력한 엔진이 되었으며, 대기업이 장기적인 총생산량의 확대에 기여했음을 인정했다.[8]

그러나 한국에서 정부 주도의 계획경제가 오래 지속되고 재벌들의 성장 주도를 용인한 결과 중소기업이 심각하게 희생되는 부작용이 누적되었다. 정경유착의 결과는 자원의 왜곡된 분배와 거시적인 차원에서의 경제적 비효율성을 가져왔다. 미시적으로 소수 재벌들에 의해 집중화된 경제력은 보호된 국내시장에서 자원 품귀와 가격 조작 등과 같은 독점적 착취를 낳기도 했다. 그러나 기형적 대기업 육성의 가장 심각한 피해는 중소기업들의 건전한 성장을 저해한 것이었다. 재벌 기업이 고도성장기간 동안 분명 중요한 역할을 했지만, 이들은 혁신적인 신진 기업의 시장 진입을 방해했을 뿐만 아니라 혁신 기반 성장의 핵심인 경쟁과 개방성 확대를 위한 구조 전환을 달가워하지 않았다.[9] 즉 빠른 의사결정, 선택과 집중, 발전지향적 전략

---

7 우야마 다쿠에이, 《역사로 읽는 경제》, 최미숙 옮김(리-이프맵, 2017), 256-257쪽.

8 요제프 슘페터, 《자본주의 사회주의 민주주의》, 이종인 옮김(북길드, 2016), 153-154쪽.

9 필리프 아기옹·셀린 앙토냉·시몽 뷔넬, 《창조적 파괴의 힘—혁신과 성장 그리고 자본주의의 미

등이 1980년대부터 그 효용성을 잃어버리기 시작한 것이다. 이에 따라 전두환 정부는 1982년 중소기업 진흥 10개년 계획(1982-1991)을 통하여 중소기업 육성 정책을 전개했다. 이는 한국경제가 발전 지향에서 균형 발전으로 방향성을 전환하는 큰 계기를 마련했다. 아직은 매우 초보적인 단계이지만 일종의 '경제 민주화'가 시작된 것으로, 관치경제를 벗어나 개방과 자율을 중시하는 경제로 전환되는 계기를 마련한 것은 분명했다. 이러한 흐름은 이후 김대중 정부 시절 '민주주의와 시장경제의 병행 발전'으로 이어진다.

이러한 변화는 1980년대부터 테크노크라트(과학자, 기술자 출신의 고급 공무원)에서 이코노크라트, 즉 자유시장 경쟁주의자들이 전면에 등장하여 경제 정책을 주도한 것과 관련이 깊다. 이코노크라트들은 정부의 역할은 적을수록 좋다는 미국식 경제 운영 방식을 선호했고, 따라서 경제 운영을 정부 주도에서 민간 주도로 전환하기 시작했다. 이에 따라 중화학공업 육성 정책을 폐기하고 금융 자율화를 통해 정책금융을 축소했으며 대기업에 대한 금융지원을 축소하고 공정거래법을 제정했으며 수도권에 대기업의 신증설 및 대학 설립을 금하는 '수도권 정비법'을 도입했다.

그럼에도 불구하고 1960-1970년대 정부의 후견을 받으며 생존에 성공했던 대기업들은 이후로도 성장을 이어 갔다. 한국의 대기업들은 1986년 저유가, 저금리, 저달러 등으로 야기된 3저(低) 호황, 1988년 서울올림픽과 북방외교, 2002년 한일 월드컵이라는 호기를 타고 글로벌 시장에서 약진하여 한국 경제를 이끄는 주도 세력으로 자리매김했다. 한국의 대기업에서 자주 벌어지는 가족 경영권 승계에 대한 비판이 많았지만 동시에 창업자의 후예로서 강력한 기업가정신을 발휘하기 쉬운 경영권, 확고한 소유권을 배경으로 신속한 의사결정 등의 순기능도 무시할 수 없었다. 정부 주도로 대

래》, 이민주 옮김(에코리브르, 2022), 6쪽.

기업을 육성하여 세계 시장에 진출하는 한국형 발전 모델의 큰 흐름은 대체로 1960년대 본격화되어 1990년대까지 이어졌다.

그 결과 1962년 경제개발계획의 추진으로부터 시작해서 이후 30년 동안 보여 준 빠른 경제성장은 '한강의 기적'이라고 불릴 정도로 지속적으로 이어졌다. 외부적 요인도 중요했다. 1964년 베트남전 파병에 따른 전쟁특수로 미국의 자금이 국내로 유입되고, 파병의 대가로 1966년 한국과학기술연구원(KIST)이 만들어졌다.[10] '도덕적' 결함이 있었지만 '경제적' 유익 역시 발생한 것이다. 제2차 세계대전 이후 동아시아에서 뒤늦게 산업화에 도전한 '네 마리 용'(한국, 대만, 홍콩, 싱가포르)을 비교 연구한 하버드대학교의 에즈라 보걸(Ezra Vogel) 교수는 1991년 단계에서 "세계의 어느 나라도 한국처럼 열심히 노력한 나라는 없으며, 그렇게 빨리 수공업에서 중공업으로, 가난에서 번영으로, 경험 없는 리더에서 현대적인 계획수립가, 경영자, 그리고 엔지니어들로 변한 나라가 없었다"고 평가했다.[11]

한국의 경제가 급속하게 발전하던 이 30여 년은 기업의 인재를 키워 내는 경영학과가 각 대학에서 우후죽순 설치되고 확산하는 시기와 정확히 일치했다. 가장 먼저 대학에 경영학과가 설치된 대학이 고려대학교였음은 앞서 언급한 바와 같다. 1905년 시작된 이재학과를 모태로 상업학의 전통을 이어 온 고려대학교는 1946년 경상대학의 상학과를 시작하고 1955년 상과대학을 가장 먼저 독립시켰으며 그 안에 경영학과를 최초로 설립했다.

중앙대학교는 대학으로 승인받은 1948년에 상학부를 설치(상학과와 경제학과 설치)하고 1953년 상학부를 경상대학으로 이름을 바꾼 뒤 1955년 경상대학에 경영학과를 설치했다. 연세대학교는 1915년부터 상과를 설치하였

10 박태균, 《박태균의 이슈 한국사》(창비, 2015), 192쪽.

11 Ezra F. Vogel, *The Four Little Dragons: The Spread of Industrialization in East Asia* (Cambridge, Mass. : Harvard University Press, 1991), 65.

지만 상학원에 경영학과가 증설된 시기는 1958년이었다. 성균관대학교는 1958년 법정대학 경제학과 내에 세부전공으로 상학 전공을 신설하고 이듬해인 1959년 법정대학에 상학과와 함께 경영학과를 신설했다.

1960년에 접어들면 1961년 서울대학교 상과대학에 경영학과가 신설되었다. 서울대학교는 1946년 종합대학으로 설립되면서 상과대학 안에 상학과와 경제학과를 신설했고 1959년에는 무역학과를 설치한 후 1961년에 경영학과를 설치한 것이다. 1963년에는 서강대학교에 경영학과가 신설되었고, 경희대학교에 1958년 설치된 상학과 외에 경영학과가 1963년 신설되었으며, 부산대학교에도 1948년 신설된 상학부(1953년에 상과대학으로 확대) 외에 경영학과가 1963년 신설되었다. 1963년에 법정대학 안에 상과가 신설된 이화여자대학교는 1964년 상경학과로 이름을 바꾸고 1968년이 되어야 경영학과로 다시 이름을 바꾼다. 한양대학교는 1959년 정경대학 소속으로 상학과를 설치하고 1963년에 무역학과를 신설했으며, 1966년이 되면 상경대학 내에 경영학과를 신설한다. 한국외국어대학교는 1968년 상경학부에 무역학과가 분리 개설되고 1980년이 되어야 경영학과가 신설되었다.

경제개발5개년계획이 시작된 1962년을 전후하여 기존에 소수였던 경영학과는 급증하기 시작하여 1970년대 후반이 되면 경영학과는 물론 이와 밀접하게 관련된 회계학과(會計學科)도 여러 대학에 우후죽순 설치되기 시작하였다. 세계적으로도 1960년대는 '경영학의 붐'이 일어난 시기로 평가되지만 우리나라는 1970년대를 '경영학의 전성기'라고 보는 학자도 있다.[12] 이러한 추세로 미루어 볼 때, 1955년 국내 최초로 '경영학과'를 개설하고 경제

---

12 이성택, 〈한국경영학 30년의 실증적 연구〉, 김정년·조동성 외, 《한국경영학 30년—회고와 전망》(서울대학교출판부, 1988), 162-165쪽. 관련하여 1973년 관광경영학과가 경기대학교에 처음 창설되었고, 1978년부터 산업경영학과가 3개 대학(경상대학교, 경남대학교, 충북대학교)에 설치되었고, 1982년에는 호텔경영학과가 세종대학교에 설치되었다.

학과와 분립한 고려대학교의 선구적인 결정의 의미는 새롭게 평가될 가치가 높다.

3 1980년대 제5공화국의 대학 정원 증가와 교수진 확대

1980년대 제5공화국 정부의 출범과 함께 신군부의 국가보위비상대책위원회는 7월 30일 〈교육 정상화 및 과열 과외 해소 방안〉을 발표했다. 그 핵심은 과열된 과외를 전면 금지하는 동시에 더 많은 사람이 대학 교육을 받을 수 있도록 대학의 입학정원을 늘리는 데 있었다. 또한 대학의 본고사도 폐지되고 고등학교 내신과 예비고사 성적만으로 대학 신입생을 선발하게 하면서 대학의 학생 선발권은 사실상 박탈되었다.

특별히 졸업정원제는 한국의 대학 구조와 문화에 큰 영향을 미쳤다. 이는 단과대학, 계열, 학과별로 최대한의 졸업정원 수를 정해 놓고 신입생을 선발할 때 졸업정원의 30%를 더해 뽑는 제도였다. 사립대학의 입장에서는 등록금 수입이 늘어났기에 환영하는 측면이 있었지만 대학의 서열 체제가 엄연히 존재하는 상황에서 상대적으로 우수한 학생 30%가 기계적으로 중도 탈락하는 부작용이 발생했다. 무엇보다 졸업정원제를 통한 대학 입학생의 대폭 증가는 대학의 목소리를 반영한 것이 아니라 신군부의 전형적인 포퓰리즘(populism) 정책이었다. 졸업정원제로 인해 1965년 4.2%에 불과하던 한국의 대학 취학률은 1980년에 15%를 넘어서고, 1985년에는 35%를 넘어섰다. 1995년에는 50%를 넘어갔다. 대학 취학률이 10%대에서 30%를 넘어섰다는 것은 1980년대에 대학 교육이 엘리트 교육에서 대중 교육으로 변화했음을 의미했다. 가령 1980년에 57만 명이던 고등교육 인구는 10년 뒤에 149만 명으로 무려 3배 가까이 늘었다. 대학 교육의 대중화 시대가 열린 것이다.[13] 게다가 대학의 자율권은 극도로 제한된 가운데 정부의 주도 아래 입시제도와 정원이 거의 매년 변경되었다. 대학 당국과 수험생들은 갑작스러운 변화 때마다 큰 혼란을 겪었고 대학이 준비가 덜 된 상태에서 학생 수만 급증하자 학교 수업과 교육의 질적 저하를 불러일으켰다.[14]

이는 고려대학교 경영대학에도 영향을 주었다. 경영대학의 학부 입학정원 역시 기존에 200명 입학에 200명 졸업이었는데 졸업정원제를 통해 520명 입학에 졸업정원은 400명으로 정해졌다. 그러나 졸업정원제도는 대학 내에서 논란이 많았기에 1988학년도 입학생부터 폐지되고 대학 당국 역시 대량 모집으로 인한 수준 유지에 어려움을 느끼고 정원을 스스로 일부 조정(감축)하였다. 이에 경영대학 입학정원 역시 1980년대 초반 520명에서 1987년에는 429명으로 줄어들었고, 1988년 이후에는 다시 390명(경영학과 310명, 무역학과 80명)으로 축소되었다. 당시 정부의 교육 정책은 특별한 원칙 없이 워낙 변동이 많았기에 경영대학에서는 수험생들과 학부모들의 안정적 지원을 돕기 위해 1982년부터 1987년까지 입학원서 접수기간 동안 경영본관 1층과 2층에 상담실을 마련하여 수험생들의 상담에 응해 주었다.[15] 이는 우수한 신입생을 유치하기 위한 목적으로 시작된 것이지만, 기업의 경

13 이러한 대학 교육의 대중화 현상은 제2차 세계대전 이후 미국에서도 진행되고 있었는데, 이러한 과정에서 학부 과정의 교양교육이 방향성을 잃어버리거나 전문가를 키우는 엘리트형 교육은 대학원으로 옮겨지기 시작했다. 이에 대해서는 다니엘 벨, 《교양교육의 개혁—미국 컬럼비아대학에서의 경험》, 송미섭 옮김(민음사, 1994) 참조. 하지만 제2차 세계대전 이후 1980년대까지 각종 사립대학과 대도시형 대학교가 대폭 증가하면서 대학의 학위가 '상류계층'에서 '중류계층'으로 그 수요대상이 바뀐 현상은 우리나라의 1980년대 상황과는 맥락이 상당히 다르다. 당시 미국은 기업가적 마인드를 가진 대학 총장들이 주도가 되어 고등학교를 졸업한 젊은이보다는 사회경력을 가진 중견 직장인을 대상으로 한 대학의 수요를 창출한 것으로, 대학 시장의 수요 변화에 대응한 측면이 강하다. 이에 대해서는 피터 드러커, 《미래 사회를 이끌어가는 기업가정신》, 이재규 옮김(한국경제신문, 2004), 38-39쪽 참조.

14 김정인, 《대학과 권력—한국 대학 100년의 역사》, 239-244쪽.

15 신수식, 《고려대학교 경영대학 100년사—1905-2005》, 501쪽.

표 2 1981-1990년 충원 교수 명단

이름	임용 일자	전공	학위
황규승	1981. 9. 1	경영과학 생산관리	서울대학교 공과대학 기계공학과 학사, 석사 서울대학교 경영전문대학원 석사 미국 일리노이대학교 박사
박승현	1981. 9. 1	회계학	미국 일리노이대학교 박사
이필상	1981. 9. 1	금융론 재무론	서울대학교 공과대학 금속공학과 학사 미국 컬럼비아대학교 경영학 석사, 박사
성삼경	1983. 3. 1	경영통계 품질경영	서울대학교 상과대학 경영학과 학사 미국 사우스캐롤라이나대학교 석사 미국 휴스턴대학교 경영학 박사
남상구	1983. 9. 1	재무관리	서울대학교 공과대학 토목공학과 학사 서울대학교 경영학 석사 미국 펜실베이니아대학교 경영학 석사, 박사
채서일	1984. 3. 1	마케팅	서울대학교 경영학과 학사 한국과학기술원 석사 미국 인디애나대학교 경영학 석사, 박사
강호진	1984. 3. 1	국제무역 경제학	서울대학교 상과대학 경제학과 학사 미국 오하이오 주립대학교 박사
신준용	1984. 9. 1	회계학	서강대학교 수학과 학사 미국 미네소타 대학교 석사, 박사
김인수	1985. 3. 1	조직이론	국제대학교 학사 미국 하와이대학교 석사 미국 인디애나대학교 박사
윤영섭	1985. 9. 1	재무관리	서울대학교 경제학과 학사 미국 미시간대학교, 메릴랜드대학교 석사 미국 오하이오 주립대학교 경영학 박사
이장로	1986. 9. 1	국제경영	고려대학교 경영학과 학사 고려대학교 경영전문대학원 석사 미국 뉴욕대학교 경영학 박사
이만우	1988. 3. 1	회계학	고려대학교 경영학과 학사 미국 시러큐스대학교 석사 미국 조지아대학교 경영학 박사
이진규	1989. 3. 1	인사 · 조직 관리	고려대학교 경영학과 학사 미국 미시간 주립대학교 석사 미국 아이오와대학교 경영학 박사
이두희	1990. 3. 1	마케팅	고려대학교 경영학과 학사 미국 위스콘신대학교 학사, 석사 미국 미시간 주립대학교 경영학 박사
장하성	1990. 3. 1	재무론	고려대학교 경영학과 학사 미국 뉴욕 주립대학교 석사 미국 펜실베이니아대학교 경영학 박사
박명섭	1990. 3. 1	생산관리	고려대학교 무역학과 학사 미국 버지니아 주립대학교 석사 미국 텍사스대학교(A&M) 경영학 박사

영마인드가 체화된 맞춤형 서비스이기도 했다. 하지만 1995년 경영학과에 무역학과가 통합되면서 경영학과의 정원은 고려대학교에서 큰 규모를 유지하였다. 2008년 이후 2024년도까지 경영대학 학부 정원은 320명을 유지하고 있다.

1980년대 입학정원이 대폭 늘어나자, 대학 내부에서 새로운 학과 개설 및 늘어난 학생 정원을 감당하기 위한 교수 요원의 충원 경쟁이 단과대학 간에 치열하게 전개되었다. 이에 경영대학에서도 신임 교수를 대거 충원했는데, 대부분이 미국에서 경영학 박사를 받고 돌아온 인재들이었다. 1981년부터 1990년까지 교수로 충원된 16명의 교수 명단을 정리하면 〈표 2〉와 같다.

4 '기업가정신'을 확산시키는 경영대학

앞서 누차 언급했듯 경영학은 신생 학문인 동시에 매우 실용적인 성격이 강하다. 즉 학문을 위한 학문이나 이론으로만 존재하는 학문이 아니라 실제 기업과 경제 현장에서 검증되고 효과를 발휘해야 하는 실천적 학문이다. 이러한 실용적 측면으로 기업의 성장, 고용의 증가, 이윤의 증대 등이 포함될 수도 있겠지만, 경제학과 차별되는 지점은 무엇보다 기업이라는 조직문화에 대한 통전적(holistic) 이해와 이를 개선할 수 있는 사람과 마인드 육성에 대한 전문성이다. 특히 경영학에서는 기업을 만들기도 하고 운영하기도 하는 기업가의 정신, 즉 '기업가정신(entrepreneurship)'에 대한 사회적 중요도와 관심이 증대하고 있는데, 이는 경영학이 대학에 머물지 않고 현실 세계와 만나고 교류하는 지향점이자 접점이기도 하다. 가령 경제학에서는 통상 토지(자연자원), 노동, 자본 세 가지를 본원적 생산요소라고 하지만 이 세 요소만으로 좋은 상품이 만들어지는 것은 아니다. 즉 경제활동을 행하기 위해서는 세 가지 생산요소를 결합시키는 인간의 역할이 불가결한데 이러한 결합의 주체를 '기업가(entrepreneur)'라고 부른다.

피터 드러커(Peter Ferdinand Drucker, 1909-2005)는 1980년대를 거치면서 미국의 경제가 '관리적 경제(managerial economy)'에서 '기업가적 경제(entrepreneurial economy)'로 이동했음을 지적하면서 경영학에서 말하는 기업가를 새로운 상품의 발명가, 자본가, 또는 투자가와 구별했다.[16] 즉 기업가란 일반적인 의미에서는 '인간이 바라는 것과 필요로 하는 것을 만족시키기 위해 새로운 기회를 찾고 또 활용하는 사람'이라는 뜻이다. 경제적인 측면으로 보면 "현재 갖고 있는 자원을 미래에 기대되는 것을 위해, 즉 불확실성과 위험한 것에다 투입하는 의사결정을 하는 사람"으로 정의할 수 있다. 따라서 드러커에 따르면 기업가정신이라는 맥락에서 보는 기업가란 '기존의 것을 좀더 잘하는 사람'이 아니라 '뭔가 새로운 것을 자신의 중요한 역할로 인식하는 사람'에 가까웠다. 그리고 기업가정신을 간단히 "언제나 변화를 탐색하고, 그것에 대응하고, 그것을 하나의 기회로 활용"하는 것이라고 설명했다. 이것이야말로 1800년경 프랑스 경제학자 장바티스트 세(Jean-Baptiste Say, 1767-1832)가 '앙트러프러너(entrepreneur)'라는 용어를 지칭하여 "기업가(entrepreneur)는 경제적 자원을 생산성과 수익성이 낮은 곳으로부터 보다 높은 곳으로 이동시킨다"고 말할 때 생각했던 기본 개념과 상통했다.[17]

---

16 이하 피터 드러커의 기업가정신에 대한 개념 규정은 피터 드러커, 《미래 사회를 이끌어가는 기업가정신》, 이재규 옮김(한국경제신문, 2004), 9-44쪽 참조.

17 이처럼 '앙트러프러너(entrepreneur)'라는 용어는 중상주의 시대 프랑스에서 사용되기 시작하였다. Entrepreneur라는 단어의 뿌리는 프랑스어 'entreprendre'로, '시작하다' 또는 '착수하다'를 의미한다. 이 용어를 처음 쓴 용례가 자크 사바리 데 브륄롱(Jacques Savary des Brûlons, 1657-1716)이 편집한 《상업 대사전(Dictionnarie Universel de Commerce)》에 등장한 것으로 알려져 있고, 이후 18세기 초 프랑스 계몽주의 경제학자 리샤르 캉티용(Richard Cantillon, 1680-1734)이 《상업의 본질에 대한 에세이(Essai sur la Nature du Commerce en Général)》

기업가는 이 과정에서 부득불 기존의 현상을 뒤집거나 해체하기도 한다. 슘페터는 이러한 기업가의 역할을 "창조적 파괴(Schöpferische Zerstörung, creative destruction)"의 과정이라고 파악했다. 이러한 '혁신'의 과정을 슘페터는 "새로운 결합"이라고 불렀는데, 이는 경제에서 반복되는 "관행의 궤도"를 이탈하는 경제주체인 기업가(Unternehmer)를 통해 "무(無)에서 새로운 것을 창조하는" 과정이기도 했다. 슘페터가 언급한 "새로운 결합"은 다섯 가지 경우, 즉 ① 신제품 혹은 새로운 품질의 제품 생산, ② 새로운 생산방법 도입, ③ 새로운 판로(販路) 혹은 시장의 개척, ④ 원료 혹은 반제품의 새로운 공급원 획득, ⑤ 새로운 조직의 실현을 모두 포함한다.[18]

따라서 피터 드러커와 마찬가지로 슘페터에게도 기업가정신을 말할 때의 기업가는 단순 관리자나 자본가와는 구별된다. 누구든 "새로운 결합을 수행하는" 경우에만 기업가라 부를 수 있으며, 따라서 기업가적 상태는 고정 불변의 '직업'도 아니고, 늘 지속하는 상태가 될 수도 없다. "새로운 혁신"에 대한 '특별한' 열망을 가지고 혁신에 수반하기 마련인 각종 사회 환경의 '저항'을 마주하는 '의지'와 '힘'을 가진 이들에 대해서만 슘페터는 기업가라는 호칭을 붙여 준 것이다. 그 동기는 누구나 쉽게 예상하는 이윤 극대화가 아니었다. 오히려 슘페터는 다음의 세 가지 동기가 기업가정신에 중요하다고 보았다.[19]

① 사적(私的) 제국이나 자신의 왕조를 건설하고자 하는 꿈과 의지.

② 승리자가 되고자 하는 의지와 성공 획득의 투지와 의욕. 경제행위는 스

(1755)에서 그 학문적인 개념 정의를 내린 바 있다. 이러한 내용에 대해서는 박재록·박광서·김신웅 등, 《신경영사론(新經營史論)》(유풍, 1994), 35쪽 참조.

18 조지프 슘페터, 《경제발전의 이론》, 박영호 옮김(커뮤니케이션북스, 2011), 69-70쪽.

19 조지프 슘페터, 《경제발전의 이론》, 83-134쪽.

포츠와 같고, 금융상의 경주는 더욱 심한 권투 시합과 같음.

③ 창조의 기쁨. 행위 일 그 자체에 대한 기쁨. 새로운 창조 그 자체에 대한 기쁨.

슘페터는 이러한 동기들이 작동하여 기업가로 하여금 변화와 모험에 도전하게 한다고 보았다. 누구에게나 이러한 변화의 '가능성'은 열려 있지만, 그렇기 때문에 이러한 "가능성은 죽은 것"이나 다름이 없다. 오직 예상되는 여러 곤란과 어려움을 마주하고 과감하게 돌진하여, "이러한 것을 생생한 것이나 실질적인 것으로 하고 이를 수행"하는 이라야 기업가정신을 구비한 기업가라 부를 수 있는 것이다.[20] 같은 맥락에서 티나 실리그(Tina Seelig)는 스탠퍼드대학교에서 〈기업가 정신과 혁신〉이라는 강의에서 기업가(entrepreneur)란 "기회로 전환될 수 있는 문제를 찾기 위해 항상 깨어 있으며, 한정된 자원을 활용해 목표를 달성하는 창의적인 방법을 찾아내는 사람"이라고 정의했다.[21]

이러한 슘페터의 주장에 이끌려 1948년 하버드대학교에 '기업가사연구센터(Research Center in Entrepreneurial History)'가 설립되었다. 다만 기업가사연구센터에서는 슘페터의 이론을 축으로 하면서도 혁신 이후에 작은 개선이 축적되면서 비로소 경제적 의미를 갖는 모방자나 후발주자에도 주목했다. 새로운 사업을 '창시한다'는 것이 아니라 그것을 '확대하고', '유지'하는 것 또한 중요한 기업가 활동이기 때문이었다. 이러한 이유로 '혁신가'뿐만 아니라 '경영자'나 '관리자' 또한 '기업가'에 포함시켜야 한다고 주장했다. 이후 슘페터가 주창했던 창조적 파괴의 혁신을 '근본적 혁신'(혹은 '구축적 혁

20 조지프 슘페터, 《경제발전의 이론》, 118쪽.

21 티나 실리그, 《스무살에 알았더라면 좋을 것들—스탠포드대 미래인생 보고서》, 이수정 옮김(엘도라도, 2010), 27쪽.

신')이라 하는 반면 일상적인 개량·개선인 '점진적 혁신'(혹은 '통상적 혁신')을 구분하여 양쪽에 적극적인 의미를 부여하려는 흐름이 강해졌다. 후자의 대표적인 주자가 앨프리드 챈들러(Alfred DuPont Chandler Jr., 1918-2007)인데, 한 번뿐인 '혁신'보다도 그 후 이루어지는 '조직 능력(organizational capability)'의 향상이야말로 중요한 의미를 가진다고 보았다. 그리고 이를 실현한 기업을 '선두 기업(first mover)'이라고 불렀다. 챈들러의 관점은 창조적인 개인의 의사결정보다 집단주의적 의사결정과 조직의 중요성을 강조한 것이지만, 그럼에도 불구하고 기업에서 최고경영자 개인의 영향력은 여전히 무시될 수 없으며 미국의 실리콘 밸리로 대표되는 벤처 비즈니스는 명백히 슘페터적 개인 기업가들에 의해 주도되고 있다.[22] 기업가정신에 대한 사회적 수요도 증가하여 미국 카네기멜런대학교 테퍼 경영전문대학원(Tepper Schoool of Business) 학부 프로그램에는 기존의 일반적인 심화 전공 외에 '기업가정신'이라는 심화 과정을 따로 개설하여 기업가정신에 대한 일반적 교육을 위한 '기업가정신 개론'에 더하여 '엔지니어를 위한 기업가정신 개론(Introduction to Entrepreneurship for Engineers)', '과학자를 위한 기업가정신 개론', '컴퓨터 사이언티스트를 위한 기업가정신 개론', '창조 기업을 위한 기업가정신 개론(Introduction to Entrepreneurship for the Creative Industries)' 등을 제공하고 있다. 또한 옥스퍼드대학교(Oxford University)에서 제공하는 '사회적 기업가정신' 과목의 경우 사회적 기업 창업을 위한 사회적 변화 도출, 빈곤에 대한 이해, 사람 중심 디자인, 사회혁신, 사회적 기업의 비즈니스모델, 사회적 기업의 자금 조달, 사회적 영향의 평가 및 측정과 같이 사회적 창업을 하려는 기업가의 입장에서 필요한 학문적·실무적 지식을 함양하는 데 초점을 맞추어 디자인되었다.[23]

---

22 미야모토 마타오, 《일본의 기업가 정신》, 김명수 옮김(논형, 2020), 8-18쪽.

20세기 후반에서 21세기로 전환하는 시기에 대한민국의 역동적인 변화를 주도하던 이들 가운데 기업가정신을 실천한 기업가들이 있었음을 부정할 사람은 없을 것이다. 바로 이러한 기업가정신을 한국 사회에 확산시킨 주역이 바로 고려대학교 경영대학이었다. 이는 두 가지 차원에서 진행되었다.

5 두 가지 차원으로 진행된 기업가정신의 확산

첫째, 고려대학교 경영대학이 걸어온 발자취 자체가 익숙한 "관행의 궤도"를 이탈하여 "새로운 혁신"에 대한 열망을 가지고 기존의 것을 좀더 잘하기보다는 끊임없이 무엇인가 "새로운 결합"을 시도해 왔다. 물론 이러한 도전과 결합이 꼭 자발적인 동기에 의해서 진행된 것은 아니었다. 보성전문학교 시절의 경영난과 일본 총독부의 회유와 탄압, 조선인이 세운 사립 고등교육기관은 삼류학교라는 일제가 조성한 분위기, 해방 직후의 어수선한 분위기와 출입이 잦았던 교수진 등은 대한민국의 굴곡 많은 현대사와 궤를 같이하는 외부적인 곤경과 어려움이었다. 많은 학교와 경영학을 세워 보려는 학자들이 이러한 굴곡이 있을 때마다 포기하거나 현실적으로 예상 가능한 범위에서의 최선을 선택했다. 대부분이 이 시기에 일시적으로 학교나 학과의 운영이 중단되거나 실질적인 운영권이 외부자의 손에 넘어갔던 것도 그 때문이었다. 하지만 고려대학교 경영대학과 그 전신인 보성전문학교 상학과(이재학과)는 달랐다. 절체절명의 위기 상황에서도 보성전문학교 상학과(이재

23 김중혁·김영규, 〈경영학 분야 간 장벽의 극복과 융합〉, 이두희 외, 《경영교육 뉴 패러다임》(매일경제신문사, 2018), 264-266쪽.

학과)는 생존에 대한 투지와 의지를 불태우며 훗날 광복 이후에 건설할 자신들의 '큰 학교', 즉 '대학'이라는 꿈과 이상을 가지고 온갖 고초를 견뎌 냈다. 해방 후에는 여전히 관존민비의 전통적 관념이 강하고 기업인에 대한 인식과 평판이 좋지 않은 상황에서도 국내에서 가장 먼저 경제학과와 분리하고 상과대학에서 경영학과라는 학과명을 당당하게 도입하여 이후 전국 대학에 경영학 설립의 붐을 선도했다.

또한 고려대학교는 '민족의 대학'이라는 인식과 학풍이 강하지만, 경영학이라는 분야만큼은 당시 세계 최강국으로 발돋움하는 미국 경영학의 도입이 절실하다는 판단 아래 신속하고 빠르게 미국식 경영학 시스템을 도입하여 한국의 토대에 정착시켰다. 이는 1955년 고려대학교 개교 50주년을 맞이하여 유진오 총장 시절 고려대학교의 미래 좌표가 "행동하는 고대"에서 한 걸음 더 나아가 "학문하는 고대"로 거듭나는 과정을 통해 '가능성'에서 '현실'로 성큼 다가왔다. 1957년부터 미국으로부터 ICA 경영기술원조를 받게 되면서 기업경영연구소 및 경영전문대학원의 설립, 경영신문사의 창간, 경영학과 교과목의 개편 등이 선구적으로 이루어진 것이다. 하지만 보성전문학교 시절부터 고려대학교는 '민족'의 대학이자 "교육구국"의 이념 위에 토대가 마련되었기에, 미국의 선진 경영학을 도입하면서도 기업가정신에 '사업보국(事業報國)'이라는 보다 넓은 차원의 인식과 공동체 정신이 주입되었다. 이미 일제하에서 기업가들은 총을 들고 독립운동하는 심정으로 기업을 키웠으며 일부 기업가들은 극비리에 독립운동 자금을 지원하였다. 경성방직을 일으켜 사업에 성공한 김성수가 동아일보를 창립하고 중앙학교와 보성전문학교를 인수·운영하면서 해방 이후 경제 발전을 주도할 기업가 인재 양성의 보금자리인 고려대학교 경영대학의 기초를 놓았다는 것은 앞서 강조한 바와 같다.

둘째, 고려대학교 경영대학은 국내 최초로 대학 차원의 기업경영연구소를 1958년 설립하고 1963년에는 경영전문대학원을 설립하여 대학과 기업 사이의 "새로운 결합"을 시도하였다. 고등교육기관과 경제를 지탱하는 기업 사이에는 이전에도 서로 연결될 수 있는 '가능성'이 닫혀 있던 것은 아니었다. 하지만 고등교육기관과 기업이 "새로운 결합"을 이룩하려면 사농공상이라는 오래된 유교적 인식을 극복해야 했으며, 기존의 전통적인 학문 분야와 방법론에 대한 오래된 관성에서 탈피하여 기업과 기업가정신이 가진 학문적 독립성과 사회적 중요성을 대학 내에서 설득해 내야 했다. 또한 전통적인 상업학의 관행에 익숙한 상태에서도 그럭저럭 운영되는 기업문화의 구조적 취약성과 미래 사회에 대한 부적응 가능성에 대한 공감대를 확산하고 기업 운영자를 설득하는 과정도 필요했다. 무엇보다 1900년을 전후하여 경영학이 가장 먼저 발생했던 영국과 독일, 그리고 일본의 경우처럼 '어차피 돈을 잘 버는 기업의 이윤 획득을 위해 왜 경영학이 학문적으로 도와주어야 하는가?'라는 사회적 질문에 합리적이고 체계적인 답변과 성과물을 내놓아야 했다. 이 모든 곤경과 난관은 일제 식민지 시대와 해방 직후의 한국전쟁을 경험했던 대한민국의 일개 경영학과가 감당하기에는 너무나 버거운 과제였다. 물론 고려대학교 경영학과는 이 모든 민족의 시련을 함께 경험하고 그 속에서도 학과의 연속성이 끊어지지 않았던 끈질긴 생명력을 보여 주었지만, 생존의 문제와 새로운 창신(創新)은 또 다른 문제였기 때문이다. 1980년대 이후 시도한 모든 노력이 성공적이라고 평가할 수는 없겠지만 고려대학교 경영대학은 "관행적 궤도"에 대한 현상 유지보다는 늘 위험을 무릅쓴 "새로운 결합"을 시도했다고 말할 수 있다.

경영학과에서 추진한 산학 협력의 "새로운 결합"은 기업경영연구소(1958)와 경영전문대학원(1963)이 대표적이다. 기업경영연구소와 경영전문대학원을 통해 고려대학교 경영대학은 국내 기업 및 주요기관의 기관장 및 경영인들에게 기업가정신을 확산시키는 역할을 감당하였다. 가령 1969년 5월 경영전문대학원 내의 산학협동연구회(당시 회장은 성창환 교수)가 주관하는 삼성그룹 최고경영자 세미나가 수유리 아카데미하우스에서 1주일 동안 집중적으로 진행되었는데, 당시 이건희 회장(당시 직책은 상무)이 참여하여 교육을 받았다.[24]

또한 1982년부터 경영대학은 졸업 후 기업을 비롯한 사회 각 분야로 진출한 교우들과의 친목 유지 및 후배들을 위한 모금 활동을 위해 '경영대학의 밤'이라는 행사를 개최하기 시작했다. 매년 12월 서울의 주요 호텔에서 거행하는 '경영대학의 밤' 행사를 통해 교우들이 모은 모금액은 성적 우수자 입학 유치, 재학생 장학금 지급 및 국가고시(행정고시, 사법고시, 공인회계사 등) 합격생에게 격려금으로 지원하였다. 또한 창립 90주년을 맞이하는 경영대학은 경영대학과 경영전문대학원 교우들의 소통 광장인 '고려경영포럼'을 창설하고, 한국 기업경영의 현실을 진단하고 경제 재도약의 방향을 모색하였다. '고려경영포럼'에는 고려대학교 경영대학 전·현직 교수는 물론이거니와 경영대학 및 경영전문대학원 각 과정의 교우[25] 및 재학생, 그리고 고려대학교 교우로서 경영포럼의 취지에 동참 또는 후원하는 인사들이 모여, 매 모임마다 전문가의 주제 발표를 듣고 포럼 대상 수상자를 선정하여 기업가정신을 함양했다. 가령 1995년 12월 27일 거행된 1차 고려경영포럼의 주제 발표자로는 이경식 한국은행 총재가 나서 강연을 진행했고, 포럼 대상 수상자로는 구두회 LG그룹 창업 고문이 선정되었다.[26]

---

24 신수식,《고려대학교 경영대학 100년사—1905-2005》, 244쪽.

25 고려대학교 경영대학과 경영전문대학원이 설립된 이후 졸업생들의 친목회 조직으로 결성된 교우회는 이후 경영대학과 경영전문대학원의 발전에 물심양면으로 후원을 아끼지 않았다. 경영전문대학원 교우회는 1964년 4월 경영전문대학원 연구과정 제1회 수료생 167명이 중심이 되어 창립총회를 갖고, 고려대학교 경영전문대학원 동우회(同友會)를 출범했다. 초대회장은 건일약품(주) 사장 이종남이 맡았다. 경영전문대학원 동우회는 1978년 8월 동문회보인《동우소식(同友消息)》창간호를 발행하였고, 1987년 4월 교우회로 개칭하였다(신수식,《고려대학교 경영대학 100년사—1905-2005》, 402-414쪽).

1997년이 되면 경영대학과 기업과의 결합을 더욱 혁신하기 위해 기존의 기업경영연구소를 기업경영연구원(Institute for Business Research and Education)으로 승격시키고 대규모 조직개편을 시도했다. 이후로 기업경영연구원은 급변하는 경영환경 변화에 따른 기업의 대응 전략을 중심으로 각계 최고의 전문가들이 연구 결과를 발표하고 토론하는 기회를 마련하며 시의에 맞추어 산하 연구센터를 개설했다. 분야별, 산업별, 지역별 특성화 연구를 효과적으로 수행하고자 산하 연구센터를 개설했는데, 2023년 현재 디지털이노베이션센터, 마케팅연구센터, 아시아경영연구센터, 재무금융센터, 초우량조직연구센터, 회계세무센터, LSOM연구센터의 7개 산하 기관을 운영 중이다. 각 센터에는 전공 교수들을 중심으로 석박사 대학원생과 외부 기업 사이의 활발한 연구 활동과 세미나, 학술대회 등이 개최되고 있다.

기업경영연구원의 조직은 연구원장 외에 전임 연구원장과 현임 경영대학장을 구성원으로 하는 평의원회(2025년 7월 현재 이종호 원장, 김언수 학장, 박찬수 교수, 배종석 교수, 김재환 교수, 김중혁 교수)가 있으며, 7명의 센터 소장으로 이건웅 교수(디지털이노베이션센터), 유원상 교수(마케팅연구센터), 조경아 교수(아시아경영연구센터), 정지웅 교수(재무금융센터), 이동섭 교수(초우량조직연구센터), 유승원 교수(회계세무센터), 이현석 교수(LSOM연구센터)가 있다.

6 2003년, 최첨단 LG-POSCO경영관 건립

경영대학의 공간 문제는 1972년 경영관이라는 단독 교사가 생겼음에도 불

---

26 신수식, 〈경영대학 100년 약사(略史) 1905-2005〉 고려대학교 100년사 편찬위원회, 《고려대학교 인문사회과학 학술사》(고려대학교출판부, 2010), 128쪽.

구하고 1980년대 이후 경영학을 부전공이나 이중전공으로 이수하려는 학생들이 증가하기 시작하면서 불거지기 시작했다. 경영대학 본관 건물로는 늘어나는 정원의 원활한 수업과 활동을 감당하기 어려워졌고, 실제로 인기과목은 분반이 6반까지 증가하는 기현상도 발생하여 공간 상황은 더욱 열악해졌다.

이에 1988년 11월 1,422평에 달하는 5층 규모의 경영신관이 건립되었다. 신관 건물은 유원건설 최효석 회장을 비롯하여 경영전문대학원 최고과정 및 연구과정 교우들을 대상으로 한 모금으로 건설되었다. 또한 최효석 회장은 신관 옆에 350명을 수용할 수 있는 학우강당('학우[鶴愚]'는 최효석 회장의 호) 건립을 위해 기금을 희사하였다. 경영신관의 1층에는 공인회계사와 행정고시 준비생을 위한 '정진초(精進礎)'와 '탁마정(琢磨亭)'이라는 학습실이 들어섰고, 2층과 3층에는 강의실과 경영신문사, 4층에는 최고경영자 강의실과 세미나실이 들어왔다. 1997년에는 한 층이 증축되어 기업경영연구원이 독자적으로 사용하였다. 경영신관과 학우강당의 건설을 통해 1990년대까지 부족한 강의와 연구 공간을 확보할 수 있었다.[27]

그러나 1990년대에 경영대학의 규모와 행사가 점차 많아지면서 기존의 경영본관과 신관으로는 늘어나는 수요를 감당하기에 부족함이 생겨났다. 특히 기업경영원구원이 산업체의 중간 간부를 대상으로 전일제 위탁교육을 몇 개씩 운영하면서 고정된 세미나실을 확보하였기에 학생과 교수들이 사용할 공간은 더욱 부족해졌다. 이에 경영대학은 경영본관 이외에 새로운 경영관 건립을 추진하되, 변화하는 시대와 경영학을 전망하면서 미래지향적인 건물을 구상하게 되었다.

이에 경영대학에서는 2000년 초반부터 건축위원회를 발족하여 미국 우

---

27 신수식, 《고려대학교 경영대학 100년사—1905-2005》, 481-482쪽.

수대학의 건축 사례를 조사하고 기본안을 마련하여 모금 활동을 펼쳤다. 당시 건축위원회 위원장을 맡았던 이두희 교수는 "이왕 새로 짓는 건물이니 세계 최고 수준으로 만들자는 생각에 직접 건물 설계자들을 이끌고 미국 여러 명문 경영대학의 시설들을 방문해 건물 양식과 디테일을 벤치마킹해 왔습니다. 애초의 디자인과는 다른 ㄱ자형의 배치를 고안해 내기도 했죠"라고 당시를 회상했다.[28] LG와 POSCO가 각각 100억 원을 건축기금으로 희사하면서, 새로운 경영관은 'LG-POSCO경영관'이라는 이름을 갖게 되었다. 2000년 11월부터 착공에 돌입하여 2003년 10월 준공식을 열었다. 지하 1층, 지상 6층의 건물로, 1,607제곱미터의 건축면적과 1만 4,121제곱미터의 연면적을 자랑하는, 화강석 외장의 건물이었다. 약 289억 원의 모금액이 모였고 건축비는 약 256억 원이 소요되어 잔액 33억 원은 발전기금으로 용도를 변경하였다. 1층과 2층에 강의실과 세미나실을 집중시켰고, 3층부터 6층에는 교수 연구실과 MBA실, 익저큐티브 라운지(Executive Lounge) 등이 배치되었다. 대강당은 4층에 설계했다.

2003년 10월 15일 준공식에는 세계적인 학자 앨빈 토플러(Alvin Toffler, 1928-2016)를 초대하여 신축된 LG-POSCO경영관 4층 대강당에서 "미래 기업과 대학의 인재개발(21st Century Strategies for Korean Business)"이라는 제목의 강연을 듣고 경영대학의 미래 비전에 대한 토론을 진행했다.

LG-POSCO경영관은 건립 당시 교내외로부터 대학 건물의 새로운 지평을 열었다는 평가를 받았다. 특별히 토론식 강의와 학생 중심의 쌍방향 소통을 위한 세미나실 및 공간 구성으로 이후 여러 학교에서 탐방을 오고 여러 매체에 보도가 되었다. 강의실과 모든 시설에 기부자의 이름을 부여

28 〈KUBS 소식—퇴임교수 인터뷰 이두희 교수〉, 2022. [illegible]. 26, https://biz.korea.ac.kr/news/news_view?no=3470&page=&cate=&key=&keyfield=.

하는 방식도 선구적이어서 이후 학내 다른 건물이나 다른 대학도 이러한 방식을 모방하고 있다. 물론 대학 건물로서 너무 화려해 호텔 같다는 일부의 비판도 있었지만 시간이 흐르면서 한국의 변화하는 위상 및 세계를 선도하는 경영대학의 역할과 어울려 미래를 내다보고 새로운 지평을 열었던 것으로 평가받는다.

7 스포츠 발전에 이바지한 고려대학교 경영대학

한국 근현대 스포츠의 역사에서 보성전문학교에서 시작한 고려대학교의 역할과 비중은 결코 작지 않다. 한국 근대 스포츠의 도입이 보전의 역사와 시기가 비슷했으며 보전 시절의 운동선수는 상학과와 법학과 가운데 대부분이 상학과 출신이었기 때문이다. 가령 보성전문학교 상과 교수로 김광진, 홍성하 두 교수가 특히 열성적으로 체육부를 지원하였다.[29] 김광진은 1920년대 보성전문학교 학생회 체육부 지도교수였고, 동시에 운동부의 정구와 육상 종목의 책임을 맡았다. 재정학을 강의하던 홍성하는 연희전문학교와 자주 대결하는 보성전문학교의 축구, 농구, 럭비 3종목을 맡은 지도교수였다. 홍성하 교수는 스포츠에서의 승리를 통해 일제에 억눌린 학생들의 사기를 높인다는 목적으로 교장이었던 김성수를 설득, 운동선수들을 대거 입학시켰다. 1920년 7월 13일 조선체육회 발족의 산파역을 맡은 사람들도 보전의 교장인 고원후, 상과 교수 김영주, 졸업생 이병회, 차상찬 및 김성수, 장덕수 등 보성전문학교 관계자이므로, 보성전문학교가 조선 근대 스포츠

---

29 이하 경영대학과 스포츠와의 관계는 신수식, 〈경영대학 100년 약사(略史) 1905-2005〉, 109-114쪽 참조.

에서 차지하는 비중은 매우 컸다. 일제강점기에 항일 정신과 식민지 지배의 울분을 스포츠를 통하여 발산했음은 물론이다.[30]

따라서 광복 이후에도 체육 특기자는 경상대학에 배정되었으며, 1966년 체육교육과가 설치된 이후에도 이러한 관행은 이어졌다. 특히 농구, 야구, 아이스하키 선수들이 경영대 입학을 선호했다. 이들은 국내 전국 대학생 대회나 정기 고연전에서 큰 활약을 했을 뿐 아니라 올림픽과 아시안 게임에서도 두각을 나타난 사례가 적지 않았다. 따라서 고려대학교 경영대학은 근현대 한국 스포츠의 발전에도 일정한 공로가 있다고 할 수 있는 것이다.

보성전문학교 시절 스포츠의 중심 종목은 육상, 축구, 농구, 배구, 야구, 럭비 등이었다. 육상은 마라톤이 중심이었는데, 손기정과 서윤복이 상학과 출신이었다. 손기정은 1936년 베를린올림픽 마라톤 우승자(당시 양정고보 재학)로서 1937년 보성전문학교 상학과에 입학하여 육상부에 들어갔다. 이후 일본 유학을 가서 중퇴했는데, 1997년 명예졸업제도에 의하여 경영대학 학사학위 명예졸업 제1호로 졸업장이 수여되었다. 서윤복(1923-2017)은 1943년 경성상업실천학교에 입학했다가 해방 이후 고려대학교 제일전문부로 편입하여 상학과 50학번으로 입학하였다. 그는 해방 직후인 1947년 보스턴 마라톤 대회에 참여하여 2시간 25분 39초의 세계기록으로 우승했다. 당시 감독은 보전 상학과 선배인 손기정이었다. 손기정과 달리 해방 이후이기에 가슴에 태극기를 달고 세계기록으로 우승한 서윤복의 쾌거는 해방 후 피폐해진 국민들에게 자부심과 애국심을 북돋는 사건이었다. 1950년에 4월 19일 보스턴 마라톤 대회에서 우승한 함기용(당시 양정고보 3년)은 이듬해인 1951년 고려대학교 상학과에 입학하였다.

고려대학교 야구는 순수 아마추어 클럽으로 운영되다가 1964년부터 경

---

30 신수식, 《고려대학교 경영대학 100년사—1905-2005》, 456쪽.

기고등학교 야구 선수들을 주축으로 스카우트하여 대학야구연맹에 공식적으로 가입하였다. 이후 야구 특기자 선수들은 상과대학 입학을 선호했는데 프로야구 출범 이후 경영대학 출신 감독으로는 이광환(경영 67) 전 OB베어스 감독, 김경문(경영 78) 전 국가대표팀 감독, 양상문(경영 79) 전 롯데자이언츠 감독, 선동열(경영 81) 전 삼성라이온즈 감독 등이 있다. 1980년대 전반은 고려대학교 야구의 전성기로, 경영대학 소속의 양상문, 강상진, 선동열, 박노준 등이 포진하여 '투수 왕국'이라 불렀다. 1990년대는 투수 이상훈(경영 89)과 조성민(경영 92)으로 야구부의 전통이 이어졌다.

보성전문 시절부터 농구부 가운데 대부분은 상과 출신이었다. 1966년 체육교육과 설치 후 한동안 농구 선수들은 경영대학에서 볼 수 없었으나, 1977년 이충희와 임정명이 경영학과에 입학하여 농구 선수로 활약하여 잠시 침체된 고려대학교 농구를 부활시켰다. 쇼트트랙의 김동성 선수가 경영학과 98학번인데, 1999년부터 고려대학교 학칙 개정으로 체육 특기자는 모두 사범대학 체육교육과로 입학하게 되면서 김동성 선수는 사실상 마지막 고려대학교 경영학과 출신 체육인으로 기억되게 되었다.[31]

8 경영대학 출신의 총장 배출

지금까지 경영대 교수 출신으로 고려대학교 총장을 역임한 이는 총 다섯 분이다. 가장 먼저 총장직을 맡았던 경영대 교수는 제10대와 제11대 총장직(1985. 3-1989. 6)을 맡았던 이준범 교수이다. 1980년대는 한국 사회의

31 이처럼 체육 특기자들은 고려대학교에 입학할 때 경영대학 지원을 선호했다. 그러나 1999년 학칙 개정으로 모든 체육 특기자는 체육교육과로 입학하도록 전환되면서 체육인의 경영대학 입학은 2000년부터 전면 중단되었다.

민주화 열기 속에 교육계와 대학에도 민주화의 요구가 거세지던 시기였다. 이러한 영향 속에서 1980년대 고려대학교 또한 총장 선출 방식에 변화가 발생하여 기존에 재단에서 총장을 일방적으로 임명하는 방식에서 교수협의회가 직선제를 통해 두어 명의 총장 후보자를 선정하면 최종적으로 재단 이사회에서 추천받은 후보자 중 한 사람을 임명하는 방식으로 변화했다. 그렇게 선출된 첫 번째 총장이 1989년 3월 제11대 총장으로 취임한 이준범 총장이었다. 이 총장은 10대 총장에 이어 11대까지 연임하였으나, 학내 분규 문제에 대한 책임을 지고 취임 3개월 만에 사퇴하였다.[32] 이준범 교수는 ICA 경영기술원조 계획인 워싱턴대학교 프로젝트(Washington University Project)의 4차 일행으로 1960년 워싱턴대학교에서 공부하고 돌아와 1960년대 경영대의 인사관리 영역의 연구와 교육에서 중추적 역할을 담당했다. 기업경영연구소에서 1960년대 출간한 경영문고 시리즈 제5권 《알기 쉬운 인사관리》(이준범, 1963), 경영전서 제4권 《공기업론》(이준범, 1964), 경영학총서 《외국무역론》(이준범, 1965)을 모두 집필했으며, 1970년부터는 무역학과 신설을 위한 준비에 중심적인 역할을 담당하여 그해 5월 무역연구소를 설립했다.

이준범 총장의 사퇴와 함께 새로운 12대 총장으로 임명된 이가 경영대학 교수였던 김희집 총장이다. 1931년생으로 1956년 고려대학교 상과대 경영학과를 입학한 김희집 교수는 이후 경영학 석사와 경제학 박사를 받고 1965년 고려대학교 경영대학 교수로 부임하였다. 고려대학교 기업경영연구소장, 경영대학장, 경영전문대학원장 등을 거쳐 1990년 6월부터 1994년 6월까지 고려대 12대 총장을 역임하였다. 외부적인 학회 활동으로는 1976년

32 〈고려대학교 총장 선출의 역사와 그 특징〉, 《웹진 KUEN》, 2022. 11. 22. https://kuen.korea.ac.kr/news/articleView.html?idxno=357.

에는 한국증권학회 초대 회장을 맡았으며(1976. 3-1978. 1), 한국경영학회 회장(1987. 2-1988. 2), 한국재무학회 회장(1989. 10-1990. 2) 등을 역임하고, 총장 재직 이후에도 한국공인회계사회 제33대와 34대 회장을 연임(1996. 5-2000. 6)하는 등 경영학 관련 학회의 발전에 공로가 컸다.

이후 2003년 2월에 제15대 고려대학교 총장으로 임명된 경영대의 어윤대 교수는 2006년 12월까지의 임기 동안 2005년 고려대학교 100주년 행사의 성공적인 개최와 영국《더 타임스》대학 순위 평가에서 150위 진입 등의 업적을 남겼다. 4년의 재임 기간에 약 3,500억 원의 발전기금 유치, 영어 강의 확대, 교내 전체 건물의 40% 신·증축 등을 추진하는 등 대학평가에 체계적으로 대응하여 고려대학교의 대외적인 이미지는 크게 제고되었다. 'CEO형 총장'이라는 평가를 받았던 어윤대 총장은 취임과 함께 '글로벌 KU 프로젝트'라는 마스터플랜을 세우고 강력한 리더십으로 고려대학교의 발전을 추동했는데, 이는 "대학의 경쟁력이 국가 경쟁력의 원천"이라는 신념의 결과였다.[33] 1963년 고려대학교 경영학과에 입학했던 어윤대 교수는 고려대학교(1967-1969)와 아시아경영전문대학원(1971-1973)에서 경영학 석사를 마치고, 미시간대학교(앤 아버)에서 1978년 경영학 박사를 받은 후 1979년 본교 경영학과 교수로 부임했다. 고려대학교 교무처장, 기업경영연구소 소장, 경영대학장 겸 경영전문대학원장 등을 거쳐 고려대학교 15대 총장을 수행하였고, 총장 이후에는 KB금융지주 회장을 역임하는 등 실제 최고 경영인으로 활동하기도 했다.

어윤대 총장 이후 제16대 총장으로 경영대 이필상 교수가 2006년 12월 취임했으나 논문 표절 등의 이유로 인해 이듬해 2월 조기 사퇴했다. 비록 임기는 짧았지만, 이필상 교수는 '시민운동 1세대 총장', '첫 서울대 출신 고대

---

33 어윤대,《민족을 품고 세계를 꿈꾸다》(고려대학교출판부, 2010).

총장' 등의 별칭을 받았다. 서울대학교 공대 출신의 이필상 교수는 미국 컬럼비아대학교에서 재무학 박사학위를 취득하고 1982년 고려대학교에 부임하였다. 〈금융론〉을 강의하며 파생상품의 중요성을 강조했다. 1995년 한국선물학회 회장, 1998년 한국재무학회 회장을 역임하였으며, 《금융론—금융시장의 운영과 중개기구》(1985), 《재무관리》(1987), 《관리경제학》(1987), 《투자론》(1988), 《금융경제론》(1990), 《증권시장론—정보와 증권가격의 결정》(1992) 등 다수의 저서를 남겼다. 이 외에 한국재무학회장(1998. 11-1999. 11), (사)경제정의연구소 소장(1998. 4-1999. 2), 대한금융공학회장(2006. 2-2007. 6), 국세행정개혁위원회 위원장(2017. 11-2021. 11) 등을 역임했다.

이후 경영대학 김동원 교수가 2023년 3월 고려대학교 제21대 총장으로 취임하였다. 1960년생인 김동원 교수는 1982년 고려대학교 경영대학 경영학과를 졸업하고 미국 위스콘신대학교(매디슨)에서 노사관계학으로 석사(1991)와 박사(1993)를 마치고, 미국 뉴욕주립대학교에서 경영학 교수로 재직하다 1997년 고려대학교 경영학 교수로 부임하였다. 고려대학교에서 총무처장, 기획예산처장, 노동대학원장, 경영대학장 및 경영전문대학원장 등을 거쳐 제21대 총장으로 취임하였다. 노사관계 전문가로 한국고용노사관계학회 회장(2014-2015)을 지냈고 한국인 최초로 국제노동고용관계학회(ILERA) 회장(2015-2018)으로 활동했다.

이처럼 1985년 이준범 교수를 시작으로 김희집, 어윤대, 이필상, 김동원 교수까지 총 5명의 경영대학 교수가 고려대학교 총장으로 취임하여 학교 발전에 기여해 왔다. 단과대학 차원으로도 가장 많은 총장을 배출한 경영대이지만, 무엇보다 '경영 마인드'로 고려대학교의 축적된 실력을 대외적 이미지와 위상 제고로 연결시키는 데 적지 않게 기여했다.

9 고려대학교 경영학의 세부 전공으로의 분화와 심화 발전

한국의 경영학은 기본적으로 한국의 상업학을 그 뿌리로 하면서도 미국, 독일, 일본 등의 근대적 경영학을 도입하여 1955년 고려대학교 경영학과의 개설과 함께 본격적인 연구와 강의를 시작하면서 국내에 보급된 학문이다. 하지만 그 기원은 1905년 보성전문학교 이재학과로부터 시작하였다. 이처럼 고려대학교 경영대학은 1905년 이래 현재까지 120년 동안 한국 근현대사의 각종 고난과 굴곡 속에서 끊어지지 않고 교육과 연구를 이어 왔다는 점에서 그 역사적 의미가 크다. 지난 120년 동안 경영학은 전통적인 상업학에서 시작하여 회계학, 재무학, 시장학(이후의 마케팅), 무역학, 인사관리, 생산관리 등으로 분화되고 심화·발전하였다. 이후 세계화의 진전과 함께 경영학 내에서도 무역학 대신 국제경영학이 급속히 성장하였고, 한때 생산관리로 불리던 분야가 산업구조 및 기술의 변화와 함께 MIS(Managemnet Information System, 이후 MIS 전공 명칭은 IS[Information System]로 수정됨. 이하 IS로 표기함)와 LSOM(Logistics & Service Operations Management)으로 분화되어 발전했다.

워낙 기간이 길고 전공이 다양해졌기에 그동안 고려대학교 경영대학에서 교육과 연구를 담당했던 교수들도 많은 변화가 있었다. 지난 100주년을 맞이하여 출간된《고려대학교 경영대학 100년사—1905-2005》를 집필한 신수식 교수는 100년 동안의 교수진을 총 6세대로 구분하였다. 부임 시기에 따라 1세대는 1905년에서 1920년, 2세대는 1921년에서 1954년, 3세대는 1955년에서 1963년, 4세대는 1964년에서 1980년, 5세대는 1980년에서 1994년, 6세대는 1995년에서 2005년까지 부임한 교수로 구분하였다. 이러한 세대 구분 내에서 해방 전에는 상업학과 경제학 전공자를 구분하고, 해방 이후에는 고려대학교 본교 출신과 타교 출신을 구분하는 등 상당히 자세하고 일목요연한 구분이었다. 다만 한 세대가 짧게는 10년에서 15년일 경우도 있고 길게는 34년이 되는 경우가 있어 세대별로 시기에 차이가 많았다.

이에 120년을 맞이한 이 책에서는 대체로 한 세대를 30년으로 계산하기에, 120년 고려대학교 경영학과의 교수진도 대략 30년씩 끊어서 현재까지 모두 4세대로 구분을 해 보았다. 즉 1905년 보성전문학교 개교부터 1932년 인촌 김성수가 보전을 인수하여 재편한 시기까지 교·강사가 1세대, 그 이후부터 해방 이후 고려대학교 경상대학에 처음 경영학과가 신설되는 1955년까지의 기간에 임용된 교수가 2세대, 그 이후부터 고려대학교 80주년이 되는 1985년 무렵까지 임용된 교수가 3세대, 그리고 그 이후부터 2020년 무렵까지 임용된 교수를 4세대로 분류할 수 있다. 이하 각 전공별로 간략하게 교수진의 충원을 통해 발전하는 과정을 정리해 보았다. 물론 내용은 앞선 신수식 교수의 분류와 분석을 기본으로 삼고, 2005년 이후의 변화상을 추가하면서 세대 구분만 30년 단위의 4세대로 간소화한 것이다. 이곳에서는 앞선 내용과 중복되지 않는 범위에서 3세대(1955-1985)와 4세대 초반의 2000년 무렵까지 발생한 변화에 초점을 맞추어 정리한다. 최근의 변화는 6장에서 보완하여 설명할 것이다.

고려대학교 경영대학에서 보성전문 시기부터 등장하여 현재까지 이어지면서 학과의 중심을 잡아 주는 3대 전공은 회계학, 마케팅(시장론), 재무관리이다. 이후 인사관리(경영관리), OM(운영관리)와 무역론(국제경영)이 추가되고, OM(Operations Management)은 LSOM(Logistics, Service & Operations Management)으로 발전하는 한편 OM에서 MIS(= IS)가 새롭게 파생되었다. 어찌보면 경영학의 포괄 영역이 시대 변천과 함께 점차 확대하는 한편 심화되는 국면인데, 2024년 현재 7개의 전공 기둥이 있고, 나머지 전공은 매트릭스처럼 얽혀서 새로운 시대 상황과 기업의 발전 방향을 반영하고 있다.

워낙 많은 교수들이 거쳐 갔기에 2005년 이전에 부임한 교수들에 대해서는 비교적 상세한 학문적 활동을 기록하고, 2006년 이후 부임한 교수들에 대해서는 간략한 정보만 기입하였다.

(1) 회계학

고려대학교 경영대학의 7개 기둥 가운데 회계학은 보성전문 이재학과 시기부터 현재까지 빠짐없이 개설되고 강의되는 핵심적인 전공에 해당한다. 해방 직후에 임용되었던 2세대의 거장들이 보성 시절과 고려대학교 시절을 이어 주면서 리더십을 발휘하여 학과 발전의 기초를 잘 닦았기에 가능했다. 회계학의 김순식 교수, 마케팅 전공의 김효록 교수, 재무학을 비롯한 다양한 경영학 분야를 강의했던 윤병욱 교수가 대표적이다.

1세대 시기에는 주로 〈부기학〉, 〈은행부기학〉, 〈공업부기〉, 〈상업부기학〉 등의 이름으로 개설되고, 1920년대부터 〈회계학〉이라는 과목명이 등장했다. 당시 보전의 강사로 임명된 임경재의 《신편 은행부기학》과 《간이 상업부기학》, 김대희의 《응용상업부기학》이 출간되어 일찌감치 부기에 대한 깊이 있는 강의가 이루어질 수 있었다. 윤정하, 구자국, 김상옥, 김영주, 그리고 일본인 다카하시 유타카(高橋豊) 등이 1세대 회계학 교수에 해당한다. 2세대에 해당하는 김순식 교수의 업적에 대해서는 4장에서 언급했으며, 당시 김순식 교수를 좌장으로 한 고려대학교 회계학의 독주 시대가 있었음은 특기할 만하다.

3세대 교수로는 김순식 교수의 뒤를 이어 1956년에 부임한 조익순, 1958년 부임한 유세환 교수가 회계학 관련 과목을 가르쳤다. 1924년 출생의 조익순 교수는 부산대학교 상학부 졸업(1952) 후 연세대학교 대학원에서 석사학위를 받고 회계학 전공으로 1954년 연세대학교 상경대학 전임강사가 되었다가 1956년 8월 고려대학교 상과대학 전임강사로 옮긴 이후 1979

년 정년퇴임까지 고려대학교에서 회계학 발전과 후진양성에 힘을 쏟았다. 1958년에는 앞서 언급한 ICA 원조를 받아 워싱턴대학교에서 1년 동안 연구하였고, 1965년 고려대학교에서 〈정부기업의 예산 및 회계제도의 연구〉로 박사학위를 받았다. 학내로는 상과대학 학장, 기업연구소 소장, 경영전문대학원장 등을 역임하고 외부적으로는 한국 경영학회 회장(1975), 한국회계학회 초대회장(1976), 한국공인회계사회 회장(1980) 등을 맡으면서 김순식 교수를 이어 한국 회계학회를 이끌었다. 1958년《고등회계학》(W. A. 페이톤, 문교부)을 번역·출간한 이후, 1961년《신부기학》(박영사)을 시작으로《회계감사론》(박영사, 1961),《회계이론》(고려대 기업경영연구소, 1962),《현대회계학》(박영사, 1963),《관리회계의 이론과 실제》(한국생산성본부, 1963),《최신세무회계》(박영사, 1970) 등의 저서를 출간했다. 퇴임 이후에는 한국 회계학의 기원이 되는 사개송도치부법(四介松都治簿法)을 역사적으로 연구하여 대중에게 알리기도 하였다.[34] 2016년에는 회계사회·회계학회·회계기준원이 설립한 회계인 명예의 전당 '제1호 헌액인'으로 선정되었다. 1930년생 유세환 교수는 한국전쟁 시기에 고려대학교 경상대학 상업학과를 졸업 후 대학원에서 잉여금에 관한 연구로 석사학위를 받았다. 1953년 전임강사가 된 이후 ICA 원조를 받아 워싱턴대학교에 2회에 걸쳐 다녀오면서 경영학 석사학위와 박사학위를 동시에 취득하였다. 기업경영연구소 소장, 경영대 학장, 경영전문대학원장 등을 역임하고 고려대학교 농구부장, 축구부장 등을 맡아 고대 스포츠 발전에도 크게 기여했다. 대외적으로 한국경영학회장, 한국회계학회장을 수행하였다.《원가회계》(박영사, 1963)를 비롯하여《관리회계》(고려대 기업경영연구소, 1963),《신은행부기》(장왕사, 1973),《신기업부기》(세영사, 1976) 등을

34 조익순,《사개송도치부법 전사(前史)》(해남, 2002); 조익순·정석우,《조선시대 회계문서에 나타난 사개송도 치부법의 발자취》(박영사, 2006).

저술했다.

이후 10여 년이 지난 1971년에 부임한 조성하, 1982년에 부임한 박승현,[35] 1983년에 부임한 신준용 교수까지는 3세대의 후반부 회계학 전공자에 해당한다. 조성하 교수는 고려대학교 상과와 미국 휴스턴대학교에서 경영전문대학원을 졸업한 이후, 고려대학교 경영대 교수로 재직하면서 한국회계학과 재무학의 가교 역할을 한 선구자로 평가받는다. 대내적으로 경영대학장 재임 기간인 1994년에 국내 최초로 경영대학에 국제인턴십 제도를 도입하는 데 기여했다. 또한 대외적으로 한국회계학회 회장과 한국경영학회 회장을 역임했고, 한국회계학회 회장 재임 시에 '박사과정 컨소시엄(Doctoral Consortium)'을 창설하여 회계학 전공 박사과정 학생들에게 학문 연구 방향 등을 제시함으로써 연구 역량 향상을 위해 애썼다. 저서로는《재무회계》(무역경영사, 1981) 등이 있다. 1983년에 부임한 신준용 교수는 우리나라에서 처음으로 정보경제학을 회계학에 접목시켜 이를 소개하였다.

이후로는 1988년에 부임한 이만우 교수가 있고, 1990년대에 들어와 1993년에 권수영, 1996년에 유관희, 1997년에 정석우, 1998년에 배길수 교수가 부임하였다. 이만우 교수는 본교에서 경영학을 전공하고 미국 시러큐스대학교에서 회계학 석사를, 조지아대학교에서 경영학 박사학위를 취득했다. 1988년 고려대학교 경영대학에 부임하여 체육위원장, 기업경영연구원 원장을 역임하고 다양한 위원회 위원으로서 학교 발전에 크게 이바지했다. 학술적으로는 91편의 논문을 저술 및 게재했고 한국세무학회 회장, 한국회계학회 회장을 역임하며 대한민국의 세무학과 회계학 발전에 공헌했다. 권

35 박승현 교수는 미국의 어바나-샴페인(Urbana-Champaign)에 소재한 일리노이대학교(UIUC)의 교수로 재직하다가 1982년 고려대학교 경영대학에 부임한 뒤 다시 미국으로 건너가 연구 활동을 이어 갔다. 고려대학교 경영대학 재직 시기에 자본시장에서 회계의 정보로서의 역할에 대하여 한국 학계에 처음 소개한 공로가 있다.

수영 교수는 고려대학교 정경대학 2년 수료 후 오스틴의 텍사스대학교에서 MBA 과정을 계기로 학문의 길로 들어가 1991년 워싱턴대학교에서 회계학으로 박사학위를 취득하고 유타대학교 조교수로 재직하다 1993년 본교 경영대 교수로 부임했다. 교내에서 경영대학장 겸 경영전문대학원장, 총무처장, 회계 전공 주임교수 등 많은 직책을 역임했으며, 교외에서는 한국회계학회 회장, 한국경영학회 부회장, 미국회계학회 SEC 연락 위원회(SEC Liaison Committee) 위원 등 다수 학회의 중책을 맡았다. 경영대학 학장 시절에 글로벌 파트너십의 하나로 스페인 IE 경영대학, 세인트루이스 워싱턴대학교, 미시간대학교 등과의 교환협정 체결을 이루었는데, 세인트루이스 워싱턴대학교는 1957년 '워싱턴대학교 프로젝트'를 통해 현대 경영학을 고려대학교 경영대에 도입하는 데 결정적인 역할을 했던 대학이었다(4장 참조). 유관희 교수는 서울대학교 경영학 학사(1976) 후 미국 인디애나대학교에서 경영학 석사(1984)와 박사(1985)를 마친 후 미국 사우스캐롤라이나대학교(University of South Carolina) 교수(1986-1989)를 역임한 뒤 고려대학교 경영대에는 1996년에 부임하였다. 외부적으로 회계학연구회 회장, 한국중소기업학회 회장, 한국경영학회 회장 등을 역임하였다. 정석우 교수는 고려대학교 경영대에서 학부와 석사를 졸업하고(회계학 전공), 뉴욕주립대학교에서 회계학 박사학위를 취득했다. 박사학위를 받은 직후인 1996년 뉴욕 주립대학교 교수를 역임하다가 이듬해인 1997년 고려대학교 경영학과 교수로 임용되었다. 한국회계학회 회장(2019-2020)을 역임하였다. 배길수 교수는 고려대학교 경영학 학사(1982), 미국 일리노이대학교에서 회계학 석사(1985), 미국 미네소타대학교에서 경영학 박사(1994)를 받고, 1998년에 고려대학교 경영대에 부임하였다. 고려대학교 경영대의 회계세무센터장과 부학장(2010-2012)을 역임했으며 외부적으로는 회계학연구회 회장(2014-2015)을 역임했다. 저서로《IFRS 회계원리》(학현사, 2012) 등이 있다.

2000년 이후로는 2001년 김진배, 2003년 윤성수, 2005년 유승원, 유용근 교수가 부임하였다. 김진배 교수는 서울대학교 학사, 미국 시카고대학교의 MBA를 거쳐 카네기멜런대학교(Carnegie Mellon University)에서 석사와 박사학위를 취득하였다. 이후 미국 보스턴대학교에서 조교수를 역임(1997-2001)하다가, 2001년 경영대로 부임하였다. 2015년에는 고려대학교 경영대학의 K-MBA 주임 교수로 선임되었다. 윤성수 교수는 서울대학교 경영대학에서 학사(1985)와 석사(1987), 그리고 미국 일리노이대학교 어바나-샴페인(UIUC)에서 박사(1995)학위를 취득하였다. 이후 미국 UCLA 경영전문대학원에서 조교수로 재직하다가 2003년에 고려대학교 경영대학으로 부임하였다. 경영전문대학원 부원장을 역임했으며, 공저로《전략적 관리회계》(홍문사, 2022) 등이 있다. 유승원 교수는 서울대학교 경영대에서 학사와 석사를 받고 미국 위스콘신대학교 메디슨에서 경영학 박사학위를 받았다. 이후 홍콩과학기술대학교에서 조교수를 역임(1997-2005)하다 2005년 고려대학교 경영대에 부임하였다. 익제큐티브 MBA(Executive MBA) 주임교수와 경영전문대학원 부원장을 역임했다. 유용근 교수는 서울대학교 경제학과를 졸업하고 한국은행에서 근무한 후, 미국 UCLA대학교의 MBA과정을 졸업하고 컬럼비아대학교에서 경영학 박사학위를 받았다. 이후 싱가포르 경영대학교 조교수로 재직한 후 2005년 고려대학교 경영대학에 부임하였다. 기업가치평가의 전문가로, 고려대학교 경영전문대학원의 G-MBA, A-MBA, E-MBA 주임교수 및 MBA부원장을 역임하였다. 또한 2025년 8월 현재 본교 기획예산처장으로 활동 중이다. 학회 활동으로는 2023년 (사)한국회계정보학회 이사 및 학회장을 역임하였다. 이 후 2006년 최우석(재무회계, 기업지배구조, 자본시장), 2008년 배진한(기업가치평가, 재무제표분석, 사회적 성과평가), 2009년 한승수(재무보고 및 공시, 국제회계, 성과평가 및 보상), 2011년 이한상(조세 및 금융 관련 국제회계 기준과 감사), 2013년 지승민(재무회계, 이익의 질,

기업지배구조), 2020년 유지송(재무회계 행동 연구[Behavioral Research in Financial Accounting]), 2025년에 구민재(자본시장, 금융중개기관, 소셜미디어, 대체데이터, 신기술) 교수가 부임했다.

(2) 마케팅(시장론)

보성전문학교 상과에서 회계학(부기학) 못지않게 큰 비중을 차지한 교과목이 오늘날의 마케팅에 해당하는 시장론이다. 1905년 이재학과 시기에 개설된 〈은행·회사·상점관리법〉이나 1910년 상업과에 개설된 〈상품학〉, 〈해관(海關)·창고〉, 〈철도·해운〉 등의 교과목이 그것이다. 1925년부터는 〈상업통론〉, 〈매매론〉, 〈상업지리〉, 〈상업역사〉, 〈상품학〉, 〈상업실천〉, 〈취인소론(取引所論)〉, 〈교통론〉 등이 시장론으로 추가되었다. 여기서 〈매매론〉은 현재의 〈판매관리〉에 해당한다. 1937년에는 〈광고학〉이 선택과목으로 개설되었다. 1세대 시장론을 전담하는 교수는 없었지만, 상업과의 첫 전임교수로 1913년 부임한 김상옥이 해당 과목의 강의를 맡았다. 이후 1926년 부임한 이관구(李寬求) 교수가 〈교통론〉을 전담으로 가르쳤다. 이관구는 교토제국대학을 졸업했다. 따라서 고려대학교 경영학과에 다양한 시장론을 확산시키며 체계를 갖추게 된 것은 2세대에 해당하는 김효록 교수가 부임한 이후의 일이다.

시대적 변화 및 산업구조의 변화와 함께 시장론이 본격적인 마케팅으로 발전한 것은 3세대 교수진의 등장과 함께 이루어졌다. 1956년 부임한 송기철 교수가 〈보험론〉과 〈상업사〉를 가르치면서 김효록 교수가 일구었던 시장론을 확장시켰고, 1965년 김동기 교수가 부임하면서 시장론 시대는 마케팅 시대로 확실하게 전환되었다. 송기철 교수는 부임 이후인 1960년 독일 쾰른대학교에서 유학을 마치고 귀국하여 마케팅 과목을 개설하였다. 송기철 교수는 대외적으로 한국보험학회 회장(1971-1973)을 역임하였으며, 저서로는 《보험학총론》(경기문화사, 1957), 《보험학》(일신사, 1962), 《상업대요》(민중서관, 1963), 《경영사》(박영사, 1974), 《기업환경론》(세영사, 1984) 등을 남겼다. 따라서 송기철 교수의 전공은 마케팅과 함께 재무·금융까지 포괄된다. 말년에는 1944년 고려대학교의 전신인 경성척식전문학교 경제과에 입학하여 해방을 맞이하며 1946년 보성전문 상과로 2학년 수료하고, 다시 고려대학교 경상대학 상업학과로 1946년 입학하여 1950년 졸업한 뒤, 1955년 대학원 상학과 석사가 되어 1956년 고려대학교 교수로 부임하는 등의 한국 현대사와 얽혀 있는 인생과 학문의 역사를 정리한 수필집을 출간하여 보성전문학교 상학과에서 고려대학교 경영학과로 변화하는 과정을 정확하게 남겨 주었다.[36]

미국 뉴욕대학교에서 유학한 김동기 교수는 부임한 이후 《현대 마케팅 원론》(박영사, 1968)을 출간했는데, 이 책은 관리적 접근(managerial approach)과 행동과학적 접근(behavioral science approach)을 채택한 국내 최초의 저서로 이후에 개정판과 증보판이 출간될 정도로 반향이 컸다. 이후에도 《국제마케팅론》(박영사, 1988), 《소비자 행동 분석—마케팅전략으로의 적용》(공저, 박영사, 1992) 《신소비자행동—디지털시대의 마케팅전략 적용》(공저, 박영사, 2001) 등을 출간하여, 한국에 본격적인 마케팅을 소개하고 확산시켰다. 1994년에는 김동기 교수의 화갑을 기념하여 동료 및 제자들이 한국 마케팅의 회고와 전망을 담은 학술집을 출간하였다.[37]

이후 4세대로 분류할 수 있는 교수진이 대거 보강되었다. 1984년에 채서일, 1990년 이두희, 1992년 박종원, 1995년 김재욱, 1997년 박찬수, 2001년

---

36 송기철, 《일제하 좌절된 삶》(보경문화사, 2004); 송기철, 《고려대학교와 나—내 인생 흑자인가 적자인가》(보경문화사, 2004) 등.

37 은산 김동기박사 화갑기념논문집 간행위원회 엮음, 《(은산 김동기박사 화갑기념) 한국 마케팅의 회고와 전망》(박영사, 1994).

김상용과 류강석, 2004년에 김재환, 2005년 석관호 교수가 부임하였다. 그리하여 마케팅 전공은 다시 세부적으로 소비자행동론에 4명(이두희, 박종원, 류강석, 석관호), 계량적 마케팅에 3명(박찬수, 김상용, 김재환), 마케팅전략에 1명(채서일), 유통에 1명(김재욱)으로 구성된 균형 잡힌 진용을 갖추게 되었다.

채서일 교수는 서울대학교 경영학과를 졸업하고 미국 인디애나대학교에서 석·박사 과정을 마치고 미국 피츠버그대학교 교수로 재임하다 1984년 고려대학교로 부임했다. 1980년대에 국내에 마케팅 개념을 심었던 개척자 중 하나로 평가받으며, 한국소비자학회 회장, 한국마케팅학회 회장, 한국경영학회 회장 등을 역임했다. 2008년에는 한국마케팅여론조사협회가 제정한 'KOSOMAR 저술상'의 첫 수상자가 되었다. KOSOMAR는 한국갤럽 엠브레인 등 40여 개 조사기관을 회원으로 둔 마케팅조사협회로 마케팅 및 사회여론분야의 리서치 전문가들이 가장 많이 애독하고 도움을 받았다고 평가한 조사 분야 전문서적 저자에게 저술상을 수여한다. 이두희 교수는 고려대학교 경영학과를 졸업하고 미국 위스콘신대학교 메디슨에서 석사와 MBA를 마치고, 미시간 주립대학교에서 박사학위를 취득하였다. 1990년 고려대학교 경영대학에 부임하여 기업경영연구원원장, 대외협력처장, 국제교육원장, 경영대학장 겸 경영전문대학원장 등을 역임했다. 1997년 공저로 출간했던 《인터넷 마케팅—글로벌정보화시대의 새로운 경쟁법》(영진출판사, 1997)을 통해, 향후 '인터넷 마케팅'이라는 용어의 강의와 분야를 개척한 것으로 평가받는다. 대외적으로는 한국소비문화학회 회장, 한국광고학회 회장, 한국마케팅학회 회장, 한국경영학회 회장, (사)한국경영대학·대학원 협의회 이사장 등을 역임했다. 2018년에는 경영학회 회장을 맡으면서 ICT 융합 기반으로 지능화된 산업과 융복합 사회를 이끌어 갈 수 있는 리더십과 기업가정신 함양을 위해 경영학회 회원들과 함께 《경영교육 뉴패러다임》의 집필을 주도했다.[38] 박종원 교수는 고려대학교에서 경영학 학사, 미국 위스콘신대학교에서 경영학 석사, 미국 일리노이대학교에서 경영학 박사를 취득하였다. 캐나다 밴쿠버의 브리티시컬럼비아대학교(UBC)에서 조교수를 역임하였고, 1992년에 고려대학교 경영대학에 마케팅 전공 교수로 부임하였다. 주 연구 분야는 소비자행동으로, 특히 행동과학 및 심리학적 접근법을 중심으로 소비자의 판단과 선택 및 의사결정의 특성을 파헤치는 데에 연구를 집중하고 있다. 저서로《온라인 시대의 소비자 행동》(법문사, 2002)이 있고, 공저로《소비자행동으로 본 다이어트 심리학》(법문사, 2024)이 있다. 김재욱 교수는 고려대학교와 미국 퍼듀대학교에서 경영학 석사, 미국 일리노이대학교에서 경영학 박사를 취득하고 1995년 고려대학교 경영대에 부임하였다. 주 연구 분야는 유통관리 및 물류관리로, 교내에서 경영대학 마케팅 주임교수, 글로벌MBA 주임교수, 고려대학교 입학처장, 기획예산처장, 경영대학장 겸 경영전문대학원장 등을 역임하였다. 대외적으로는 한국유통학회 회장 등을 역임하였다. 공저로《서비스 마케팅》(시그마프레스, 2014)이 있다. 박찬수 교수는 서울대학교 경영대 학사, 미국 미시간대학교에서 경영학 석사, 스탠퍼드대학교에서 통계학 석사 및 경영학 박사학위를 받고 1997년 고려대학교 경영대에 부임하였다. 주 연구분야는 마케팅에 대한 계량적 접근 및 브랜드자산 측정으로, 마케팅 조사 분야의 발전에 기여한 공로를 인정받아서 미국마케팅학회(American Marketing Association)가 수여하는 도널드 레이먼 상(Donald R. Lehmann Award)을 수상한 바 있다. 저서로《마케팅 원리》(법문사, 2022), 공저로《ESG 시대의 사회적 가치와 지속가능경영》(클라우드나인, 2021), 역서로《신상품 마케팅》(시그마프레스, 2004) 등이 있다. 김상용 교수는 서울대학교 서양사학과 학사, 미국 카네기멜런대학교에서 산업경영 석사학위, 미국 듀크대학교에서 경영학 박사학위를 취득하

38 이두희 외,《경영교육 뉴 패러다임》(매일경제신문사, 2018).

였다. 한림대학교와 KAIST 교수를 거쳐, 2001년부터 고려대학교에 부임하였다. 주 연구 분야는 마케팅 모델론, 유통경로 관리, 인터넷 마케팅이다. 교내에서 기업경영연구원 부원장, 경영전문대학원 부원장, 대외협력처장, 경영대학장 겸 경영전문대학원장 등을 역임하였다. 교외로는 서비스마케팅학회 회장, 한국마케팅학회 회장, 한국소비자학회 회장 등을 역임하였다. 미국마케팅학회 학술대회 최우수논문상(2017)을 수상하였으며, 저서로《하루만에 배우는 경영학—마케팅 입문》(토트, 2017),《마케팅 키워드 101》(토트, 2013), 공저로《고객지향적 유통관리》(학현사, 2015),《마케팅 조사》(창명, 2019),《마케팅 원론 ABC》(학지사, 2022) 등이 있다. 류강석 교수는 서울대학교에서 경영학 학사와 석사학위를, 미국 피츠버그대학교에서 경영학 박사학위를 취득하였다. 싱가포르 국립대학교 교수를 역임하고 2001년 고려대학교 경영대로 부임하였다. 주 연구 분야는 소비자행동, 구전 커뮤니케이션, 고객기반 신제품 개발이다. 공역서로《신제품 개발 바이블—디담한 혁신상품은 어떻게 만들어지는가?》(로버트 쿠버, 진성북스 2016) 등이 있다. 김재환 교수는 고려대학교 경영대학과 동 대학원을 졸업하고 2001년 미국 오하이오 주립대학교에서 경영학 박사학위를 받았다. 콜로라도대학교에서 경영대학 조교수를 거쳐 2004년 고려대학교 경영대로 부임했다. 주 연구 분야는 마케팅 모델링 & 애널리틱스다.

2005년 이후로는 2006년에 이장혁(인터넷 마케팅, 서비스 마케팅, 마케팅엔지니어링)과 이종호(마케팅 전략[혁신, High-tech, ESG, 기업 성과]), 2007년에 유시진(마케팅 성과측정, 고객자산, 시계열분석), 윤성아(소비자 행동, 행동선택 이론), 토니 가렛(Tony C. Garrett)(혁신과 신제품개발, 마케팅과 문화), 2009년에 최진희(소비자행동, 소비자심리, 의사결정), 2010년에 유원상(경쟁전략, 유통경로 관리, ESG와 마케팅), 2021년 한규훈(마케팅 전략, 광고비, 고객만족, B2B), 2024년 김백중(계량마케팅, 온라인 플랫폼) 교수가 부임했다.

(3) 재무·금융

보성전문학교 설립부터 은행을 중심으로 한 재무·금융 관련 과목이 개설되었다. 1905년에는 〈은행실무〉와 〈은행·회사·상점관리법〉이라는 2개의 강좌가 개설되었고, 1910년 상과로 개편된 후 〈은행〉 과목이 개설되었다. 1925년에는 〈은행·화폐론〉 과목이 〈은행론〉과 〈화폐론〉으로 분리되고, 〈취인소론(取引所論)〉도 새롭게 개설되었다. 1937년 선택과목으로 〈신탁론〉이 등장하고, 1942년에 〈금융조합론〉도 신설되었다. 1세대에 재무와 금융 과목은 경제학을 전공하는 교수와 은행에서 실무 경험이 있는 인사가 강사로 출강하였다. 보전 시절에 법률과에서 1910년대 개설된 〈보험법〉 과목도 1920년대부터 상과의 필수 또는 선택과목으로 지정되었는데, 보험은 넓은 의미의 금융기관 업무에 포함되기에 재무·금융 영역에 포함된다.

해방 이후인 1946년 부임한 도쿄상업대학교 출신의 김의도 교수가 〈보험론〉을 고려대학교에서 처음 본격적으로 강의하기 시작했고, 1956년부터 부임한 송기철 교수가 이 과목을 담당하였다. 이후 보험학을 전공했던 신수식 교수가 1968년 부임하여 1972년부터 경영학과의 〈보험론〉과 무역학과의 〈무역보험론〉을 강의했다. 지금의 보험학은 대부분 재무·금융 분야로 포괄되지만, 송기철, 신수식 교수가 독일에서 배운 보험학은 금융보다는 회사 구성원들의 복지(wellfare)적인 차원에서 연구되는 경향이 강했고, 그래서 이 책에서는 경영관리 분야에서도 언급한다.

세부 전공으로서의 재무·금융 분야는 1953년에 윤병욱 교수와 성창환 교수의 부임 이후부터 체계를 갖추기 시작하였다. 모두 2세대 교수진에 해당한다. 앞서 언급했듯 교수로 부임 이후 독일 쾰른대학교에서 유학하고 ICA 원조로 워싱턴대학교에서 공부했던 윤병욱 교수는 기업의 재무관리에 관한 연구를 진행하여 1962년 직접 《재무관리》라는 책을 저술하였다.[39]

윤병욱 교수는 다양한 저술과 연구에도 불구하고 '기업 재무'를 경영학의 전공으로 정착시킨 공로가 크다. 경영학과의 마지막 경제학 전공 교수였던 성창환 교수는 상과대학에서 〈은행론〉을 도맡아 강의했다. 재무관리에 대한 교과과정이 개설된 연도로 보면, 고려대학교에 1955년 처음 도입되고, 이후 1959년에 연세대학교, 1963년에 서울대학교와 서강대학교, 1968년에 충남대학교, 그리고 1972년에 경북대학교 순이었다.[40] 이미 보전부터 상업학 교육의 전통을 축적한 고려대학교 경영학과의 선도적인 업적이라 할 것이다.

이후 재무·금융 분야의 3세대 교수진으로 1965년 김희집 교수, 1969년 지청, 1982년 이필상, 1983년 남상구, 1985년 윤영섭 교수가 부임했다. 1961년 상과대학 교과목의 전면 개편 시기에, 재무 관련 과목이 다수 개설되고, 1964년 경영전문대학원 석사과정이 처음 설치되었을 때 재무론이 세부 전공으로 인정이 되고, 1971년부터는 〈재무관리〉, 〈재무분석〉, 〈투자론〉, 〈증권시장론〉, 〈투자처리론〉 등의 과목이 석사 전공자의 이수 과목으로 지정되었다. 1977년 학부 과목으로 〈재무관리〉, 〈재무분석〉, 〈증권분석〉, 〈투자론〉, 〈증권관계법〉, 〈증권시장론〉, 〈증권금융론〉 등의 과목이 개설되었다. 재무학의 기본과목인 〈재무관리〉는 개설 이후 주로 김희집 교수가 강의하였고 여러 반으로 분반되어 개설되자 지청 교수를 비롯해 재무 전공 교수들이 분담하여 강의했다. 경영대학에서 재무학이 독자적인 분야로 자리 잡기 시작한 것은 1950년대 중반 윤병욱 교수가 선도하여 재무관리에 대한 교과과정이 정비된 시기였으며, 1960년대 후반부터는 김희집 교수가 주도하였다. 김희집 교수는 〈재무관리〉 외에도 〈증권시장론〉, 〈경영분석〉 등의 과목을 강의하였고, 《신경영분석》(박영사, 1973), 《50대 상장기업 경영분석》(한

39 윤병욱, 《재무관리》(고려대학교 기업경영연구소, 1962).

40 이정도, 〈재무관리교육의 평가와 제안〉, 김정년·조동성 외, 《한국경영학 30년—회고와 전망》(서울대학교출판부, 1988), 268쪽.

국능률협회, 1973) 등의 저서를 출간하였다. 1975년에는 〈기업공개정책과 기업의 재무구조에 관한 연구—기업공개가 공개법인의 재무구조에 미치는 영향을 중심으로〉라는 박사학위 논문을 제출했다. 또한 학회 활동으로 1976년 한국증권학회 초대 회장과 1987년 한국경영학회 회장을 역임하였다. 교내에서는 1990년 고려대학교 총장으로 취임하였다. 1969년 부임한 지청 교수는 고려대학교 경영학과에서 학사, 대학원 경영학과에서 석사(1965), 미국 컬럼비아대학교 경영대학원에서 경영학석사(1968), 그리고 고려대 대학원에서 경제학박사(1975) 학위를 취득하였고, 경영대에 부임한 이후 무역연구소장, 총무처장, 기업경영연구소장, 경영대학장, 경영대학원장 등을 역임하였다. 대외 활동으로는 한국증권학회장, 금융통화운영위원회 위원, 한국재무학회장, 한국경영학회장, 사회과학원 이사장 등을 역임하였다. 주요 저서로 《외국인직접투자론》, 《한국경영론》(공저), 《재무관리》(공저), 《투자론》(공저) 등이 있다.

1980년대 중반 이후 국제금융시장의 중요성이 커지면서 〈국제금융론〉, 〈금융론〉, 〈국제재무론〉 등의 과목이 개설되었다. 〈국제금융론〉은 윤영섭 교수가 개설하였으나 이후 어윤대 교수가 담당하였으며, 1990년 신설된 〈국제재무론〉은 이필상 교수가 주로 강의하다 1996년 〈국제재무관리〉로 과목명이 변경되었다. 1989년 개설된 〈금융론〉은 이필상 교수와 윤영섭 교수가 담당하였고, 1990년 신설된 〈재무이론〉 과목은 남상구 교수가 담당하였다. 1983년 고려대학교에 부임한 남상구 교수는 〈투자론〉, 〈증권시장론〉 등을 강의하며 1996년 한국재무학회 회장, 1999년 한국금융학회 회장을 역임하였다. 또한 2005년부터 2008년까지 한국기업지배구조원(CGS) 2대 원장을 맡았다. 1985년 부임한 윤영섭 교수는 오하이오 주립대학교에서 재무학 박사학위를 취득하고 1985년 고려대학교 경영대학에 부임하였다. 본교에서 대외협력처장, 동북아경제경영연구소 소장, 국제대학원 원장, 국제학부장, 대외부총장을 역임하며 학교 발전에 기여하였다. 1999년 한국증권학회 회장을 역임하였다. 미국 컬럼비아대학교에서 재무론으로 박사학위를 받고 1982년 부임했던 이필상 교수는 〈금융론〉과 함께 점차 파생상품의 중요성이 기업과 경영에서 중요해지면서 1995년 〈선물옵션〉 과목을 신설하여 강의했다. 이필상 교수는 1995년 한국선물학회 회장과 1998년 한국재무학회 회장을 역임하고, 《금융론—금융시장의 운영과 중개기구》(박영사, 1985), 《재무관리》(박영사, 1987), 《관리경제학》(법문사, 1987), 《투자론》(법문사, 1988), 《금융경제론》(박영사, 1990), 《증권시장론—정보와 증권가격의 결정》(법문사, 1992) 등의 많은 저술을 남겼다. 이필상 교수는 2006년 12월 고려대학교 16대 총장에 취임하였으나 이듬해 2월 조기 사퇴하였다.

1990년대 이후에 부임한 재무 전공 4세대 교수로는 1990년에 부임한 장하성, 1998년에 부임한 박경서 교수가 있다. 미국 펜실베이니아대학교의 와튼스쿨에서 재무론으로 박사학위를 받고 미국 휴스턴대학교에서 재무학과 교수로 재직하다가 1990년 고려대학교에 부임한 장하성 교수는 〈재무론〉, 〈투자론〉, 〈기업재무〉, 〈증권시장론〉 등을 강의하며, 《재무관리》(법경사, 1995), 《한국 자본주의—경제민주화를 넘어 정의로운 경제로》(헤이북스, 2014) 등의 저서를 남겼다. 참여연대에서 활동하면서 소액주주운동과 장하성 펀드 등을 운영했으며, 이필상 교수와 함께 대표적인 재벌기업 비판론자로 유명했다. 경영대학장을 역임하고 말년엔 문재인 정부의 초대 대통령비서실 정책실장을 역임하고 정년퇴임 후에 주중대사를 맡았다. 박경서 교수는 1991년 노스웨스턴대학교에서 재무학 박사학위를 취득한 후, 1998년까지 금융연구원 연구위원으로 재직하다가 고려대학교 경영대학에 부임하였다. 코스닥시장공시위원회, 주가지수위원회, 공적자금관리위원회, 국민경제자문위원회 등에서 활동하였으며, 한국이사협회 회장, 한국기업지배구조원 원장을 역임하였다. 또한 재무연구 편집위원장, 한국증권학회 부회장,

한국재무학회 회장을 맡으며 학계 및 정책 분야에서 활발히 활동하였다. 2004년에는 김동철 교수와 김중혁 교수가 부임하였다. 김동철 교수는 서울대학교 산업공학과에서 학사학위를, 한국과학기술원(KAIST) 경영과학과에서 이학 석사학위를, 미국 미시간대학교에서 통계학 석사 및 경영학 박사학위를 취득하였다. 이후 미국 럿거스대학교에서 조교수와 종신교수를 역임하다가 2004년 고려대학교 경영대학에 부임하였다. 주요 연구 분야는 투자, 기업평가, 위험관리이며, 2012년 한국연구재단의 우수학자지원사업 인문사회분야 우수학자로 선정되었다. 또한 한국증권학회 회장과 한국재무학회 회장을 역임하였다. 김중혁 교수는 고려대학교 무역학과에서 학사학위를, 미국 일리노이대학교에서 재무학 석사 및 박사 학위를 취득하였다. 이후 미국 케이스웨스턴리저브대학교(Case Western Reserve University)에서 조교수로 재직하다가 2004년 고려대학교 경영대학에 부임하였다. 주요 연구 분야는 투자, 증권분석, 행동재무, 기업재무이며, 고려대학교 기업지배구조연구소(AICG) 부소장, 경영대 부학장, 한미재무학회(KAFA) 부회장, 기업경영연구원원장 등을 역임하였다.

2006년 이후로 현재까지 부임한 교수로는 2006년에 부임한 이동욱(국제재무, 기업재무, 채권), 2007년에 부임한 황준호(재무관리, 기업재무), 2010년에 부임한 김배호(파생상품, 위험관리, 파이낸셜 애널리틱스), 2011년에 부임한 김창기(보험, 위험관리, 금융관리), 2012년에 부임한 김우찬(기업지배구조, 국제재무), 박진관(기업재무, 투자관리), 정지웅(자산운용 및 기업재무), 2013년 부임한 손범진(투자관리, 계량모델링), 2014년 부임한 나현승(기업재무, 기업지배구조), 2019년 부임한 김태진(금융기관, 기업재무), 2020년 부임한 이희범(재무금융, Business Analytics), 2021년 부임한 황선우(재무금융), 2024년에 부임한 조둠밈(자산가격결정, 거시금융), 이해강(보험, 투자관리, 머신러닝, 헬스케어파이낸스) 교수가 있다.

(4) 경영관리(인사조직)

고려대학교 경영학과에서 인사관리 교과목이 처음 필수과목으로 지정된 것은 1961년 〈인사관리론〉과 〈경영조직론〉이다. 1955년 경영학과가 성립할 때 〈경영관리〉, 〈노동법〉 과목은 있었지만 본격적인 인사관리 과목은 개설되지 않았다. 이는 오랜 역사를 지닌 회계학, 시장론, 재무관리 전공과는 사뭇 다른 양상인데, 기존 상업학에서 인사관리는 간과되었던 분야이기 때문이었을 것이다.[41] 하지만 1961년 이후 최신 경영학의 흐름을 도입하여 1968년부터 '인사관리' 분야는 독립된 전공으로 인정받았고, 기존 두 과목 외에 〈인간관계론〉, 〈노사관계론〉, 〈인사관리연습〉을 전공 필수과목으로 추가 지정했다. 〈인간관계론〉은 후에 〈조직행동론〉으로 과목명을 변경하면서 그 성격을 시스템 접근(system approach)을 통하여 "조직에 있어서의 인간행동의 체계화와 체계적 이해를 제공하고 조직에 있어서의 제반문제를 규명·분석하는데 중점"을 둔다고 정의했다. 또한 심리학과에 개설된 〈산업심리론〉을 경영학과의 선택과목으로 인정했는데 향후 심리학의 방법론과 전문성이 인사관리·조직문화·마케팅 등 경영학 각 영역과 콜라보를 이루게 되는 가능성을 열어 주는 시도였다. 이 외에 선택과목으로 〈공익기업론〉이 개설되었다. 1977년 경영대학으로 개편될 때 인사관리·조직 분야에 〈경영정책〉 과목이 전공 선택으로 개설되었다.

경영전문대학원 석사과정에는 1964년 성립부터 인사관리 전공이 설계되었으며, 과목으로는 〈인사관리론〉, 〈인사조직〉, 〈고등산업심리학〉, 〈인사관리 세미나〉가 개설되었다. 경영전문대학원은 1971년 타 학과 출신의 선수과목(기본과목)으로 회계학, 마케팅 등과 더불어 인사관리를 포함시켰다.

1960년대 상과대학과 경영전문대학원의 인사관리론은 초기에 정수영

---

41 신수식, 《고려대학교 경영대학 100년사—1905-2005》, 281-282쪽.

교수가 담당하였다. 일본 도쿄 정법대학에서 공부하고 서울대학교 상과대학에 재직하다 1952년 본과에 부임한 정수영 교수는 경영학, 회계학 분야에도 저술이 있었지만 1960년대부터 〈경영학 총론〉 이외에 세부 전공으로 인사관리를 새롭게 개척했다. 그리고 1963년 부임한 이준범 교수가 초기에는 〈외환론〉, 〈무역론〉을 강의하다가 1968년 박사학위 논문으로 〈한국 공기업의 동기부여에 관한 연구〉를 쓴 이후 인사관리 전공에 몰두하여 〈인사관리〉나 〈노사관계론〉을 주로 강의했다. 이후 1968년 부임한 신수식 교수는 주전공인 〈보험론〉 이외에 부전공으로 〈인사관리〉, 〈조직행동론〉을 강의하다가 1980년대부터 노사관계론으로 전공을 바꾸었다. 신수식 교수는 교내에서 경영대학장과 경영전문대학원장을 역임하면서 학과의 학생지도부터 대외적인 업무까지 수행하였으며 1998년에는 고려대학교 노동대학원장을 역임했다. 대외적으로는 한국사회보장학회장(1990), 한국인사관리학회장(1997), 한국보험학회장(1999), 노동부 산재보험발전위원장(제1차, 제2차)을 역임하였다. 저서로는 《한국보험사》(무역경영사, 1974), 《국민복지연금론》(생명보험협회, 1979), 《보험경영론》(무역경영사, 1983), 《사회보장론》(박영사, 1978), 《현대보험경영론》(박영사, 2002), 《현대고용관계론》(공저, 박영사, 2002) 등이 있고, 2006년에는 고려대학교 경영대학의 지난 100년의 역사를 자세하고 꼼꼼하게 정리한 《고려대학교 경영대학 100년사—1905-2005》(고려대학교 경영대학, 2006)을 출간하여, 이 책의 기본적인 자료가 되었다.

이렇게 1960년대 후반부터 고려대학교 경영학과의 인사관리는 정수영, 이준범, 신수식의 3인 교수가 담당하였는데, 대체로 고려대학교 경영대 3세대 교수들이 활동하던 시기에 해당한다. 이준범 교수는 1963년 기업경영연구소의 경영문고 시리즈의 하나인 《알기 쉬운 인사관리》를 집필하여 초기 인사관리 개념의 확산에 기여했고 경영대학장 등을 거쳐 1985년부터 1989년까지 고려대학교 제10대와 11대 총장을 역임했다.

이후 1985년 김인수 교수가 부임하면서 4세대 교수진의 인사관리 체제로 변화하였다. 1960년에서 1995년까지의 우리나라 기업들의 기술 학습에 대한 동태적인 과정을 밝힌 김인수 교수의 연구는 하버드대학교 출판부에서 1997년 출간되어 높게 평가받았고, 이후《모방에서 혁신으로》라는 제목으로 번역·출간되었다.[42] 그의 연구는 지난 30년 동안 한국의 기업이 척박한 현실 속에서도 어떻게 기술 능력을 학습하고 이를 기반으로 새로운 기술 혁신을 통해 세계적인 경쟁력을 갖추게 되었는지를 경영학적 관점에서 설득력 있게 제시한 이 분야의 개척적인 연구로 평가받는다.[43] 1988년에는 기존의 〈노사관계론〉에 〈기업윤리〉와 〈경영전략〉 과목이 신설되었다. 이 시기부터 "기업행위의 윤리적 차원에 의한 체계화로 기업의 사회적 책임론을 주된 내용"으로 하는 〈기업윤리〉가 개설된 점이 특기할 만한데, 이는 오늘날 주목받고 있는 ESG 경영의 단초를 보여 주었기 때문이다. 같은 맥락에서 1996년에 개설된 〈기업과 사회〉 역시 "구체적으로 기업윤리, 사회적 책임, 다국적 기업, 환경문제, 규제, 주주와의 관계, 종업원 관계, 소비자 관계 등의 문제를 다루며 다양한 외부 이해자 집단과 기업과의 역학관계를 연구"함으로써 경제적 가치만이 아니라 사회적 가치에 대한 관심을 새롭게 환기시키는 역할을 수행했다.

이 외에도 인산관리·조직 분야의 새로운 교과목으로 1989년에 〈거시조직론〉, 1991년에 〈비교인적자원론〉, 1993년에 〈조직개발론〉, 1994년에 〈경

42 김인수,《모방에서 혁신으로》, 임윤철·이호선 옮김(시그마인사이트컴, 2000). 원서는 Linsu Kim, *Imitation to Innovation: The Dynamics of Korea's Technological Learning* (Harvard Business School Press, 1997)이다.

43 2002년 갑작스럽게 세상을 떠난 김인수 교수를 추모하여 세계적인 저널인 *Oxford Develoment Studies*에서 김인수 교수를 기리는 특별판을 발행하였고, 2003년에도 *Industy and Innovation* 저널에도 김인수 교수의 업적을 기리는 논문이 발표되었다. Dieter Ernst, John A. Mathews, "In Memorium: Linsu Kim 1938-2003," *Industy and Innovation*, vol. 10, iss. 1 (2003).

영관리입문〉, 1996년에 〈경영혁신론〉 등의 과목이 새롭게 개설되었다.

대학원 편제에 따르면, 인사·조직 과목들은 경영대학 경영관리 전공으로 분류되어 있다. 그 안에 인사·조직, 고용관계, 경영전략, 조직행동 등의 과목이 편재되어 있다.

4세대 교수진으로 1989년 이진규, 1993년 문형구, 1995년 김언수, 1997년 김동원, 2002년 배종석, 2003년 김희천, 2004년 권성우 교수가 부임했다. 이진규 교수는 고려대학교 경영학과에서 학사, 미국 미시간 주립대학교에서 경영학 석사, 미국 아이오와대학교에서 경영학 박사학위를 취득하고, 미국 웨스트버지니아대학교 경영학과 교수를 거쳐 1989년 고려대학교 경영대학에 부임하였다. 주 연구 분야는 전략적/윤리적 인적자원관리, 경영관리이다. 교내에서는 교내 경영대학장 및 경영전문대학원장을 비롯하여 노동문제연구소장, 노동대학원 원장 등을 역임하고 교외로는 한국노사관계학회 회장, 한국인사관리학회 회장, 한국인사조직학회 회장 등을 역임하였다. 공저로《현대경영학》(법문사, 2022) 등이 있다. 문형구 교수는 서울대학교에서 영문학 학사 학위를, 연세대학교에서 경영학 석사학위를, 미국 미네소타대학교에서 조직행동론으로 박사학위를 취득한 후, 고려대학교 경영대학에 1993년에 부임하였다. 주 연구 분야는 기업통제, 기업윤리, 기업간관계, 동기부여이다. 교내에서는 노동대학원 원장 겸 노동문제연구소장, 경영전문대학원 최고경영자과정 주임교수 등을 역임했으며, 교외로는 리더십학회 회장, 한국비영리학회 회장, 한국윤리경영학회 이사 및 부회장, 한국인사조직학회 회장 등을 역임했다. 기업윤리자문위원회 위원으로서 기업의 윤리적 경영을 위한 조언을 제공하는 등 활발한 사회적 기여를 했다. 공저로《기업시민, 미래경영의 길이 되다—문명사적 대전환기, ESG 시대를 앞서가는 기업시민 스토리》(나남출판, 2021) 등이 있다. 김언수 교수는 고려대학교 경영대에서 학사, 미국 일리노이대학교에서 경영학 석사와 박사학위를 취득하고, 캘리포니아 주립대학교(California State University)에서 경영학과 조교수를 역임하다 1995년 고려대학교 경영대로 부임했다. 주 연구 분야는 경영전략, 경쟁전략, 전략실행과 과정 연구이다. 교내에서는 기업경영연구원 원장, 경영전략실장을 거쳐 2024년 9월부터 경영대학장 및 경영전문대학원장을 맡고 있다. 교외로는 한국전략경영학회 회장 등을 역임했다. 공저로《TOP을 위한 전략경영 5.0》(피앤씨미디어, 2018)과《넥스트 이노베이션》(진성북스, 2020) 등이 있다. 김동원 교수는 고려대학교 경영대에서 학사, 미국 위스콘신대학교(메디슨)에서 노사관계학으로 석사와 박사학위를 마치고, 미국 뉴욕 주립대학교에서 경영학 교수로 재직하다 1997년 고려대학교 경영대학으로 부임하였다. 주 연구 분야는 고용관계/노사관계이다. 교내에서 총무처장, 기획예산처장, 노동대학원장, 경영대학장 및 경영전문대학원장 등을 거쳐 2023년 3월부터 제21대 총장으로 취임하였다. 교외로는 한국고용노사관계학회 회장, 국제노동고용관계학회(ILERA) 회장 등을 역임했다. 저서로는《고급 고용관계 이론》(박영사, 2020)이 있고 공저로《고용관계론》(박영사, 2019),《새로운 노사관계 연구》(중앙경제사, 2022) 등이 있다. 배종석 교수는 고려대학교에서 경영학으로 학사와 석사를, 미국 일리노이대학교에서 인사조직 전공으로 석사 및 박사학위를 받았다. 한양대학교 경영대학에서 5년간 재직하다 2002년 고려대학교 경영대에 부임하였다. 주 연구 분야는 경영철학과 전략적 인적자원관리이다. 교내에서는 기업경영연구원 원장과 경영대학장 겸 경영전문대학원장을 역임하고, 교외에서는 기독경영연구원 원장, 기독교윤리실천운동 공동대표 등을 역임했다. 저서로《인적자원론—가치, 사람 그리고 제도》(홍문사, 2006),《기업이란 무엇인가》(예영커뮤니케이션, 2006), 공저로《K-매니지먼트—기로에 선 한국형 기업경영》(클라우드나인, 2015),《기독경영 JusT ABC》(예영커뮤니케이션, 2010),《1919년 보성전문, 시대·사회·문화》(세창출판사, 2020),《ESG 시대의 사회적 가치와 지속가능경영》(클라우드나인, 2021) 등이 있다. 김희천 교수는 고려대학교에서 경영학 학사, 한국과학기술원에서 경영과학 석사, 미국 텍사스 A&M대학교에서 경영학 박사학위를 취득하고, 한양대학교에서 경영대 교수를 역임하다 2003년 고려대학교 경영대에 부임했다. 주 연구 분야는 경영전략, 전사적 전략, 신사업 전략이다. 교내로는 고려대학교 경영대학 부학장과 경영관리 주임 교수 등을 역임했고, 교외로는 한국전략경영학회 회장, 한국인사조직학회 회장 등을 역임했다. 공저로 《기업집단 관리방식 변화에 관한 연구》(한국경제연구원, 2005), 《한국재벌 미래는 있는가》(매일경제신문사, 2000), 《조직학의 주요 이론》(법문사, 2000) 등이 있다. 권성우 교수는 서울대학교에서 심리학 학사와 조직심리학 석사, 미국 카네기멜런대학교에서 경영학 석사와 박사학위를 취득한 후 2004년 고려대학교 경영대학에 부임하였다. 주 연구 분야는 조직행동, 협상이다. 한국중소기업학회 부회장, 한국협상학회 회장 등을 역임하였다.

2005년 이후로는 2007년 김태규(조직행동, 조직변화), 2009년 전재욱(리더십, 조직행동, 연구방법론), 이동섭(기업윤리, 조직행동, 리더십), 2010년 김광현(인사관리, 조직행동, 기업문화), 김영규(조직이론, 경영전략, 소셜 네트워크), 2011년 남대일(경영전략, 스타트업, 벤처, IPO, 혁신), 2020년 장진욱(조직행동, 협상), 2023년 이재민(벤처경영, 기업전략, 조직변화, 신사업전략), 2024년 김종수(경영관리, 전략) 교수가 부임했다.

(5) OM과 LSOM

흔히 OM(Operations Management), 즉 생산관리로 통칭되는 경영학의 세부 전공 분야도 인사관리와 마찬가지로 1961년 교과과정 개편부터 확대되기 시작하여 1968년에 비로소 독립된 전공으로 인정받았다. 그러나 이후부터 생산관리 분야에는 오히려 산업(경영)수학이나 통계학, 그리고 전산과목의 첨단 분야까지 포함되어, 현재는 IS(Management Information System)와

LSOM(Logistics, Service & Operations Management)이라는 새로운 명칭의 세부 전공이 이전의 생산관리를 대체하게 되었다. 단 시대 변화에 따라 전공의 내용이 분화됨에 따라 OM과 LSOM을 하나의 전공으로 분류하고, IS는 절을 구분하여 설명하고자 한다.

1968년 이전에도 생산관리에 해당하는 교과목은 1937년부터 개설되기 시작했다. 1937년 상과의 과목 개편으로 개설된 〈공업정책〉이 그 시작이다. 이후 1946년 경상대학 상업학과의 필수과목으로 〈공장경영론〉이 개설되고 선택과목으로 〈공업경제론〉이 개설되었다. 1961년 선택과목으로 〈생산관리론〉이 추가되었다. 그리고 1968년 생산관리가 독립 전공으로 인정되면서, 〈생산관리론〉은 필수과목으로 전환되고, 선택과목으로 〈자재관리〉, 〈경영공학〉, 〈생산관리연습〉이 개설되었다. 1972년부터 〈생산관리〉 외에 필수과목으로 〈자재관리론〉, 〈생산계획론〉이 개설되어 추가되었다. 경영전문대학원에서는 1964년 초기부터 생산관리가 석사과정으로 개설되었다.

이처럼 1960년대 개설이 확장되는 OM 영역의 강의는 1956년 부임한 조구연 교수와 1962년 부임한 김해천 교수가 담당했다. 1955년 경영학과 신설 이후 부임한 경영대의 3세대 학자에 해당한다. 1924년생의 조구연 교수는 일제 말기인 1943년 보성전문학교 상과에 입학하여 해방 후 1947년 6월 고려대학교 제2전문부 경상과를 졸업하고 경제학과에 편입하여 1950년 5월 경상대학 경제학과를 졸업하였다. 이후 대학원 경제학과에 입학했으나 6·25전쟁으로 학업이 중단되어 1955년 3월에 석사학위를 받고 1956년 9월부터 상과대학 전임강사로 부임하여 〈통계학〉과 〈경제지리〉 등의 과목을 교수했다. 이후 ICA 지원을 받아 워싱턴대학교에 유학하고 돌아와 통계학과 생산관리에 대한 과목을 담당했다. 번역서로 1957년 《통계학》(티펫트, 경기문화사, 1957)을 출간했고, 저서로는 《생산관리》(공편, 고려대학교 기업경영연구소, 1964), 《통개학개설》(박영사, 1965) 등이 있다. 1931년생인 김해천 교수는 1951년 전란 중에 고려대학교 경상대학 경제학과에 입학하여 1955년에 졸업하고 대학원 석사과정에 입학하여 〈기업 조업도에 관한 연구〉라는 제목의 상학석사 논문을 썼다(1956. 9). 1956년 DAAD 장학생으로 독일 쾰른 대학교에 유학하여 1961년 박사학위를 받고 1962년 11월 상과대학 교수로 부임하여 〈생산관리〉, 〈경영정책〉, 〈경영학원론〉 등의 강의를 맡았다. 교내로는 무역연구소 소장, 기업경영연구소 소장, 경영전문대학원장, 고려대학교 부총장 등을 역임하고, 교외로는 한·독 경상학회 회장(1985년), 한국생산관리학회 회장(1988년) 등을 역임했다. 저서로는《생산관리론》(박영사, 1972),《경영정책론》(대왕사, 1975),《경영의사결정론》(박영사, 1977),《현대 생산관리론》(박영사, 1980),《관리경제학》(법문사, 1982),《Business Policy & Strategy》(공편, 박영사, 1983),《경영학원론》(박영사, 1985) 등이 있다. 1960년 서남원 교수가 부임한 이후 경영대의 생산관리에서 정보시스템(IS)이 새로운 세부 전공으로 독립하기 시작했다(IS 절 참조).

LSOM 전공은 이전의 '생산관리(Operation Management, OM)'를 모태로 하지만, 'operation'의 한국어 번역인 '생산'이 마치 제조업 분야로 한정한다는 오해를 줄 소지가 많았기에, 고려대학교 경영대에서는 생산관리가 아니라 OM(운영관리)이라는 명칭을 주로 사용하였다. 이때 '오퍼레이션'이란 기업의 기능 가운데 제품, 서비스의 생산 및 전달 프로세스, 또는 재화와 서비스의 생산에 있어서 필요한 자원을 획득하고 변형하는 프로세스에 해당한다. 이는 산업 구조적으로 서비스업의 비중이 압도적으로 다수를 차지하는 방향으로 변화하는 반면 기존의 굴뚝산업이라고 불리는 비(非)정보 제조업 분야가 점차 줄어드는 현실을 반영한 결과이기도 하다. 오퍼레이션 관리가 점차 서비스운영, 공급사슬관리, 기술관리 쪽으로 관심을 옮겨 가면서, 공급사슬과 서비스 운영관리를 강조하여 LSOM이라는 전공 명칭을 정하였다. LSOM 전공은 기본적으로 계량법 방법론을 사용해 왔지만, 주로 이슈를 중심으로 전공이 개편되는 특성을 보여 왔다.

LSOM 전공이 IS 전공과 확실하게 분리된 것은 2003년 무렵이지만, LSOM을 전공으로 하는 교수는 3세대 교수진에 해당하는 1981년 부임한 황규승 교수부터를 그 시작이라 할 수 있다. 1980년 미국 일리노이대학교 어바나 샴페인에서 경영학 박사(경영과학 전공)를 받고 1981년 고려대학교 경영대학에 부임한 황규승 교수는 〈생산관리〉, 〈Operation Research(경영과학)〉, 〈경영통계〉를 강의하였다. 기술경영과 경영과학 모델링에 대한 연구를 진척시켜 저서로는 《생산관리》(홍문사, 1998), 《오퍼레이션 경영—생산·서비스·SCM》(홍문사, 2002), 《(엑셀을 활용한) 경영과학의 이해》(학현사, 2003) 등의 저서를 출간했다. 대내적으로 경영대학장을 역임했고, 대외적으로는 한국생산관리학회장(1997)과 한국경영과학회장(1999)을 역임했다.

4세대 교수진으로 LSOM 전공자는 1990년 박명섭, 1996년에 박광태, 2001년 김대기 교수, 2002년 임호순, 2005년 박경삼 교수가 부임했다. 1987년 미국 텍사스대학교(A&M)에서 경영학 박사를 받고 미국 캔자스주립대학교에서 재직(1987. 9-1989. 12)하다가 1990년에 부임한 박명섭 교수는 〈생산관리〉, 〈로지스틱스관리〉, 〈현대기업과 경영〉, 〈구매공급 관리〉 등의 과목을 개발하고 강의하였다. 교내에서는 기업경영연구원 원장과 고려대학교 기획실장을 역임했고 대외적으로 한국구매조달학회 회장, 한국 SCM(Supply Chain Management) 학회 부회장, 조달청 구매혁신자문위원회 회장, 한국 CPO 포럼 의장 등을 역임했다. 저서로는 《생산계획 및 재고통제》(와이제이물산, 1993), 《경영통계》(공저, 홍문사, 1993), 《생산관리》(공저, 홍문사, 1998), 《오퍼레이션스 경영—생산, 서비스, SCM》(공저, 홍문사, 2002), 《구매조달관리론》(공저, 청구, 2004) 등이 있다. 박광태 교수는 서울대학교 산업공학과에서 학사와 석사학위를, 미국 버클리대학교에서 산업공학/경영과학 박사학위를 취득하였다. 이후 영남대학교 경영학과 교수를 역임하다 1996년 고려대학교 경영대에 부임했다. 주 연구 분야는 물류와 서비스 그리고 혁신이다. 강의는 오퍼레이션스관리와 경영수학을 담당하고 있다. 교내에서 기업경영연구원 서비스-로지스틱스 연구센터 소장과 경영전문대학원 MBA 부원장을 역임했고, 교외로는 한국생산성학회 회장, 한국기업경영학회 회장, 한국중소기업학회 회장 등을 역임했다. 저서로는 《경영수학의 이해》(생능, 2019)가 있고 공저로는 《경영학 에센스》(생능, 2012), 《EXCEL 활용 의사결정》(박영사, 2012), 《위기대응을 위한 서비스 오퍼레이션스 관리》(홍문사, 2022), 《오퍼레이션스 경영》(홍문사, 2019) 등이 있다. 김대기 교수는 고려대학교에서 건축학 학사, 미국 캔자스대학교에서 도시계획 석사, MIT에서 교통공학 석사 및 교통공학/물류시스템공학으로 박사학위를 취득했다. 이후 IBM 왓슨연구소에서 연구원으로 근무하고, 2000년 한국의 포스코 PI 프로젝트에 참여한 후 2001년부터 고려대학교 경영대에 부임했다. 주 연구 분야는 공급사슬관리, 로지스틱스 시스템관리이다. 교내에서 기업경영연구원 LSOM 연구센터장과 부학장 등을 역임하고, 교외에서 한국상품학회 회장과 한국로지스틱스학회 회장 및 현대글로비스 사외이사, 한솔CSN 사외이사 등을 역임했다. 공저로 《오퍼레이션스 경영》(홍문사, 2019) 등이 있다. 임호순 교수는 서울대학교에서 경영학 학사와 생산관리전공 석사를, 미국 UCLA대학교에서 경영학 박사학위를 취득했다. 한양대학교 경영대학 교수를 역임하고 2002년 고려대학교 경영대에 부임했다. 주 연구 분야는 서비스 운영관리, 게임이론응용, OM-마케팅 인터페이스 등으로 POM 저널 시니어 에디터로 활동했고. 경영대학 부학장, 생산성학회 회장 등을 역임했다. 저서로는 《선제적 품질관리》(한경사, 2025), 공저로 《위기대응을 위한 서비스 오퍼레이션스 관리》(홍문사, 2022), 《오퍼레이션스 경영》(홍문사, 2019) 등이 있다. 박경삼 교수는 부산대학교에서 산업공학과 학사, KAIST에서 산업공학으로 석사와 박사학위를 취득했다. 이후 울산대학교 경영대학 부교수를 역임하고 2005년 고려대학교 경영대로 부임했다. 주 연구 분야는 경영과학, 제품디자인, 비즈니스 애널리틱스이다. 경영전문대학원 부원장 등을 역임했다.

2005년 이후에 LSOM 분야로 부임한 교수는 2006년 신호정(생산관리, 공급사슬관리)과 김대수(생산관리, 공급사슬관리), 2009년 김기훈(경영과학, 비즈니스 애널리틱스), 2012년 김병조(디지털 트랜스포메이션, 디지털기술 상업화전략), 2020년 김정현(LSOM, Business Analytics)과 이현석(비즈니스 애널리틱스, 서비스[리테일, 헬스케어]운영관리, 사람중심운영관리), 2024년 노인준(지속가능 운영, 규제준수) 교수가 있다.

(6) IS(이전의 MIS)

1960년 서남원 교수가 부임한 이후 경영대의 생산관리에서 경영정보시스템(MIS, 이후 IS로 명칭 수정)이 새로운 세부 전공으로 독립하기 시작했다. 특별히 1970년 개설된 〈자료처리론〉과 〈경영정보처리론〉은 이후 경영학 교육에서 IS라는 새로운 전공을 체계적으로 태동하는 역할을 수행했다. 또한 1971년 경영전문대학원의 새로운 전공 과정으로 전자정보처리 전공 과정이 개설되었다. 기존에 컴퓨터를 활용한 정보처리는 주로 과학기술 계산용으로 활용된다는 인식이 강했으나, 서남원 교수의 노력으로 경영과학 분야에서도 계량분석과 통계처리에 컴퓨터 정보처리 기술을 활용하기 시작했다. 이는 컴퓨터의 응용 범위가 확대됨에 힘입어 1970년대 정보시스템(IS)이라는 새로운 과목이 한국의 주요 경영학과에 신설되었던 상황을 선구적으로 반영한다.[44] 이러한 흐름에 따라 고려대학교 IS 전공은 생산관리(POM)

44 황일철, 〈경영학교육의 과제〉, 김정년·조동성 외, 《한국경영학 30년—회고와 전망》(서울대학교 출판부, 1988), 73쪽.

및 경영과학(MS) 전공을 포괄하며 발전하기 시작했다. 경영전문대학원에서 1971년 석사 전공으로 전자정보처리 전공이 개설되어 1973년 첫 졸업생을 배출했다.

1930년생인 서남원 교수는 1950년 서울대학교 공과대학 전기공학과에 입학하여 1954년 졸업하고, 미국 유학을 떠나 1957년 샌프란시스코 캘리포니아 주립대학교에서 석사학위를, 1960년 캘리포니아대학교 버클리에서 경영학 박사학위를 취득한 후 고려대학교 상과대학 부교수로 부임했다. 부임 당시에는 〈공업경영〉, 〈상업수학〉, 〈영어원서 강독〉 등을 맡아 강의했으나, 1967년부터 3년 동안 성균관대학교 경상대학에 재직하며 삼성그룹의 실무에 직접 관여하고 1970년 다시 고려대학교 상과대학으로 귀환한 이후 처음으로 〈자료처리론〉과 〈경영정보처리론〉이라는 과목을 개설하여 강의했다. 〈자료처리론〉 과목은 경영학 교육에서 IS라는 새로운 전공을 태동하게 했다는 점에서 매우 중요한 의미를 지니며, 2001년부터 〈정보시스템 기초〉로 과목명을 변경했다. 〈경영정보처리론〉은 이후 〈정보시스템〉으로 과목명이 바뀌어 1995년 경영대학 필수과목으로 지정되었다. 서남원 교수는 경영학에서 '기업의 정보화'가 새로운 분야로 중시될 것을 예견하고, 고려대학교 경영학 과정에 컴퓨터를 활용한 교육과 연구에 새로운 영역을 개척한 공로가 크다. 이후 한국정보과학회 발기인으로 제2대 회장(1975)과 한국경영정보학회 초대 회장(1989)을 역임했고, 1992년에는 한국데이터베이스학회(2022년 학회명을 한국데이터전략학회로 변경)를 창립하고 초대 회장을 지냈다. 저서로는 《산업발전과 경영》(청구출판사, 1964), 《경영수학—계량경영이론 입문》(박영사, 1972), 《경영정보처리론》(박영사, 1973), 《관리경제론》(박영사, 1974), 《계량경영분석론》(박영사, 1976), 《경영정보론》(무역경영사, 1983), 《현대 경영자료처리》(무역경영사, 1983) 등이 있다.

이후 4세대 교수진으로 IS 전공은 '생산 및 계량' 전공의 세부 전공으로 발전하면서 1991년 한재민, 1995년 정호원, 1996년 서용무 교수가 부임했다. 아이오와대학교에서 박사학위를 마치고 1991년 부임한 한재민 교수는 IS 전공이 고려대학교 경영대에 뿌리를 내리는 데 큰 역할을 담당했고, 세계적인 IS 학회인 AIS(Association for Information Systems)의 한국 대표를 맡기도 했다. 또한 1995년 출간한 《정보시스템》(학현사)은 당시 IS 교과과정을 체계적으로 제시한 한국의 대표적인 고재로 평가받는다. 애리조나대학교에서 IS로 박사학위를 받고 데이콤과 한국전산원에서 10여 년간 근무하다가 1995년 부임한 정호원 교수는 〈경영정보통신〉, 〈소프트웨어 프로세스 개선〉, 〈IT 투자관리〉 등의 과목을 강의했다. 서용무 교수는 서울대학교에서 수학교육으로 학사, 한국과학기술원에서 전산학 석사, 미국 오스틴텍사스대학교에서 전산학 석사와 경영정보 박사학위를 취득했다. 이후 세종대학교와 건국대학교에서 교수를 역임하다 1996년 고려대학교 경영대로 부임했다. 주 연구 분야는 비즈니스 데이터 분석(Business Data Analysis), 의견분석(Opinion Mining), 토픽 모델링(Topic Modeling), 객체지향 모델링(Object-Oriented Modeling)이다. 저서로 《전산개론》(학현사, 1997)과 《데이터베이스 시스템》(법문사, 1994) 등이 있다.

이처럼 IS 전공 교수진이 채워지면서 1997년 정보통신전략센터(Center for Information and Telecommunication Strategy)가 설립되었다. 당시 국내적으로 정보통신산업의 구조개편에 직면해 있었고, 대외적으로는 시장개방 압력이 가속화되는 가운데 정보통신산업의 국제 경쟁력 제고를 위한 정책 방향의 필요성이 대두되었는데 이에 정보통신전략센터는 정보통신 관련 산업을 위한 정책 개발과 기업의 정보시스템 전략 수립에 대한 정보 제공과 연구를 위해 설립된 것이다.

2005년 이후에 IS 전공으로는 2006년 홍세준(IT사용자 상호작용, IT 혁신관리 및 전략), 이재남(IT아웃소싱, 지식경영, 온라인 비즈니스, IT 확산 및 성과), 이

동원(e-비지니스, 모바일 비즈니스, 소셜미디어, 빅데이터 분석), 2018년 고병완(프로파일링, 빅데이터 경제학, 디지털 비즈니스), 2020년 백지예(IT 및 AI, 디지털플랫폼 경제[Economics of IT and AI, Digital Platform], 디지털 러닝[Digital Learning], HCI[Human-Computer Interaction]), 이건웅(데이터 분석[Data Analytics], IT 및 디지털 혁신 경제[Economics of IT, Digital Innovation]), 2023년 이규한(자연어처리[Natural Language Processing, NLP], 머신 러닝[Machine Learning], HAI[(Human-AI Interaction]), 2025년 정경성(IS 경제학, 디지털 플랫폼) 교수가 부임했다.

(7) 글로벌 비즈니스(국제경영, 무역론)

고려대학교 경영대에서 국제무역 및 국제경영에 관한 역사는 1905년 보성전문학교 이재학과에 개설된 〈국제무역론〉과 〈외국환표요해(外國換票要解)〉로부터 시작된다. 〈국제무역론〉 과목은 1907년 경제학과로 개편된 이후에도 유지되었다. 1910년부터 상업과 과목으로는 〈철도 및 해운〉, 〈해관(海關)·창고〉가 개설되어 이후 오래 지속되었다. 1925년부터는 〈상용문(商用文)〉이라는 강좌가 개설되었는데, 국제무역에 사용되는 상업통신문에 대한 강좌였다. 가령 1학년에는 일본어로 된 상용문을 배우고, 2학년과 3학년에는 영어로 된 상용문을 공부했다. 1937년부터는 〈상용문〉 이외에 주당 9시간의 영어로 된 〈상용영어〉가 따로 개설되고, 〈무역 및 위체(爲替)〉라는 과목도 개설되었다. 당시 개설된 〈해운론〉이나 〈교통론〉도 무역과 관련한 교과목이었다.

1946년 경상대학 상업학과에서 필수과목으로 〈상업영어〉와 〈외국무역론〉이 지정되었고, 선택과목으로는 〈국제금융론〉, 〈해상보험론〉이 개설되었다. 1955년에는 필수과목에 〈외국환〉이 추가되고 선택과목으로 〈국제무역〉, 〈상업영어〉가 추가되었다. 당시 〈외국환〉과 같은 무역 과목은 1946년 부임한 이상구 교수가 담당했다(-1954). 1955년 이후부터 무역론 관련 과목은 1955년 강사로 부임하여 1958년 전임교수가 된 김행권 교수가 담당했다. 김행권 교수는 1971년 상과대학에 무역학과가 신설될 때 무역학과장, 경영전문대학원 무역론 주임교수를 지냈다. 1987년 정년퇴임까지 〈상업영어〉 등을 강의했으며 저서로는 《상업영어》(법문사, 1964), 《무역계약》(무역경영사, 1975), 《무역개론》(무역경영사, 1977) 등이 있다.

1964년부터 〈상업영어〉와 〈외국무역론〉이 필수과목으로 지정되었고, 〈외국환론〉과 〈국제경영론〉이 선택과목으로 개설되었다. 1971년 상과대학에 무역학과가 신설됨에 따라 1972년 경영전문대학원에서도 무역론 전공이 추가되었다. 이는 1970년대 한국에서 국제경영학이 새로운 경영학의 분야로 형성되기 시작하는 동시에 무역학과가 병설되는 분위기와 맞물려 있으며 그 안에서 다시 국제재무론, 국제마케팅론, 다국적기업론, 국제회계론, 국제기술이전론 등이 신설 과목으로 개설되는 분위기였다.[45] 이후 3세대 교수진에 해당하는 교수진으로 1973년 김완순 교수가 부임하였고 1979년 어윤대 교수가, 1984년 강호진 교수가 부임하고, 1986년 이장로 교수가 부임하면서 고려대학교 경영대의 글로벌 비즈니스는 본격적인 체계를 갖추기 시작하였다. 국제무역 분야에 김완순, 강호진 교수, 국제경영 분야에 어윤대, 이장로 교수, 그리고 무역실무에는 김행권 교수가 포진한 세 분야가 조화를 이루면서 해당 학문 분야에서 국내 선도적 위치를 점할 수 있는 기초를 마련했다.

1969년 미국 하버드대학교 경제학 박사학위를 취득한 김완순 교수는 1973년 고려대학교 상과대학 교수로 부임했다. 이후 고려대학교 무역연구소 소장, 경영전문대학원 원장 등을 역임하고, 교외로는 한국국제경제학회 회장, 통신산업부 무역위원회위원장, 한국재정학회 회장 등을 역임했다.

45 황일철, 〈경영학교육의 과제〉, 75-76쪽.

저서로는 《재정학》(법문사, 1975), 《세제와 사회개발》(정음사, 1983), 《재정학원론》(다산출판사, 1986), 《정부의 경제학》(매일경제신문사, 1988) 등이 있다. 어윤대 교수는 고려대학교 경영학과에서 학사와 석사, 아시아경영전문대학원(1971-1973)에서 경영학 석사를 마치고, 미시간대학교에서 경영학 박사를 받은 후 1979년 고려대학교 경영대에 부임했다. 교내에서는 고려대학교 교무처장, 기업경영연구소 소장, 경영대학장 겸 경영전문대학원장 등을 거쳐 고려대학교 15대 총장을 역임했다. 저서로는 《자본자유화와 한국경제》(대한상의 한국경제연구센터, 1981), 《국제경영》(학현사, 1996) 등이 있고, 공저로 《증권시장과 자본자유화》(매일경제신문사, 1985), 《국제금융》(학현사, 1997) 등이 있다. 강호진 교수는 서울대학교 상과대학 경제학 학사, 미국 오하이오 주립대학교 경제학 박사를 취득하고 1984년 고려대학교 경영대에 부임했다. 경영대 무역학과장과 교학부장 등을 역임했다. 저서로 《국제무역론》(비봉출판사, 2003) 등이 있다. 이장로 교수는 고려대학교 경영학과 학사 학위와 무역학과 석사학위를, 미국 뉴욕대학교에서 국제경영학 석·박사 학위를 취득한 후 1986년 고려대학교 경영대에 부임했다. 교내에서 대외협력처장과 경영대 학장 및 경영전문대학원 원장 등을 역임했다. 특히 경영대학 학장을 하던 2005년 고려대학교 경영대는 국내 경영대학 최초로 AACSB 인증을 받았고, EQUIS 회원자격을 얻어 경영대학의 국제화를 본격적으로 태동시켰다. 교외로는 한국국제경영학회 회장과 한국리더십학교 교장 등을 역임했다. 저서로는 《한국 기업과 신흥 해외시장》(무역경영사, 2000), 《세계화 4.0 시대의 무역개론》(무역경영사, 2019), 《교회경영학》(한국장로교출판사, 2016) 등이 있고, 공저로 《한국기업의 국제경영》(고려대학교출판부, 2000), 《국제경영》(무역경영사, 2011), 《4차 산업혁명 시대의 국제마케팅》(한빛아카데미, 2022), 《글로벌 시장환경과 국제경영》(한빛아카데미, 2022) 등이 있다.

1990년대에 들어와 국내 기업의 국제화가 가속되면서 학문적으로 무역실무 대신 국제경영과 국제무역 쪽으로의 발전이 두드러지기 시작했다. 이에 4세대 교수진으로, 1991년 〈국제경영〉과 〈비교경영학〉을 담당하는 신만수, 1994년 〈국제경영〉, 〈국제경영전략〉, 〈국제 M&A〉를 담당하는 장세진, 1995년 〈중국경제〉, 〈무역통상〉을 담당하는 김익수, 1997년 〈국제경영전략〉, 〈국제경영〉을 담당하는 조명현 교수 등이 부임하였다. 90년대 세계화의 흐름 속에서 이장로 교수의 《4차 산업혁명 시대의 국제마케팅》은 해당 분야의 베스트셀러가 되었다. 신만수 교수는 고려대학교 무역학과에서 경영학 학사, 미국 하와이대학교에서 경영학 석사, 미국 일리노이대학교에서 경영학 박사학위를 취득한 후 1991년 고려대학교 경영대에 부임했다. 주 연구 분야는 이문화관리, 국제인적자원관리, 아시아비즈니스이다. 교내에서 기업경영연구원장, 경영대학 부학장 겸 경영학과장 등을 역임하고 교외로는 한국국제경영학회 회장 등을 역임했다. 저서로 《글로벌 시장진입사례》(마루애드케이션, 2015), 공저로 《국제경영》(무역경영사, 2011), 《한국기업의 국제경영》(고려대학교출판부, 2000) 등이 있다. 장세진 교수는 미국의 펜실베이니아대학교 와튼스쿨에서 경영전략과 다국적기업경영을 전공하여 경영학 박사학위를 취득한 후 1994년 고려대학교 경영대에 부임하여 2008년까지 재직한 후, KAIST 경영전문대학원 테크노 SK 석좌교수로 이직했다. 김익수 교수는 고려대학교 경영학 학사, 영국 옥스퍼드대학교 대학원 경제학 석사과정 후 박사과정에 진학하여 옥스퍼드대학교에서 경제학 박사학위를 취득했다. 1995년 고려대학교 경영대에 부임했다. 주 연구 분야는 해외직접투자, 중국시장전략, 동북아경제이다. 교내에서 경영전문대학원 최고경영자과정 주임교수, 총무처장, 아세아문제연구원 원장 등을 역임했고, 대외적으로는 현대중국학회 회장, 대림산업 사외이사 등을 역임했다. 저서로 《중국투자론》(박영사, 1999), 《중국시장 마케팅—전략과 사례》(박영사, 2004), 《사들이는 중국, 팔리는 한국—중국기업의 글로벌화와 한국기업의 대응》(삼성경제연구소, 2005), 《비단장수 왕서방의 기업가정신》(삼성경제연구소, 2007), 《중국의 부패관성과 반부패 정책대응》(아연출판부, 2022) 등이 있다. 조명현 교수는 서울대학교 경영학과 학사, 프랑스 ESSEC 비즈니스 스쿨에서 MBA, 미국 코넬대학교에서 경제학 박사학위를 취득했다. 이후 미국 밴더빌트대학교 경영전문대학원 교수를 역임하다 1997년 고려대학교 경영대에 부임했다. 주 연구 분야는 성장 및 M&A전략, 기업 거버넌스이다. 교내에서 고려대학교 경영전략위원회 위원장, 경영전문대학원 부원장을 역임했고, 교외로는 한국기업지배구조원(KCGS) 원장, 기업밸류업 자문단 위원장, 국제기업지배구조네트워크(International Corporate Governance Network, ICGN) 이사, 한국경영학회 부회장 등을 역임했다.

2000년대에 들어와 글로벌 비즈니스 분야는 학문적으로 한층 도약하게 되었다. 2001년에는 〈국제경영〉, 〈벤처비즈니스〉를 담당하는 이재혁, 2004년에는 〈산업연구〉, 〈기술관리〉 등을 담당하는 독일인 교수인 마틴 햄메어트(Martin Hermmert), 2005년에는 〈국제마케팅〉을 담당하는 정인식 교수가 부임하였다. 이재혁 교수는 고려대학교 경영대에서 학사와 석사, 미국 오하이오 주립대학교에서 경영학 박사학위를 취득하고 2001년 고려대학교 경영대에 부임했다. 국민연금 수탁자책임 전문위원회 책임투자분과 위원, 한국기업지배구조원 기업지배구조위원회 위원, 한국전략경영학회 회장을 역임했다. 주 연구 분야는 지속가능성, ESG경영, 글로벌 전략 등이다. 국제ESG협회 회장, 사학연금공단 ESG경영위원회 위원장, 한국상장회사협의회 자문위원, 농어촌상생협력기금 심의조정위원 등으로 활동하고 있다. 주요 저서 중 공저로는 《ESG 비즈니스와 환경》(자유아카데미, 2025), 《사회적 가치와 지속가능경영—ESG 현황 및 글로벌 전략》(클라우드나인, 2021), 《CSR을 넘어 SDG로, 기업 지속가능성을 높여라》(자의누리 2017), 《The Role of Corporate Sustainability in Asia Development: A Case Study

Handbook》(Springer International Publishing, 2017) 등이 있다. 마틴 햄메어트 교수는 독일 쾰른대학교에서 경영학 석사와 박사학위를 취득했다. 이후 독일 일본 연구소(German Institute for Japanese Studies) 전임연구원, 에센(Essen) 대학교 경영대학 조교수, 뒤스부르크-에센(Duisburg-Essen) 대학교 경영대학 부교수를 역임하고 2004년 고려대학교 경영대에 부임했다. 주 연구 분야는 기술제휴, 비교경영시스템, 한국과 일본의 경영관리 등이다. 정인식 교수는 경북대학교에서 무역학으로 학사, 미국 라이스대학교에서 MBA, 미국 사우스캐롤라이나대학교에서 국제경영 및 마케팅 복수전공으로 경영학 박사를 취득하였다. 홍콩 성시대학(City University of Hong Kong)에서 마케팅학과 조교수로 재직한 한 후 계명대학교와 한국외국어대학교의 국제경영 교수를 역임하고 2005년 고려대학교 경영대에 부임했다. 주 연구 분야는 글로벌 마케팅, 글로벌 브랜드, 글로벌 제품전략이다. 공저로《Brand Management》(산업정책연구원, 2005),《국제마케팅》(비즈프레스, 2012),《국제마케팅》(경문사, 2003) 등이 있다.

2005년 이후로는 2007년 정재호(국제금융, 해외시장진출전략, 해외직접투자), 2009년 문정빈(글로벌 전략, 비시장 전략, 지속가능경영, 기업외교), 2010년 정창화(경영전략, 글로벌전략, 전략적 제휴), 2013년 편주현(국제금융 무역, 서비스 국제화), 2016년 조경아(국제마케팅, 신흥시장 소비자 심리학/행동론), 2020년 신덕정(다국적기업, 중소기업 경영전략 및 경영사례 분석), 2022년 안유정(ESG전략/지속가능성/글로벌 공급 체인[Global Supply Chains]/소셜벤처), 2024년 바체슬라프 사비스키(Viacheslav Savitskiy, 경제발전, 교차문화적 발전) 교수가 부임했다.

6장

세계화의 진전과 글로벌 경영대학으로

1 세계화의 진전과 대한민국 기업의 위상 증가

1990년대부터 언론과 사회에서 '국제'를 표현하는 영어의 표현이 변화하기 시작했다. 국가 사이의 관계를 의미하는 '인터내셔널(international)'에서 지구의 하나 됨을 지향하는 '글로벌(global)'로의 변화였다. 지금은 '글로벌'이라는 말이 대중화되었지만 1990년대 이전에 이러한 표현은 매우 드물었다. '글로벌'은 '지구'를 뜻하는 '글로브(Globe)'에서 온 것으로, '글로벌화'된다는 것은 '인터내셔널'한 관계와 달리 '하나'의 지구, 즉 지구촌이 된다는 뜻이 강하다. 역사 분야에서도 글로벌화의 진전에 따라, 세계 각국의 역사를 나열하는 기존의 '세계사(World history)'와 달리 '달에서 조망'하는 것과 같은 지구적 관점으로 역사를 서술하는 '글로벌 히스토리(Global History)', 즉 지구사(地球史)가 1990년대 이후 본격적으로 등장하기 시작했다. 글로벌 히스토리는 서로 다른 지역에서 발생한 것처럼 보이는 현상들이 상호 간에 긴밀히 관련되어 있을 뿐 아니라 경계를 넘어 상호작용하는 지구적인 차원의 구조를 주요 서사의 대상으로 삼고 있다.[1]

---

1 조지형, 〈지구사의 미래와 역사의 재개념화〉, 조지형·김용우 엮음, 《지구사의 도전》(서해문집,

이러한 세계화의 진전은 오랜 역사가 있지만 경제적인 측면으로는 영국에서 리버풀-맨체스터 철도가 부설된 1830년에서부터 인터넷에 의한 글로벌화가 진행되기까지 200년이 채 못 되는 시간 사이에 극적 변화가 발생했다. 동력기로 증기기관을 사용한 리버풀-맨체스터 철도는 영국의 폭발적 경제성장을 상징하는 세계사적인 사건이었지만 그보다 더 중요한 영향을 후대에 미쳤다. 그것은 철도에서부터 '공업화'와 '정보화'라는 '두 가지 흐름'이 등장한 것이다. 그리하여 20세기 후반이 되면 사람과 물품은 단시간에 전 세계로 이동할 수 있게 되고 돈과 정보는 거리를 넘어서서 순식간에 결제하고 통신할 수 있게 되었다. 영국이 대서양에 해저 케이블을 설치하고 대서양 횡단 무선 통신을 갖추면서 통신 네트워크를 이용한 결제 서비스가 등장했고 인터넷이 등장하자 세계의 글로벌화가 단숨에 진행되었다. 그사이 산업 구도 역시 제조업 중심에서 세계적으로 돈을 움직이는 금융업으로 재편되었고 글로벌한 금융 자본 시장이 등장하면서 국제적으로 통용되는 회계의 기준 역시 IFRS(International Financial Reporting Standards)로 통일되어 가는 중이다.[2]

세계의 글로벌화는 1990년대에 본격적으로 체감되기 시작했다. 1990년 '월드와이드웹(WWW)'의 등장과 함께 인터넷이 확산하고 1989년 베를린 장벽의 붕괴 및 1991년 소련의 해체 등으로 냉전이 종식된 1990년대야말로 이러한 세계화가 급속하게 진행되고 체감된 시기였다.

2010); 조영헌, 〈후기 중화제국 해양사 연구의 최근 흐름과 글로벌 히스토리—중등 역사 교과서에 대한 제언〉, 《민족문화연구》 제77호(2017) 등.

2 다나카 야스히로, 《부의 지도를 바꾼 회계의 세계사》, 황선종 옮김(위즈덤하우스, 2019), 207-247쪽.

2 글로벌 경영대학을 위한 사전 준비

세계화의 진전과 함께 국내 대학에 입학하는 외국인 학생의 수도 증가하는 한편 국내 대학에서 해외 대학과의 학점 교환으로 외국 대학에 일정 기간 다니고 돌아오는 학생의 비중도 늘어나기 시작했다. 무엇보다 선진 경영대학과의 교류의 필요성이 증가하면서 고려대학교 경영대학에도 글로벌 시대를 위한 준비가 1990년대부터 시작됐다.

가장 먼저 시작된 변화로, 1992년 교과과정 개편 시기부터 영어로 강의하는 과목을 별도로 개설하였다. 이는 외국인 학생들을 위한 배려이기도 했지만, 국내 학생들도 이를 통해 언제든 외국에 유학하거나 해외와의 교류를 원활히 하는 준비를 하게 하기 위함이었다. 그 과목은 다음과 같다.[3]

> 마케팅원론, 마케팅조사론, 조직행동론, 인사관리, 중급회계, 생산관리, 국제경영론, 경영관리입문, 경영전략, 증권시장론, 한국금융제도론, 아시아비교경영론, 한국경영경제론

1995년 입학생부터는 소정의 학점 취득 이외에 일정한 영어 성적을 졸업 요건으로 요구하기 시작하였다. 즉 1995학년도 입학생에게는 졸업 요건으로 토익(TOEIC) 550점 이상 또는 토플(TOEFL) 550점 이상이 요구되는 동시에 영어로 강의하는 과목 1과목 이상을 이수해야 했다. 경영학 졸업에 영어 인증을 넣은 배경에는 글로벌 소통 능력의 중요성을 일찌감치 체득한 글로벌 비즈니스 분야 교수들의 설득이 있었다.[4]

이후에 졸업을 위한 영어 기준은 점차 높아져서, 96학번부터는 토익 750

3 신수식, 〈경영대학 100년 약사(略史) 1905-2005〉, 고려대학교 100년사 편찬위원회, 《고려대학교 인문사회과학 학술사》(고려대학교출판부, 2010), 118쪽.

점 이상 또는 토플 550점 이상이 기준이었고, 2002학번부터는 토익 780점 이상 혹은 토플(CBT) 220점 이상을 받아야 했다. 2004학번부터는 이 기준도 크게 높아져서 토익 800점 이상 혹은 토플(CBT) 230점 이상을 취득하는 동시에 경영대학에서 개설하는 영어 과목 7개 이상을 이수해야 졸업이 가능했다. 게다가 2004학번은 영어와 함께 한자이해능력인증시험도 통과하도록 규정했다.

또한 학부생들을 외국의 현장으로 파견하는 '국제인턴십' 제도가 글로벌 비즈니스 전공 교수들이 주축이 되어 1990년대 중반부터 시행되었다. 1994년 제1기생이 중국으로 16명, 인도네시아로 16명이 선발되어 현지 한국 투자기업체에 파견되었고, 학생들은 현지 문화와 국제경영의 감각을 체득했다. 당시 국제인턴십 주임교수인 신만수 교수는 현지 공장을 일일이 방문하고 학생들이 인턴 생활을 잘할 수 있도록 회사 관계자들을 직접 만나 협조를 요청했다. 당시 국제인턴십 프로그램은 학교, 기업 및 교우회의 전폭적인 지원과 학생들의 호응으로 매년 100-150명의 학생들을 외국으로 파견하는 경영대학의 중요한 프로그램으로 자리잡았다. 이에 호응하여 1995년부터 개설된 〈국제경영현장실습〉(3학점)은, 매년 여름방학을 이용하여 국제인턴십 실습생을 각국의 현장에 파견하기 위한 지역연구의 사전 준비를 위해 개발한 과목이었다. 세계화에 발맞추는 커리큘럼의 변화였다.

그리고 2003년 교과목으로 이전에 없었던 〈비즈니스 제2외국어〉(중국어, 독어, 불어, 스페인어, 일본어)를 전공필수로 개설하여 학생들에게 의무적으로 한 언어를 선택하도록 했다. 또한 〈글로벌 비즈니스 커뮤니케이션과 매너〉라는 실용적인 과목이 필수로 추가된 것도 세계화 진전이라는 시대적 사정을 반영한 변화였다.

---

4 신수식, 《고려대학교 경영대학 100년사—1905-2005》(고려대학 경영대학, 2006), 541쪽.

3 영어 강의의 대폭 증가와 외국인 학생들의 증가

고려대학교 경영대학은 다른 단과대학보다 빠른 1990년부터 세계화의 흐름에 맞추어 영어를 통한 의사소통의 중요성을 강조하여 영어 점수를 졸업 요건에 넣고 영어 강의를 개설하기 시작했다. 경영대에는 외국 학생들의 비중도 늘어나고 있었기에 이에 발맞추어 영어 강의가 늘어나는 것은 자연스러운 현상이었지만 특별히 2005년을 즈음하여 급속하게 늘어나는 속도는 이례적이었다.

그 배경에는 각종 대학평가에서 국제화 지수를 반영하는 항목에 영어 강의 비율이 설정되는 반면, 고려대학교의 영어 강의 비율이 낮은 편이라는 진단하에 당시 어윤대 총장과 대학 본부가 신임 교수들에게 영어 강의를 강제했던 조치의 영향이 컸다. 이에 고려대학교 전체적으로 2005년을 즈음하여 영어 강의 비율이 높아지기 시작했다. 다만 경영대학은 학문의 성격과 교수들의 합의 속에 그 이전부터 영어 강의의 비중을 자체적으로 높여오고 있었기에, 2005년 이후에 그 가속도가 더 높아졌다고 볼 수 있다.

그 결과 2005년 1학기에 전체 강좌 98개 가운데 영어 강의(이하 '영강')의 수는 26강좌로, 비율로는 26.53%가 되었다. 이는 2001년 1년 동안 개설된 111과목 가운데 영강은 15강좌로, 비율은 13.51%였고, 2003년의 영강 비율이 14.17%에 머물던 것에 비하면 크게 증가된 수치였다. 이후 2005년 2학기에 30%를 넘어선 경영대학의 영강 비율은 1년 뒤인 2006년 2학기에는 50%를 돌파했다. 이후 경영대학의 영강 비율은 완만하게 상승하여 2011년에는 60%를 넘어 현재는 대략 70% 전후를 유지하고 있다. 2000년 이후부터 영어 강의가 확대되기 시작하고 학생들의 국제화 역량을 상향시켜야 할 필요성이 대두하면서 외국인 전임교원의 필요성이 대두되었다. 이에 2004년 3월에 국제경영 전공으로 독일인 마틴 혐메어트 교수가 부임하고, 마케

표 1 2005–2024년 경영대학 영어 강의 비율

연도–학기	교양			전공			합계		
	개설 강좌 수	영강 강좌 수	영강 비율(%)	개설 강좌 수	영강 강좌 수	영강 비율(%)	개설 강좌 수	영강 강좌 수	영강 비율(%)
2005–1	9	0	0	89	26	29.21	98	26	26.53
2005–2	15	2	13.33	78	27	34.62	93	29	31.18
2006–1	12	4	33.33	105	40	38.1	117	44	37.61
2006–2	14	9	64.29	96	47	48.96	110	56	50.91
2008–1	11	5	45.45	112	63	56.25	123	68	55.28
2009–1	12	7	58.33	123	73	59.35	135	80	59.26
2011–1	14	7	50	124	77	62.1	138	84	60.87
2014–1	16	9	56.25	130	86	66.15	146	95	65.07
2016–1	18	11	61.11	135	84	62.22	153	95	62.09
2018–1	16	12	75	135	89	65.93	151	101	66.89
2020–1	15	12	80	118	78	66.1	133	90	67.67
2022–1	0	0	0	126	87	69.05	126	87	69.05
2024–1	0	0	0	129	96	74.42	129	96	74.42

팅 전공의 뉴질랜드인 토니 가렛 교수는 2007년 3월 부임하였다(2010년부터 전임 임용). 독일 쾰른대학교에서 박사학위를 받은 마틴 햄메어트 교수는 2004년 부임한 이후 기술제휴, 비교경영시스템 등을 전공으로 학생들을 가르치고 있으며, 저서로는 《The Evolution of Tiger Management: Korean Companies in Global Competition》(Routledge, 2018)이 있다. 마틴 햄메어트 교수의 부임은 두 가지 중요한 의미를 지닌다. 하나는 고려대학교 경영대에 처음 외국인 전임교수가 부임하여 교수진의 다양성(diversity)과 국제적 네트워크의 확대 가능성을 높인 것이고, 다른 하나는 고려대학교 경영학의 뿌리 중 하나였던 독일 경영학의 흐름이 끊어지지 않도록 이어 준 것이다. 독일에서 근대적 경영학을 처음 발전시킨 대학인 쾰른대학교에서 공부했던 '쾰른학파'로는 윤병욱, 송기철, 김해천, 신수식 교수가 있었는데, 마틴 햄메어트 교수는 쾰른대학교에서 박사를 받은 독일인으로 고려대학교 전임

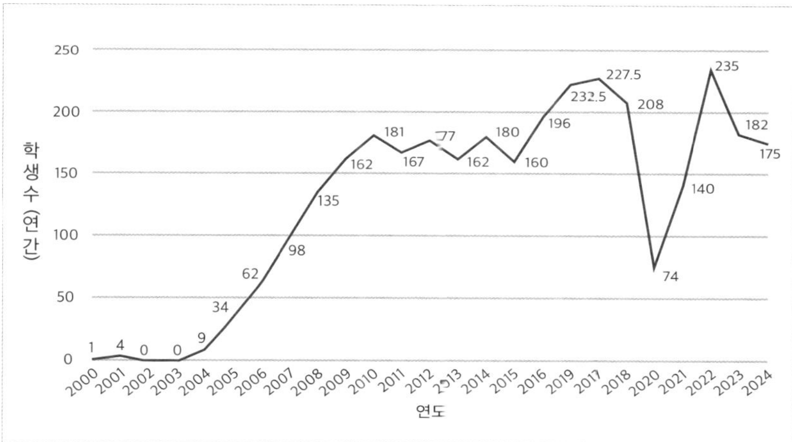

경영대학 인커밍(incoming) 교환학생 수 변화

교수로 부임한 것이기 때문이다. 한편 뉴질랜드의 오타고대학교에서 마케팅으로 박사학위를 받고 2007년 부임한 코니 가렛 교수는 〈마케팅전략〉, 〈마게팅원론〉, 〈제품및브랜드관리〉 등의 교과목을 가르치고 있다.

영강의 비중이 늘어나고 외국인 교수의 임용이 이어진 2005년 전후를 기점으로 외국에서 본교 경영대학에 교환학생으로 오는 '인바운드(inbound)' 학생 비중이 대폭 증가하기 시작했다. 위 그래프 〈경영대학 인커밍(incoming) 교환학생 수 변화〉에서 보듯, 2004년까지 많아야 9명에 불과하던 인바운드 교환학생 수는 2005년 34명, 2006년 62명, 2007년 98명, 2008년 135명, 2009년 162명에서 2010년 181명까지 계속 증가한 이후, 현재까지 대략 200명 전후를 유지하고 있다. 2020년에 74명으로 급감한 것은 코로나 팬데믹으로 인한 여파이다.

외국에서 오는 인바운드 교환학생의 증가와 함께 고려대학교 경영대 학생이 외국 대학으로 나가는 '아웃바운드(outbound)' 교환학생의 수 역시 비슷한 양상으로 증가했다. 대략 2002년까지 10여 명 수준이던 아웃바운드

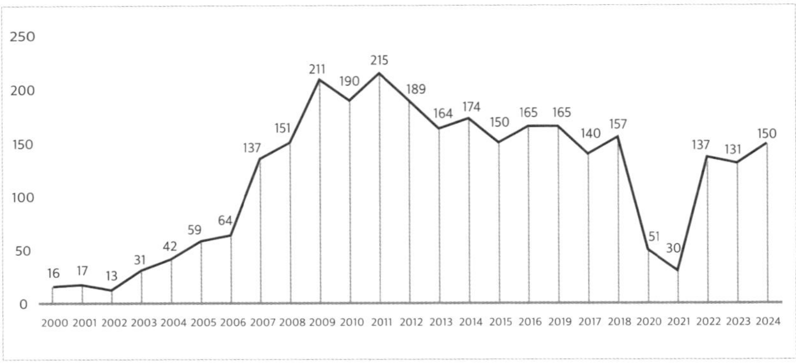

2000-2024 아웃바운드 교환학생 수

교환학생의 수는 2003년에 31명, 2004년에 42명, 2005년에 59명, 2006년에 64명, 2007년에 137명, 2008년에 151명, 2009년에 211명, 그리고 2011년에 215명으로 최고점을 찍은 이후 현재 대략 150명 전후를 유지하고 있다. 2020년에 51명과 2021년에 30명으로 급감했던 것 역시 코로나 펜데믹으로 인한 여파였다.

이 외에 경영전문대학원에서 시행하는 외국 대학과의 유의미한 교류 프로그램으로 해외현장세미나(International Residence Program, IRP)가 있다. IRP는 경영전문대학원 익제큐티브 MBA(Executive MBA, 이하 EMBA)에서 시행하는 해외현장세미나 프로그램이다. 고려대 EMBA는 파이낸셜타임즈(Financial Times, FT)의 2012년 세계 EMBA 평가에서도 12위, 국내 1위를 차지한 매우 우수한 프로그램으로, 국내에서 가장 오래된 EMBA과정이기도 하다. EMBA 과정에서는 보통 매년 여름을 이용해서 해외 산업현장을 체험하고 글로벌 마인드를 기를 수 있도록 IRP를 시행하는데, 이전에는 해외 유명 경영대학을 방문하는 아웃바운드 IRP가 많았다면, 최근에는 고려대학교 경영전문대학원으로 방문하는 해외 유수 경영대학의 인바운드

IRP와 이에 대한 높은 평가가 이어지고 있다. 코로나 팬데믹 기간에 중단되었던 IRP는 2023년부터 재개되어, 2024년 여름까지 4개국 5개 학교가 고려대학교 경영전문대학원을 방문하여 학점을 취득했다. 특히 스페인 바로셀로나에 위치한 명문 에사데 경영대학원(ESADE Business School)은 2023년과 2024년에 이어, 2025년에도 고려대학교 경영전문대학원을 찾을 예정으로, 3년 연속 IRP로 고려대학교 경영전문대학원을 선택했다. 에사데 경영대학원은 EQUIS, AACSB 및 AMBA의 인증을 받은 세계 유수의 경영대학 중 하나로, 고려대학교 경영대학원과 함께 명문 비즈니스 스쿨 연합인 CEMS Global Alliance의 회원교이기도 하다.[5]

4 글로벌 인증의 선두에 서다

경영학이 태동하고 발전되어 온 유럽과 미국에서는 명망 있는 비영리 기관들이 엄격한 기준을 정해 경영대학의 우열을 가리고 그 안에서 명문 대학을 선정, 인증하는 제도가 일반화되어 있다. 이는 전 세계적으로 교육 관계자들이 수요자들에게 판단의 기준을 제공하는 주요 잣대가 된다. 고려대학교 경영대학은 2024년 현재 미국경영교육인증 5년 인증 및 유럽경영교육인증 5년 인증을 보유하고 있으며, CEMS Global Alliance의 정회원으로 가입하여, 우리나라 경영학 발전을 위한 글로벌 인증의 선구자 역할을 이어오고 있다.

세계경영대학협회(The Association to Advance Collegiate School of Business, AACSB)는 미국의 주요 대학 학장들이 1916년 설립한 비영리 기관으로 세

---

5 〈고려대 경영대학 'IRP', 세계 유수경영대학이 선택한 '최고'〉, 《아시아투데이》, 2024. 6. 26, https://www.asiatoday.co.kr/view.php?key=20240626010014994&ref=search.

계적인 명문 경영대학이 갖춰야 할 교육 표준을 제정해 까다로운 절차와 엄격한 심사를 거쳐 경영교육인증(Business Accreditation)을 수여하고 있다. AACSB 인증을 받은 경영대학 사이에는 국제적으로 표준화된 교육과정을 인정받은 만큼 상호 인적·지적 교류가 매우 편리하다. 하버드대학교, 예일대학교, 컬럼비아대학교 등 세계 유수의 경영대학이 AACSB 경영교육인증을 보유하고 있으며, 고려대학교 경영대학은 2005년 국내 최초로 학위 전 과정에 경영교육인증을 획득한 이후 3회 연속 5년 재인증에 성공해 오고 있다.[6]

2005년 당시 경영대 글로벌 비즈니스 분야 교수들의 협력과 성과가 돋보였다. 당시 학장이었던 이장로 교수와 부학장 신만수 교수는 모두 국제경영 분야의 최고 전문가였는데, 이들은 자신의 전공 분야가 지닌 '국제성'의 장점을 한껏 발휘하여 경영대 내에 실무를 도와줄 '국제실'을 새로 만들어 본격적인 작업에 착수하였다. 학장과 부학장, 그리고 김이권 국제실장이 힘을 합하여 2004년 3월부터 2005년 8월 인증 통보를 받을 때까지 경영대 여러 교수들의 협조를 얻어내며 17개월이라는 세계 두 번째로 짧은 시간 내에 AACSB 인증을 완료해 냈다. 이는 2005년 고려대 경영대학 100주년에 걸맞는 성과로, 당시 이장로 학장과 신만수 부학장은 2005년까지 인증을 성사시키기 위해 1년에 수 차례 열리는 AACSB 회의를 빠짐 없이 참석하여 까다로운 인증 규정을 모두 통과시키는 데 공로가 많았다.[7] 이 시기에 외국 경영대와의 교환학생 협정 건수도 대폭 늘었다. 또한 2004년 경영대에 최초로 외국인 교수 마틴 햄메어트를 영입한 것도 AACSB 인증에 도움이 되

---

6 당시 서울대가 2002년 일반대학원 과정에 대한 AACSB 인증을 먼저 받기는 했으나 학부와 경영대학원까지 포함한 모든 학위 과정에 대한 AACSB 인증을 받은 것은 2005년 고려대학교가 처음이다. 연세대학교는 2008년, 서강대학교와 성균관대학교는 2009년, 한양대학교와 이화여자대학교는 2010년, 동국대학교는 2012년, 외국어대학교는 2018년 AACSB 인증을 받았다.

7 신수식, 《고려대학교 경영대학 100년사—1905-2005》, 543-544쪽.

었다.

한편 EFMD(European Foundation for Management Development)가 수여하는 유럽경영교육인증(EFMD Quality Improvement System, EQUIS)은 심사가 까다롭고 보수적이기로 유명하다. 고려대학교 경영대학은 2007년 국내 최초로 EQUIS 인증을 획득한 이래 3회 연속 5년 재인증을 획득했다. EFMD 심사에서 교육환경과 프로그램의 질, 교수진, 교육 시설, 국제화 등 모든 평가에서 우수함을 인정받은 학교는 5년 인증을, 몇 가지 항목에 개선의 여지가 있을 경우에는 3년 인증을 부여받게 된다. 2023년 현재 EQUIS 인증을 받은 학교는 45개국 210개교로, 그중 5년 인증은 단 133개교만이 보유하고 있다. 연세대학교 경영대학은 고려대보다 5년 늦은 2012년 EQUIS 인증을 획득하여 2024년 현재 우리나라에서는 고려대학교와 연세대학교의 경영대학만이 EQUIS 인증을 받은 상태다.

마지막으로 CEMS Global Alliance는 2015년 11월 27일 고려대학교를 한국 대표 비즈니스 스쿨로 선정했다. CEMS는 세계 최고의 명문 경영대학원 34곳과 70여 개가 넘는 다국적 기업, 8개의 국제 민간단체로 구성된 국제연합이다. 지난 1988년 12월 유럽 유수의 경영대학인 스페인 에사데, 프랑스 HEC파리, 이탈리아 보코니대학교, 독일 쾰른대학교 등 4개교가 연합해 설립한 CEMS는 '국제 경영학 석사(MIM, Master in International Management)' 학위를 통해 유럽 대학 교육을 새롭게 설계했다. 현재 CEMS는 각 나라에서 최고로 인정받은 단 한 개의 경영대학에만 이 자격을 부여하는데, 한국을 대표하여 고려대학교 경영대학이 국내 유일의 정회원으로 참여하게 됐다. 현재 회원 학교는 고려대학교를 포함해 미국 코넬대학교, 영국 런던 정치경제대학교, 프랑스 파리 경영대학교, 캐나다 웨스턴대학교, 일본 게이오대학교, 중국 칭화대학교, 싱가포르 국립대학교, 덴마크 코펜하겐 경영대학교 등 총 34개이며, 본 연합은 가입교 간의 석사과정으로 학생 및 인턴십 교류에 중점을 두고 있다. 이 연합은 석사과정 및 인턴십 교류에 중점을 두고 매킨지컴퍼니, 구글, 로레알 등 글로벌 기업과 산학 협력을 도모하고 있다. 전 세계 CEMS 졸업생들은 매년 12월, 34개교 중 1교에 모여 졸업식을 갖는다. 고려대학교 경영대학은 CEMS 가입에 따라 국제경영학석사(Master in Manegement, MIM)를 도입함으로써, 실무융합형 석사과정을 확대한다는 방침이다. KUBS Global MIM/CEMS MIM 과정의 학생들은 재학 기간 중 한 학기 동안 세계 각국의 회원교 중 1개교에서 수업을 이수할 수 있는 기회가 부여된다. 이를 통해 고려대학교 경영전문대학원은 재학 중인 석사과정생들의 진로에 대해 더 많은 선택권을 얻을 수 있게 됐다. 그리고 2022년에 고려대학교 경영전문대학원은 비유럽권 최초로 '올해의 CEMS 비즈니스 프로젝트상'을 수상했다.

이처럼 고려대학교 경영대학은 2005년 AACSB, 2007년 EQUIS라는 양대 국제경영교육인증 인증 보유 및 2015년 CEMS Global Alliance 가입을 통하여 글로벌 인증에 있어서 트리플 크라운(Triple Crown)을 달성했다.

5 2013년, 현대자동차경영관 준공

한편 고려대학교 경영대학은 2003년 최첨단 LG-POSCO경영관을 건립하였음에도 불구하고 2010년대 접어들면서 신개념 경영관의 추가를 모색하기 시작했다. 이는 단순히 물리적 공간의 부족 때문만이 아니라, 고려대학교 경영대학이 세계 50대 경영대학으로 진입하는 장기발전계획의 일환으로 추진된 것이다. 즉 이미 고려대학교 경영대학은 2008년 'Global 50 출정식'을 통해 최첨단 경영관 신축계획을 밝힌 바 있으며, 세계적인 대학으로 성장하기 위한 구체적인 실천 방안으로 '창의적 인재육성', 'Global 50 비전

투영', '최첨단 정보통신환경 구축', '에너지 절약형 친환경 건축'이라는 네 가지 콘셉트를 충족시킬 수 있는 신개념 고사를 구상한 것이다.

이러한 조건을 만족하는 신개념 경영관 증축을 위해 2010년 7월 30일 경영본관 앞 잔디광장에서 '신경영관'의 건축을 알리는 기공식이 열렸고 당시 김정배 학교법인 고려중앙학원 이사장은 "세계 변화에 발 빠르게 대처하며 국내 최대 전임교수진 및 외국인 교수진을 확보하고 최신 교육시스템을 제공해 온 고려대학교 경영대에게 이번 신경영관 기공식은 그 위상을 높이는 계기가 될 것"이라고 전망했다.

신경영관 역시 이전의 경영본관과 LG-POSCO경영관을 건립할 때와 마찬가지 방식으로 건축비의 대부분은 경영대학 교우들과 경영대의 발전에 뜻을 모은 외부의 기부금을 모아서 진행하였다. 이전과 다른 특색은 '신경영관' 건축기금 마련을 위해 졸업생들이 '이름을 기부'한다는 색다른 개념의 기금모금 방식을 도입한 것이다. 이에 기부 금액에 상관없이 기부한 모든 기부자들의 이름을 '밴드 오브 도너(Band of Donors)'라는 이름의 붉은 띠를 만들어 건물 중정의 지하에서 지상 5층까지 연결하는 중앙 계단 난간에 새겨 넣었다. 이를 통해 이 건물을 왕래하며 이용하는 이들에게 졸업생들의 모교 사랑이 오랫동안 기억되는 역사적 계승 방식을 구현했다. 그 결과 수천 명에 달하는 졸업생들의 기부가 이어졌고, 처음 예상한 공사비 440억 원 전액을 졸업생 기부금 270억 원과 현대자동차의 기부금 170억 원으로 충당할 수 있었다. 다만 이름은 앞선 LG-POSCO경영관의 선례에 따라, 가장 많은 기부금을 희사한 기업의 이름을 따서 '현대자동차경영관'이라고 붙였다.

현대자동차경영관은 경영본관 동북쪽에 인접한 지역, 즉 1988년 건립되었던 '경영별관'을 허물고 2013년 완공되었다. 건물은 지하 3층 지상 5층으로 구성되었으며, 연면적 1만 5,470제곱미터에 건축면적은 2,160제곱미터이다. 내부에는 최첨단 다기능 강의실과 연구실(지하 3층-지상 5층), 소규모 팀 토론을 위한 오픈 그룹스터디룸(지하 3층-지상 4층), 오픈 갤러리 등의 문화시설(지하 1, 2층), 기능적인 역할과 문화적인 공간 활용이 동시 가능한 플로팅 플로어(지상 3, 4층), 신재생 에너지 이용을 위한 지열냉난방 시스템 등이 들어섰다.

무엇보다 1층 오픈 갤러리 공간에 경영대의 100년이 넘는 역사를 한눈에 조망할 수 있는 '역사전시관(KUBS STORY)'을 마련하였다. '역사전시관'은 경영대 110년을 기념하여 조성된 공간으로, 고려대학교 경영대학의 역사와 미래, 고려대학교 경영대학이 배출한 인재 등 고려대학교 경영대학에 대한 이야기를 한눈에 볼 수 있다. 전시 공간에는 보성전문학교 시절에 사용하던 최초의 경영학 교과서 등이 비치돼 있고 경영대학 전직 교수들이 기증한 강의노트와 인사발령서 등도 전시되어 있다. 동시에 대한민국 경제 발전을 주도하고 있는 산업계, 한국 역사를 움직였던 대통령, 정관계 인사, 스포츠계 활동 경영대학 출신 교우들의 이름과 자료도 전시함으로써 학생이 선배들로부터 영감을 받을 수 있도록 구성했다.

하지만 현대자동차경영관에서 가장 인상적인 공간적 설계는 풍부한 '공유 공간'을 서로 연결된 구조로 설계한 부분일 것이다. 지하 3층에서 지상 5층이 건물 중앙에 일종의 중정 개념으로 연결된 거대한 계단을 통해 연결되어 있고 3층과 4층을 연결하는 지점에는 갈색 나무 프레임으로 플로팅 플로어(Floating Floor)가 설치되어 있다. 이는 현대자동차경영관을 설계했던 고려대학교 경영대학이 지향하고자 했던 두 가지 의미인 '게이트 투 더 월드(Gate to the World)'와 '커넥션(Connection)'을 모두 담고 있는 공유 공간이다. 학생들은 이 공간에서 삼삼오오 모여 대화를 나누거나 토론을 할 수 있으며 노트북을 가져와 개인 학습을 진행할 수도 있다. 사실 현대자동차경영관에는 플로팅플로어 외에도 각 층마다 이용자들이 자유롭게 이용할 수 있도록 개방된 쇼파, 의자, 조형물 및 공유공간이 서로 연결되어 있다. 전통적인 설계 관념에서 보면 '낭비'되는 공간처럼 보이는 공유공간과 그 연결성으로 인해 오히려 이용자들은 고정된 선입견을 파괴하고 새로운 혁신을 구상하기 용이해진다. 새로운 개념의 공간은 이렇게 미래 세대의 경영인들에게 새로운 기업가정신과 창조적 혁신의 마인드를 제공하는 것이다.

현대자동차경영관 건립을 통해 경영대학은 경영본관, LG-POSCO경영관, 현대자동차경영관으로 구성된 삼위일체의 공간을 완성했다. 이에 공간 운영의 전문성을 개편하여, 경영본관은 주로 학장단실, 행정동, 고시반, 교수연구실, 각 전공 연구센터, 학생회실, 휘트니스, 부설연구소를 위하여 활용하고, LG-POSCO경영관은 주로 교수연구실, 박사연구실, 대강당, 연회장, 중소대형 강의실, 석박사를 위한 세미나실, 익제큐티브 MBA 라운지로 활용하고, 현대자동차경영관은 강의실, 학부생 등을 위한 중소형 스터디룸, 학생 휴식공간과 편의시설, 층별 라운지, 역사관, 사물함, 고위과정 라운지로 활용하고 있다.

6 교수진의 글로벌한 연구 역량

세계화의 진전과 함께 고려대학교 경영대학에 새로 부임한 교수들은 국제적으로 인정받는 학술지에 논문을 발표하면서 글로벌한 연구 역량을 보여주고 있다. 특히 경영대학은 전공주임고수회의와 전체교수회의를 통해 의견을 수렴하여, 교수 임용 단계부터 부교수 및 정교수로 승진할 때마다 경영학 관련 국제 핵심 최상위 저널인 'SK 학술지'와 국제 최상위 저널인 'IBRE 학술지'에 해당하는 최상위 학술지에 반드시 논문을 게재하는 조건을 추가했다. 이를 통해 고려대학교 경영대학 교수진의 연구 업적은 세계 어디서나 통용되는 국제 핵심 최상위 저널과 국제 최상위 저널에 집중적으로 발표되기 시작했고, 그 결과는 양적 성장보다 질적으로 글로벌한 영향력이 큰 연구가 증가하는 것으로 나타나고 있다. 2024년 현재 경영대학 교수진의 합의를 통해 선정한 'SK 학술지' 37종과 'IBRE 학술지' 60종의 목록은 다음과 같다.

- 고려대학교 경영대학 선정 SK 학술지(37종, 2024년 5월 현재)

  Academy of Management Journal

  Academy of Management Review

  Accounting Review

  Administrative Science Quarterly

  American Economic Review

  American Journal of Sociology※[8]

  American Sociological Review※

  Contemporary Accounting Research

  Econometrica

  Information Systems Research

  Journal of Accounting and Economics

  Journal of Accounting Research

  Journal of Applied Psychology

  Journal of Consumer Research

  Journal of Finance

  Journal of Financial Economics

8 ※: 경영학 인접 학문 분야.

Journal of Financial and Quantitative Analysis

Journal of International Economics

Journal of International Business Studies

Journal of Management Information System

Journal of Marketing

Journal of Marketing Research

Journal of Operations Management

Journal of Personality and Social Psychology※

Journal of Political Economy

Management Science

Manufacturing & Service Operations Management

Marketing Science

MIS Quarterly

Operations Research

Organization Science

Production and Operations Management

Psychological Bulletin※

Quarterly Journal of Economics

Review of Economic Studies

Review of Financial Studies

Strategic Management Journal

- 고려대학교 경영대학 선정 IBRE 학술지(2024년 5월 현재)

Accounting, Organizations and Society

Auditing: A Journal of Practice & Theory

British Journal of Industrial Relations

Communications of the ACM

Computers and Operations Research

Decision Sciences

Decision Support Systems

European Accounting Review

European Journal of Information Systems

European Journal of Operational Research

Financial Management

Human Resource Management

IEEE Transactions on Engineering Management

IISE Transactions

Industrial Relations

Information and Management

International Business Review

International Journal of Electronic Commerce

International Journal of Human Resource Management

International Journal of Operations & Production Management

International Journal of Production Economics

International Journal of Research in Marketing

International Marketing Review

Journal of Accounting and Public Policy

Journal of Accounting, Auditing & Finance

Journal of Advertising

Journal of Banking & Finance

Journal of Business Finance & Accounting

Journal of Consumer Psychology (Tier 1)[9]

Journal of Corporate Finance

Journal of Empirical Finance

Journal of Financial Intermediation

Journal of Financial Markets

Journal of Information Technology

Journal of International Management

Journal of International Marketing

Journal of International Money and Finance

Journal of Management (Tier 1)

Journal of Management Accounting Research

Journal of Organizational Behavior

Journal of Product Innovation Management

Journal of Retailing

Journal of Risk and Insurance

Journal of Strategic Information Systems

Journal of Supply Chain Management

Journal of the Academy of Marketing Science

Journal of the American Taxation Association

Journal of the Association for Information Systems (Tier 1)

Journal of the Operational Research Society

Journal of World Business (Tier 1)

---

9 Tier1: 국제적으로 인정받는 최상위 수준의 학술지.

Management International Review

Marketing Letters

Organization Studies

Organizational Behavior and Human Decision Processes

Pacific-Basin Finance Journal

Personnel Psychology

Quantitative Marketing and Economics

Research Policy

Review of Accounting Studies (Tier 1)

Review of Finance (Tier 1)

2004년 9월 현재 고려대학교 경영대학에서 석·박사 학위를 받고 해외 소재 대학의 교원으로 임용된 사례는 모두 19건이다. 고려대 경영대의 교육의 수준이 세계적으로 널리 인정받고 있다는 중요한 시그널이 아닐 수 없는데, 표로 정리하면 다음 〈표 2〉와 같다.

7 아시아 No. 1 융복합 경영연구소를 향한 비전

고려대학교 경영대학이 경영·경제 전반에 걸친 이론 및 실무의 연구를 통하여 이 나라의 정상적인 경영 발전에 기여하기 위해 이미 1958년 6월 상과대학의 부속기관으로 설립된 기업경영연구소가 국내 최초로 대학에 설립되었음은 앞서 4장에서 언급한 바와 같다. 이후 기업경영연구소의 활동 범위가 확장되면서 1960년부터는 기업경영연구소는 상경대학 소속에서 고려대학교 소속 연구소로 발돋움하였고, 1997년엔 '기업경영연구원'으로 승격

표 2 해외 소재 대학 교원임용 사례(2006-2024 고려대학교 경영대학 석·박사 학위)

과정	전공	이름	입학 연월	졸업 연월	해외 임용 대학
박사	마케팅	장정민	2006. 3	2015. 2	브루넬대학교 런던(Brunel University London) 강사
박사	마케팅	박지미	2010. 9	2016. 2	헐트 국제 비즈니스 스쿨(Hult tInternational Business School) 조교수
박사	재무론	나혜정	2011. 3	2016. 2	캘리포니아 주립대학교(California State University) 조교수
석박통합	IS	강대엽	2011. 3	2016 . 8	로욜라메리마운트대학교(Loyola Marymount University)
박사	재무론	LIU YUNXIAO	2009. 9	2016. 8	상하이대학교 실릭 비즈니스 스쿨(SILC Business School, Shanghai University) 강사
박사	재무론	SUN INGXIA	2010. 9	2016. 8	난카이대학교 비즈니스 스쿨(Nankai University Business School) 강사
박사	마케팅	고우리	2012. 3	2016. 8	무사시노대학교(Musashino University) 조교수
박사	재무론	박혜현	2011. 9	2017. 2	사우스웨스턴대학교 경제경영(Southwestern University of Finanace and Economics)
박사	회계학	유소진	2013. 3	2017. 8	뉴욕대학교 프레도니아(State University of New York, Fredonia) 조교수
박사	재무론	GUO LIN	2008.9	2018.2	시난대학교 재정(SWUFE, School of Finance) 부교수
박사	마케팅	이성규	2010. 3	2018. 2	아키타 국제대학교(Akita international University) 조교수
박사	IS	전수현	2011. 3	2018. 2	브루넬대학교 런던(Brunel University London) 강사
박사	국제경영관리	박혜연	2011. 9	2018. 2	서리대학교 전략 및 국제경제(University of Surrey in Strategy and International Business) 강사
박사	경영관리	박성범	2011. 3	2019. 8	브래드퍼드대학교 전략 경영(University of Bradford in Strategic Management) 강사
박사	LSOM	LIU FENG	2017. 3	2020. 2	산둥대학교(Shandong University) 조교수
박사	LSOM	LIU XIAOXI	2015. 3	2021. 2	난징 사범대학교(Nanjing Normal University) 조교수
박사	마케팅	MUDITA TRIZA	2014. 3	2022. 2	인도네시아대학교(University of Indonesia)
박사	마케팅	정재은	2018. 3	2023. 8	핀들레이대학교(University of Findlay)
박사	마케팅	변정희	2020. 3	2024. 8	네오마 비즈니스 스쿨(NEOMA Business School) 조교수

하면서 대규모 조직개편 등을 거쳐 오늘에 이르고 있다.

오늘날 기업경영연구원은 경영환경 변화에 따른 기업의 대응 전략을 중심으로 각계 최고의 전문가들이 연구 결과를 발표하고 토론하는 기회를 마련 중이다. 분야별, 산업별, 지역별 특성화 연구를 효과적으로 수행하고자 7개의 연구센터(디지털이노베이션센터, 마케팅연구센터, 아시아경영연구센터, 재무금융센터, 초우량조직연구센터, 회계세무센터, LSOM연구센터)를 산하에 두고 있으며, 해당 센터들을 중심으로 활발한 연구 활동과 세미나, 학술대회 등을 개최하고 있다. 연구원의 조직은 연구원장 외에 전임 연구원장과 현임 경영대학장을 구성원으로 하는 평의원회가 있으며, 7명의 센터 소장이 있다.[10]

기업경영연구원에 소속된 산하 7개의 연구센터는 각각 다음과 같은 목표를 가지고 설립·운영 중이다.

디지털이노베이션센터 정보기술(IT)과 정보시스템(IS)을 기반으로 하는 이론적, 실무적 지식을 공유할 수 있는 기회를 제공하고, 관련 전문 인력을 양성하기 위해 설립되었다. 이를 위해, 학술회의와 세미나 등을 주관하고, 센터 연구위원과 대학원생들 및 학부생들의 학술 활동을 지원하고자 한다. 또한, 다양한 산학 프로그램을 통해 기업의 경쟁력 증진과 산업의 발전에 기여하고자 한다. 2025년 현재 이건웅 교수가 센터장을 맡고 있다.

마케팅연구센터 마케팅연구센터는 기업들의 마케팅 능력을 제고할 목적으로 산학협력연구와 마케팅 전문인력을 양성하고자 설립되었다. 교육의 목표

---

10 2025년 7월 현재 기업경영연구원의 평의원회는 이종호 원장, 김언수 학장, 박찬수 교수, 배종석 교수, 김재환 교수, 김중혁 교수로 구성되어 있다. 또한 각 센터장으로는 이건웅 교수(디지털이노베이션센터), 유원상 교수(마케팅연구센터), 조경아 교수(아시아경영연구센터), 정지웅 교수(재무금융센터), 이동섭 교수(초우량조직연구센터), 유승원 교수(회계세무센터), 이현석 교수(LSOM 연구센터)가 그 책임을 맡고 있다.

는 특정 기업을 대상으로 한 맞춤 프로그램을 개설하여 이를 장기간 운영하는 것이며 공개 모집을 통한 교육 프로그램도 기획하고자 한다. 또한 마케팅 학계와 업계에 영향력을 미치고 학생들에게 실질적으로 도움을 줄 수 있는 사업도 계획하고 있으며, 궁극적으로는 고려대학교 마케팅 프로그램의 질을 향상하고자 한다. 연중 정기적으로 세미나를 개최하고 있으며 학술 세미나를 비롯하여 마케팅 리더를 초청하여 특강을 함으로써 살아 있는 학문을 지향하고 있다. 2025년 현재 유원상 교수가 센터장을 맡고 있다.

아시아경영연구센터 아시아경영연구센터는 1995년 고려대학교 기업경영연구원 부속 센터로 시작하여 아시아를 포함한 세계 주요 시장에 진출한 한국 기업, 현지 기업, 및 외국 다국적 기업들에 대한 학문 연구를 체계적으로 수행하기 위하여 설립되었다. 매년 다양한 기업들의 경영활동과 같은 미시적 연구와 아울러 시장구조, 산업, 무역 및 투자 환경 등과 같은 거시적 연구에 초점을 맞추어 국제경영전략과 관련된 다양한 이슈들을 이해하는 데 필요한 기본 지식을 제공하고 있다. 2025년 현재 조경아 교수가 센터장을 맡고 있다.

재무금융센터 재무금융센터는 우리나라 자본시장과 금융시장의 환경이 심화, 다각화됨에 부응하며, 또한 발전적이고 체계적인 연구 여건 제공을 위하여 기존의 수행 사업들을 계속 보완, 유지하여 수행해 나가면서 재무·금융 분야 최고의 연구기관이 되도록 자리매김하고 있다. 재무금융센터는 자본시장과 금융시장에 대한 교수들의 연구를 집중화하고 연구에 필요한 자료의 확보 및 재생산을 통한 연구의 효율성 제고가 설립의 기본적인 목적이다. 그리고 국내외 재무학자들의 연구발표회를 주관하여 국제적인 학술교류의 기회를 확대하고, 대학원 과정의 학위논문을 지원하여 전문적인 연구 인력의 배출에 기여하고자 한다. 또한 증권, 금융산업과 기업에 관한 산학협동 연구 사업을 수행하여 우리나라 자본시장의 발전에 함께하려 한다. 2025년 현재 정지웅 교수가 센터장이다.

초우량조직연구센터 초우량조직연구센터는 초우량 조직의 핵심 원리에 대한 이론과 방법론을 발전시키는 것을 목적으로 설립되었으며 조직행동, 조직설계, 인적자원관리, 경영전략, 고용관계 등 조직의 다양한 측면을 연구분야로 한다. 이를 위하여 초우량조직연구센터는 초우량 조직에 대한 연구지원 및 발간 사업, 국내외 전문가를 초빙하여 세미나 및 학술대회 개최, 국내외 대학 및 연구기관과의 학술교류, 초우량 조직에 대한 교육 프로그램 운영 등을 수행한다. 2025년 현재 이동섭 교수가 센터장이다.

회계세무센터 회계세무센터는 회계와 세무의 제반 연구활동을 지원하고, 학술교류 기회를 확대하며, 전문인력을 양성함으로써 우리나라의 회계학과 경제활동에 기여함을 목적으로 한다. ① 회계와 세무 연구지원, ② 회계와 세무 학술교류, ③ 연구논문 및 간행물 발간, ④ 회계 세무 감사 및 지도, ⑤ 교육훈련 및 강좌, ⑥ 회계와 세무 관련 시상, ⑦ 초청 세미나 등의 행사를 진행하고 있다. 2025년 현재 유승원 교수가 센터장이다.

LSOM연구센터 기업의 국제 경쟁력과 국가 경쟁력 저하의 주요한 원인이 되고 있는 물류·구매관리, 효율적인 서비스 제공을 위한 자원(resource)의 운영 및 배분 문제 등을 개선하고 발전시키고자 함이 본 센터의 설립 취지이다. 이를 위해 본 센터는 ① 학내외 연구 자원의 집중화를 통해 물류와 서비스 관련 분야의 연구를 활성화하고, ② 산·관·학·연의 공동체적 협조체제를 구축하여 물류·구매관리 및 양질의 서비스 제공을 위한 실질적인 문제점과 이론의 접목을 도모하며, ③ 물류·구매 및 서비스 교육의 효과적인 수행을 위한 교재 및 사례 개발을 수행하고자 한다. ④ 국내외 물류·구매 및 서비스 관련 연구자들의 연구발표회를 주관하여 국제학술교류의 기회를 확대하며, ⑤ 관련 연구기관 및 기업과 제휴하여 대학원생의 연구활동 활성화를 유도함으로써 물류·구매 및 서비스 관련 전문인력의 양성에 기여함을 목적으로 한다. 2025년 현재 이현석 교수가 센터장이다.

이러한 기업경영연구원의 세분화된 센터 개설과 함께 고려대학교 경영대학은 2020년을 전후하여 경영대학 산하 여러 연구소를 통합하면서 미래 지향적으로 재편하는 비전을 마련했다. 즉 기존의 기업경영연구원은 산하 7개의 연구센터를 운영하는 거대 연구소로 유지하되, 시대 변화와 사회적 요구에 발맞추어 성립했던 '기업지배구조연구소'와 'DT & 비즈니스센터(Center for DT & Business)' 및 2020년 이후에 새롭게 만들어진 '스타트업(Startup)연구원'과 'ESG연구원'까지 합하여 이를 통합적으로 운영하는 아시아 No. 1 융복합 경영연구소를 운영할 비전이다. 이른바 디지털 트랜스포메이션 시대를 선도하는 산학연 오픈 커넥티드 플랫폼(Open Connected Platform)의 구축이다. 이는 새로운 연구소의 이름에서 알 수 있듯, '디지털 변혁(Digital Transformation)', 'ESG(환경, 사회적 책임, 거버넌스)', '스타트업(Startup)' 등 시대 변화와 젊은 인재들의 사회적 요구를 반영하고 있다.

기업지배구조연구소 2001년 11월 설립된 기업지배구조연구소는 기업가치의 결정과 기업의 경쟁력에 중대한 영향을 미치는 기업지배구조와 관련된 전문화된 연구를 수행하는 것을 목적으로 설립된 연구소이다. 기업지배에 관한 세계적 수준의 연구를 수행하고 지원하며 기업의 지배구조 개선과 이를 통한 국가 경제 발전에 기여하기 위해 기업의 실무자들을 위한 교육 프로그램을 제공한다. 본 연구소는 현재 우리나라뿐 아니라 아시아에서의 기업지배구조연구의 중심적 역할을 감당하기 위해 정기적으로 아시아 기업지배구조 학술회의(Asian Corporate Governance Conference)를 개최해 왔으며 이를 전문적으로 추진하기 위해 명칭을 AICG(Asian Institute of Corporate Governance)로 변경하여 운영 중이다. 오랫동안 기업지배구조연구소의 소장을 맡으며 2024년 3월 정년 퇴임하게 된 박경서 교수는 연구소 활동을 회고하면서 "연구소의 설립 목적상 국내기업의 지배구조 이슈와 관련된 연구나 정책 세미나 등을 하게 되고, 그런 과정에서 기업 경영자나 지배주주(소위 오너경영자) 입장에서는 좀 듣기 싫은 쓴소리도 자주 했는데 그에 따라 기업인들과는 좀 불편한 관계가 되지 않았나 하는 생각"이 든다고 하면서 그럼에도 불구하고 "최근 국내기업의 주가가 저평가되어 있고 이의 주된 원인이 국내기업의 지배구조 관행에 문제가 있다는 지적이 투자자들의 공감대와 함께 정책 당국자들에게도 설득력을 가져 밸류업 코리아 등 다양한 지배구조개선 정책이 검토되고 있는 것은 고무적인 일"이라고 평가했다.[11] 2025년 현재 연구소장은 김우찬 교수이다.

스타트업(Startup)연구원 2016년 9월 기업가정신과 혁신의 플랫폼을 기치로, 학생 창업자를 지원하기 위해 설립되었다. 대외적으로는 스타트업 스테이션(Startup Station)으로 알려져 있다. 국내 단과대학 내 최초의 창업보육기관으로, 일진그룹 회장 이상일(상학과 57학번) 교우와 동화그룹 회장 승명호(무역학과 74학번) 교우로부터 기부를 받아 경영대학 산하의 '일진창업지원센터'와 '승명호 앙트프러너십 에듀케이션 센터'가 설치되었다. 기본적으로 경영대학 스타트업 스테이션(KUBS Startup Station)은 다양한 배경을 가진 청년 기업가들이 공유와 협업을 통해 창업가정신과 혁신을 실현할 수 있도록 지원하

11 〈KUBS 소식—경영대학 정년퇴임 교수 인터뷰—박경서 교수 "'나'를 바꿔준 경영대학…제자가 잘되는 것을 볼 때 가장 보람찼죠〉, 2024. 3. 26, https://biz.korea.ac.kr/news/news_view.html?no=3816&key=&keyfield=&page=14&g=n.

는 스타트업 플랫폼 공간으로, 고려대학교 경영본관 2층 전체 공간을 리노베이션하여 사용하고 있다. 치열한 경쟁을 뚫고 선발된 학생 스타트업 입주사들은 연구원 부설 '일진창업지원센터'의 실질적인 보육지원시스템과 '승명호 앙트프러너십 에듀케이션 센터'의 체계적인 교육 프로그램을 통해 스타트업으로 도약하는 기회를 부여받는다. 스타트업연구원은 독창적이고 사업성이 뛰어난 사업모델을 선발하기 위해 매년 2회 〈창업경진대회〉를 개최하며, 수상팀에게는 스타트업 스테이션 업무 공간을 6개월 동안(재계약 심사 통과 시 1년까지) 무료로 입주하게 하고 소정의 운영 비용 및 교육을 지원한다. 이 과정에서 비즈니스 아이디어의 참신성과 현실성도 중요한 선발기준이지만, 때로는 구성원들의 능력, 성장 가능성, 상호 보완성이 탁월하다면 비즈니스 모델이 상대적으로 빈약하더라도 입주를 허용한다. 청년들의 창업 열기는 단순히 일자리나 고부가가치 창출이라는 경제적 논리에만 근거한 결과가 아니라 젊은이들의 재미, 자아실현, 및 기성세대의 문제점 해결이라는 다양한 동기를 지닌 문화 현상이기 때문이다.[12]

지원 자격은 고려대학교 경영대학(원) 재·휴학생 또는 졸업생(5년 이내)이 1명 이상 포함된 팀(복수전공, 이중전공, 부전공 포함)으로, 고려대학교 경영대 학생뿐 아니라 이들과 협업하는 모든 학과 및 고려대가 아닌 타 대학의 학생들에게도 참여의 기회와 협업의 필요성을 제공한다. 팀 구성원을 경영대학 출신만으로 제한하지 않는 이유는 구성원의 다양성을 확보하는 것이 창업기업을 배출함에 있어 보다 현실적이고 스타트업의 시너지를 창출하는 데 효과적이라는 신념 때문이다.

2024년 현재 창업지원센터에는 농산물 판매량 예측 및 유통 B2B 플랫폼

12 김희천·신호정·유시진·박대윤, 〈창업지원 사례와 교훈, 스타트업 스테이션〉, 이두희 외, 《경영교육 뉴 패러다임》(매일경제신문사, 2018), 168-171쪽.

을 지향하는 〈대봉〉팀, 경계선 지능 아동을 위한 1:1 학습지도 매칭 서비스인 〈느루잉〉팀, 한국 양반가 장인들의 양조기술 복원 및 기계화하는 하이엔드 우리술 제조사인 〈마타리〉팀 등 10여 개의 학생 스타트업 회사가 입주하여 성장 지원과 교육을 받고 있다. 2016년 이래 2024년까지 약 140개 팀, 800명이 넘는 젊은 기업가정신을 구비한 예비 경영인들이 스타트업연구원에서 배출되었다.

2024년 1월 '일진창업지원센터'에 입주한 〈Toaster Finance〉(법인명은 'GM Studio', 블록체인 기반 금융 플랫폼)의 이수영 대표(고려대학교 컴퓨터학과 4학년 수료)와의 인터뷰에 따르면, 기술력과 열정만 있던 대학생들에게 스타트업연구원과의 만남과 입주는 구체적인 결실로 가기 위한 결정적인 계기를 마련해 주었다고 한다.[13] 가령 이수영 대표는 대학 입학 이후 블록체인(Blockchain, 분산 컴퓨팅 기술 기반의 데이터 위변조 방지 기술) 기술을 익혀 일본에서 개최된 국제 '해커톤(hackathon)' 대회에서 입상하는 등 블록체인 기술에 기반한 프로그램 개발과 수익 모델을 꿈꾸었으나 실제로 이러한 꿈을 실현하는 과정에서 경영대 스타트업연구원에서 개최한 창업경진대회의 입상과 센터의 입주 후 제공받은 각종 노하우의 전수로 인해 꿈을 실현해 갈 수 있었다고 한다. 특별히 블록체인이라는 새로운 기술로 수익모델을 만드는 과정에서 발생할 수 있는 각종 법률적 자문을 무료로 제공받았던 점과 사우디아라비아 상공회의소의 초대를 받아 자신들의 스타트업 모델을 소개하고 협력의 경험을 쌓은 점이 스타트업연구원에 입주한 후 받은 최대의 수혜라고 고백했다. 이처럼 스타트업연구원의 스타트업 육성 사업은 '유니콘(unicorn) 기업'의 꿈을 지닌 실력 있고 패기 넘치는 학부생들을 위한 특화된 교육 프로그램으로 자리를 잡고, 다른

---

13 이수영 대표와의 인터뷰는 2024년 10월 4일(금) 스타트업 스테이션 미팅룸에서 진행되었다. 학생들의 스타트업 업체의 입주 상황과 활동 상황은 스타트업 스테이션 홈페이지를 참조. https://www.startupstation.co.kr/company/Toaster%20Finance.

학과 학생들에게도 영향력을 점차 확대하고 있다.

2025년 현재 황준호 교수가 스타트업연구원 원장을, 김영경 교수가 일진 창업지원센터장을, 박진규 교수가 앙트프러너십 에듀케이션 센터장을 맡고 있다.

CDTB(Center for Digital Transformation & Business) 2020년 3월, 급변하는 디지털 트랜스포메이션 시대를 준비하며 교육과 연구에서 앞선 리더십을 확보하고 새로운 시대를 주도하는 오픈 커넥티드 플랫폼 CDTB를 설립했다. 최근 빅데이터·인공지능(AI) 등 첨단 기술에 따른 변화에서 경영학 분야도 자유롭지 않기 때문이었다. 이에 고려대학교 경영대는 2019년 1학기부터 학부 과정에 〈비즈니스애널리틱스〉라는 빅데이터 활용 교과목을 개설하였으며, 2020년 Business Analytics 소사과정을 신설하여 운영하고 있는데, 이는 전통적으로 경영학에 포함됐던 학문뿐만 아니라 통계학·수학·사회학·공학을 아우른 통합 교육을 통해 미래 경영교육에 대한 준비를 해야 한다는 문제의식 속에서 등장했다. 바로 이러한 현실 변화에 대한 선도적인 대응을 위해 설립된 센터가 CDTB이다. 고려대학교 경영대학의 노하우와 맨파워, 인사이트에 기반을 둔 CDTB는 단순한 지식생산과 강의식 교육에서 벗어나 기술과 경영의 결합 교육을 통해 현장의 문제를 창의적으로 풀어가는 문제해결형 인재를 양성해 나가는 것을 목표로 하는 연구소이다. 또한 무한한 가능성의 오픈 커넥티드 플랫폼으로, 다양한 기업, 기관과 협력하여 연구·교육 콘텐츠 개발, 산학협력 확산, 취업 촉진 등 종합적인 기능을 수행하고 있다. 현재 CDTB를 통해 DTB 모델을 탐색하여 기업문제를 해결하고 모델을 탐색하는 과정을 산학연이 협력하여 진행하며 기업과 학교가 문제를 상호 공유하고 피드백을 통해서 해결책과 모델을 발전시키는 중이다. 무엇보다 이를 통해 기업과 대학 간의 산학협력 선순환 구조를 확립하는 데 기여하는

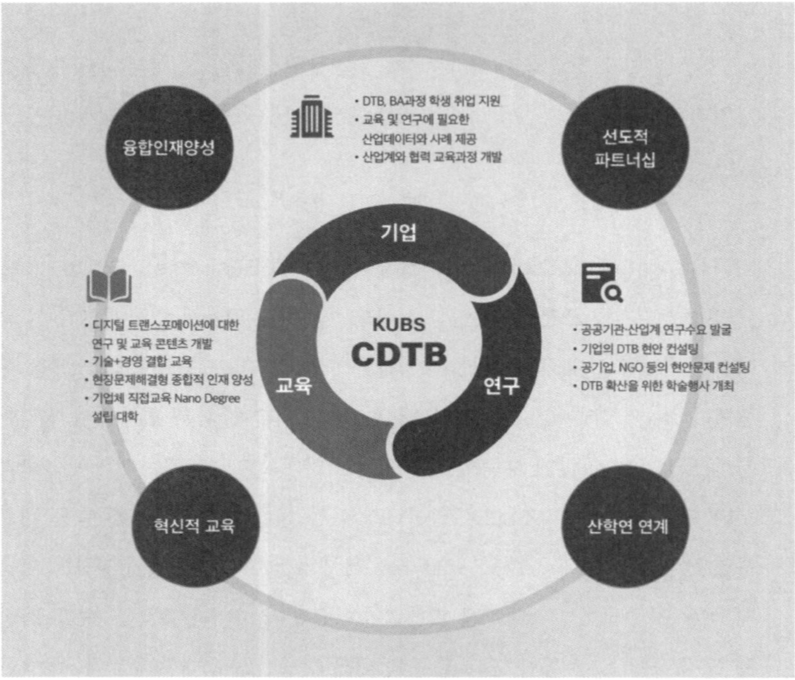

디지털 트랜스포메이션 교육 연구 및 산학연 연계 융합의
오픈 커넥티드 플랫폼(Open Connected Platform)

것으로 평가받고 있다. 한국경영학회가 창립된 지 30년을 맞이하던 1986년 당시에 한국 경영학의 과제로 지적되던 산학협력의 부족이나 정보화 사회로의 전환을 위한 컴퓨터 활용 OA 교육에 대한 저항감 등을 반추할 때[14] 놀랄 만한 개선이자 새로운 모델로의 전환이라 할 수 있다. 디지털 트랜스포메이션(Digital Transformation, DT) 시대에 걸맞는 인재를 양성하고, 산업계 및 DT

14 황일철, 〈경영학교육의 과제〉, 김정년·조동성 외, 《한국경영학 30년—회고와 전망》(서울대학교 출판부, 1988), 92쪽; 허철부, 〈OA교육에 대한 반응의 탐색적 연구—행동과학적 접근〉, 김정년·조동성 외, 《한국경영학 30년—회고와 전망》, 406-409쪽.

관련 기관과의 협력을 모색하고자 DAB(Data Analytics for Business) 경진대회 최종 발표회 및 MSBA 캡스톤 프로젝트 공개발표로 구성된 〈KUBS DT Day〉를 개최하기 시작하여 2024년 11월 현재 제5회 〈KUBS DT DAY〉 행사를 이어 가고 있다. 이를 통해 고려대학교 구성원들에게 디지털 트랜스포메이션에 대한 비즈니스 인사이트를 제공하고, 기업과 상호호혜적 관계 속에서 산학연의 구조를 구축하고 있다. CDTB의 비전 모델은 앞의 다이어그램과 같다(CDTB의 비전 다이어그램). 2025년 현재 김정현 교수가 센터장이다.

ESG연구원(ESG Research Institute) ESG연구원 역시 앞서 언급한 CDTB와 마찬가지로 변화하는 시대와 사회의 강력한 요구에 선도적으로 부응하기 위해 2021년 설립된 연구원이다. 최근 들어 기업경영의 화두로 부각되고 있는 '친환경 경영(Environment)', '기업의 사회적 책임(Social)', '기업의 투명한 지배구조(Governance)'를 강조하는 ESG 경영은 1980년대 후반 세계적 차원에서의 지속가능한 발전에 대한 논의를 시작으로, 2006년 ESG 투자의 출발점이 되는 UN PRI(Principles for Responsible Investment)를 통해 구체화되기에 이르렀다. 2019년 미국의 주요 기업 CEO들이 참여한 BRT(Business Round Table) 선언에 이어 2020년 세계경제포럼에서 이해관계자 자본주의가 강조되면서, ESG는 현재 기업경영에 있어 핵심 사안으로 급부상했다. 이에 고려대학교 경영대학에서는 기업들이 환경을 보호하면서 지속가능하고 투명한 기업 경영을 실천할 수 있는 방안에 대해 연구함으로써, 인류사회가 당면한 제반 문제를 해결할 수 있는 실천적 방안을 제시하고 관련 교육과정 운영을 통해 해당 방안을 다양한 이해관계자와 공유하기 위해 2021년 ESG연구원을 준연구기관으로 설립하고 2023년 정식 부설연구기관으로 승인을 받았다. 이를 위해 본 연구원은 ESG 관련 연구 및 교육 콘텐츠 개발, 공공기관·산업계의 연구 수요 발굴 및 대외협력 사업 등을 수행함으로써, 인류사회의 지

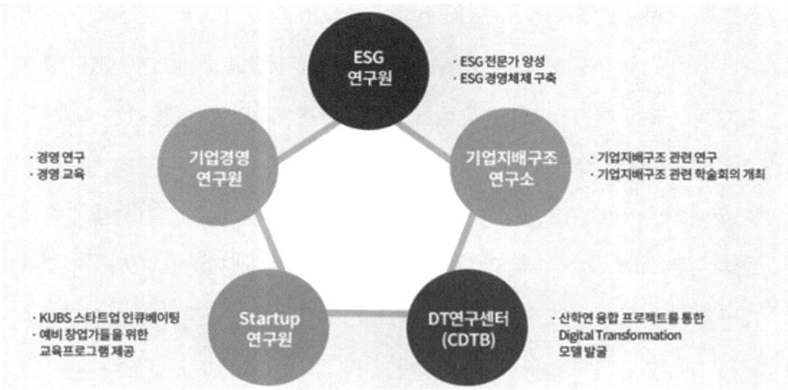

아시아 No. 1 융복합 경영연구소(Asian Business Research Institute) 조감도

속적 발전에 기여할 수 있도록 경영학 및 기업경영 실무의 ESG 관련 패러다임을 선도적으로 변화시키는 중이다. 2024년 현재 ESG 관련 학제간 융복합 연구 촉진을 위한 콜로키움 개최, ESG 관련 국내외 석학과의 연구논의를 위한 세미나 개최, 우수 ESG 활동 사례 수집 및 사례 개발, ESG 관련 신규 교과목 개발, 공공기관 및 기업의 대표 또는 임원 등을 대상으로 하는 6개월 과정의 ESG 최고위과정 등을 신설 중이다. 2025년 현재 이재혁 교수가 연구원장을 맡고 있다.

고려대학교 경영대학은 지난 20여 년 동안 설치되고 활동 영역을 확대하는 기업경영연구원, 기업지배구조연구소, 스타트업연구원, Center for DT & Business, ESG연구원이라는 5개 연구기관을 통합하는 '아시아 No. 1 융복합 경영연구소(Asian Business Research Institute)' 설립을 목표로 세웠다. 이는 해외 석학 라운드테이블, 최근 변화를 반영하는 융합적 연구, 전문가 양성 및 인큐베이팅 등 글로벌 산학연관 협력을 진행하여 혁신적인 융·복합 연구 성과를 도출하고, 이를 기반으로 하는 대형 산학연관 프로젝트 수행을 통해 가치 환원 및 재원을 조달하는 선순환 구조를 마련하여, 종국적으로 2030년까지 세계 30위 달성을 위한 주요 실천 과제로 제시된 과제이다(맺음말 참조).

8 사회적 가치를 존중하는 ESG 경영학으로

기업의 사회적 영향력이 커지면서 반대로 사회가 기업에 기대하는 부분 역시 확대되기 시작했다. 가령 '기업가정신'이라는 용어는 원래 경제적인 것으로 출발했으나 경제적인 영역에만 국한되지 않는다. 피터 드러커에 따르면, 기업가정신이야말로 '실존적'이라는 말로 표현할 수 있는 영역을 제외한 인간의 모든 활동 영역에 구현될 수 있다고 한다.[15] 이처럼 기업의 영향력은 우리가 사는 사회에 전방위적으로 미치고 있으며, 초국가적 기업이나 다국적 기업이 등장하면서 그 파급력의 지리적 범주 역시 한 국가를 초월한 지 오래되었다. 따라서 기업에 대한 사회적 요구가 경제 외적 요소로 확대된 것 역시 자연스러운 변화였다.

사회적 변화에 따라 기업의 사회적 책임감을 강조하기 시작하면서 기업의 사회적 책임(Corporate Social Responsibility, CSR)이라는 용어가 등장하였다. 이는 기업들이 이윤 극대화라는 경제적 책임 외에 사회적 책임을 고려해야 함을 강조하는 용어이다. 기본적으로 사회의 변화와 소비자들의 인식 변화에 따라 기업에 대한 요구사항 역시 경제 영역을 초월한 결과이다. 환경문제, 빈곤과 인권, 양극화와 같은 이슈에 관심을 두기 시작한 대중이나 소비자들에게 이러한 문제 해결에 기여하고자 하는 욕구가 표출되기 시작

15 피터 드러커, 《미래 사회를 이끌어가는 기업가정신》, 이재규 옮김(한국경제신문, 2004), 43쪽.

하자 기업 차원에서 적극적으로 대응하기 시작한 결과이기도 하다. 물론 사회적 요구라고 하여 반드시 이타적인 결과를 가져오는 것은 아니며 그 안에는 다양한 욕구와 사적 필요가 혼재되어 있다. 20세기 중엽 기업을 '사회적 존재'로 인식하기 시작하던 초창기에도 근시안적인 단기적 이익 추구보다는 장기적 안목으로 장기 이익(long-run profit)을 추구하기 위한 일환으로 기업의 사회적 책임이 강조되었음을 상기할 필요가 있다. 기업이 사회적 책임을 다하는 것이 곧 장기 이익을 추구하면서 경제성 원칙을 지킬 수 있다는 계산이 깔려 있었던 것이다.[16] 그럼에도 불구하고 기업 입장에서도 현재의 기업 활동과 이윤 추구를 보다 오래 지속하고자 하는 간절한 필요를 체감했기에 '지속가능 발전(Sustainable Development)'이라는 담론을 비교적 빠르게 적용할 수 있었다. 앞서 언급했던 'ESG' 경영, 즉 '환경', '사회', '지배구조'라는 세 가지 기본적인 고려 요인을 강조하는 경영학의 추세는 그 연장선에 있다. 따라서 'CSR'. '지속가능 발전', 그리고 'ESG'는 표현만 다를 뿐 사실상 유사한 지향성을 보여 주는 사회 및 경영학의 변용 과정이라 하겠다. 기업의 목적이 어느새 이익 극대화에서 문제 해결로 재편되었으며 사회문제가 곧 비즈니스인 시대로 접어든 것인데, 여기에 지속가능 발전이라는 요청이 합쳐진 것이다.

가령 마케팅에서는 '사회적 책임 마케팅(Societal Marketing)'이라는 용어가 등장하여 ESG 혹은 지속가능 마케팅과 유사한 개념으로 사용되고 있다. 여기서 영어로 'social'과 구분되는 'societal'이라는 표현이 사용되었음에 유의해야 한다. 사회적 책임(societal) 마케팅은 마케팅의 원칙, 개념, 수단들을 사회적 변화 문제에 적용하는 것을 의미하기 때문이다. 사회문제에 대

16 이경헌, 〈경제학과 경영학의 학제적 관계와 그 전망〉, 김정년·조동성 외, 《한국경영학 30년—회고와 전망》(서울대학교출판부, 1988), 608쪽.

한 대중의 인식은 공식적 혹은 비공식적 규제와 소비자들의 구매 행동을 통해 마케팅 영역에도 압력을 가하고 있다. 분명 이러한 변화는 시장 및 자본주의의 한계와 부작용에 대한 성찰과 개선의 가능성을 제공하는 것이기에, 기업의 마케팅 역시 'CSV' 작업을 통해 장기적인 이윤 획득과 사회적 책임을 동시에 수행하는 쪽으로 전략이 바뀌어 가고 있다.[17]

CSV(Creating Shared Value)는 하버드대학교 마이클 포터 교수가 창안한 개념으로, 우리말로는 '공유 가치 창출'이라고 번역된다. 기본적으로 기업의 활동이 '공유 가치' 즉 경제적 가치와 사회적 가치를 함께 추구해야 한다는 주장으로, 앞서 언급한 'CSR'의 후속 버전이라 할 수 있다.[18] 다만 CSV 논의를 통해 경제적 가치와 사회적 가치가 양립된 것이 아니라 상호 중첩된 영역을 가지고 동시에 추구할 수 있으며 따라서 사회적 가치를 기업의 비즈니스 전략 차원에서 적극적으로 고려하는 계기를 마련해 주었다. 2015년 세계거래소연맹(World Federation of Exchange)이 'ESG 공시 가이드안'을 발표하며 환경 부분 10개, 사회 부분 12개, 지배구조 부분 8개, 기타 3개 등 총 33개 항목을 상장기업의 공시 내용에 포함하도록 권고한 것은 이러한 인식 변화의 결과였다. 사회문제가 곧 기업의 문제가 된 것이다. 환경문제는 물론 교육 시스템, 에너지, 공중 보건 문제가 과거에는 그 자체로 독립된 사회문제이자 생태 문제로 인식되었으나, 오늘날 기업과 경영학에서 비즈니스의 문제로 받아들여지고 있다. 위기가 곧 기회가 될 수 있듯이, "사회문제를 해결하면서 어떻게 동시에 비즈니스 가치를 만들 것인가?"라는 화두를 놓고 창의적이고 혁신적인 기술과 가치가 끊임없이 등장하고 있다.[19]

---

17 송재도, 《ESG 지속가능 마케팅》(학현사, 2023).

18 후지이 다케시, 《CSV 이노베이션—하버드 대학 마이클 포터 교수의 "공유 가치 창출" 경영》, 이면헌 옮김(한언출판사, 2016).

19 김재구 · 배종태 · 문계완 외, 《기업의 미래를 여는 사회가치경영》(클라우드나인, 2018).

경제적 책임만 고려하던 기업에게 법, 윤리, 자선적인 책임까지 요구하도록 변화된 배경에는 거세진 균형 파괴와 경제적 격차의 확대가 깔려 있다. 이에 생태계와 공동체를 챙기라는 외부의 압력에 기업과 경영학이 직면하지 않을 수 없게 된 것이다.[20] 고려대학교 경영대학에 2021년 ESG연구원을 새롭게 개설한 것도 바로 이러한 필요에 따른 자연스러운 결과였다.

고려대학교 경영대학의 배종석 교수를 비롯한 9명의 교수가 함께 집필한《ESG시대의 사회적 가치와 지속가능경영》에서도 사회적 가치를 존중하는 ESG 경영학의 방향성을 제시하고 있다.[21] 이에 따르면, 현대 사회를 '기업의 시대'라 부르는 것은 기업의 침투성과 편재성, 자원 확보력과 지배력, 그리고 사회 전체의 방향과 사회 구성원들의 삶에 끼치는 강한 영향력 때문이다. 다만 기업이 ESG 혹은 사회적 가치를 추구하는 데 관심을 집중하는 이유가 국제기구와 시민단체 및 일반 대중의 압력과 투자가의 변화가 있었기 때문이라는 견해도 일견 타당성이 있지만 ESG에 대한 관심의 증대는 본질적으로 기업이 본래 지녀야 하는 존재, 관계, 가치 및 역할의 회복에 대한 기대에 부응하는 것으로 규정할 수 있다는 것이 집필자들의 주된 포인트다. 즉 ESG와 사회적 가치에 대한 관심은 그동안 분리되었던 '경제'와 '가치' 영역을 다시 연결시키려는 노력이라 할 수 있다. 이러한 연결을 위해 경영에 대한 네 가지 차원의 분석 틀을 제시한다. 첫째는 경영의 '높이'로 '초월성(transcendence)'을 지향하며, 둘째는 경영의 '깊이'로 '내재성(interiority)'을 강조하고, 셋째는 경영의 '넓이'로 '관계성(relationality)'에 연결되고, 넷째가 경영의 '길이'로 '역사성(historicality)'에 해당한다. 대단히 포괄

---

20 전영수, 〈Business Review—지역소멸과 저출산 해소전략은 ESG로 통한다〉,《웹진 휴넷CEO》, 2024. 10. 14, https://ceo.hunet.co.kr/membership/business-review/1523?page_idx=1&category_cd=&order_ type=new.

21 이하 내용은 배종석·문정빈·이동섭 외,《ESG시대의 사회적 가치와 지속가능경영》(클라우드나인, 2021), 24-50쪽 참조.

적인 접근법인데 기업을 시장 종속적인 시각이 아닌 사회와의 관계 속에서 보는 시각으로 전환할 것을 요청한다. 이러한 시각적 전환이 이루어지면 경영의 본원적 목적(telos) 역시 '인류의 좋은 삶', 즉 '더불어 좋은 삶을 누리는 것'을 지향하는 것으로 연결이 가능하다.

이는 100여 년 전에 헨리 포드가 새로운 '경영' 기법을 회고하면서 강조했던 바, 사업과 경영의 본질은 이윤 창출이 아니라 사회적인 "기여(service)를 함으로써만 정당화된다는 것"과도 정확히 공명(共鳴)한다. 비록 사후 그에 대한 평가는 다양하지만, 적어도 그는 "이 세상을 살기에 더 나은 곳으로 만들어야 한다는 사업이론"을 강조하며, "기여를 하면 돈은 자연스럽게 따라온다. 그리고 돈을 갖는 것은 절대적으로 필요하다. 그러나 돈의 목적은 안락이 아니라 더 많은 기여를 실행할 기회라는 점을 잊지 말아야" 한다고 강조했다.[22] 이처럼 기업은 좋은 제품과 서비스를 통해 인류사회에 공헌하고 인류의 번영에 기여하는 것이다. 요컨대 '상품을 통한 좋은 삶(goods to a good life)'이다. 상품(goods)은 효용(utility) 혹은 후생(welfare)으로 표현되는 좋음(good)을 제공하는 수단이 되고, 이러한 상품과 서비스를 통해 사람들의 다양한 관심을 충족시키는 것이 바로 경제의 목적이 되는 셈이다.

경영대에서 이러한 사회적 요구에 부응하여 2021-2022년 사이 세 가지 KUBS 세부트랙을 개설했다. ① 사회적 가치와 지속가능 경영, ② Business Analytics, ③ 기업가정신과 혁신이 그것이다. 이 가운데 ① 항목과 ③ 항목에 주목할 필요가 있다. 이는 모두 기업과 경영학에 대한 사회적 요구에 대한 유의미한 대응이기 때문이다.

또한 학부에 개설된 과목 가운데 〈기업윤리〉(이동섭 교수 담당)는 기업 활동과 관련하여 수요가 증가하는 사회적 요구를 윤리 측면을 강조하여 교

22 헨리 포드, 《나의 삶과 일—헨리 포드 자서전》, 이주명 옮김(필맥, 2019), 5-19쪽.

육하고 있으며 〈경영의 철학적 이해〉(배종석 교수 담당)는 경영학과 사뭇 어울리지 않을 것 같은 '철학'을 접목한 융합적 과목으로 개설되어 ESG 경영학이라는 용어가 유행하기 전부터 학생들에게 사회적 책임과 투명한 거버넌스의 필요성을 강조해 왔다. 또한 1학년 전공 필수과목인 〈경영과 사회〉는 2020년 무렵부터 커리큘럼을 대폭 변화하여 팀 티칭으로 진행하며 사회적 리더로서의 기본 소양을 길러 주고 후반부에 7개 전공을 소개한다.

사회적 가치와 요구를 존중하는 고려대학교 경영대학의 방향 전환은 2024년 7월 1일부터 8일까지 LG-POSCO경영관에서 '2024 글로벌 비즈니스포럼'을 개최하는 것으로 이어졌다. 이번 포럼은 기업경영연구원 산하 아시아경영연구센터 주최로 열렸으며 기업경영연구원과 4단계 BK21 경영학교육연구단이 후원했다. 주제는 '지속가능한 글로벌 기업가정신과 혁신'으로, 한국 기업들이 당면한 과제와 향후 발전 방안에 관한 통찰을 공유했다. 포럼을 주관한 김상용 경영대학 학장은 한국 기업과 사회가 직면한 주요 문제들을 해결하는 데 있어 경영대학의 역할을 강조했다. 기조연설을 맡은 이는 기업가정신 분야의 세계적 석학이자 세계 최대 경영관련학회인 아카데미 오브 매니지먼트(Academy of Management)의 회장인 섀런 앨버레즈(Sharon Alvarez) 미국 피츠버그대학교 교수였다. 그녀는 〈기업가정신의 창조 이론(Creation Theory of Entrepreneurship)〉이라는 제목의 기조 강연을 통해 "한국 기업들이 제한된 국토와 자원에도 불구하고 빠른 의사결정과 적극적인 글로벌 시장 진출을 통해 기술 발전과 혁신성장을 이뤄 냈다"고 강조하면서도, 최근 한국 기업들이 직면한 경제 성장의 잠재력 약화와 구조적 문제점에 대해 우려를 표명하며 '기업가정신'의 필요성을 역설했다.[23]

---

23 〈KUBS 소식—韓기업, AI 시대 기업가정신으로 혁신성장 원동력 삼아야… 고려대학교 경영대학 2024 글로벌 비즈니스 포럼 성료〉, 2024. 7. 11, https://biz.korea.ac.kr/news/news_view.html?no=3875&g=n.

맺음말

한국 자본주의 발전의 이정표가 되었던 고려대학교 경영대학 120년

1 120년 동안 달라진 한국의 위상과 그 현상을 어떻게 해석할 것인가?

머리말에서 살펴보았던 1905년 중국, 일본, 한국의 상황과 비교하면 지난 120년 동안 한국이 경험했던 변화와 발전은 '기적' 그 자체라고 해도 과언이 아니었다. 1905년 무렵 조선은 이 땅을 방문한 외국 사절단들의 공통된 의견처럼 '우아한 루저의 원형'이었다. 그들이 본 19세기 말 조선인의 특성은 수줍고 순박했다. 동시에 급변하는 세계의 흐름에 어렵더라도 대응하기보다는 '위정척사(衛正斥邪)'의 이념적 기치하에 쇄국 정책의 울타리에 안주하는 것에 가까웠다. 조선 선비의 유교적 윤리관은 제국주의 열강들이 내세운 적자생존(適者生存)과 약육강식(弱肉強食)의 사회진화론 논리에 처참하게 짓밟혔고, 결과적으로 대한제국은 동아시아에서 제국주의 열강의 대오에 합류한 일본의 식민지가 되었다.[1] 이는 1905년을 전후하여 우리가 알고 있는 한 가지 짧은 이야기이다.

그러나 1905년 이후 또 다른 이야기가 전개되었다. 이는 앞선 이야기와 도입 배경은 동일하지만 사뭇 다르게 진행되는 긴 이야기이다. 지난 120년

1 고혜련, 《우아한 루저의 나라—독일인 3인, 대한제국을 답사하다》(정은문고, 2021), 188~189쪽.

동안 한국은 35년의 일제강점기를 이겨 내고 광복을 맞이했으며, 이후 한국전쟁의 파괴와 냉전의 갈등 속에서도 놀라운 경제발전을 경험뿐 아니라 지표로 보여 주었다. 이는 1960년대 이후 1990년대까지 이어지는 '한강의 기적'으로도 표현이 가능하다. 물론 1997년 IMF 외환위기와 2008년 세계 금융위기의 상황에서 또 다른 종류의 시련을 맞이했지만, 대한민국은 유엔, G20, OECD, WTO 등 다양한 국제기구에서 적극적인 역할을 감당하며 세계사의 중요한 플레이어(player)로 등극하였다.

특별히 2021년 7월 2일에 열린 유엔무역개발회의(United Nations Conference on Trade and Development, UNCTAD) 이사회에서 한국이 '개발도상국' 그룹에서 '선진국' 그룹으로 위상이 변경된 것은 역사적으로 큰 의미가 있는 전환이었다. 이는 UNCTAD가 창설된 이래 처음으로 개발도상국에서 선진국으로 지위가 변경된 사례로도 손꼽히는데, 한국의 경제적 발전과 국제적 위상이 단기간 얼마나 폭발적으로 성장했는지를 극명하게 보여 준다. 2023년 대한민국의 국내총생산(GDP)은 약 1.72조 달러로 세계 13위 정도이고, 1인당 소득(GDP per capita)은 약 35,000-40,000달러(USD) 수준으로 세계 30위권에 위치한다. 하지만 미국 소재의 세계 군사력 평가 단체인 '글로벌 파이어파워(Global Firepower)'는 한국의 군사력을 2023년 세계 6위에서 2024년 세계 5위로 한 단계 상향 조정했다. 1위부터 미국, 러시아, 중국, 인도를 이어 5위라는 평가로, 영국과 일본이 6위와 7위로 뒤를 잇고 있다.[2] 또한 미국 시사주간지 《뉴스 앤드 월드 리포트(US News & World Report)》는 2024년 9월 '2024년 세계에서 가장 강력한 국가' 순위를 발표하면서 국력(power) 분야에서 한국에 64.3점을 부여하여 6위로 평가했다.

---

2 〈한국 군사력 세계 5위… 북한은 34위→36위로 하락〉, 《연합뉴스》, 2024. 1. 19, https://www.yna.co.kr/view/AKR20240119033300504.

이는 2023년과 동일한 순위인데, 수출 호조(89.4점), 군사력(87.8점), 경제 영향력(83.8점)에서 높은 점수를 받은 반면 리더십 역량(22.1점)과 정치 영향력(40.2점) 부분에서는 낮은 점수를 받았다.[3]

뿐만 아니라 세계지식재산기구(World Intellectual Property Organization, WIPO)가 발표한 2024 글로벌 혁신지수(Global Innovation Index)에서 한국은 133개국 중 종합 6위를 기록했다.[4]

구체적으로 글로벌 공급망에서 대한민국의 달라진 위상은 21세기 핵심 사업인 반도체와 배터리 산업을 통해서도 확인이 가능하다. 이 두 분야에서 대한민국은 세계적인 선도 국가로 손꼽히는데, 글로벌 공급망에서 핵심적인 역할을 하고 있다. 삼성전자, SK하이닉스, LG화학 등 한국 기업들은 글로벌 시장에서 중요한 위치를 차지하고 있다. 특히 반도체 분야에서 한국은 미국과 중국 간의 패권 경쟁 속에서 균형 잡기 및 글로벌 공급망 다변화 등 전략적인 선택을 해야 하는 복잡한 위치에 자리하고 있다.

무엇보다 사회경제적 토대가 축적될 때 드러나는 문화적 역량에 있어서도 괄목할 만한 성장을 보였는데, K-pop, 영화, 드라마, 음식 등을 통해 전 세계적으로 확산 중이다. 특히 2020년을 전후하여 'K-컬처(K-culture)'라고 불리는 한국 문화의 소프트 파워(soft power)는 영화, 대중 음악, 클래식 음악, 드라마 등에서 세계적 수상 기록을 이어 오면서 그 영향력을 확대하고 있다.[5] 2024년 10월 10일 한강 작가는 한국인 최초로 노벨문학상을 수상

3 〈더차트—한국, '국력'으로 일본 제쳤다… 전 세계 강력한 나라' 6위〉, 《머니투데이》, 2024. 11. 2. 이에 따르면 국력 1위 미국, 2위 중국, 3위 러시아 4위 영국, 5위 독일 순이었다. https://news.mt.co.kr/mtview.php?no=2024103109440626152.

4 〈한국, 2024 글로벌 혁신지수 세계 6위 기록〉, 《윕뉴스》, 2024. 9. 27. 이에 따르면 1위 스위스, 2위 스웨덴, 3위 미국, 4위 싱가포르, 5위 영국, 6위 한국 순이다. https://www.wip-news.com/news/articleView.html?idxno=25359.

5 이에 대한 사례는 수없이 많지만, 몇 가지 대표적인 사례만 열거하면 다음과 같다. 봉준호 감독의 영화 〈기생충〉이 2019년 칸 영화제에서 황금종려상을 수상하고, 2020년 아카데미 시상식에서

하였는데 한국인으로서는 2000년 김대중 전 대통령의 노벨평화상 수상 이후 두 번째 노벨상 수상이었다. 이른바 20세기 경제적 의미의 '한강(漢江)의 기적'이 21세기 문화적 의미의 '한강(韓江)의 기적'으로 이어진 것이다.

이는 머리말에서 제시했던 1905년의 세 장면, 즉 중국, 일본, 한국의 상황과는 천지개벽할 정도로 달라진 모습이다. 지난 120년 동안 대한민국이 보여 준 놀랄 만한 성장과 국제적 위상 변화(열강의 식민지-전쟁의 참화-개발도상국-선진국)는 세계사에서 유례를 찾기 어려운 유일한 사례라고 해도 과언이 아닐 것이다. 워낙 숨 가쁘게 흘러왔던 우리의 역사이기에 오히려 지난 120년의 시간적 의미를 제대로 음미하기 어려웠지만 향후 역사적으로 재평가할 부분이 무궁무진하다. 이 책은 고려대학교 경영대학의 120년 역사이기도 하지만, 동시에 이러한 120년 동안 변화된 한국의 국제적 위상과 경제력에 대한 경영학의 대응이자 문명사적 해석이기도 하다.

2 자본주의 문명과 한국의 20세기 자본주의

자본주의란 문명의 일종이며, 정치와 경제에서 사회와 문화를 거쳐 자연환경까지 걸쳐 있는 매우 복잡한 체계라고 할 수 있다.[6]

사업의 밑천이 되는 '자본'이나 자본주의적 현상은 꽤 오래전부터 등장

작품상, 감독상, 국제영화상, 각본상 등 4관왕을 차지하며 한국 영화의 저력을 세계에 알렸다. 그리고 2020년에는 그룹 '방탄소년단(BTS)'이 노래 〈다이너마이트(Dynamite)〉로 한국 가수로서는 처음으로 빌보드차트 1위를 기록하는 등 세계적으로 수많은 팬덤을 형성하며 K-팝의 글로벌 인기를 주도하고 있다. 2021년에는 온라인 동영상 서비스(OTT) 넷플릭스를 통해 공개된 드라마 〈오징어 게임〉이 전 세계적인 인기를 얻으며 2022년 에미상에서 6관왕을 차지했다. 2022년에는 피아니스트 임윤찬이 반 클라이번 국제 피아노 콩쿠르에서 역대 최연소 나이(18세)로 우승하며 한국 클래식 음악의 위상을 높였다.

6 배영수, 《미국의 자본주의 문명 제1부 토대—어디서 와서 어디로 가는가?》(일조각, 2022), 10쪽.

했지만 '자본주의(capitalism)'라는 정치·경제 용어의 등장은 1860년대 이후의 일이다. 저명한 역사학자 에릭 홉스봄(Eric Hobsbawm, 1917-2012)은 1848년에서 1875년까지의 약 25년의 시대를 '자본의 시대'라고 명명했다.[7] 자본주의의 폐단뿐 아니라 그 특징을 논할 때 빠짐없이 등장하는 카를 마르크스(Karl Marx, 1818-1883)의 기념비적인 저서인 《자본론》 1권이 함부르크에서 처음 출간된 것이 1867년이다.[8] 그나마 《자본론》에서도 '자본주의'라는 용어는 등장하지 않았고 '자본주의적 생산양식(Kapitalistische Produktionsweise)'이라는 표현으로 이를 묘사했다. 18세기까지만 해도 유럽에서 'capital'은 '거액의 자금'이 아니라 '머리'를 뜻하는 용례로만 사용되었다. 대신 18세기에 전성기를 누린 단어는 'stock'으로, 오늘날 '자본(혹은 주식) 시장(stock market)'에 그 흔적이 남아 있다. 주로 '배금주의(拜金主義)'와 비슷한 부정적인 뉘앙스로 개념화된 자본주의라는 용어가 유행한 것은 19세기 후반부터의 일이다.[9] 영국의 산업혁명 시대를 거치면서 산업혁명은 프랑스의 정치혁명을 압도해 버렸고, 이후 산업자본주의는 전 세계적으로 거대한 진전의 역사를 써 내려갔다. 이 과정에서 이성과 과학, 진보와 자유주의는 정치·경제적 시스템인 자본주의를 정당화하고 승인하는 이념과 신조로 기능했다.[10]

---

7 에릭 홉스봄, 《자본의 시대》, 정도영 옮김(한길사, 1993), 67-80쪽.

8 이후 엥겔스가 마르크스의 유작 원고를 정리해서 1885년과 1894년에 2권과 3권을 출간하여 《자본론》을 완성했다. 《자본론》은 이후 각 언어로 번역되었는데, 1872년에는 러시아어와 프랑스어판이, 1887년에는 영문판이 출간되었다. 일본에서는 1909년 아베 이소오(安部磯雄)가 일본어 발췌 번역본을, 1919년 마쓰우라 요(松浦要)와 이쿠타 초코(生田長江)가 각각 《자본론》 제1권을 번역했다. 중국에서는 1899년부터 주요 잡지에 마르크스의 《자본론》이 소개되다가 1921년 창립된 베이징대학교 마르크스학설 연구회의 번역 원고를 기초로 1930년 경제학 교수 천치슈(陳啓修)가 상하이 곤륜서점(崑崙書店)에서 출간한 《자본론》 제1분책이 최초의 중문 번역본이다(쩌우전환(鄒振環), 《번역과 중국의 근대》, 한성구 옮김[궁리, 2021], 737-745쪽).

9 윤혜준, 《근대 용어의 탄생—역사의 행간에서 찾은 근대문명의 키워드》(교유서가, 2023), 40-51쪽.

1970년대부터 산업자본주의는 금융자본주의로 변모했고, 금융자본주의는 무섭게 지배력을 확대하는 중이다. 경기 침체나 불황 중에도 금융에서는 막대한 수익이 만들어질 수 있었으며, 금융은 주주 가치를 강화하려는 기업의 노력을 통해 기업을 훈육하기 시작했다. 자본주의가 경제라는 '마을'에서 벌어지는 '유일한 경기'이자 룰(rule)이 되면서, 사람들은 좋든 싫든 자본주의가 명령하는 행동 양식에 따를 수밖에 없게 되었다. 여기서 실패하거나 적응하지 못한다면 그것은 다른 누구도 아닌 그 사람 자신의 잘못이라는 인식이 확대되기 시작했다. 개인의 잘못 외에 시스템 자체에 문제가 있을 수도 있지만 실제로는 시스템에 문제가 있는 것이 아니라 개인화된 책임만이 강조되는 것이 현실이다.[11]

2008년 금융위기를 경험하면서 오랫동안 유지되던 자본주의 체제 자체에 대한 회의론과 대안을 찾는 노력이 비로소 선진국을 중심으로 등장하기 시작했다. 당시의 금융위기 및 글로벌 경제의 위기가 주기적인 경제변동이나 국부적인 정책적 실패의 결과가 아니라 자본주의 시장경제가 가지고 있는 본질적인 모순이 과거 30년 가까이 축적되다가 폭발한 것으로 드러났기 때문이다. 이는 '신자유주의(Neo-Liberalism)'라고도 불리는 '시장 근본주의(Market Fundamentalism)'에 입각한 자본주의의 등장과 맞물린 현상인데, 신자유주의적 지향성이 1980년대 이후 미국과 유럽의 선진국을 중심으로 시작되어 전 세계로 확산한 결과 계층 간 불평등과 양극화가 심화된 결과였다.

대한민국도 1997년 외환 위기 이후에 사회적·경제적 불평등이 심화되고 있다는 점에 많은 이들이 공감하게 되었다. 이를 계기로 '한강의 기적'을

10 에릭 홉스봄, 《자본의 시대》, 75-76쪽.

11 캐스린 태너, 《기독교와 새로운 자본주의 정신》, 백지윤 옮김(IVP, 2021), 35-45쪽.

만들어 냈던 국가 주도의 계획경제 체제에 대한 회의감이 들었고, 경제민주화를 주장하는 사회적 요구가 높아지기 시작했다. 물론 과거 정부의 역할이 경제개발 계획을 수립하고 집행하는 것에 국한된 것이 아니라 국유화와 공기업 설립을 통해 기업의 소유와 자원을 배분하며 가격을 통제하거나 심지어는 직접 결정하면서 성장의 토대가 약했던 한국 경제에 비상(飛上)의 날개를 달아 준 것도 사실이다. 하지만 1990년대에 들어오면서 한국 사회에도 내·외적인 요인이 함께 작용하면서 본격적으로 패러다임의 변화 요구가 강해졌다. 제조, 수출, 대기업 등 삼박자가 완성한 '수출 주도론'은 더 이상 우리에게 적합한 모델로 인식되지 못한다. 성장과 발전도 좋지만, 이제는 그로 인해 심화되어 버린 경제적 불평등과 양극화를 해소하는 동시에, 경제적 민주화를 통해 정의로운 경제를 실현해 달라는 요청 역시 되돌릴 수 없는 대세가 되었다.[12]

2008년 금융위기를 통해 불거진 불평등과 양극화를 해소해 달라는 사회적 목소리는 자본주의 체제에 대한 대안까지 찾아보려는 세계적인 흐름과 맞물려 기업에 대한 사회적 책임과 근본적인 방향 전환까지 요청하게 되었다. 2009년 하버드대학교의 마이클 샌델(Michael J. Sandel) 교수가 출간하여 세계적인 반향을 일으킨 《정의란 무엇인가》라는 책이 2010년 번역 출간된 후 한국 사회에서도 베스트셀러가 된 것은 사회적 불평등과 양극화에 대한 축적된 불만의 반영이었다.[13] 경제적 불평등에 대한 역사적 기원으로 자본주의 체제에 대한 대안 마련의 필요성을 느끼게 해 준 토마 피케티(Thomas Piketty)의 《21세기 자본》이 2013년 프랑스어로 출간되고, 2014년

12 장하성, 《한국 자본주의—경제민주화를 넘어 정의로운 경제로》(헤이북스, 2014), 19-79쪽.

13 이후 마이클 샌델은 《돈으로 살 수 없는 것들—무엇이 가치를 결정하는가》(안기순 옮김, 와이즈베리, 2012)와 《당신이 모르는 민주주의—자본주의와 자유주의의 불편한 공존》(이경식 옮김, 와이즈베리, 2023) 등을 출간하면서 '공정' 이슈를 윤리 영역에서 정치와 경제 체제로 확산하고 있다.

영어와 한국어로 번역 출간되어 큰 반향을 일으킨 것도 같은 맥락에 있다.[14]

그럼에도 불구하고 우리가 살아가는 이 시대를 자본주의가 아니라고 부정하는 이들은 없을 것이다. 좋으나 싫으나 현재 우리가 사는 대한민국과 세계는 자본주의 시스템으로 운영되고 있다. 물론 자본주의에도 워낙 다양한 형태가 존재하며 최근에는 '미국식 자본주의'와 '중국식 자본주의' 가운데 누가 승리할지에 대한 관심이 집중될 뿐 진화하는 자본주의의 종말과 새로운 시대를 예언하는 자는 극히 드물어졌다.[15] 물론 앞서 언급한 경제 불평등과 양극화의 문제에 대해서는 공감대가 확산하는 중이며 이에 대한 대안도 끊임없이 제기되는 중이지만 이 역시 자본주의라는 플랫폼 자체에 대한 전복이라기보다는 자본주의라는 '애물단지'에 대한 수정과 보완으로 방향이 선회하는 중이다. 그리고 이러한 성찰과 대안 모색에 대한 기업과 경영학 분야의 대응이 6장 말미에서 언급한 CSR, 지속가능 발전, ESG, CSV 등 경제적 가치와 함께 사회적 가치를 중시하는 흐름이라 할 수 있다.

3 '빠른 추격자' 전략을 넘어 새로운 가치를 선도하는 경영학으로

지난 120년 한국 자본주의 발전사는 한국에서 경영학의 도입과 확산 및 발전의 과정이기도 했다. 과거 실학 및 상업학의 전통을 계승하는 측면도 분명 존재했지만, 선진국으로부터 도입된 경영학의 방법론과 시세(時勢)에 발맞춘 실용적이면서도 혁신적인 경영학 자체의 성격이 영향력 확대의 토대

14 토마 피케티, 《21세기 자본》, 장경덕 외 옮김(글항아리, 2014); 토마 피케티, 《피케티의 新 자본론—지난 10년 피케티가 비판하고 대안을 제시한 자본주의 문제들》, 박상은·노만수 옮김(글항아리, 2015) 등 참조.

15 브랑코 밀라노비치, 《홀로 선 자본주의》, 정승욱 옮김(세종서적, 2020).

가 되었다. 특별히 산업화, 세계화, 디지털 대전환이라는 시대 전환기마다 경영학은 다른 학문에 비하여 비교적 빠르고 기민하게 대응해 왔다. 이는 지난 120년 동안 한국 근대 기업의 성장사를 통해서도 확인이 가능하다. 고려대학교 경영대를 비롯하여 전국 거의 모든 대학에 설치된 경영대 및 경영전문대학원은 기업이 필요로 하는 인적자원을 공급할 뿐 아니라 재교육 등을 통해 기존 인적자원의 역할을 강화시키는 역할을 해 왔다.

이 과정에서 20세기 후반 '한강의 기적'은 '단순 모방'에서 '창의적 모방'으로 빠르게 전환하는 과정이었다. 즉 대한민국은 1960년대 계획경제로부터 시작하여 '한강의 기적'을 경험하기 시작했지만, 1960년부터 2000년 사이의 40년 사이에도 동일한 패턴의 발전을 한 것이 아니었다. 김인수 교수의 연구에 따르면, 1960-70년대는 단순 모방 전략을 추구했다. 즉 성숙기의 외국 제품들을 대규모로 복제하여 훨씬 낮은 가격으로 우리 상표나 주문자 상표(OEM)를 붙여 판매한 것이다. 단순모방이라 하더라도, ① 합법적이며 ② 대상기술이 성숙되어 있어서 쉽게 확보할 수 있고 ③ 모방이 상대적으로 쉽다면, 단순 모방은 저임금국인 개발도상국의 초기 산업화에 적절한 전략이 될 수 있었다. 하지만 사회적 환경과 국제적 맥락이 달라지면 단순 모방 전략으로의 성장에 한계에 봉착할 수밖에 없다. 이에 1980년대와 1990년에 들어와서는 점차 '창의적인 모방'의 방향으로 전환되었다는 해석이다.[16] 후발주자였지만 '빠른 추격자(fast follower)'가 될 수 있었던 이유다. 여기에 긴 근무 시간을 바탕으로 한 특유의 근면성이 빛을 발휘했다.

하지만 2000년을 지나면서 '창의적인 모방'만으로는 새로운 글로벌 트렌드와 새로운 세대의 수요를 만족시키기 어렵다는 성찰의 목소리가 흘러나오기 시작했다. 각종 패러다임의 전환이 동시다발적으로 나타나면서 기

---

16 김인수, 《모방에서 혁신으로》, 임윤철·이호선 옮김(시그마인사이트컴, 2000), 28-31쪽.

업 입장에서 불확실성이 증대했기 때문이다. 가령 2000년대 초반부터 우리나라 경제에서 서비스 산업 분야의 총생산이 제조기업 총생산을 추월하기 시작했다. 또한 원가 경쟁에서 중국의 무서운 성장에 추월당한 데다가 기존의 주력 산업의 글로벌 경쟁력도 하락하고 있다. 다만 불확실성은 우리만의 상황이 아니라 글로벌한 현상이었다. 급변하는 현대 사회를 설명하기 위한 경영 전략 용어로 '변동성(Volatility)', '불확실성(Uncertainty)', '복잡성(Complexity)', '모호성(Ambiguity)'을 합쳐 '뷰카(VUCA)'라는 개념이 등장하기도 했다.[17] '뷰카' 시대에 접어들어 기존의 '창의적인 모방'과 '빠른 추격자' 전략과는 다른 새로운 전략과 방향성이 요청되기 시작했다. 먼저는 경영학 외부의 사회와 NGO 단체를 중심으로 등장했지만 곧 경영학 내부에서도 활발하게 분출되었다. 앞서 언급한 사회적 가치, ESG, CSR, CSV는 그 몇 가지 사례에 불과하다.

한국의 경영학에서도 기존의 '추격자'가 아닌 '선도자'로서 자세 전환과 새로운 가치 창출이 필요하다. 경영학의 수준과 교육은 기업의 경쟁력과 불가분의 관계에 있기 때문이다. 이를 위해 경영교육 혁신을 집단적·지속적으로 추진할 수 있는 플랫폼이 필요한 시점이다. 급변하는 환경에 비하여 경영교육의 변화 속도는 매우 느린 편이다.[18]

또한 급속한 기술 문명의 발달이 야기하는 불확실성과 위험성에 대한 능동적 대처로, 경영학의 존재 이유와 위상에 대해 근본적으로 숙고하며 윤리적인 성찰을 하는 비판경영학도 요청된다.[19] 2022년 Chat GPT의 등

17 폴리 파커·팀 홀·캐시 크램 외, 《VUCA 시대의 조직문화와 피어코칭》, 최동하·윤경희·이현정 옮김(한국코칭수퍼비전아카데미, 2020).

18 이두희·윤성수·이성호, 〈대한민국 경영학의 재중흥, 경영교육의 대전환으로 시작하다〉, 이두희 외, 《경영교육 뉴 패러다임》(매일경제신문사, 2018), 15쪽.

19 배종석·강철, 〈경영철학과 윤리〉, 이두희 외, 《경영교육 뉴 패러다임》(매일경제신문사, 2018).

장 이후 무서운 속도로 가속화되는 AI 기반의 강력한 정보 네트워크가 자정 장치 없이 인간이 통제할 수 없는 수많은 새로운 주체들을 세상에 만들어 자연재해보다 공포스러운 재앙적 결과를 가져올 수 있다는 디스토피아적 전망도 이미 등장했다.[20] 기업과 경영의 본성은 사회와 분리되어 경제적 이윤 중심으로만 존재하는 것이 아니라 '존재의 연쇄(the chain of being)' 관점에서 사회와 분리될 수 없는 연관성을 가지고 있기에, 경영철학과 윤리학적 통찰이 결여된 경영학은 스스로 인식하지 못한 채 디스토피아를 향한 흐름에 가속도를 붙일 수도 있기 때문이다.

그리고 무엇보다 '빠른 추격자 전략'과 더 열심히 일하는 근면성을 대체할 수 있는 인적 자원과 마인드를 키워 내는 한국적 경영학 모델이 필요하다. 앞서 언급했듯, 1970-1990년대 한국 경제와 기업은 전례 없이 성장했는데, 이는 당시 필요했던 인재상인 지적 능력과 성실함이 한국인의 특성과 잘 맞아떨어진 결과이기도 했다. 2000년 이전은 '생산과 제조'에서 가장 많은 부가가치를 창출했고 당시 기업에서 필요로 하는 인재는 성실하고 근면하며 애사심이 충만한 사람이었다. 그러나 2000년 이후는 제조 단계의 부가가치가 현저히 줄어든 대신 '연구개발'과 '서비스' 단계에서 부가가치가 급상승했고, 이때는 창의적이고 혁신적인 인재의 활동이 중요해졌다. 이것이 바로 한국인과 한국 기업이 세계 무대에서 상대적으로 강점을 보이지 못하는 부분이며 궁극적으로 한국 기업의 경쟁력을 훼손하고, 한국 경제의 활력을 앗아 가는 큰 걸림돌이 될 가능성이 많다. 숨은 창의력을 발현하려면 천재성보다 다양성을 인정하고 존중하는 태도가 중요한데 여기서 한국인의 창의성을 방해하는 '심리적 거대함(psychological bigness)' 현상을 약

---

20 유발 하라리, 《넥서스—석기시대부터 AI까지, 정보 네트워크로 보는 인류 역사》, 김명주 옮김(김영사, 2024).

화시킬 필요가 있다. 이는 조직이나 집단 구성원이 가진 '리더는 큰 사람'이라는 인식이다. 리더의 존재에 압도되어 소통과 의사결정 과정에서 도전적인 발언이나 의사 표현을 하지 못하는 상태를 '심리적 거대함'이라 부르는 것이다. 이를 극복하기 위해 열린 사고, 다양한 생각의 인정, 양방향 소통을 강조하는 경영학이 요청된다.[21] 다양한 '작은 리더'와 서번트 리더십(servant leadership)에 더 많은 관심을 기울여야 하는 이유이기도 하다.

4 고려대학교 경영대학의 새로운 도전과 과제

2020년부터 2022년까지 이어진 코로나 팬데믹은 우리 모두에게 큰 불안함과 혼란을 주었다. 대부분의 불안함은 불확실성에서 말미암으며, 더욱이 잘 알고 있다고 생각하던 곳에서 길을 잃어버리면 더욱 혼돈에 빠지기 마련이다. IT와 각종 SNS를 통해서 전 세계가 실시간으로 연결된 듯한 2020년에 닥쳤던 코로나 팬데믹은 그래서 더욱 큰 불안함과 혼돈을 우리에게 안겨주었다. 코로나가 잠잠해진 2023년 이후에도 세상과 경제의 불확실성은 크게 개선되지 않고 있다. 코로나 팬데믹으로 모든 것이 멈추거나 단절된 3년을 경험한 후, 세상은 다시 어떤 방향으로 진행될 것인가?

게다가 코로나의 혼돈으로부터 정신을 차리자마자 대한민국은 '인구급감'과 인공지능으로 가속화된 '사회 급변'에 직면하여 더 막막한 불안함에 직면해 있다. 위기는 코로나 이전부터 누적된 현상이지만 코로나 팬데믹을 거치면서 명확하게 드러났다. 가령 기술 혁신은 4차 산업혁명 시대에

---

21 김태규, 〈Business Review—창의성의 벽을 넘는 인재가 필요하다〉, 《웹진 휴넷CEO》, 2024. 7. 19, https://ceo.hunet.co.kr/membership/business-review/1469?page_idx=1&category_cd=&order_type=new.

서 기업의 생존과 직결된다. 2016년 세계경제포럼에서 클라우스 슈밥(Klaus Schwab)이 '제4차 산업혁명'이라는 화두를 던졌고, 2017년 우리나라에는 대통령 직속의 '사람 중심의 4차 산업혁명 위원회'가 출범하였다. 4차 산업혁명이란 인공지능(AI), 빅데이터, 초연결(hyperconnectivity)에 의하여 진행될 새로운 산업혁명으로, 코로나 팬데믹 이전에 클라우스 슈밥은 인공지능, 빅데이터 처리, 가상현실, 증강현실, 로봇공학, 사물인터넷 등으로 대표되는 새로운 과학기술로 인해 인류의 삶은 '4차 산업혁명'이라고 명명할 수 있을 정도로 급진적으로 근본적인 변화를 경험할 것이라 예측했다.[22] 그리고 코로나 팬데믹을 거치면서, 인공지능, 빅데이터, 초연결, 가상현실, 증강현실과 같은 4차 산업혁명의 핵심적인 요소들이 대면 접촉의 금지 및 온라인 접촉의 급증 및 가상 현실 기술의 보급과 함께 자의적이건 아니건 간에 '상상'의 공간에서 '현실'의 공간으로 성큼 다가왔다.[23] 전혀 예상하지 못한 것은 아니었지만 그 빠른 속도감에 불확실성과 불안감이 증폭했다.

이러한 불확실성의 시대적 징표와 위기적 징후로부터 대학도 예외가 아니었다. 길을 잃어버린 대학 교육의 근본적인 문제를 깊이 들여다보면 '파편화된 교육', '단절된 학과', 그리고 '분열된 자아'가 발견된다. 개인적으로는 끊임없이 노력하지만, 만족감과 행복이 없는 대학의 교육과 학문이다. 핵심은 '서로 연결되지 않는다'는 데 있었다.[24]

1905년 설립 이래 여러 고난과 역경 속에서 120년을 지속하며 발전했던 고려대학교 경영대학 역시 이러한 시대적 불안과 혼란으로부터 자유롭기

---

22 클라우스 슈밥, 《클라우스 슈밥의 제4차 산업혁명》, 송경진 옮김(메가스터디, 2016).

23 최재천·장하준·최재붕 외, 《코로나 사피엔스—문명의 대전환, 대한민국 대표 석학 6인이 신인류의 미래를 말한다》(인플루엔셜, 2020).

24 조영헌, 〈불확실성의 시대, '소확행'으로부터 대학 구하기—통합과 연결의 플랫폼 대학 생태계〉, 염재호·이광형·조영헌 외, 《AI시대 대학교육의 미래》(나남출판, 2024).

는 어렵다. 경영대학(혹은 경영학과) 역시 급속히 발전하며 대학에서 가장 '인기' 있는 학과로 등극했지만, 내부를 세심히 살펴보면 증가하는 경영학 내 여러 세부 전공 사이에 발생한 소통의 어려움, 다른 학문 분야와의 괴리와 단절, 교육과 연구의 괴리, 많이 좁혀졌음에도 여전히 거리감이 느껴지는 기업 현장과 대학 교육의 간극 등 '단절'과 '파편화'로 인한 위기감은 확산 중이다.[25] 게다가 이전에는 대학의 경영대학에 전적으로 의존하던 경영학 교육(혹은 재교육)의 주체가 기업이 자체적으로 운영하는 '사내대학(Corporate Universities)'이나 MOOC, 유튜브 등의 온라인 서비스를 기반으로 한 새로운 형태의 학습 형태로 분산되고 있다.[26] 이는 대학의 전반적 권위 하락과 함께 세계 주요 대학의 경영대학이 직면한 위기 국면이다.

경영학이 추구해 온 '창조적 파괴'에도 모순이 내포되어 있다. '창조적 파괴'를 통해 성공한 자본주의 기업은 그 성취로 인해 발전을 자동화시키는 경향이 강해지고, 결국 자신을 불필요한 존재로 만들어 버릴 수도 있게 된 것이다. 완전히 관료화된 거대 산업 재벌은 중소기업을 몰아내고 그 소유주들을 '수탈'할 뿐 아니라, 결국에는 기업가들을 추방하고 부르주아지 계급을 수탈하기도 했다.[27] 뿐만 아니라 어제의 혁신가는 자신의 혁신을 무용지물로 만들어 버릴 새로운 혁신이 등장하는 걸 막고자 하는 유혹에 직면

25 이두희 외, 《경영교육 뉴 패러다임》(매일경제신문사, 2018)에 실린 〈경영교육의 위기는 경영학의 위기로부터〉(이우종), 〈경영학 분야 간 장벽의 극복과 융합〉(김중혁 · 김영규), 〈기업과의 협력〉(오종문), 〈다른 단과대학과 대학본부와의 협력〉(전규안) 등의 글은 한국 경영학계의 전반적인 상황과 진단을 잘 보여 준다. 그런데 이 가운데 경영학 내부 세부 전공 사이의 불통이나 산학협력의 간극이 크다는 점은 이미 30여 년 전 한국경영학회 연구자들이 지적했던 내용이었다. 이에 대해서는 신유근, 〈한국경영학연구의 동향과 과제〉 등, 김정년 · 조동성 외, 《한국경영학 30년—회고와 전망》(서울대학교출판부, 1988)에 실린 여러 논문을 참조할 것.

26 오종문, 〈기업과의 협력〉, 이두희 외, 《경영교육 뉴 패러다임》(매일경제신문사, 2018), 282-284쪽.

27 요제프 슘페터, 《자본주의 사회주의 민주주의》, 이종인 옮김(북길드, 2016), 192-193쪽.

하곤 했다. 이제 어제의 혁신가들이 혁신을 통해 취득한 자신의 기득권을 가지고 새로운 혁신을 방해하는 데 이용하지 못하게 하려면 어떻게 해야 할까를 고민해야 하는 단계에 돌입했다.[28] 이것이 고려대학교 경영대학이 마주한 한국 및 세계 자본주의의 당면 과제이다.

이러한 위기를 극복하는 방안으로 많은 이들이 공통적으로 지적하는 것이 새로운 발상의 '연결'과 '컨버전스(convergence, 수렴 혹은 통합)'일 것이다. 그런데 이러한 연결과 컨버전스 현상에도 위험성이 내재해 있다. 하드웨어와 소프트웨어, 콘텐츠의 융복합, 제조와 서비스의 결합 등 컨버전스 현상이 가속화되면서 산업의 경계가 모호해지고 있기 때문이다. 그러면서 기존의 상품, 기술, 비즈니스 모델을 일거에 무너뜨리는 와해적 혁신에 직면할 확률 역시 급속도로 높아졌다.[29] 이제 위기관리의 범위가 하나의 대학, 하나의 국가를 넘어서 글로벌 사회로 확대되었다. 고려대학교 경영대학이 처한 도전적 상황과 이에 대한 해결이 고려대학교 경영대학의 구성원만으로 해결하기가 대단히 어려워진 국면으로 옮겨지는 중이다.

그럼에도 불구하고 지난 수십 년 동안 눈부시게 발전한 경영학의 전문 분야가 바로 위기관리 및 복원력(Resilience and Crisis Management)이자 지속가능성(Sustainability) 경영 능력이었음을 상기할 필요가 있다. 앞서 언급했던 ESG 경영을 필두로 증대한 사회적 책임과 윤리적 경영(Corporate Social Responsibility and Ethical Leadership)도 주목된다. 재무적인 이윤 추구와 사회적 목적의 추구는 분리될 것이 아니라 파이를 키워 사회의 공존과 공동 번영을 함께 추구해야 한다고 역설하는 경영학 이론도 등장하였다.[30]

---

28 필리프 아기옹·셀린 앙토냉·시몽 뷔넬, 《창조적 파괴의 힘—혁신과 성장 그리고 자본주의의 미래》, 이민주 옮김(에코리브르, 2022).

29 송재용, 〈패러다임 대전환, 한국 기업의 미래 전략〉, 휴넷리더십센터 엮음 《통찰》(행복한북클럽, 2024), 130쪽.

고려대학교 경영대학 역시 2030년까지 글로벌 Top 30이자 아시아 No. 1 수준의 존경받는 경영대학 달성을 목표로 "사회를 위한 경영학으로 다음 세대에 영감을 주다(Business for Society-Inspiring Next Leaders)"라는 가치를 제시했다. 그리고 구체적으로 ① 해외석학을 전임교원으로 초빙하여 연구 역량을 강화하고 새로운 사회적 가치를 선도하는 연구 문화를 조성하고, ② 기존의 5개 연구소인 기업경영연구원, 기업지배구조연구소, 스타트업연구원, CDTB, ESG연구원을 융합하여 아시아 No. 1 융복합 경영연구소 (Asia Business Research Institute)를 구축하며, ③ 문제의 본질을 파악하고 그것을 자신의 언어로 소통하며 협업하고 융합하여 해결책을 창출하는 능력을 갖추어 인격과 실력을 갖춘 세상을 바꿀 사회적 리더를 양성하는 교과과정을 개발하고, ④ 경영관 주위에 고려대학교 상징 수목 조성, 미래지향적 상징성을 담은 예술품 설치, 정체성을 확인하는 역사서 발간 등을 통해 경영대학의 역사성(the First)에 예술성과 미래성(the Best)을 제고할 역사와 예술이 숨쉬는 캠퍼스를 구축하기로 의견을 모았다.

이러한 비전이 주로 외면적인 측면이라면, 2024년 9월 고려대학교 경영대학 학장으로 취임한 김언수 교수가 취임 일성으로 제시한 '3C, 4Tech'는 이를 채워 가는 내적 동력으로 볼 수 있다.[31] 여기서 '3C'는 호기심(Curiosity), 협업(Collaboration), 공헌(Contribution)의 영문 명칭에서 온 것이고, '4Tech'는 AI, AI 기반 반도체(AI-oriented Semiconductor), 인공지능이 접목된 로봇(AI-embedded Robotics), 에너지(Energy)를 말한다. 특별히 호기심, 협업, 공헌의 3C는 고려대학 경영대가 직면한 당면 과제 및 시대적 도

30 알렉스 에드먼스, 《ESG 파이코노믹스—사회적 가치와 이윤을 동시에 창출하는 전략》(매일경제신문사, 2021).

31 〈KUBS 소식—김언수 경영대학장 인터뷰—개교 120주년, "AI발(發) 하이테크 시대, 경영학에 테크를 접목할 수 있는 능력 양성"으로 앞으로의 120년 준비〉, 2024. 9. 23, https://biz.korea.ac.kr/news/news_view.html?no=3926&key=&keyfield=&page=3&g=n.

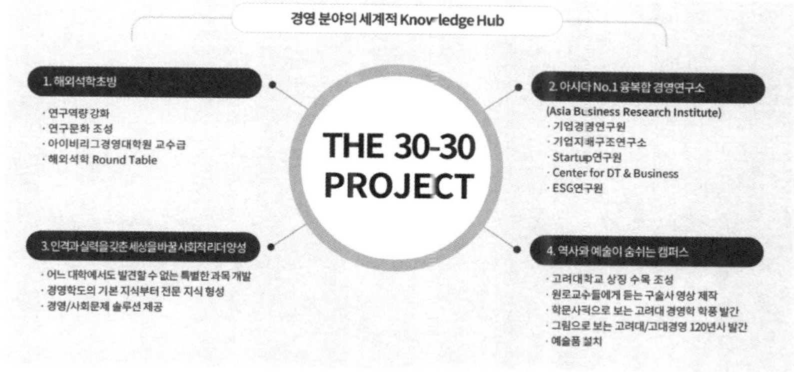

경영 분야의 세계적 놀리지 허브(Knowledge Hub)

전에 대한 유의미한 방향성이 될 가능성이 높다. 경영혁신 전문가인 그렉 옴 역시 의식(Consciousness), 호기심(Curiosity), 창의성(Creativity), 협업(Collaboration)을 AI가 대체할 수 없는 인간의 능력인 '4C'로 제시한 바 있다.[32] 호기심과 협업은 공통적으로 지적된 요소인데, 김언수 교수가 추가로 제시한 공헌은 고려대 경영대학의 미션인 "사회를 위한 경영학으로 다음 세대에 영감을 주다(Business for Society-Inspiring Next Leaders)"로 연결된다. 이를 통해 고려대학교 경영대학을 졸업하는 학생들은 아무리 세상이 급변하여 불확실성이 해소되지 않다고 해도 "스스로 학습하는 능력(learn how to learn)"을 장착하여 세상에 공헌할 수 있기를 소망한 것이다. 한 사람의 변화는 세상을 변화시키는 씨앗이 되기 때문이다.

고려대학교 경영대학 120주년을 준비하며 2023년 경영본관 앞에 설치된 이우환 작가의 작품이 있다. 제목은 〈관계항(Relatum)-장소성(The

---

32 그렉 옴, 《휴먼 엣지—IQ, 재능, 운, 환경을 뛰어넘는 강력한 4C의 힘》, 김시내 옮김(EBS BOOKS, 2021).

이우환 작가의 〈관계항(Relatum)-장소성(The Location)〉

Location)〉이다. 작가는 거울 스테인리스판과 자연석이 만나는 공간의 장소가 "반짝하는 우주적인 하나의 찰나가 지속되고 보편화되는 장"이 되는 시간의 장소로 인식적 전환이 발생하기를 희망했다.[33] 대한민국 서울의 한 공간에 국한된 고려대학교 경영대학이지만, 경영대학의 역사성을 상징하는 '최초(the First)'와 미래성을 상징하는 '최고(the Best)'가 120년을 넘어 지속되고 대한민국을 넘어 인류로 확장되는 예술적 감성의 씨앗이 심겨진 것이다. 지성(知性)과 야성(野性)에 감성(感性)까지 겸비한 한 사람의 경영인이 불안함과 불확실성을 회피하지 않고 세상을 풍요롭고 아름답게 바꾸는 데 공헌했던 역사는 오늘도 이곳을 왕래하는 모든 이들을 통해 이어질 것이다.

---

33 〈KUBS 소식—세계적 미술거장 이우환 작가 작품, 고려대 경영대학에 설치돼〉, 2022. 5. 19, https://biz.korea.ac.kr/news/news_view.html?no=3392&page=9&cate=&key=&keyfield=&g=n.

부록

보성전문학교 이재학과부터 고려대 경영대학까지의 주요 교과과정

1_1905년 보성전문학교 이재학과 교과과정

제1학년		제2학년	
제1학기	제2학기	제1학기	제2학기
법학통론	법학통론	조세원론	국채론
경제학	경제학	국채론	세계예산론
재정학	재정학	통계학	통계학
화폐론	화폐론	회사법	회사법
채권법	채권법	外國換票要解	外國換票要解
물권법	물권법	실용魚驗法釋義	실용魚驗法釋義
민법총론	민법총론	은행회사상점관리법	은행회사상점관리법
상법총론	은행실무지	은행부기학	국제무역론
銀行實務誌	조세원론	歲計豫算論	관청부기학
상업부기학	상업부기학	算術(百分-利息)	산술(平均-求積)
算術(四則-分數)	산술(比例-差分)		
합 11	합 11	합 10	합 10

출처: 신수식, 《고려대학교 경영대학 100년사—1905-2005》(고려대학교 경영대학, 2006), 78쪽.

2_1925년 보성전문학교 상과 교과과정

교과목	제1학년		제2학년		제3학년	
	과정	시수	과정	시수	과정	시수
수신		1		1		1
상업통론		2				
매매론						1
상업지리		2				
상업역사				2		
상품학				1		
상업실천				2	(영어)	2
상업경영						1
상업수학		2		2		2
상용문	화문(일문)	1	화문·영문	1	영문	1
부기 및 회계	상업부기	3	은행부기	3	회계학	2
세관 및 창고				1		
취인소론						2
교통론						2
보험론				2	화재·생명·해상	3
경제학				2	영어(원서)	2
재정학				3		
경제정책						2
통계론		2				
화폐론				2		
은행론				2		
외국경제		2			위체	2
사회학				2		
사회정책				2		
법학통론		2				
상법		2	회사법	2	수형법	2
			상법총칙·상행위	3	해상법	2
민법	총칙	4				
	물권	2	물권	2		
	채권	3	채권	2	채권각론	2
파산법						1
영어	영문학·영문법·상업영어	7		5		3
체조		1		1		1

출처: 신수식, 《고려대학교 경영대학 100년사—1905-2005》(고려대학교 경영대학, 2006), 88쪽.

3_1946년 고려대학교 상학과 교과과정

필수과목											
1학년			2학년			3학년			4학년		
학과목	매주 교수 시간		학과목	매주 교수 시간		학과목	매주 교수 시간		학과목	매주 교수 시간	
	1학기	2학기		1학기	2학기		1학기	2학기		1학기	2학기
국어	2	2	국어	2	2	재정학	4	2	경영경제론	4	
국사	2	2	철학개론	4		상업사		4	보험론		4
서양사	4		문화사개론		4	회계학		4	경제정책	4	
동양사		4	경제원론	4	2	상업영어	2	2	공장경영론		4
논리학	4		상업개론	4		제1외국어상업학	2	2	상품학	4	
심리학		4	통계학		4	화폐론	4		외국무역론	4	
자연과학개론	2	2	제1외국어상업학	2	2	금융론		4	무역실무		4
제1외국어	6	6	상업전기	4		상법	4		체육	2	2
제2외국어	4	4	상업수학	4	4	체육	2	2			
체육	2	2	경제지리		4						
			민법								
			체육	2	2						
계	26	26	계	26	24	계	18	20	계	18	14
선택과목											
			은행부기		4	상업경제론	4		배급론	4	
			매매론		4	공업경제론		4	창고론	4	
			일반경제사	4		공업부기	4		신탁론		4
			제2외국어상업학	2	2	원가계산		4	해상보험론		4
			사회학	4		국제경제론	4		국제금융론		4

출처: 고려대학교 100년사 편찬위원회 엮음, 《고려대학교 100년사 II》, 고려대학교 100년사(고려대학교 출판부, 2008), 27쪽.

			헌법	4		조선 경제사		4	계획 경제론		4
			민법		2	제2외국어 상업학	2	2	농업 경제론	4	4
			(4학점 이상)			정치학	4		경제 사상사	4	
						조선 사상사	4		경제학사		
						상법		2	교통 경제론	4	4
						연습	2	2	감사론	2	
						(8학점 이상)			특수 외국어 상업학		2
									국제공법	2	4
									연습		2
									(8학점 이상)		

4_1955년 고려대학교 상과대학 경영학과 교과과정

경영학과 제1학년(총 46학점)

과목명		주당 시간		학점
		1학기	2학기	
필수과목	경제원론	4		4
	상업사		4	4
	국어	2	2	4
	영어	4	4	8
	제2외국어	4	4	8
	철학개론		4	4
	자연과학	4		4
	문화사개론		4	4
	체육	1	1	2
선택과목	논리학	4		4
	심리학	4		4
	국사개론	4		4
	수학	4		4

경영학과 제2학년(총 42학점)

과목 구분		주당 시간		학점
		1학기	2학기	
필수과목	경영경제학		4	4
	상업개론	4		4
	화폐금융론	4		4
	부기원리	4		4
	장부조직		2	2
	보험학		4	4
	민법(총칙, 물권)	4		4
	민법(채권)		4	4
	영어특강	2	2	4
선택과목	경제지리		4	4
	사회학	4		4
	헌법	4		4
	상업영어	4		4
	독어원강	2	2	4
	영어회화	2	2	4

출처: 고려대학교 100년사 편찬위원회 엮음, 《고려대학교 인문사회과학 학술사》, 고려대학교 100년사(고려대학교출판부, 2010), 65-67쪽.

경영학과 제3학년(총 36학점)

과목명		주당 시간		학점
		1학기	2학기	
필수과목	경영재무론	4		4
	상법(회사)		4	4
	통계학		4	4
	회계학		4	4
	상업경영	4		4
	상법(총칙, 상행위)	4		4
	영어원강	2	2	4
선택과목	공업정책	4		4
	배급론		4	4
	교통론	4		4
	증권시장론		4	4
	경영학특강			4
	은행부기			4
	독어원강	2	2	4

경영학과 제4학년(총 36학점)

과목 구분		주당 시간		학점
		1학기	2학기	
필수과목	경영관리론		4	4
	공업경영론	4		4
	원가계산	4		4
	회계감시론		4	4
	외국환	4		4
	상법(어음, 수표)		4	4
선택과목	재정학	4		4
	국제무역		4	4
	회계학특강	4		4
	세무회계		4	4
	경영학특강	4		4
	경영공학	4		4
	해상보험론		4	4
	화재보험론	4		4
	경제법		4	4
	노동법	4		4
	독어원강	2	2	4

5_1961년 고려대학교 상과대학 경영학과 교과과정

경영학과 제3학년(총 40학점)

과목 구분		주당 시간		학점	비고
		1학기	2학기		
필수과목	회계학원리 III	4		4	
	원가계산 I		4	4	
	통계학 I	4		4	
	민법 I		4	4	
	인사관리론	4		4	
	기업재무론		4	4	
	영어원강	2	2	4	
선택과목	금융제도론	4		4	재무론 전공필수
	재정학		4	4	재무론 전공필수
	보험학총론	2	2	4	재무론 전공필수
	세무회계		4	4	회계학 전공필수
	교통론	4		4	
	국제경제학		4	4	
	광고학	4		4	시장론 전공필수
	통계학 II		4	4	
	상업영어	2	2	4	시장론, 경영학 전공필수
	경영연습	2(1)	2(1)	2	
	영어회화	2	2	4	
	독어원강	2	2	4	
	특강(노동조합문제)	4		4	
	특강(콘트로라·쉽)		4	4	
소계	필수전공과목	14	14	28	
	선택과목	6	6	12	
합계		20	20	40	

출처: 신수식, 《고려대학교 경영대학 100년사—1905-2005》(고려대학교 경영대학, 2006), 237-238쪽.

경영학과 제4학년(총 28학점)

과목 구분		주당 시간		학점	비고
		1학기	2학기		
필수과목	공업경영론	4		4	
	경영정책		4	4	
	상법 I	4		4	
선택과목	원가계산 II	4		4	회계학 전공필수
	회계감사		4	4	회계학 전공필수
	예산통제	4		4	경영학 전공필수
	외국무역론		4	4	시장론 전공필수
	경기변동론	4		4	재무론 전공필수
	경기예측론		4	4	경영학, 재무론 전공필수
	상업경영론	4		4	경영학(3년), 시장론 전공필수
	생산관리론 (품질관리포함)		4	4	
	시장조사론	4		4	
	응용부기		4	4	회계학 전공필수
	투자론	4		4	회계학 전공필수
	민법 II		4	4	
	관리경제학	4		4	회계학(3년), 경영학 전공필수
	상법 II		4	4	
	은행경영론	4		4	
	회계학연습		4	4	회계학 전공필수
	손해보험론	4		4	
	경영학습론		4	4	경영학 전공필수
	공익기업론	4		4	
	시장론연습		4	4	시장론 전공필수
	통계학연습	4		4	
	재무론연습			4	재무론 전공필수
소계	필수전공과목	8	4	12	
	선택과목	8	8	16	
합계		16	12	28	

6_1972년 고려대학교 상과대학 경영학과 교과과정

학년	교과목	
제1학년 (46학점)	교양과목(37)	국어(4), 국어작문(2), 영어(6), 제2외국어(독, 불 택일 6), 윤리(2), 철학(2), 문화사(2), 자연계 교양과목(물리, 화학, 생물, 지학 중 택일 3), 인문계 교양과목(심리학, 사회학 중 택일 3), 체육(1), 교련(2), 수학(3)
	필수전공(9)	경영학원론(3), 경제원론(3), 가격론(3)
제2학년 (48학점)	필수전공(33)	마케팅원론(3), 경영조직론(3), 회계학 I (4), 회계학 II (3), 경영수학(3), 인사관리(3), 재무관리(3), 영어원강(2), 민법대의(6), 국민소득론(3)
	교양과목(6)	영어(3), 체육(1), 교련(2)
	선택과목(9)	경영사(2), 금융제도론(2), 상품학(2), 마케팅조직(2), 경영실습(2), 독어원강(4), 영어회화(4), 산업심리학(3)
제3학년 (45학점)	필수전공(32)	생산관리(3), 투자론(2), 노사관계론(3), 경영통계(3), 무역영어 I (3), 무역영어 II (2), 자료처리론(3), 영어원강 II (2), 경어원강 III (2), 통계학개론(3), 기업법 I (3), 기업법 II (3)
	교양과목(3)	체육(1), 교련(2)
	선택과목(10)	조직행동론(3), 회계감사(3), 원가회계(3), 자재관리론(2), 판매관리(3), 광고론(3), 은행경영론(3), 외국무역(3), 보험론(3), 관리경제학(3), 국제경영론(3), 무역보험론(3), 교통경영론(3), 경영학연습 I (4), 사회법 I (3), 재정학(3) * 선택과목 중 각 전공(회계학, 재무론, 인사관리, 시장론, 생산관리)에 따라 필수과목(3과목) 지정
제4학년 (21학점)	필수전공(11)	재무분석(3), 관리회계(3), 경영정책(3), 시장조사(2)
	교양과목(1)	체육(1)
	선택과목(9)	인간관계론(2), 경기예측론(3), 세무회계(3), 경영정보론(3), 증권시장론(3), 소비자행동분석(2), 생산계획론(2), 회계제도론(2), 시스템분석(3), 경영학연습 II (3), 경영학연습 III (3), 한국경제론(3), 외환론(2), 행정법 I (3), 행정법 II (3) * 선택과목 중 각 전공에 다라 2과목 필수지정

출처: 고려대학교 100년사 편찬위원회 엮음, 《고려대학교 인문사회과학 학술사》 고려대학교 100년사(고려대학교출판부, 2010), 116쪽.

7_1995년 고려대학교 경영학과 교과과정

교과목	학점(시간)	선수과목	비고
마케팅원론(국 · 영강)	3(3)	경영학개론, 경제원론 I	전공필수
재무관리	3(3)	경영통계, 경영수학	〃
생산관리(국 · 영강)	3(3)	경영통계, 경영수학	〃
중급회계(국 · 영강)	3(3)	회계학원리	〃
경영정보시스템	3(3)	정보시스템기초, 경영학개론	〃
경영외국어 I	3(3)	제2외국어	〃
금융론	3(3)		
보험론	3(3)		
노사관계론	3(3)		
기업광고론	3(3)		
경영관리입문(영강)	3(3)		
O.R.	3(3)		
관리회계	3(3)	회계학원리	전공필수
무역상무론	3(3)		
기업법 I	3(3)		전공필수
관리경제학	3(3)		
영문커뮤니케이션	3(3)		
창업과 기업과	3(3)		
마케팅조사론(국 · 영강)	3(3)		
투자론	3(3)		
기업영어	3(3)	96학번 이전만 해당	
기업영어실습	3(3)	〃	
조직행동론(국 · 영강)	3(3)	경영학개론, 경제원론 I	전공필수
국제경영론(국 · 영강)	3(3)	세계경제와 기업, 경제원론 II	〃
국제무역론	3(3)		
무역정책	3(3)		
글로벌전략	3(3)		전공필수
국제마케팅론	3(3)		
국제금융론(국 · 영강)	3(3)		
소비자행동분석	3(3)		
한국경영론	3(3)		
세무회계	3(3)		
회계학이론	3(3)		
인적자원관리(국 · 영강)	3(3)		
고급관리회계	3(3)		
고급회계	3(3)		
유통관리	3(3)		

출처: 신수식, 《고려대학교 경영대학 100년사—1905-2005》(고려대학교 경영대학, 2006), 491-493쪽.

마케팅전략	3(3)		
기업윤리	3(3)		
보관 및 수송관리	3(3)		
경영정보통신	3(3)		
국제재무관리	3(3)		
시스템엔지니어링	3(3)		
지역연구	3(3)		
재무분석	3(3)		
기업법 II	3(3)		
산업조직론	3(3)		
기업과 사회	3(3)		
정보통신기술과 경영	3(3)		
기업재무	3(3)		
선물옵션	3(3)		
경영전략(국 · 영강)	3(3)	세계경제와 기업, 경제원론 II	전공필수
회계감사	3(3)		
한국기업론(영강)	3(3)		
경영사	3(3)		
증권시장론(국 · 영강)	3(3)		
금융기관경영론	3(3)		
마케팅 신조류	3(3)		
생산전략	3(3)		
품질경영	3(3)		
거시조직론	3(3)		
조직개발론	3(3)		
제품관리론	3(3)		
로지스틱관리	3(3)		
데이터베이스론	3(3)		
아시아비교경영론(영강)	3(3)		
국제경제기구론	3(3)		
회계정보시스템	3(3)		
국제경영현장실습	3(3)	BUS 369 지역연구	
경영혁신론	3(3)		
무역환경론	3(3)		
외환론	3(3)		
비영리 및 국제회계	3(3)		

8_2005년 고려대학교 경영학과 교과과정

교과목	학점(시간)	선수과목	비고
마케팅원론(국 · 영강)	3(3)	현대기업경영 경제원론 I	전공필수
재무관리(국 · 영강)	3(3)	경영통계 경영수학	〃
생산관리(국 · 영강)	3(3)	경영통계 경영수학	〃
중급회계 I (국 · 영강)	3(3)	회계학원리	〃
중급회계 II (국 · 영강)	3(3)	회계학원리	전공선택
경영정보시스템(국 · 영강)	3(3)	현대기업경영	전공필수
금융론(국 · 영강)	3(3)		전공선택
보험론(국 · 영강)	3(3)		〃
노사관계론(국 · 영강)	3(3)		〃
광고론(국 · 영강)	3(3)		〃
경영관리입문(영강)	3(3)		〃
O.R.(국 · 영강)	3(3)		〃
관리회계(국 · 영강)	3(3)	회계학원리	전공필수
무역상무론(국 · 영강)	3(3)		전공선택
기업경제학(국 · 영강)	3(3)		〃
영문커뮤니케이션 (국 · 영강)	3(3)		〃
마케팅조사론(국 · 영강)	3(3)		〃
기술과혁신(국 · 영강)	3(3)		〃
투자론(국 · 영강)	3(3)		〃
글로벌비지니스 커뮤니케이션과매너	3(3)		〃
벤처경영(국 · 영강)	3(3)		전공선택
조직행동론(국 · 영강)	3(3)	현대기업경영 경제원론 I	전공필수
국제경영론(국 · 영강)	3(3)	세계경제와기업 경제원론 II	〃
국제무역론(국 · 영강)	3(3)		전공선택
국제생산, 구매 및 연구개발 (국 · 영강)	3(3)		〃
통상정책(국 · 영강)	3(3)		〃
글로벌전략(국 · 영강)	3(3)		〃
국제마케팅론(국 · 영강)	3(3)		〃

출처: 《고려대학교 일람—2004-2005》(고려대학교, 2005), 388-390쪽.

국제금융론(국 · 영강)	3(3)		〃
소비자행동분석(국 · 영강)	3(3)		〃
한국경영론(국 · 영강)	3(3)		〃
세무회계(국 · 영강)	3(3)		〃
회계학이론(국 · 영강)	3(3)		〃
전략적관리회계(국 · 영강)	3(3)		〃
인적자원관리(국 · 영강)	3(3)		〃
시스템분석과설계(국 · 영강)	3(3)		〃
고급회계(국 · 영강)	3(3)		〃
유통관리(국 · 영강)	3(3)		〃
마케팅전략(국 · 영강)	3(3)		〃
기업윤리(국 · 영강)	3(3)		전공필수
경영정보통신(국 · 영강)	3(3)		전공선택
국제재무관리(국 · 영강)	3(3)		〃
재무분석 (국 · 영강)	3(3)		〃
서비스시스템관리(국 · 영강)	3(3)		〃
지역연구 I (국 · 영강)	3(3)		〃
지역연구 II (국 · 영강)	3(3)		〃
산업연구(국 · 영강)	3(3)		〃
기업과사회(국 · 영강)	3(3)		〃
정보통신기술과경영 (국 · 영강)	3(3)		〃
기업재무(국 · 영강)	3(3)		〃
선물옵션(국 · 영강)	3(3)		〃
인터넷비즈니스와전자상거래 (국 · 영강)	3(3)		〃
경영전략(국 · 영강)	3(3)	시계경제와 기업 경제원론 II	전공필수
회계감사(국 · 영강)	3(3)		전공선택
한국기업론(영강)	3(3)		전공선택
경영사(국 · 영강)	3(3)		〃
증권시장론(국 · 영강)	3(3)		〃
금융기관경영론(국 · 영강)	3(3)		〃
마케팅신조류(국 · 영강)	3(3)		〃
생산전략(국 · 영강)	3(3)		〃
품질경영(국 · 영강)	3(3)		〃
거시조직론(국 · 영강)	3(3)		〃
조직개발론(국 · 영강)	3(3)		〃
제품및브랜드관리론(국 · 영강)	3(3)		〃
로지스틱스관리(국 · 영강)	3(3)		〃
데이터베이스론(국 · 영강)	3(3)		〃

아시아비교경영론(영강)	3(3)		〃
회계정보시스템(국 · 영강)	3(3)		〃
국제경영현장실습	3(3)	BUSS 373 지역연구 I	〃
경영혁신론(국 · 영강)	3(3)		〃
통상환경론(국 · 영강)	3(3)		〃
국제경영실무(국 · 영강)	3(3)		〃
비영리및국제회계(국 · 영강)	3(3)		〃
인터넷마케팅(국 · 영강)	3(3)		〃
온라인소비자행동(국 · 영강)	3(3)		〃
국제M&A와전략적제휴 (국 · 영강)	3(3)		〃
글로벌CEO특강(국 · 영강)	3(3)		〃
Cyber 국제경영 세미나 (영강)	3(3)		〃
구매공급관리(국 · 영강)	3(3)		〃
기업법 I	3(3)		전공선택인정
기업법 II	3(3)		〃
기업영어	2(2)		〃
기업영어실습	2(1.5)		〃
행정법총론	3(4)		전공선택인정 (행시시험과목)
행정법각론	3(4)		〃
행정구제법	2(2)		〃
재정학	3(3)		〃
조세론	3(3)		〃
행정학원론	3(3)		〃

9_2025년 고려대학교 경영학과 전공교과목 목록

이수 구분	교과목명	학점 (시간)	교과목명	학점 (시간)
학문의기초	회계학원리	3(3)	경영과사회	3(3)
	경영통계	3(3)	통합적사고와경영학입문	3(3)
전공필수	마케팅원론	3(3)	경영정보시스템	3(3)
	재무관리	3(3)	조직행동론	3(3)
	오퍼레이션스관리	3(3)	국제경영론	3(3)
	중급회계 I	3(3)	경영전략	3(3)
전공선택	Topic Course	3(3)	거시경제와 글로벌비즈니스이해	3(3)
	창업가의마인드셋	3(3)	국제무역론	3(3)
	사회적가치와지속가능경영	3(3)	IT기반비즈니스모델	3(3)
	경영수학	3(3)	국제마케팅론	3(3)
	세계경제와기업	3(3)	소비자행동	3(3)
	중급회계 II	3(3)	국제금융론	3(3)
	비즈니스애널리틱스 I	3(3)	세무회계	3(3)
	비즈니스애널리틱스 II	3(3)	회계학이론	3(3)
	ESG경영	3(3)	노사관계론	3(3)
	광고론	3(3)	혁신과전략	3(3)
	관리회계	3(3)	인적자원관리	3(3)
	경영과학	3(3)	고급회계	3(3)
	기업경제학	3(3)	유통관리	3(3)
	마케팅조사론	3(3)	마케팅전략	3(3)
	투자론	3(3)	기업윤리	3(3)
	빅데이터분석과해석의기초	3(3)	조직디자인과경쟁우위	3(3)
	벤처경영	3(3)	국제재무관리	3(3)
	사회적가치프로젝트	3(5)	마케팅사례분석	3(3)
	파이낸셜애널리틱스	3(3)	서비스운영관리	3(3)
	디자인씽킹과디지털혁신	3(3)	전략적수요및수익관리	3(3)
	인공지능과비즈니스	3(3)	보험과위험관리	3(3)
	전략적기술사업화	3(3)	기업재무	3(3)
	플랫폼비즈니스모델과 디지털대전환	3(3)	정보보안관리	3(3)

출처: 《고려대학교 교육과정편람—2025》(고려대학교, 2025), 85-86쪽.

전공선택	오퍼레이션스애널리틱스	3(3)	선물옵션	3(3)
	소셜미디어애널리틱스	3(3)	Business-to-Business마케팅	3(3)
	지역연구(일본)	3(3)	서비스마케팅	3(3)
	Korean Business & Management in the Global Context	3(3)	현대기아차글로벌마케팅전략	3(3)
	비즈니스협상	3(3)	마케팅신조류	3(3)
	마케팅애널리틱스	3(3)	품질경영	3(3)
	벤처투자운용론	3(3)	로지스틱스관리	3(3)
	마케팅과혁신	3(3)	오퍼레이션스전략	3(3)
	신상품개발과마케팅	3(3)	데이터관리와지적경영	3(3)
	소셜벤처창업	3(3)	제품및브랜드관리	3(3)
	기술혁신관리: 성공적 Entrepreneurship의기초	3(3)	금융회계	3(3)
	기업지배구조의이론과실제	3(3)	국내경영현장실습 I	3(0)
	채권론	3(3)	국내경영현장실습 II	3(0)
	위험관리	3(3)	국내경영현장실습 III	6(0)
	기업가치평가	3(3)	인터넷마케팅	3(3)
	고급투자론	3(3)	글로벌CEO특강	3(3)
	기업의인수합병과구조조정	3(3)	구매,공급관리	3(3)
	리더쉽: 이론과실제	3(3)	국내경영현장실습 VI	6(0)
	소셜네트워크와경쟁우위	3(3)	국내경영현장실습 IV	3(0)
	회계감사	3(3)	국내경영현장실습 V	3(0)
	경영의철학적이해	3(3)	국내경영현장실습 VII	9(0)
	금융기관경영론	3(3)	국내경영현장실습 VIII	12(0)
전공인정	기업영어실습	1(1.5)	행정학원론	3(3)
	비즈니스영어	3(3)	회사법	3(3)
	미시경제이론	3(3)	행정법	3(3)
	거시경제이론	3(3)	상법	3(3)
	재정학	3(3)		
	조세론	3(3)		
	국제금융론	3(3)		
	창업과경영을위한 공학기술경향	3(3)		

고려대학교 경영대학 120년 · 한국사 · 세계사 연표

연도	고려대학교 경영대학	한국사	세계사
1902			1월 〈영·일동맹〉 성립
1903			— 독일 취리히대학교에서 종합대학으로 상업 학강좌를 독일어권 최초 설립하고 프리드리히 셰어를 정교수로 임용
1904	— 일본이 러·일전쟁을 일으키면서 관립 아어학교(俄語學校) 폐쇄	1월 21일 이용익이 기초한 〈한국중립선언〉 타전 2월 23일 일본은 이용익을 일본으로 납치 후 〈한일의정서〉 강제 체결 8월 일본이 〈1차 한일협약〉을 강요하고, '고문정치' 시작	— 막스 베버, 《프로테스탄티즘의 윤리와 자본주의 정신》 발표(1905년 출간) — 와세다대학교에서 일본 최초로 상과(商科) 개설 2월 러·일전쟁 시작
1905	4월 이용익이 고종의 후원을 받아 옛 아어학교 건물에 사립보성전문 학교(법률학 전문과·이재학 전문과) 설립 초대 교장 신해영 9월 법과 야간부 신설(한성법학교 폐교에 따른 법학전문과 재학생 일부 인수) 이용익 중국 망명, 학교 경영은 손자 이종호에게 인계	1월 국제 여론을 고려하여 일본은 이용익을 귀국시킴 사립 한성법학교(교장 현채[玄采], 야간 학교) 설립 2월 통감부 설치 4월 양정의숙(현 양정고등 학교) 개교 9월 부산과 시모노세키를 연결하는 부관(釜關) 연락선 개통 11월 17일 을사조약 12월 손병희가 동학을 천도교로 개편	3월 일본 우에다 데지로(上田貞次郎)가 〈상사 경영학(商事經營學)에 관한 의견〉 제출 7월 일본은 미국과 가쓰라-태프트 밀약 체결 9월 중국 청에서 과거제 폐지 일본 러시아 간 〈포츠머스강화조약〉 체결
1906	7월 인근 김교헌(金敎獻)의 가옥 2백여 칸을 매입하여 교사 확장 12월 보전친목회 창립총회	4월 진명여학교(현 진명여자고등학교) 개교 5월 명신여학교(현 숙명여자대학교) 개교 — 이상설, 북간도에 서전서숙(瑞甸書塾) 설립	

1907	1월 보성전문 3년제로 학제 변경, 이재학 전문 과를 경제학 전문과로 개칭 2월 이용익, 블라디보스 토크에서 사망 3월 이용익의 손자 이종호를 제2대 교주로 추대 친목회지 《친목(親睦)》 간행 4월 경제학 전문과(이재학 전문과) 첫 졸업생 18명 배출(이 중 세 명은 보전의 강사로 임용) 5월 교우회지 《법정학계(法政學界)》(월간) 및 12월 재정 악화로 인해 '유지회'와 이종호 사이에 분규 발생(-1908. 2)	3월 〈학부소관 일본국 유학생 규정〉 제정, 후 조선인의 일본 유학을 억제하기 시작 4월 신민회 결성 6월 고종이 헤이그에 밀사 파견 7월 고종 퇴위, 순종 즉위 — 일제의 압박으로 보성전문에 대한 황실의 재정 지원 중단	7월 1차 〈러일협약〉 체결
1908	— '유지회 사건' 이후 초기 강사들 대거 퇴진,보전 졸업생 중심으로 강사진 보충		
1909	3월 사립돈명의숙과 사립 융희학교가 폐교하면서 두 학교의 학생(44명)을 수용 — 초대 교장 신해영 사망	10월 안중근이 이토 히로부미 암살	— 우에다 데지로가 영국과 독일 유학 후 귀국, 도쿄고등상업학교에서 경영학 교육의 시발인 〈상공경영(商工經營)〉 강좌 개설 — 일본 도쿄제국대학 법과대학에 상업학과 신설
1910	4월 경제학 전문과를 상과 전문과로 개칭 이종호, 독립운동 위해 중국으로 망명 12월 보성전문학교·보성소학교·보성중학교·보성사를 천도교 총부에서 인수	8월 한일병합 조약 강요 조선총독부 설치	7월 2차 〈러일협약〉 체결
1911	4월 한말 대표적 초기 상업학자인 김대희(金大熙) 교수 임용	8월 제1차 〈조선교육령〉 발표(보통교육의 강조, 전문교육은 추후 과제로 상정)	— F. 테일러 《과학적 관리법의 원리》 출간 — J. 슘페터 《경제 발전의 이론》 출간

1911	5월 상업에 대한 전문 지식을 양성하기 위하여 강사 3-4인을 초빙하고 학생을 증원한다는 상과 확장 광고를 《매일신보》에 게재		
1912			— 일본 간사이학원(關西學院) 고등학부 상과(商科) 설립(최초 사립 고등 상업학교)
1913	3월 상과 제1회 졸업생 19명 배출(광업 2명, 교원 1명, 무역업 2명, 병원사무원 1명, 상업 3명, 신문기자 1명, 은행지점장 1명) 3월 상업학 전임교수로 김상옥(金尙沃) 임용		
1914	3월 임경제가 강사로 부임 박동(礡洞) 교사를 철거하고 교사 신축		
1915	4월 〈전문학교규칙〉 시행에 따라, '사립보성 법률상업학교'로 교명 변경(-1922) 상과를 상업과로 개칭	3월 조선총독부는 〈사립학교 규칙〉 개정하고 〈전문학교 규칙〉 제정 — 선교사 H. 언더우드가 '조선 기독교 대학'(1917년 연희전문학교로 개칭)을 설립하고 상과 등 4개 학과 개설(연세대학교 상과대학의 전신)	
1916		4월 총독부는 〈조선총독부 전문학교 관제〉 제정, 경성전수학교, 경성의학전문학교, 경성공업전문학교 등 관립 전문학교 개설	— 앙리 파욜 《산업 및 일반 경영관리론》 출간
1918	9월 보성전문학교 교사를 낙원동으로 이전 — 보성 소·중학교와 전문학교의 분리	— 수원농림전문학교 개설 — 〈대학령〉 공포	

1919	3월 윤익선 교장 명의로 《조선독립신문》제1호 발행하여 3·1운동 현장에서 배포 3·1 운동으로 손병희와 윤익선 교장 및 재학생 다수 체포(김상옥이 교장 대리로 부임)	1월 고종 서거 3월 3·1운동 보전 학생 강기덕의 지휘로 파고다공원의 3·1 학생 만세 시작 9월 '문화 정치' 시작	— 독일 슈말렌바흐의 《동적 대차대조표론》 출간 — 미국 시카고대학교, 제임스 매킨지 교수의 〈관리회계(Management Accounting)〉 개설 — 중국 5·4운동 발발
1920			— 일본 도쿄고등상업 학교가 도쿄상과대학으로 승격
1922	4월 보성전문학교로 교명 환원(법과와 상과), 3년제 전문학교 전환 상업과를 상과로 개칭 5월 손병희 타계 9월 천도교 측이 기부한 송현동에 학교 마련(구 천도교 본부 건물)하여 교사 이전	2월 제2차 〈조선교육령〉 제정으로 관립 전문 학교에 민족별 정원제도 없애고 조선인의 고등교육은 사립 전문 학교로 집중 4월 경성고등상업학교 개설(서울대학교 상과대학 전신)	— 헨리 포드 《나의 삶과 일》 출간
1923	7월 상과 졸업생에게 '상업'·'부기' 과목의 사립(여자) 고등보통학교 교원 자격이 부여됨	3월 조선민립대학기성회 창립 총회	— 프라하에서 '국제 경영자 회의(International Management Congress)' 개최
1924	— 만주로 수학여행	5월 천황 칙령으로 〈경성제국대학 관제〉 공포 6월 경성제국대학 설립	
1925	— 보전에 '조선전수학원(朝鮮專修學院)'이라는 야간학원을 설립하여 사회과학 교육(한국 최초의 야간 전문학교, 2년 후 해산) — 〈상업경영(商業經營)〉 과목 신설(-1937년)('경영[經營]'이라는 용어가 과목에 처음 등장)		
1926		6월 6·10만세운동. 보전 학생 200여 명 구속	— '일본경영학회' 창립
1927	— 보전 웅변부, 매년 전국 중등학교 웅변대회 개최	2월 '신간회' 결성	

1928		— 로제타 홀 선교사와 한국인 의사들이 여자 의학전문학교 창립 발기 — 조선여자의학강습소 개소(초대 소장 로제타 홀, 부소장 길정희). 이후 고려대학교 의과대학의 전신이 됨	3월 일제는 대만에 타이베이 제국대학 설립
1929	— 이상훈 강사 부임(이후 1939년부터 1945년까지 상과 과장)		— 세계대공황
1930			— 우에다 데지로《상공경영(商工經營)》 출간 — 중국에서는 난징 정부의 공상부(工商部) 주관으로 상하이에서 중국공상관리협회(中國工商管理協會) 결성
1931			9월 만주사변 발생
1932	3월 인촌 김성수 선생이 보성전문 인수 — 상과에 김영주 교수와 홍성하 교수 채용	4월 윤봉길, 상하이 홍커우 공원에서 일본 주요 인사에게 폭탄 투척	— 일본의 만주국 수립(1932-1945)
1933	— 1926년부터 강사로 활동한 김광진을 전임 강사로 임명(상업학 담당) 7월 교우해외유학생지부 창립회를 도쿄에서 개최 9월 조선축구협회가 창립되고, 전 교장 박승빈과 상과 교수 홍성하가 회장과 부회장에 취임	7월 조선여자의학강습소를 경성여자의학강습소로 개칭 — 조선은행, 조선인 공채 1기로 박두병(1948년 두산상회 설립) 채용	— E. 메이요《산업 문명에서의 인간 관계》 출간(1927-1932년 웨스턴 일렉트릭사 호손 공장 실험의 결과)
1934	9월 송현동 교사를 안암동 교사로 이전 — 보성전문의 교수와 강사들이 '보전학회(普專學會)'를 조직하여《학회논집(學會論集)》 발간(제1부 법률 및 정치[法律及政治], 제2부 경제 및 상업[經濟及商業], 제3부 문학 및 철학[文學及哲學])	4월 경성여자의학전문학교 발기준비위원회 개최(김성수 등 참여)	— 한국인 김순식, 일본 메이지대학(明治大學) 회계학 전임강사로 임명

1935	8월 보성대학 설립 추진을 위해 총독부에 농과 · 임과 설립 신청서 제출	9월 조선총독부, 각 학교에 신사 참배 강요	
1936		8월 《동아일보》의 올림픽 남자 마라톤 금메달 손기정 선수 일장기 말살 사건	
1937	— 〈경영경제학(經營經濟學)〉 과목 신설(독일 경영학 영향) 4월 베를린 올림픽 마라톤 금메달리스트 손기정이 상과에 입학 9월 중앙도서관(현 대학원 도서관) 준공, 초대 도서 관장으로 손진태 취임	10월 〈황국신민서사〉 제정하여 조선인에게 배포	7월 중·일전쟁 시작
1938	7월 대운동장 준공 — 올림픽 금메달리스트 손기정 강제 중퇴	3월 제3차 〈조선교육령〉을 제정하여 조선어 수업을 실질적으로 금지 5월 재단법인 우석학원 경성여자의학전문학교 개교 — 조선총독부는 사립 숙명여자전문학교와 경성여자의학전문학교의 설립을 인가	— C. 바너드 《경영자의 역할》 출간
1939	— 상과 학장에 이상훈 교수 취임(법과 학장에 유진오 교수)	7월 일제, 〈국민 징용령〉 공포	
1940	4월 김성수 교장이 《삼천리》의 대담을 통해, 법과·상과·문과·공과·의과·이과와 예과를 둔 종합대학 구상을 밝힘	2월 창씨개명 제도 시작 4월 연희전문학교 상과 과장으로 김효록 교수 임명 8월 조선어 신문 《동아일보》, 《조선 일보》 폐간 10월 '국민총력조선연맹' 발족	
1941	— 김영주 교수, 부교장으로 임명	3월 부산고등수산학교 설립 및 조선어 수업 폐지 9월 경성여자의학전문학교 전문병원 개원	12월 7일 진주만 공습으로 미·일 간 선전포고(태평양전쟁 개전)

1942	— 상과 교과과정은 102학점(각 학년 34학점)으로 늘어나고, 선택과목으로 〈광고학〉, 〈보험론〉, 〈공업정책〉, 〈신탁론〉, 〈금융 조직론〉 등 포함	5월 조선총독부, 국어 보급 운동 요강 제정 10월 '조선어학회 사건' 발생 — 제4차 〈조선교육령〉 공포	
1943		6월 〈학도 전시 동원체제 확립 요강〉 결정 10월 〈교육에 관한 전시 비상 조치 방책〉 제정. 문과계 사립 전문학교를 이과계 전문학교로 전환할 것을 고려	
1944	— '경성척식경제전문학교'로 교명 변경(척식과, 경제학과)	— 연희전문학교는 '경성공업경영전문학교'로 교명 변경 8월 일제, 〈여자 정신 노동령〉 공포 9월 일제, 조선에 〈국민 징용령〉 공포	
1945	9월 '보성전문대학'으로 교명 변경 10월 대학으로의 승격을 목표로 법과와 상과를 정법과와 경상과로 개편 경상과에는 상업학 전공과 경제학 전공을 둠.	5월 〈전시교육령〉 제정 8월 해방 9월 미 군정은 학무국장에 E. L. 로커드 대위 임명 학무국에서 한국교육위원회 구성(오천석, 김성수, 현상윤, 김활란 백낙준 등 참여, 1946년 5월 해산) 11월 '조선교육심의회' 발족	7월 〈포츠담 선언〉 발표 8월 히로시마와 나가사키에 원폭 투하 일본 항복
1946	2월 김성수가 보전 교장에서 물러나고 현상윤이 신임 교장으로 취임 8월 '고려대학교'로 개칭(경상대학에 상학과와 경제학과 개설, 각 240명 입학) — 경상대학의 초대 학장으로 이상훈 교수 취임(상업과목 담당) — 상학회, 법률학회 등 고려대학과 8개 학과에 해당하는 8개 학회 개설	9월 '국대안' 파동 미 군정이 강행한, 복수의 학교를 통폐합 하여 국립서울대학교를 종합대학으로 설립할 계획(2월경)에 대한 반대 파동(경성경제전문학교도 서울대 상과 대학에 인계됨, 국립 서울대학 설치령에 따라 상과대학 안에 상학과와 경제학과 개설)	— 피터 드러커 《기업의 개념》 저술 — 일본, 게이단렌(経団連) 설립

1946		— 연희전문은 연희대학교로 개칭하고 상학원(상학과 180명, 경제학과 120명) 설립	
1947	— 김순식 교수 부임 — 고려대 극예술연구회 조직 — 《고대신문》 창간	— 서윤복(제1 전문부 상과 학생) 보스턴 마라톤 우승	
1948	2월 김순식 교수가 제2대 경상대학 학장에 취임 — 김효록 교수 부임	— 김성집 교우(상과) 건국 후 첫 올림픽 메달 획득 5월 경성여자의학전문 학교가 서울여자의과 대학으로 승격	— 하버드대학교, '기업가사연구센터(Research Center in Entrepreneurial History)' 설립
1949	9월 대학원 개원. 2년제 석사 과정과 4년제 박사 과정을 설치. 우선 석사 과정(정치학과·법률학과·경제학과·상업학과)만으로 출범 10월 상학회 창립총회가 개최되어 경상대학장 김순식이 회장에 취임		— 일본, 고베대학교가 신제(新制) 대학 최초로 경영학부 설치
1950	10월 현상윤 총장 피랍 유진오가 임시관리 책임자에 임명됨	2월 '경제안정15원칙' 발표 및 건국국채 발행(한국 최초 국채) 5월 조선은행이 중앙은행으로 선정되어 한국은행으로 전환 6월 북한 남침으로 한국전쟁 발발	
1951	— 공석이 된 고려대학교의 총장 서리로 유진오 교수 임명 — 대구에서 임시 개교	2월 이승만 정부는 '전시하 교육특별조치요강' 발표 5월 전시연합대학 설치 (1952. 5. 공식 해체) 김성수 부통령 당선	— 일본상업학회 창설
1952	— 1호 상학 석사 배출 (윤병욱 등) 9월 유진오 고려대학교 총장 취임(2대), 9월부터 1년간 미국 하버드대학교 체류	5월 한미합동경제위원회 설립 6월 김성수 부통령 사임 후 병와	

1953	— 윤병욱 교수 부임	7월 휴전 협정 8월 '백두진-우드 회담' 9월 서울 환도	
1954	10월 《경상논총(經商論叢)》 창간		— 피터 드러커, 《현대 경영의 실제》 출간
1955	2월 '경상대학'을 '상과대학'으로 개칭(상학과, 경영학과). 우리나라 최초의 경영학과 설치 — 모의주주총회 연례행사로 시작 — 경상대학 소속의 경제학과 문리대 정경학부로 이관 5월 고려대학교 창립 50주년, 새로운 교가 제정 6월 상과대학 주최 제2회 전국 남녀 중·고등학교 대항 주산경기대회 개최	2월 인촌 김성수 별세 — '대학설치기준령' 공포 — '계리사'라는 이름으로 첫 국가 공인회계사 시험 실시 8월 한국은 IMF와 IBRD 가입 부흥부(경제기획원 전신) 발족	
1956	10월 '고·연대친선경기'라는 명칭으로 고연전(야구·축구·럭비·농구) 개최	12월 한국경영학회 창립총회(고려대학교 김효록 교수가 초대 회장으로 선임)	
1957	— ICA 경영기술원조 계획에 따라 고려대학교 및 연세대학교 미국 워싱턴대학교(St. Louis) 경영대학과 제휴 — 창립 50주년을 기념 하여 고려대학교에 '한국고전국역위원회(이후 민족문화연구소)'와 '아세아문제연구소' 창설 — 김효록 교수, 초대 한국경영학회 회장 취임	1월 서울여자의과대학이 남녀공학으로 전환 수도의과대학 및 부속병원으로 개칭 8월 한국생산성본부 창립(설립자 이근복 교우) — 서울대학교에 우리나라 최초의 박사 과정이 설치 — 연희대학교와 세브란스 의과대학이 연합하여 연세대학교로 통합	
1958	6월 기업경영연구소 설치(상과대학 부속, 초대 소장 김효록 교수)	5월 산업개발위원회 활동 시작 — ICA에 따라 워싱턴 대학과 경영학 교육원조 계약 체결 12월 연세대 상학원 내에 경영학과 신설	

1959	— 《경영월보》와 《경영통계자료》 발간(기업경영연구소) — 《경상논총》의 제호를 《경영논총》으로 변경 4월 농림대학을 농과대학으로 개칭하며 농업경영학과를 신설함	— 서울대학교에 행정대학원과 보건대학원 설치(특수대학원의 효시) 4월 연세대학교 경영학과 설치 서울대학교 무역학과 설치 12월 산업개발위원회가 〈경제개발3개년계획〉 수립(4·19혁명으로 인해 실행되지 못함)	— 일본, 교토대학교 경제학부에 경영학과 설치
1960	— 2학기 야간대학원에서 사회인 및 고급 장교 대상으로 경영학 교육을 시작(제도적 문제로 1962년 폐지) 10월 기업경영연구소 소속이 상과대학에서 고려대학교 부속으로 변경 12월 기업경영연구소 《경영신문》 창간(격주간)	4월 4·18의거, 4·19혁명 — 이승만 대통령 하야 및 장면 내각 성립	
1961	— 상과대학 교과목의 대대적 개편(경영학 교육의 기본 틀 형성)	5월 5·16 군사정변 7월 경제기획원 설립(이전 부흥부) 8월 '한국경제인협회' 창립(창립자 이병철)	
1962	— 경영학 석사 배출 시작(12명) 8월 포드재단으로부터 아세아문제연구소에 연구비 원조(28만 5천 달러)	— 서울대학교 상과대학에 경영학과(45명) 신설(1968년 12월 기존의 상학과는 경영학과로 통합)	— '일본경영사(經營史)학회' 설립 — 도쿄대학교의 상업학과(1909년 개설)가 경영학과로 학과명 변경
1962	— 기업경영연구소에서 《경영학전집》(6권) 발행 6-8월 기업경영연구소에서 〈경영진단〉 강좌 개설	— 제1차 〈경제개발5개년계획〉 시작(-1966)	
1963	11월 18일 국내 최초 경영대학원 설립(미국의 MBA 모방, 석사 과정, 연구 과정) — 기업경영연구소, 《경영연구》 발간	4월 서울대학교 상과대학 부설 한국경영연구소 설립(1975년, 경영연구소로 개칭) — 〈사립학교법〉 반포	

1964	5월 《물가월보》 발간 — '경영대학원 동우회' 발족	9월 한국의 베트남 전쟁 파병(-1973년 3월) — 한국보험학회 창립	— 쓰치야 다카오(土屋喬雄), 《일본 경영 이념사—일본 경영철학 확립을 위하여》 초판 출간
1965	2월 경영대학원에 주간부 설치 인사관리·생산관리·시장론·회계학·재무론 5개 전공 신설	— 연세대학교 경영대학원 설립(석사 및 연구과정 개설)	— 한·일 협정 비준
1966		2월 한국과학기술연구소(KIST) 설립(초대 원장 최형섭) 12월 대한국제경제협의체(IECOK) 창설(1984년 해체) — 수도의과대학이 국학대학을 인수하여 종합대학 우석대학교 설립 우석대학교 의과대학 및 부속병원으로 개칭	
1967	11월 기업경영연구소 주최 광고 콘테스트가 《경영연구》 제50호 발행 기념사업으로 개최	— 제2차 〈경제개발5개년계획〉 시작(-1971)	
1968	12월 상학과 폐지 및 경영 학과로 통합 — '인사관리'와 '생산관리' 분야를 독립 전공으로 인정 — 상과대학 학생회 전통적인 주산대회를 폐지하고 개교 축제로 '호상(虎商)의 날' 제정	— 서울대학교 경영대학원 개원 — 연세대학교 상학과를 경영학과로 통합 — 포항제철 설립 결정	— 프랑스 대학에서 경제학부가 처음으로 법학부에서 독립하여 개설 — '68혁명'
1969		— 대학입학예비국가고사 시작(-1980)	
1970	4월 전자계산연구실 설립(초대 실장에 서남원 교수) 5월 무역연구소 개설(초대소장 이준범 교수) 12월 상과대학에 무역학과 신설 — 《경영신문》 1만 부 돌파, 지면 쇄신, 필진 개방	4월 포항제철 착공식 7월 경부고속도로 완공(1968년 착공) 12월 한국경영학회 재건	

1971	— 무역연구소, 《현대무역 사전》 발간 12월 학교법인 고려중앙 학원이 우석학원을 병합. 우석대 의과 대학이 고려대 의과 대학으로 개칭	2월 한국과학원(KAIS) 설립 12월 《경영학연구》 제1집 출간(주제: 경영자의 자세와 철학의 정립)	
1972	— 필리핀 아시아 경영대학원(AIM)과 학술 교류 협정 체결 6월 경영본관 준공(지하 1층, 지상 5층)	— 제3차 〈경제개발5개년 계획〉 수립(-1976)	
1972		— 과학기술처, 〈기술개발 촉진법〉 제정	9월 중·일 수교
1973		— 과학기술처, '국가기술 자격법' 제정 6월 포항제철서 철 자체 생산 성공 — 한국회계학회 창립 (초대 회장: 조익순 교수) — 한국정보과학회 창립	— 오일 쇼크 — '미국회계사학회 (American Academy of Accounting Historians)' 창설
1974	9월 무역연구소에서 독일 만하임대학 산업경영 연구소 주최 세미나 개최(주제: 관리기법과 컴퓨터 응용)	— 현대자동차, 국내 자체 생산 승용차 '포니' 출시 — 울산 현대조선소, 26만 톤급 대형 유조선 2척 제조	
1975	— 고려대학교 학생 시위에 〈긴급조치 제7호〉 발동 으로 휴교	3월 서울대학교 관악 캠퍼스로 이전하면서 경영학과는 경영대학으로 분리 독립 12월 한국표준연구소(초대 소장 김재관) 설립(현 한국표준과학연구원[KRISS])	
1976	3월 경영대학원에 최고경영자과정(AMP) 개설 12월 '상과대학'을 '경영대학'으로 개칭 — 학부 졸업논문제 시행	3월 서울대학교 경영대학 최고경영자과정 개설 — 연세대학교 경영대학원 최고경영자과정 개설 — 한국증권학회 창립 (초대 회장 김희집 교수) — 한국OR(Operation Research) 학회 창립 (1984년 '한국경영과학회'로 명칭 변경)	

1977	— 복수전공제 및 부전공 제도 도입	— 제4차 《경제개발5개년 계획》(-1981) — 한국과학재단 설립	— A. 챈들러 《보이는 손》 출간
1978		— 한국중소기업학회 창립 — 대덕과학단지 개설	
1979			1월 미·중 수교
1980		7월 '교육 정상화 및 과열 과외 해소 방안' 발표(대학의 졸업정원제 시행 예고)	
1981	— 졸업정원제의 30% 추가모집으로 경영대학 입학 정원 520명으로 증원	1월 한국과학원(KAIS)과 한국과학기술연구소(KIST)가 통합되어 한국과학기술원(KAIST)으로 발족(1989년 다시 분리) — 문교부, 대학본고사 폐지와 졸업정원제 시행 — 한국학술진흥재단 설립	
1982	— 경영대학 후원회 발족(초대 회장 김상홍) — 제1회 경영대학의 밤·'교우의 밤' 개최		
1983	4월 무역연구소 폐소, 기업경영연구소에 흡수 통합		
1985	— 경영대학원, 제1회 '경영교우의 밤' 개최 3월 제10대 고려대 총장에 경영대 이준범 교수 취임	— 한국마케팅학회 창립	
1986		— 문교부, 졸업정원제 폐지	
1987	— 경영대학 교우회 발족	— 한국재무학회 창립	— 세계환경개발위원회(WCED)에서 '지속가능발전(Sustainable Development)' 용어 제시
1988	11월 경영관 신관 준공(현 현대자동차경영관) 준공(지상 4층)	— 한국생산관리학회 창립	
1989	3월 제11대 고려대 총장에 이준범 경영대 교수 취임(본교 최초의 교수 직선 총장)	— 한국경영정보학회 창립(초대 회장 서남원 교수) — 한국소비자학회 창립 — 경제정의실천연합 창립	

1991	— 경영대학 교우회 기관지 《호상(虎商)》 창간 5월 경영대학과 미국 하와이대학 경영대학 간 교수 및 학생 교류협정 조인식 개최	— 한국선물학회 창립(2008년 한국파생상품학회로 개명)	
1992		— 한국데이터베이스학회 창립(초대 회장: 서남원 교수)(2022년 한국데이터전략학회로 학회명 변경)	— 한·중 수교 체결 — UN, 지속가능 발전위원회(Commission on Sustainable Development) 창설
1993		— 금융실명제 도입	
1994	— 경영대학 재학생, 해외기업 인턴십 파견 시작(국내 최초)	— 한국유통학회 창립 — 참여연대 창립	— 한국, 1인당 GNI 1만 달러 돌파
1995	12월 무역학과와 경영학과 경영학과로 통합 — 고대경영포럼 창설(경영대학, 경영대학원 및 최고경영자과정 교우들의 통합 모임)		
1996	5월 경영대학원, 영상교육센터 개원 — 경영대학원 최고정보통신과정 개설 — 학부 경영학과 및 대학원 경영학과, 최우수 학과 선정(대학평가위원회 평가)		
1997	— 기업경영연구소를 기업경영연구원으로 확대 개편 — 고경아카데미 창설	— IMF 외환 위기	
1998	— 기업경영연구원 창립 40주년 국제학술대회 개최		
2000	— 경영본관, 현대그룹 회사로 리노베이션	— 한국 SCM학회 창립	
2001	— 기업지배구조연구소 설립	— 한국구매조달학회 창립	

2002	— 미국, 일본, 홍콩 등 선진국 8개 대학과 교류협정 체결 — 경영대학 국제 인턴십 중국, 동남, 미국, 유럽에 115명 파견	9월 서울대 경영대 AACSB 인증	
2003	2월 제15대 고려대 총장으로 경영대 어윤대 교수 취임 10월 LG-POSCO 경영관 준공(기념으로 앨빈 토플러 박사 초청 강연)	— 서울대 경영대인의 밤 개최 — 연세대 경영학과는 상경대학에서 분리하여 경영대학으로 전환	
2004	3월 LG-POSCO 경영관 1층에 수당학술정보관 개관		
2005	— AACSB 5년 인증 — 경영학석사(MBA) 이수 학점 30학점에서 45학점으로 확대 — 개교 100주년 기념, 경영학 6개 분야에서 국제 학술대회 개최		
2006	9월 경영대학원을 경영전문대학원으로 개편(BK21 선정) 12월 제16대 고려대 총장으로 경영대 이필상 교수 취임	— 서울대 경영전문대학원 설립 — 연세대 경영대학원(특수대학원)을 경영전문대학원으로 개편	— 한국, 1인당 GNI 2만 달러 돌파
2007	— EQUIS 5년 인증(국내 최초) — 'BK21' 2단계 프로젝트에서 2007년부터 2011년까지 5년 연속 1위 차지	— 서비스마케팅학회 창립	
2008	— 고려대 경영전문대학원(MBA) 경력개발센터 개설	— 연세대 경영대 AACSB 인증	— 미국, 서브프라임 금융위기
2009	— 단과대학 최초 자체 국제실, 홍보실, 경력개발센터(CDC) 개설		
2011	— EMBA Financial Times 랭킹 23위 11월 기업지배구조연구소 창립		— 마이클 포터, '공유가치 창출(CSV)' 주창

2012		— BK21 경영전문대학원 분야 평가 6년 연속 최우수 선정(교육과학기술부)	— 연세대 경영대 EQUIS 인증	
2013	9월 —	현대자동차 경영관 준공 제1회 KUBS 창업 아이디어 경진대회		
2014	— —	경영전문대학원 'BK21 PLUS' 대형사업단 선정 대한민국 500대 기업 CEO 배출 1위(CEO 스코어)		
2015	9월 11월 — —	경영전문대학원에 EURO-ASIA MBA 신설 CEMS Global Alliance의 정회원 자격 획득(한 국가당 1개교 가입 원칙에 따라 국내 유일의 CEMS 협정교가 됨) 재학생 생활비 장학금 'KUBS Dream Scholarship' 신설 고려대학교 경영대학 역사관 개관 및 Wall of Honor 제막		— UN, 지속가능발전목표(SDGs) 채택 — 세계거래소연맹, ESG 공식 가이드라인 발표
2016	9월	스타트업연구원 개원(국내 단과대학 내 최초의 창업 보육 기관)		
2018	—	2018 KUBS 세계 경영학 연구 랭킹 국내 1위, 세계 82위(고려대학교 경영대학 경영학연구분석센터)		— 한국, 1인당 GNI 3만 달러 돌파
2020	3월 — —	디지털 트랜스포메이션·비즈니스 센터(CDTB) 설립 4단계 'BK21 FOUR' 미래인재 양성형 교육연구단에 최종 선정 공인회계사(CPA) 시험 5년 연속 최종 합격자 배출 1위(2020년 127명)		— 코로나 펜데믹 시작

2021	5월 학부 세부트랙 인증제도 시작(기업가 정신과 혁신, 비즈니스 애널리틱스, 사회적가치와 지속가능경영) 10월 국내 대학 최초 ESG 연구센터 설립		— 한국, 1인당 GNI 3만 5천 달러 돌파 — UNCTAD, 한국을 선진국으로 인정
2022	4월 고대 관련 수목조성(오얏나무, 회화나무, 잣나무) 5월 이우환 작가의 〈관계항-장소성〉 작품 설치 — 영국 대학평가기관인 QS가 발표하는 '2022 세계대학평가'에서 경영관리 분야 48위, 회계·재무 분야 59위		
2023	3월 정식 연구소인 ESG 연구원으로 승격 — 미국 U.S News 와 World Report의 '2023 세계대학랭킹' 경제·경영분야 국내 사립대 1위, 아시아 24위		
2024	— 경영전문대학원 〈DBA (Doctor of Business Administration)〉 과정 신설		
2025	5월 고려대 창립 120주년 경영대학 창립 120주년		

고려대학교 경영대학 전임 교원(명예 및 퇴직 교원 포함)

성명	임용 일자	퇴직 일자	학사	석사	박사
신해영	1905	1907			
조제환	1905	1908			
김상옥	1913. 4	1921. 12			
김영주	1921	1945			
高橋豊	1923. 4	1938. 2			
홍성하	1923. 4	1939			
백상규	1923. 12	1945			
김광진	1929	1939			
정재욱	1931	미상			
박극채	1933	1945			
윤행중	1934	1945			
이상훈	1935. 4	1947. 12			
寺尾敬篤	1942	미상			
김의도	1946. 9. 1	1950. 12. 1			
노보희	1946. 9. 1	1946. 10. 21			
이상훈	1946. 9. 1	1947. 12. 31			
이용한	1946. 9. 1	1950. 6. 15			
한춘섭	1946. 9. 1	1956. 10. 16			
홍봉진	1946. 9. 1	1949. 8. 31			
홍우	1946. 9. 11	1947. 10. 1			
유진순	1946. 9. 21	1947. 12. 30			
전영호	1946. 11. 14	1949. 8. 31			
이용원	1948. 3. 15	1950. 5. 31			
김효록	1948. 9. 1	1972. 9. 21	신호상업대학교		
손응록	1948. 12. 1	1950. 6. 25			
김삼수	1949. 9. 1	1950. 6. 25			

고승제	1950. 6. 1	1954. 3. 1	서울대학교	서울대학교	서울대학교
정영술	1950. 6. 11	1950. 6. 25			
조동필	1951. 9. 1	1985. 8. 31	Meiji University		고려대학교
최문환	1951. 10. 1	1952. 5. 1			
이해동	1952. 5. 1	1954. 3. 1			
정수영	1952. 10. 1	1983. 8. 31	Hosei University	University of Washington	부산대학교
윤병욱	1953. 10. 1	1966. 9. 22	고려대학교	고려대학교	고려대학교
이상구	1953. 10. 1	1954. 3. 1			고려대학교
송기철	1956. 3. 31	1990. 8. 31	고려대학교	고려대학교	University of Cologne
조구연	1956. 8. 31	1990. 2. 28	고려대학교	고려대학교	고려대학교
조익순	1956. 8. 31	1989. 8. 31	부산대학교	연세대학교	
유세환	1958. 3. 31	1996. 2. 29	고려대학교	고려대학교	Washington University in St. Louis
김행권	1958. 3. 31	1987. 8. 31	Osaka University		
김해천	1962. 11. 22	1996. 8. 31	고려대학교	고려대학교	University of Cologne
김순식	1963. 2. 28	1963. 6. 30	Meiji University		
이준범	1963. 4. 29	1997. 8. 31	고려대학교	고려대학교	고려대학교
김동기	1965. 2. 28	1999. 8. 31	고려대학교	New York University(NYU)	고려대학교
김희집	1965. 2. 28	1996. 8. 31	고려대학교	고려대학교	고려대학교
김태진	1968. 2. 29	1975. 1. 15			
신수식	1968. 2. 29	2007. 8. 31	고려대학교	고려대학교	고려대학교
지청	1969. 2. 28	2005. 8. 31	고려대학교	고려대학교	고려대학교
서남원	1970. 2. 28	1995. 8. 31	서울대학교	University of California, San Francisco	University of California, Berkeley
조성하	1971. 8. 31	2006. 8. 31	고려대학교	University of Houston	
김완순	1973. 3. 1	2000. 8. 31	Loyola University	Boston University	Harvard University
어윤대	1979. 2. 28	2010. 8. 31	고려대학교	고려대학교	University of Michigan

황규승	1981. 9. 1	2012. 2. 29	서울대학교	서울대학교	University of Illinois Urbana-Champaign
이필상	1982. 9. 1	2013. 2. 28	서울대학교	Columbia University	Columbia University
성삼경	1983. 3. 1	2000. 8. 30	서울대학교	University of South Carolina	University of Houston
남상구	1983. 9. 1	2011. 8. 31	서울대학교	서울대학교	University of Pennsylvania
강호진	1984. 3. 1	2013. 8. 31	서울대학교		The Ohio State University
채서일	1984. 3. 1	2017. 8. 31	서울대학교	한국과학기술원 (KAIST)	Indiana University Bloomington
신준용	1984. 9. 1	2012. 2. 29	서강대학교	University of Illinois Urbana-Champaign	University of Minnesota
김인수	1985. 3. 1	2003. 1. 10	국제대학교	University of Hawaii	Indiana University Bloomington
윤영섭	1985. 9. 1	2012. 8. 31	서울대학교	University of Maryland	The Ohio State University
이장로	1986. 9. 1	2015. 2. 28	고려대학교	고려대학교	New York University(NYU)
이만우	1988. 3. 1	2020. 2. 29	고려대학교	Syracuse University	University of Georgia
이진규	1989. 3. 1	2017. 8. 31	고려대학교	Michigan State University	The University of Iowa
박명섭	1990. 3. 1	2019. 8. 31	고려대학교	University of Virginia	Texas A&M University
이두희	1990. 3. 1	2022. 8. 31	고려대학교	University of Wisconsin-Madison	Michigan State University
장하성	1990. 3. 1	2019. 2. 28	고려대학교	The State University of New York at Albany(SUNY)	University of Pennsylvania

신만수	1991. 3. 1	2022. 8. 31	고려대학교	University of Hawaii at Manoa	University of Illinois Urbana-Champaign
한재민	1991. 3. 1	2024. 2. 28	고려대학교		The University of Iowa
박종원	1992. 9. 1		고려대학교	University of Wisconsin-Madison	University of Illinois Urbana-Champaign
권수영	1993. 3. 1	2024. 2. 28	Saint John Fisher College	University of Texas at Austin	Washington University in St. Louis
문형구	1993. 3. 1	2019. 8. 31	서울대학교	연세대학교	University of Minnesota-Twin Cities
장세진	1994. 9. 1	2008. 12. 31	서울대학교	서울대학교	University of Pennsylvania
김재욱	1995. 3. 1		고려대학교	Purdue University	University of Illinois Urbana-Champaign
김익수	1995. 3. 1	2021. 2. 28	고려대학교	University of Oxford	University of Oxford
정호원	1995. 3. 1	2022. 2. 28	고려대학교	한국과학기술원 (KAIST)	The University of Arizona
김언수	1995. 9. 1		고려대학교	University of Illinois Urbana-Champaign	University of Illinois Urbana-Champaign
박광태	1996. 3. 1		서울대학교	서울대학교	University of California, Berkeley
강준구	1996. 3. 1	2001. 8. 31	고려대학교	Iowa State University	The Ohio State University
유관희	1996. 3. 1	2017. 8. 31	서울대학교	Indiana University Bloomington	Indiana University Bloomington

서용무	1996. 9. 1	2020. 8. 31	서울대학교	한국과학기술원 (KAIST)	University of Texas at Austin
박찬수	1997. 3. 1		서울대학교	Stanford University University of Michigan	Stanford University
정석우	1997. 3. 1		고려대학교	고려대학교	The State University of New York at Buffalo (SUNY)
조명현	1997. 3. 1		서울대학교	Cornell University ESSEC Business School	Cornell University
김동원	1997. 9. 1		고려대학교	University of Wisconsin-Madison	University of Wisconsin-Madison
배길수	1998. 3. 1		고려대학교	University of Illinois Urbana-Champaign	University of Minnesota
박경서	1998. 3. 1	2024. 2. 29	고려대학교	Stanford University	Northwestern University
이경전	1999. 3. 1	2001. 5. 8	한국과학기술원 (KAIST)	한국과학기술원 (KAIST)	한국과학기술원 (KAIST)
안동현	2000. 9. 1	2001. 8. 31	고려대학교	고려대학교	New York University(NYU)
김대기	2001. 3. 1		고려대학교	Massachusetts Institute of Technology University of Kansas	Massachusetts Institute of Technology
김상용	2001. 3. 1		서울대학교	Carnegie Mellon University	Duke University
김진배	2001. 9. 1		서울대학교	The University of Chicago	Carnegie Mellon University
류강석	2001. 9. 1		서울대학교	서울대학교	University of Pittsburgh

이재혁	2001. 9. 1		고려대학교	고려대학교	The Ohio State University
임호순	2002. 3. 1		서울대학교	서울대학교	University of California, Los Angeles (UCLA)
배기홍	2002. 3. 1	2006. 6. 8	고려대학교	고려대학교	The Ohio State University
박진수	2002. 9. 1	2005. 7. 31	계명대학교	University of Pittsburgh	University of Arizona
배종석	2002. 9. 1		고려대학교	University of Illinois Urbana-Champaign 고려대학교	University of Illinois Urbana-Champaign
조성욱	2002. 9. 1	2005. 8. 31	서울대학교	서울대학교	Harvard University
윤성수	2003. 9. 1		서울대학교	서울대학교	University of Illinois Urbana-Champaign
김희천	2003. 9. 1	2022. 8. 31	고려대학교	한국과학기술원 (KAIST)	Texas A&M University
조진완	2003. 9. 1	2013. 7. 31	서울대학교	University of Illinois Urbana-Champaign	Carnegie Mellon University
Martin Hemmert	2004. 3. 1		University of Cologne	University of Cologne	University of Cologne
권성우	2004. 3. 1		서울대학교	Carnegie Mellon University 서울대학교	Carnegie Mellon University
김재환	2004. 9. 1		고려대학교	The University of Iowa 고려대학교	The Ohio State University
김중혁	2004. 9. 1		고려대학교	University of Illinois Urbana-Champaign	University of Illinois Urbana-Champaign

김동철	2004. 9. 1	2020. 8. 31	서울대학교	한국과학기술원 (KAIST)	University of Michigan
박경삼	2005. 3. 1		부산대학교	한국과학기술원 (KAIST)	한국과학기술원 (KAIST)
유승원	2005. 3. 1		서울대학교	서울대학교	University of Wisconsin-Madison
정인식	2005. 3. 1		경북대학교	Rice University	University of South Carolina
유병준	2005. 3. 1	2007. 7. 31	서울대학교	University of Arizona	Carnegie Mellon University
석관호	2005. 9. 1		고려대학교	University of Wisconsin-Madison 고려대학교	University of Toronto
유용근	2005. 9. 1		서울대학교	University of California, Los Angeles (UCLA)	Columbia University
홍세준	2006. 2. 1		서울대학교	Carnegie Mellon University University of Illinois Urbana-Champaign	Carnegie Mellon University
신호정	2006. 2. 1		고려대학교	The Ohio State University	The Ohio State University
최우석	2006. 2. 1		고려대학교	University of Texas at Austin 고려대학교	Michigan State University
강성춘	2006. 2. 1	2008. 1. 31	서울대학교	서울대학교	Cornell University
배종훈	2006. 2. 1	2009. 8. 31	서울대학교	서울대학교	The European Institute of Business Administration (INSEAD)
이재남	2006. 3. 1		성균관대학교	한국과학기술원 (KAIST)	한국과학기술원 (KAIST)

김대수	2006. 9. 1		서울대학교	Bowling Green State University	Indiana University Bloomington
이동욱	2006. 9. 1		서울대학교	서울대학교	The Ohio State University
이동원	2006. 9. 1		서울대학교	University of Arizona 서울대학교	University of Minnesota
이장혁	2006. 9. 1		서울대학교	ESSEC Business School	ESSEC Business School
이종호	2006. 9. 1		고려대학교	University of Wisconsin-Madison 고려대학교	University of Cambridge
Anat Zeelim-Hovav	2006. 9. 1	2019. 2. 28	Tel Aviv University	Loyola Marymount University	Claremont Colleges
Douglas J. Young	2006. 9. 1	2009. 8. 31	University of Calgary	Brussel University	University of South Australia
Jean-Henry Morin	2006. 9. 1	2008. 8. 31	University of Geneva	University of Geneva	University of Geneva
Jay B. Ghosh	2007. 2. 1	2009. 8. 31	IIT, Kharagpur	University of Arkansas, Fayetteville	University of Arkansas
Tony C. Garrett	2007. 3. 1		University of Otago	University of Otago(joint Master's & PhD program)	
김태규	2007. 3. 1		서울대학교	Texas A&M University	Carnegie Mellon University
유시진	2007. 3. 1		서울대학교	서울대학교	University of California, Los Angeles (UCLA)
윤성아	2007. 3. 1		University of California, Berkeley	고려대학교	Stanford University
정재호	2007. 3. 1		서울대학교	Harvard University	Harvard University

황준호	2007. 3. 1		한국과학기술원 (KAIST)	한국과학기술원 (KAIST)	Indiana University Bloomington
Vincent O'Connell	2007. 3. 1	2010. 2. 28	University College Cork	University College Cork	London School of Economics
Asya Pazy	2007. 9. 1	2007. 9. 1	Tel Aviv University	Tel Aviv University	Case Western Reserve University
Ata Assaf	2007. 9. 1	2007. 9. 1	Lebonese University	University of Western Ontario	McGill University
Fabian Froese	2007. 9. 1	2012. 8. 31	University of Passau	Mannheim University	University of St. Gallen
김우진	2007. 9. 1	2011. 8. 31	서울대학교	University of Illinois Urbana-Champaign	University of Illinois Urbana-Champaign
배진한	2008. 3. 1		서울대학교	University of Wisconsin-Madison 서울대학교	University of British Columbia
이관휘	2008. 3. 1	2011. 1. 31	서울대학교	서울대학교	The Ohio State University
문정빈	2009. 3. 1		서울대학교	London School of Economics and Political Science	University of Pennsylvania
전재욱	2009. 3. 1		고려대학교	고려대학교	The State University of New York at Binghamton (SUNY)
한승수	2009. 3. 1		서울대학교	서울대학교	University of Illinois Urbana-Champaign
Inna Drobou-chevitch	2009. 3. 1	2018. 2. 28		Belarusian State University, Minsk	University of Greenwich
유재언	2009. 3. 1	2011. 2. 28	고려대학교	University of Hull	Lincoln University

이동섭	2009. 9. 1		서울대학교	서울대학교	University of Wisconsin-Madison
최진희	2009. 9. 1		서울대학교	서울대학교	The University of Chicago
Li Yan	2009. 9. 1	2012. 2. 29	Tianjin University	National University of Singapore	National University of Singapore
문재윤	2009. 9. 1	2018. 2. 14	연세대학교	연세대학교	New York University(NYU)
소종일	2009. 9. 1	2012. 8. 31	고려대학교	고려대학교	University of North Carolina at Chapel Hill
김기훈	2009. 10. 1		한국과학기술원 (KAIST)	Stanford University	Stanford University
김광현	2010. 3. 1		서강대학교	University of Illinois Urbana-Champaign	Texas A&M University
유원상	2010. 3. 1		고려대학교	George Washington University	University of British Columbia
정창화	2010. 3. 1		Syracuse University	Georgetown University	University of Western Ontario
김배호	2010. 3. 1		포항공과대학교 (POSTECH)	Stanford University	Stanford University
김영규	2010. 9. 1		서울대학교	The University of Chicago Carnegie Mellon University 서울대학교	The University of Chicago
김창기	2011. 3. 1		서울대학교	The University of Iowa 서울대학교	The University of Iowa
남대일	2011. 3. 1		고려대학교	고려대학교	Washington State University
이한상	2011. 9. 1		서울대학교	University of Texas at Austin	Michigan State University

김우찬	2012. 3. 1		서울대학교	Harvard University	Harvard University
강진구	2012. 3. 1	2015. 7. 31	연세대학교	연세대학교	University of Pennsylvania
김병조	2012. 9. 1		서강대학교	The University of Chicago Carnegie Mellon University	Carnegie Mellon University
정지웅	2012. 9. 1		연세대학교		The Ohio State University
박진관	2012. 9. 1		고려대학교	University of California, Berkeley	University of Pennsylvania
손범진	2013. 3. 1		서울대학교	Stanford University London School of Economics and Political Science	University of North Carolina at Chapel Hill
지승민	2013. 9. 1		연세대학교	Stanford University	University of California, Berkeley
편주현	2013. 9. 1		고려대학교	고려대학교	University of California, Davis
Fang-Chi Lu	2013. 9. 1	2019. 7. 20	National Chengchi University	National Taiwan University	The University of Iowa
나현승	2014. 9. 1		고려대학교	Columbia University 고려대학교	Michigan State University
Felix Reimann	2014. 9. 1	2016. 12. 31	WHU - Otto Beisheim School of Management	WHU - Otto Beisheim School of Management	WHU - Otto Beisheim School of Management
조경아	2016. 3. 1		Harvard University	Massachusetts Institute of Technology Princeton University	Columbia University

고병완	2018. 3. 1		고려대학교	한국과학기술원 (KAIST)	The University of Texas at Dallas
이준만	2018. 9. 1	2023. 2. 28	서울대학교	서울대학교	University of Pennsylvania
김태진	2019. 9. 1		서울대학교	The University of Chicago 서울대학교	Northwestern University
김정현	2020. 3. 1		한국과학기술원 (KAIST)	Stanford University	University of Southern California
이건웅	2020. 3. 1		고려대학교	Purdue University 고려대학교	Arizona State University
백지예	2020. 3. 1	2025. 2. 28	이화여자대학교	연세대학교	Boston University
신덕정	2020. 9. 1		서울대학교	중앙대학교	University of Western Ontario 중앙대학교
유지송	2020. 9. 1		고려대학교	Baruch College - CUNY 고려대학교	Nanyang Technological University
이현석	2020. 9. 1		고려대학교	고려대학교	University of North Carolina at Chapel Hill
이희범	2020. 9. 1		서울대학교	The University of Chicago	New York University(NYU)
장진욱	2020. 9. 1		서울대학교	서울대학교	Carnegie Mellon University
황선우	2021. 3. 1		아주대학교	The Pennsylvania State University KDI School of Public Policy and anagement	University of North Carolina at Chapel Hill
한규홍	2021. 9. 1		서강대학교	고려대학교	Rice University
안유정	2022. 9. 1		고려대학교	Columbia University	University of Massachusetts

이규한	2023. 3. 1		서울대학교	서울대학교	University of Arizona
이재민	2023. 3. 1		서울대학교	서울대학교	The European Institute of Business Administration (INSEAD)
Betty Chung	2024. 3. 1		University of Vermont	University of Vermont	University of San Francisco
노인준	2024. 3. 1		한양대학교	한국과학기술원 (KAIST)	The Ohio State University
조둠밈	2024. 3. 1		Cornell University	Harvard University	Harvard University
Viacheslav Savitskiy	2024. 9. 1		HSE University	Brown University New Economic School	Brown University
김민정	2024. 9. 1		고려대학교	고려대학교	University of Minnesota
김백중	2024. 9. 1		고려대학교	Duke University	New York University(NYU)
김종수	2024. 9. 1		고려대학교	University of Illinois Urbana-Champaign 고려대학교	Purdue University
이해강	2024. 9. 1		Stanford University	Stanford University	New York University(NYU)
Gao Mengjin	2025. 3. 1		Donghua University	University of California, Irvine	고려대학교
구민재	2025. 3. 1		서울대학교	서울대학교	University of Houston
정경성	2025. 3. 1		서강대학교	The University of Washington 연세대학교	The University of Texas at Dallas
노대훈	2025. 9. 1		서울대학교	Georgia Institute of Technology	University of Maryland
이주영	2025. 9. 1		고려대학교	고려대학교	Brown University

정승후	2025.9.1		고려대학교	The Ohio State University	The Ohio State University
조재영	2025.9.1		한국과학기술원 (KAIST)	고려대학교	University of Colorado Boulder
최앤젤라 애리	2025.9.1		한국과학기술원 (KAIST)	한국과학기술원 (KAIST)	한국과학기술원 (KAIST)

참고 문헌

단행본

강만길.《조선후기 상업자본의 발달》. 강만길 저작집 1. 창비, 2019.

강명숙.《대학과 대학생의 시대》. 서해문집, 2018.

강진아.《동순태호—동아시아 화교 자본과 근대 조선》. 경북대학교출판부, 2011.

고려대학교 60년사 편찬위원회.《60년지(六十年誌)》. 고려대학교출판부, 1965.

고려대학교 70년지 편찬실.《고려대학교 70년지—1905-1975》. 고려대학교출판부, 1976.

고려대학교 100년사 편찬위원회 엮음.《고려대학교 100년사 I》. 고려대학교 100년사. 고려대학교출판부, 2008.

고려대학교 100년사 편찬위원회 엮음.《고려대학교 100년사 II》. 고려대학교 100년사. 고려대학교출판부, 2008.

고려대학교 100년사 편찬위원회 엮음.《고려대학교 100년사 III》. 고려대학교 100년사. 고려대학교출판부, 2008.

고려대학교 100년사 편찬위원회 엮음.《고려대학교 인문사회과학 학술사》. 고려대학교 100년사. 고려대학교출판부, 2010.

고려대학교 기업경영연구소 엮음.《고려대학교 기업경영연구소 30년지—1958-1988》. 고려대학교 기업경영연구소, 1988.

고려대학교 민족문화연구소 엮음.《고려대학의 사람들 1 현상윤》. 고대민족문화연구소, 1986.

고려대학교 민족문화연구소 엮음. 《고려대학의 사람들 2 손병희》. 고대민족문화연구소, 1986.

고승희. 《한국회계문화사—그 기원과 진화의 과정》. 박이정, 2023.

고혜련. 《우아한 루저의 나라—독일인 3인, 대한제국을 답사하다》. 정은문고, 2021.

국립서울대학교 개학반세기역사편찬위원회 엮음. 《국립서울대학교 개학 반세기사(1895-1946)》. 서울대학교출판문화원, 2016.

김광규. 《일제강점기 초등교육 정책》. 동북아역사재단, 2021.

김규삼. 《연세대학교 경영학교육 40년》. 연세대학교출판부, 1994.

김균·이헌창 엮음. 《한국 경제학의 발달과 고려대학교》. 고려대학교출판부, 2005.

김기수. 《일동기유》. 구지현 옮김. 보고사, 2018.

김두겸·이영훈·이한구 외. 《대한민국 기업사 1》. 중앙Books, 2008.

김석원. 《일본의 한국경제 침략사—쌀·금·돈의 붕괴》. 한길사, 2022.

김원수. 《경영학사(經營學史)—경영학사상사 서설(經營學思想史 序說)》. 경문사, 1985.

김인수. 《모방에서 혁신으로》. 임윤철·이호선 옮김. 시그마인사이트컴, 2000.

김자중. 《한국 대학의 뿌리, 전문학교》. 지식의날개, 2022.

김장철 엮음. 《(한국의 페스탈로찌) 천원 오천석—생애(生涯)와 업적(業績)》. 교육과학사, 2019.

김재구·배종태·문계완 외. 《기업의 미래를 여는 사회가치경영》. 클라우드나인, 2018.

김정인. 《대학과 권력—한국 대학 100년의 역사》. 휴머니스트, 2018.

김태웅·장세윤. 《일제강점기 고등교육 정책》. 동북아역사재단, 2022.

김학은. 《연세대학교 상경대학 백년사 I—한국의 근대경제학 1915-1956》. 연세대학교 대학출판문화원, 2015.

김혈조 등 옮김. 《역사 밖으로 나온 별쭝난 사람들—진벌휘고속편(震閥彙考續編)》. 하. 영남대학교출판부, 2023.

나현성. 《한국운동경기사》. 보문각, 1958.

다나카 야스히로. 《부의 지도를 바꾼 회계의 세계사》. 황선종 옮김. 위즈덤하우스, 2019.

대한체육회. 《대한민국 체육 100년》. 2. 대한체육회, 2020.

드러커, 피터. 《미래 사회를 이끌어가는 기업가정신》. 이재규 옮김. 한국경제신문, 2004.

들롱, 브래드퍼드.《20세기 경제사—우리는 유토피아로 가고 있는가》. 홍기빈 옮김. 생각의힘, 2024.
뮐한, 클라우스.《현대 중국의 탄생—청제국에서 시진핑까지》. 윤형진 옮김. 너머북스, 2023.
미야모토 마타오.《일본의 기업가 정신》. 김명수 옮김. 논형, 2020.
미야자키 이치사다.《과거—중국의 시험지옥》. 전혜선 옮김. 역사비평사, 2016.
미야타 야하치로.《경영학 100년의 사상》. 김영철 옮김. 일빛, 2001.
민두기.《시간과의 경쟁—동아시아근현대사논집》. 연세대학교출판부, 2001.
민태기.《판타 레이—혁명과 낭만의 유체 과학사》. 사이언스북스, 2021.
밀라노비치, 브랑코.《홀로 선 자본주의》. 정승욱 옮김. 세종서적, 2020.
박기찬·이윤철·이동현.《경영의 교양을 읽는다》. 더난출판, 2005.
박상하.《상업의 역사 1—왕조시대부터 일제 강점기까지 경성의 상업》. 주류성, 2024.
박재록·박광서·김신웅 등.《신경영사론(新經營史論)》. 유풍, 1994.
박태균.《박태균의 이슈 한국사》. 창비, 2015.
박훈.《메이지 유신은 어떻게 가능했는가》. 민음사, 2014.
3·1운동100주년기념사업추진위원회 엮음.《3·1운동 100주년 민족대표 50인 공동자료집》. 1. 도훈, 2019.
배영수.《미국의 자본주의 문명 제1부 토대—어디서 와서 어디로 가는가?》. 일조각, 2022.
배종석·문정빈·이동섭 외.《ESG시대의 사회적 가치와 지속가능경영》. 클라우드나인, 2021.
백낙준.《백낙준 전집 9—회고록·종강록》. 연세대학교출판부, 1995.
베버, 막스.《프로테스탄티즘의 윤리와 자본주의 정신》. 박성수 옮김. 3판. 문예출판사, 2010.
베스타, 오드 아르네.《제국과 의로운 민족—한중 관계 600년사: 하버드대 라이샤워 강연》. 옥창준 옮김. 너머북스, 2022.
벨, 다니엘.《교양교육의 개혁—미국 컬럼비아대학에서의 경험》. 송미섭 옮김. 민음사, 1994.
브룩, 티모시 외.《능지처참—중국의 잔혹성과 서구의 시선》. 박소현 옮김. 너머북스,

2010.
샌델, 마이클.《돈으로 살 수 없는 것들—무엇이 가치를 결정하는가》. 안기순 옮김. 와이즈베리, 2012.
______.《당신이 모르는 민주주의—자본주의와 자유주의의 불편한 공존》. 이경식 옮김. 와이즈베리, 2023.
서울대학교 경영대학 실크로드 프로젝트21팀.《실크로드에서 경영의 길을 묻다》. 시공사, 2010.
서울대학교 40년사 편찬위원회 엮음.《서울대학교 40년사, 1946-1986》. 서울대학교출판부, 1986.
석진형.《채권법 제1부》. 명순구 옮김. 보성전문학교 교과서번역사업 7. 고려대학교출판문화원, 2023.
손인수.《미군정과 교육정책》. 민영사, 1992.
송기철.《고려대학교와 나—내 인생 흑자인가 적자인가》. 보경문화사, 2004.
______.《일제하 좌절된 삶》. 보경문화사, 2004.
송재도.《ESG 지속가능 마케팅》. 학현사, 2023.
송호근.《시민의 탄생—조선의 근대와 공론장의 지각 변동》. 민음사, 2013.
슈밥, 클라우스.《클라우스 슈밥의 제4차 산업혁명》. 송경진 옮김. 메가스터디, 2016.
슘페터, 요제프.《자본주의 사회주의 민주주의》. 이종인 옮김. 북길드, 2016.
슘페터, 조지프.《경제발전의 이론》. 박영호 옮김. 커뮤니케이션북스, 2011.
스펜스, 조너선 D.《현대중국을 찾아서 1》. 김희교 옮김. 이산, 1998.
스펜스, 조너선.《천안문—근대중국을 만든 사람들》. 정영무 옮김. 이산, 1999.
시부사와 에이이치.《일본의 설계자, 시부사와 에이이치—망국의 신하에서 일본 경제의 전설이 되기까지》. 박훈 역주. 21세기북스, 2018.
신수식.《고려대학교 경영대학 100년사—1905-2005》. 고려대학교 경영대학, 2006.
신우선(申佑善).《어험법론(魚驗法論)》. 경성(京城): 수문서관(修文書館), 1937.
신우선.《민법총론》. 보성전문학교 교과서번역사업 1. 명순구 옮김. 고려대학교출판문화원, 2017.
실리그, 티나.《스무살에 알았더라면 좋을 것들—스탠포드대 미래인생 보고서》. 이수정 옮김. 엘도라도, 2010.
쑹녠선.《동아시아를 발견하다—임진왜란으로 시작된 한중일의 현대》. 김승욱 옮김.

역사비평사, 2020.
아기옹, 필리프·셀린 앙토냉·시몽 뷔넬.《창조적 파괴의 힘—혁신과 성장 그리고 자본주의의 미래》. 이민주 옮김. 에코리브르, 2022.
아세모글루, 대런·사이먼 존슨.《권력과 진보—기술과 번영을 둘러싼 천년의 쟁투》. 김승진 옮김. 생각의힘, 2023.
안홍선.《일제강점기 중등교육 정책》. 동북아역사재단, 2021.
어윤대.《민족을 품고 세계를 꿈꾸다》. 고려대학교출판부, 2010.
에드먼스, 알렉스.《ESG 파이코노믹스—사회적 가치와 이윤을 동시에 창출하는 전략》. 매일경제신문사, 2021.
엘먼, 벤저민.《중국 명청시대 과거 제도와 능력주의 사회》. 김효민 옮김. 소명출판, 2024.
여영시.《중국 근세 종교윤리와 상인 정신》. 정인재 옮김. 대한교과서주식회사, 1993.
오금성.《등용문—중국의 과거시험 1300년》. 지식산업사, 2023.
오천석.《韓國新敎育史》. 현대교육총서출판사, 1964.
옴, 그렉.《휴먼 엣지—IQ, 재능, 운, 환경을 뛰어넘는 강력한 4C의 힘》. 김시내 옮김. EBS BOOKS, 2021.
왕부.《잠부론(潛夫論)》. 1-2. 임동석 역주. 동서문화사, 2009.
왕위안충.《중국과 미국, 무역과 외교 전쟁의 역사》. 이화승 옮김. 행성B, 2022.
야성 황.《중국필패—시험, 독재, 안정, 기술은 어떻게 중국을 성공으로 이끌었고 왜 쇠퇴의 원인이 되는가》. 박누리 옮김. 생각의힘, 2024.
馬越徹[우마코시 도루].《한국 근대대학의 성립과 전개—대학 모델의 전파연구》. 한용진 옮김. 교육과학사, 2001.
우야마 다쿠에이.《역사로 읽는 경제》. 최미숙 옮김. 라이프맵, 2017.
유진오.《양호기—보전·고대 35년의 회고》. 재판. 고려대학교출판문화원, 2019.
윤근호.《한국회계사연구(韓國會計史硏究)》. 한국연구원, 1984.
윤병욱.《재무관리》. 고려대학교 기업경영연구소, 1962.
윤혜준.《근대 용어의 탄생—역사의 행간에서 찾은 근대문명의 키워드》. 교유서가, 2023.
은산 김동기박사 화갑기념논문집 간행위원회 엮음.《(은산 김동기박사 화갑기념) 한국 마케팅의 회고와 전망》. 박영사, 1994.

이경구. 《실학, 우리 안의 오랜 근대》. 푸른역사, 2024.
이근명. 《왕안석 평전—중국 중세의 대개혁가》. 신서원, 2021.
이두희 외. 《경영교육 뉴 패러다임》. 매일경제신문사, 2018.
이시다 바이간. 《도비문답(都鄙問答)》. 류영진 옮김. 호밀밭, 2020.
이승렬. 《근대 시민의 형성과 대한민국》. 그믈, 2021.
이태진. 《고종시대의 재조명》. 태학사, 2000.
이타가키 류타. 《북으로 간 언어학자 김수경》. 고영진·임경화 옮김. 푸른역사, 2024.
이학래. 《한국근대체육사연구》. 지식산업사, 1990
______. 《한국체육사》. 지식산업사, 1994.
이헌창. 《경제·경제학》. 한국개념사총서 11. 소화, 2015.
이희승. 《다시 태어나도 이 길을》. 일석 이희승 전집 7. 서울대학교출판문화원, 2010.
자크, 마틴. 《중국이 세계를 지배하면》. 안세민 옮김. 부키, 2010.
장영숙. 《망군의 국주, 개혁군주의 이중성—고종의 인사정책과 리더십》. 역사공간, 2020.
장하성. 《한국 자본주의—경제민주화를 넘어 정의로운 경제로》. 헤이북스, 2014.
전인권·정선태·이승원. 《1898, 문명의 전환》. 이학사, 2011.
정주영. 《이 땅에 태어나서—나의 살아온 이야기》. 솔, 1998.
정준영. 《경성제국대학 법문학부와 조선 연구—지양으로서의 조선, 지향으로서의 동양》. 사회평론아카데미, 2022.
정태헌. 《이념과 현실—평화와 민주주의를 향한 한국근대사 다시 읽기》. 역사비평사, 2024.
조영헌. 《대운하와 중국 상인—회·양 지역 휘주 상인 성장사, 1415-1784》. 민음사, 2011.
조익순·정석우. 《조선시대 회계문서에 나타난 사개송도 치부법의 발자취》. 박영사, 2006.
조준영 엮음. 《문부성 소할목록—일본 최초의 근대교육기관 설치 시찰 기록》. 신창호 옮김. 우물이 있는 집, 2017.
주강현. 《양정 인물 평전—어느 민족사학의 인물로 본 120년 궤적》. 바다위의정원, 2025.
진관타오·류칭펑. 《중국 근현대사를 새로 쓰는 관념사란 무엇인가 2—관념의 변천과 용어》. 양일모 등 옮김. 푸른역사, 2010.
조익순.《사개송도치부법 전사(前史)》. 해남, 2002.
조익순·정석우.《조선시대 회계문서에 나타난 사개송도 치부법의 발자취》. 박영사, 2006.
쩌우전환.《번역과 중국의 근대》, 한성구 옮김. 궁리, 2021.
채만식.《치숙》. 한국문학전집 9. 9의예술, 2020.
첸강·후징초.《유미유동(留美幼童)—청나라 정부의 조기유학 프로젝트》. 이정선·김승룡 옮김. 시니북스, 2005.
최재천·장하준·최재붕 외.《코로나 사피엔스—문명의 대전환, 대한민국 대표 석학 6인이 신인류의 미래를 말한다》. 인플루엔셜, 2020.
치크, 모시.《중국 근현대사의 지식인》. 최은진 옮김. 학고방, 2021.
크레이너, 스튜어트.《경영의 진화》. 송일 감수. 박희라 옮김. 더난출판, 2011.
태너, 캐스린.《기독교와 새로운 자본주의 정신》. 백지윤 옮김. IVP, 2021.
테일러, 프레드릭.《과학적 관리법》. 방영호 옮김. 21세기북스, 2010.
파욜, 앙리.《산업 및 일반 경영관리론》. 김홍길 옮김. 지문사, 1990.
파커, 폴리·팀 홀·캐시 크램 외.《VUCA 시대의 조직문화와 피어코칭》. 최동하·윤경희·이현정 옮김. 한국코칭수퍼비전아카데미, 2020.
포드, 헨리.《나의 삶과 일—헨리 포드 자서전》. 이주명 옮김. 필맥, 2019.
폰 헤세-바르텍, 에른스트 폰.《조선, 1894년 여름—오스트리아인 헤세-바르텍의 여행기》. 정현규 옮김. 책과함께, 2012.
피케티, 토마.《21세기 자본》, 장경덕 외 옮김. 글항아리, 2014.
______.《피케티의 新 자본론—지난 10년 피케티가 비판하고 대안을 제시한 자본주의 문제들》. 박상은·노만수 옮김. 글항아리, 2015.
하라리, 유발.《넥서스—석기시대부터 AI까지, 정보 네트워크로 보는 인류 역사》. 김명주 옮김. 김영사, 2024.
한용진 편저.《근대한국 교육 개념의 변용》. 학지사, 2020.
해스킨스, 찰스 호머.《대학의 탄생》. 김성훈 옮김. 연암서가, 2021.
허성관.《개성상인의 탄생》. 만권당, 2018.
헤이턴, 빌.《중국이 말하지 않는 중국—현대 중국 탄생에 숨겨진 빛과 그림자》. 조율리 옮김. 다산초당, 2023.

홉스봄, 에릭.《자본의 시대》. 정도영 옮김. 한길사, 1998.
홍제환.《경제관료의 시대》. 너머북스, 2024.
황현.《역주 매천야록(梅泉野錄) 하》. 임형택 외 옮김. 문학과지성사, 2005.
후지이 다케시.《CSV 이노베이션—하버드 대학 마이클 포터 교수의 "공유 가치 창출" 경영》. 이면헌 옮김. 한언출판사, 2016.

논문·기사 등

〈研究의 一端을 學界에 提供, 普專學會論文集發刊〉.《每日新報》, 1934. 3. 8.
〈회사설〉.《한성순보》, 제3호(1883. 10. 21).

강만길. 〈보성전문학교 설립의 역사적 배경〉. '보성전문학교의 법학·경상학교육과 한국의 근대화' 연구위원회 엮음.《근대서구학문(近代西歐學問)의 수용(收容)과 보전(普專)》. 고려대학교출판부, 1986.
구희진. 〈갑오개혁 전후 전통교육제도에 대한 정책〉.《역사교육》100(2006).
김성학. 〈근대 학교 운동회의 팽창—그 실태와 동인〉.《한국교육사학》제33권, 제1호(2011).
김자중. 〈들어가는 글〉.《한국 대학의 뿌리, 전문학교》. 지식의 날개, 2022.
김중혁·김영규. 〈경영학 분야 간 장벽의 극복과 융합〉. 이두희 외.《경영교육 뉴 패러다임》. 매일경제신문사, 2018.
김태규. 〈Business Review—창의성의 벽을 넘는 인재가 필요하다〉.《웹진 휴넷CEO》, 2024. 7. 19. https://ceo.hunet.co.kr/membership/business-review/1469?page_idx=1&category_cd=&order_type=new.
김희천·신호정·유시진·박대윤. 〈창업지원 사례와 교훈, 스타트업 스테이션〉. 이두희 외.《경영교육 뉴 패러다임》. 매일경제신문사, 2018.
마스타니 유이치. 〈갑오개혁기 도일유학생 파견 정책의 전개와 중단 과정〉.《한국사학보》56(2014).
배종석. 〈근대기업의 생성과 보성전문의 상학 교육〉. 명순구 외.《1919년 보성전문, 시대·사회·문화》. 세창출판사, 2020.

배종석·강철. 〈경영철학과 윤리〉, 이두희 외. 《경영교육 뉴 패러다임》. 매일경제신문사, 2018.

배항섭. 〈고종과 보성전문학교의 창립 및 초기 운영〉. 《사총》 59(2004).

송기철, 〈조선왕조 말과 일제 전반기의 상업고등교육과 보성전문학교〉. '보성전문학교의 법학·경상학교육과 한국의 근대화' 연구위원회 엮음. 《근대서구학문(近代西歐學問)의 수용(收容)과 보전(普專)》. 고려대학교출판부, 1986.

______. 〈한국의 경영학 회고와 전망—고려대학교를 중심으로〉. 김정년·조동성 외. 《한국경영학 30년—회고와 전망》. 서울대학교출판부, 1988.

송재용. 〈패러다임 대전환, 한국 기업의 미래 전략〉, 휴넷리더십센터 엮음. 《통찰》. 행복한북클럽, 2024.

신수식, 〈경영대학 100년 약사(略史) 1905-2005〉. 고려대학교 100년사 편찬위원회 엮음. 《고려대학교 인문사회과학 학술사》. 고려대학교 100년사. 고려대학교출판부, 2010.

신유근. 〈한국경영학연구의 동향과 과제〉. 김정년·조동성 외. 《한국경영학 30년—회고와 전망》. 서울대학교출판부, 1988.

신일철. 〈보전 초창기의 근대민족주의 사상—서구학문의 수용과 '충군애국(忠君愛國)'적 국가의식의 자각과정〉. '보성전문학교의 법학·경상학교육과 한국의 근대화' 연구위원회 엮음. 《근대서구학문(近代西歐學問)의 수용(收容)과 보전(普專)》. 고려대학교출판부, 1986.

신창호. 〈개화기 교육에서 유학(儒學)은 어떤 위상을 지니는가—백암(白巖) 박은식(朴殷植)의 《학규신론(學規新論)》 분석을 중심으로〉. 《동양고전연구》 26(2007).

오종문. 〈기업과의 협력〉. 이두희 외. 《경영교육 뉴 패러다임》. 매일경제신문사, 2018.

유길준. 〈회사규칙〉. 《유길준전집》. 제4권. 일조각, 1971.

윤세영. 〈불편불의(不偏不倚)〉. 《친목(親睦)》 제9호.

이경헌. 〈경제학과 경영학의 학제적 관계와 그 전망〉. 김정년·조동성 외. 《한국경영학 30년—회고와 전망》. 서울대학교출판부, 1988.

이두희·윤성수·이성호. 〈대한민국 경영학의 재중흥, 경영교육의 대전환으로 시작하다〉. 이두희 외. 《경영교육 뉴 패러다임》. 매일경제신문사, 2018.

이성규. 〈중국 고대 억상(抑商) 정책의 사회사적 배경—賈와 祭儀의 관계를 중심으로〉. 서울대학교 동양사학연구실 엮음. 《고대중국의 이해》 3. 지식산업사, 1997.
이성택. 〈한국경영학 30년의 실증적 연구〉. 김정년·조동성 외. 《한국경영학 30년—회고와 전망》. 서울대학교출판부, 1988.
이우종. 〈경영교육의 위기는 경영학의 위기로부터〉, 이두희 외. 《경영교육 뉴 패러다임》. 매일경제신문사, 2018.
이정도. 〈재무관리교육의 평가와 제안〉. 김정년·조동성 외. 《한국경영학 30년—회고와 전망》. 서울대학교출판부, 1988.
임동현. 〈보성전문학교 운동부의 스포츠 활동〉. 《보전 깃발이 날리는 곳에》. 고려대학교 박물관, 2022.
전규안. 〈다른 단과대학과 대학본부와의 협력〉, 이두희 외. 《경영교육 뉴 패러다임》. 매일경제신문사, 2018.
전영수. 〈Business Review—지역소멸과 저출산 해소전략은 ESG로 통한다〉. 《웹진 휴넷CEO》, 2024. 10. 14. https://ceo.hunet.co.kr/membership/business-review/1523?page_idx=1&category_cd=&order_type=new.
조영헌. 〈후기 중화제국 해양사 연구의 최근 흐름과 글로벌 히스토리—중등 역사 교과서에 대한 제언〉. 《민족문화연구》 제77호(2017).
______. 〈불확실성의 시대, '소확행(小確幸)'으로부터 대학 구하기—통합과 연결의 플랫폼 대학 생태계〉. 염재호·이광형·조영헌 외. 《AI시대 대학교육의 미래》. 나남출판, 2024.
조지형. 〈지구사의 미래와 역사의 재개념화〉, 조지형·김용우 엮음. 《지구사의 도전》. 서해문집, 2010.
최은봉·석주희. 〈일본의 정치리더십과 마쓰시타 정경숙(松下政經塾)—교육철학·세력화·에토스〉. 《한국사회역사학회》 17-4(2014).
한용진. 〈일제 식민통치하의 대학교육〉. 《한국사 시민강좌》 18(1996).
허철부. 〈OA교육에 대한 반응의 탐색적 연구—행동과학적 접근〉, 김정년·조동성 외. 《한국경영학 30년—회고와 전망》.
홍성하. 〈석탑야사(3)〉. 《교우회보》, 1973. 2. 5.
홍종욱. 〈해방을 전후한 경제통제론의 전개—박극채·윤행중을 중심으로〉. 《역사와 현실》 64(2007).
______. 〈보성전문학교에서 김일성종합대학으로—식민지 지식인 김광진의 생애와

경제사 연구〉. 《역사학보》 232(2016).

황일철. 〈경영학교육의 과제〉. 김정년·조동성 외. 《한국경영학 30년—회고와 전망》. 서울대학교출판부, 1988.

〈KUBS 소식—세계적 미술거장 이우환 작가 작품, 고려대 경영대학에 설치돼〉, 2022. 5. 19. https://biz.korea.ac.kr/news/news_view.html?no=3392&page=9&cate=&key=&keyfield=&g=n.

〈KUBS 소식—퇴임교수 인터뷰 이두희 교수〉, 2022. 8. 26. https://biz.korea.ac.kr/news/news_view?no=3470&page=&cate=&key=&keyfield=.

〈KUBS 소식—경영대학 정년퇴임 교수 인터뷰——박경서 교수 "'나'를 바꿔준 경영대학…제자가 잘되는 것을 볼 때 가장 보람찼죠〉, 2024. 3. 26. https://biz.korea.ac.kr/news/news_view.html?no=3816&key=&keyfield=&page=14&g=n.

〈KUBS 소식—김언수 경영대학장 인터뷰—개교 120주년, "AI발(發) 하이테크 시대, 경영학에 테크를 접목할 수 있는 능력 양성"으로 앞으로의 120년 준비〉, 2024. 9. 23. https://biz.korea.ac.kr/news/news_view.html?no=3926&key=&keyfield=&page=3&g=n.

〈SBS 월드리포트—"독서는 쓸모 없어요"…중국 청년세대의 무력감 '공을기 문학'〉, 2023. 3. 17. https://news.sbs.co.kr/news/endPage.do?news_id=N1007118985.

〈고려대학교 총장 선출의 역사와 그 특징〉. 《웹진 KUEN》, 2022. 11. 22. https://kuen.korea.ac.kr/news/articleView.html?idxno=357.

〈고려대 경영대학 'IRP', 세계 유수경영대학이 선택한 '최고'〉. 《아시아투데이》, 2024. 6. 26. https://www.asiatoday.co.kr/view.php?key=20240626010014994&ref=search.

〈한국, 2024 글로벌 혁신지수 세계 6위 기록〉. 《윕뉴스》, 2024. 9. 27. https://www.wip-news.com/news/articleView.html?idxno=25359.

〈더차트—한국, '국력'으로 일본 제쳤다… 전 세계 '강력한 나라' 6위〉. 《머니투데이》, 2024. 11. 2. https://news.mt.co.kr/mtview.php?no=2024103109440626152.

〈스타트업 스테이션〉 홈페이지. https://www.startupstation.co.kr/company/Toaster%20Finance.

〈한국 군사력 세계 5위… 북한은 34위→36위로 하락〉. 《연합뉴스》, 2024. 1. 19.

https://www.yna.co.kr/view/AKR20240119033300504.

외국 문헌

Bellah, Robert. *Tokugawa Religion: The Values of Pre-Industrial Japan*. Glencoe, IL: Free Press, 1957.

Ernst, Dieter, and John A. Mathews. "In Memorium: Linsu Kim 1938-2003." *Industy and Innovation* vol. 10, iss. 1(2003).

Kim, Linsu. *Imitation to Innovation: The Dynamics of Korea's Technological Learning*. Harvard Business Review Press, 1997.

Klein-Blenkers, Fritz. "Zur Entwicklung der Betriebswirtschaftslehre." In *Zur Entwicklung der Betriebswirtschaftslehre in Deutschland - 100 Jahre Handelsschule Leipzig 1898-1998*. Leipzig: Handelshochschule Leipzig, 1998.

Vogel, Ezra F. *The Four Little Dragons: The Spread of Industrialization in East Asia*. Cambridge, Mass.: Harvard University Press, 1991.

陳媛.《中國大學教授研究—近代教授, 大學與社會的互動史(1895-1949)》. 山西教育出版社, 2012.

嚴復.〈論教育與國家之關係〉.《東方雜志》, 제2권 제3기(1906)(王栻 주편.《嚴復集》. 제1책. 中華書局, 1986).

伊志宏.〈工商管理学科发展规律与发展趋势〉.《大学与学科》2020-1(2020).

劉文瑞.《管理学在中国(Management in China)》. 北京: 中国書籍出版社, 2018.

(明)馮夢龍 編, 顧學頡 校注.《醒世恒言》上, 第1卷 兩縣令競義婚孤女. 人民文學出版社, 1994.

片岡信之.〈日本における經營學の軌迹と課題〉.《經營學の新世紀: 經營學100年の回顧と展望》. 日本經營學會 編. 經營學論集 71集. 千倉書房, 2001.

片岡信之.《日本経営学史序說: 明治期商業諸学から経営学への胎動へ》. 東京: 文真堂, 1990.

全祖望.〈先仲父博士府君權厝志〉.《鮚埼亭集》.〈外編〉. 卷8(全祖望 撰.《陳垣全集. 第

19冊—鮚埼亭集批注》上, 陳垣 批注, 陳智超 主編. 合肥: 安徽大學出版社, 2009)
慶應義塾史辭典編輯委員會 編.《慶應義塾史辭典》. 慶應義塾150年史資料集. 慶應義塾, 2008.
《周易》,〈繫辭下傳〉.
斯波義信 編.《中國社會經濟史用語解》. 東京: 東洋文庫, 2012.
山本安次郞.《日本經營學五十年—回顧と展望》. 東洋經濟新報社, 1977.
吉田和夫.《日本の經營學》. 東京: 同文館, 1992.

경영학의 길

문명사로 읽는 고려대학교 경영대학 120년

초판 발행 2025년 9월 26일
초판 1쇄 2025년 9월 26일

지은이 조영헌
펴낸곳 고려대학교출판문화원
www.kupress.com
kupress@korea.ac.kr
(02841) 서울특별시 성북구 안암로 145
Tel 02-3290-4230, 4232
Fax 02-923-6311
찍은곳 네오프린텍(주)

ISBN 979-11-6956-122-8 93910

값 32,000원
※ 잘못 만들어진 책은 바꿔 드립니다.